> *"Algumas histórias terminam com a morte, outras começam."*

Nasci em 26 de março de 1960 em São Paulo. Sou graduada em Licenciatura Plena em Letras.

No ano de 1985 ingressei na área holística e fiz vários cursos de Programação Neurolinguística (PNL), Psicossomática, Cromoterapia e Bioenergética.

Em 1986 comecei a frequentar o Centro de Desenvolvimento Espiritual 'Os Camineiros", dirigido por Luiz Antonio Gasparetto e Zibia Gasparetto. Profissionalmente, aperfeiçoei-me como Conselheira Metafísica, após vários cursos sobre autoconhecimento.

Editei um jornal de autoajuda durante três anos. Depois, o doutor Moacyr me informou que eu iria compartilhar com ele um novo projeto que seria de grande valia para o meu desenvolvimento pessoal e espiritual.

Numa tarde recebi um texto ditado por ele e, ao terminar, percebi que era o prólogo de um livro. Essa experiência foi fascinante. Psicografar uma história é participar diretamente da vivência dos personagens e de toda a orientação mediúnica dada pelo mentor e sua equipe. Bem como, aprender a controlar a ansiedade, manter a ordem, disciplina, concentração e determinação.

Desejo que cada pessoa ao compartilhar comigo esta leitura, receba todo o ensinamento proposto e consiga colocar em prática todas as recomendações oferecidas.

Exercitar a reformulação interior nos traz a consciência de que só podemos ser ou fazer o que realmente vem da nossa alma. Assim, desenvolvemos o poder da escolha e a percepção das respectivas consequências, sem ilusões ou sofrimentos. Por fim, reconhecemos que tudo será sempre uma valiosa oportunidade de aprendizado...

Um grande abraço a todos!

LUCIMARA GALLICIA

MOACYR

Este meu querido amigo espiritual, apresentou-se no período em que eu fazia a escola mediúnica e trabalhava como voluntária em um hospital de Santo André.

Éramos seis pessoas, que compareciam a cada quinze dias para visitas a doentes na instituição. Durante sete anos adquiri grande aprendizado.

Certo dia, quando estávamos em prece diante de um paciente, observei, por meio da vivência, os médicos espirituais atuando com seus medicamentos e aparelhos. A cena foi inesquecível: vi um grupo de médicos, e um deles me cumprimentou, chamando-me pelo meu nome.

Na semana seguinte tive uma confirmação por um médium vidente no Centro Espírita que eu frequentava: ele me disse, que ao meu lado estava um médico chamado Moacyr e que ele gostaria de confirmar sua identidade, assim como já havia feito comigo naquele domingo. Agradeci a confirmação.

O mentor me informou que ele foi um médico brasileiro nascido no século XIX e desencarnou no início do século XX. Recebo suas orientações nos diversos trabalhos que executo, sempre com a consciência de que há muito que aprender e que tudo começa em nós.

A maior lição que aprendi com os espíritos é de sempre manter a dignidade e o respeito por mim e pelas pessoas, porque somos reconhecidos pelo que está dentro do nosso coração. Nossa boa intenção se expressa na generosidade e simplicidade de aceitarmos a nós mesmos em primeiro lugar, porque só assim o amor se constrói e perdura para sempre em nosso espírito.

Agradeço a companhia deste amigo espiritual, por tudo o que aprendo com sua presença em minha vida.

Obrigada, doutor Moacyr, por ter me escolhido para realizar este trabalho!

LUCIMARA GALLICIA

© 2008 por Lucimara Gallicia

Direção de Arte
Luiz Antonio Gasparetto

Projeto Gráfico
Kátia Cabello (In memorian)

Revisão
Fernanda Rizzo Sanchez

1ª edição - 4ª impressão
3.000 exemplares - maio 2015
Tiragem total: 33.000 exemplares

Dados Internacionais de Catalogação na Publicação
(Câmara Brasileira do Livro, SP, Brasil)

Moacyr (Espírito).
Sem medo do amanhã / Moacyr;
Obra psicografada por Lucimara Gallicia. --
São Paulo: Centro de Estudos Vida & Consciência Editora.
ISBN 978-85-7722-023-6

1. Espiritismo 2. Psicografia 3. Romance brasileiro I. Gallicia, Lucimara. II. Título.

08-05218   CDD-133.93

Índices para catálogo sistemático:
1. Romances espíritas: Espiritismo 133.93

Este livro adota as regras do novo acordo ortográfico (2009).

Editora Vida & Consciência
Rua Agostinho Gomes, 2.312 — São Paulo — SP — Brasil
CEP 04206-001
editora@vidaeconsciencia.com.br
www.vidaeconsciencia.com.br

Aos meus amigos espirituais, em especial:
Calunga, Filhos de Luz,
Cigana Dalva e Equipe
(pelos ensinamentos e sustentação).

A todos os meus amigos do plano físico,
que de alguma forma contribuíram para
que este livro fosse concluído.
Em especial:
Marcelo Cezar, por toda a ajuda,
apoio, estímulo e companheirismo.
Jairo Cohen, pela força e dedicação.

E a vocês:
Luiz Gasparetto e Zibia Gasparetto,
por estarmos caminhando juntos.

"Amizades são laços que se formam pela simpatia,
respeito e afinidade, interligando-se ao nosso espírito e pendurando por toda a eternidade."

LUCIMARA GALLICIA

Kátia,

Por esta e todas as outras
capas criadas durante os
dezoito anos de carinho e
dedicação, nosso muito obrigada.

A HISTÓRIA COMEÇA AQUI...

Há tempos os homens têm procurado uma maneira mais saudável de progredir. Embora a ciência venha contribuindo para que esse crescimento seja cada vez mais intenso, mostrando-nos sempre uma possibilidade de reversão, ainda há muito a fazer...

Tudo no Universo está regido por uma ordem natural, onde a cada passo, muito bem delineado, assume o compromisso ou não da vitória imediata de um ser.

Caros amigos! Começa aqui uma história onde poderão comparar a vida terrestre dentro de uma escala evolutiva semelhante ao mundo astral que nos rege.

Apesar de nos sentirmos impotentes diante da grandiosidade divina, há sempre uma luz que se acende, propagando em nosso íntimo a verdadeira sintonia da alma diante da eternidade. O mais importante é criarmos dentro de nós vários mecanismos capazes de nos ancorar diante das dificuldades e desesperos que nos assombram periodicamente.

Seguir o caminho do bem, prestigiar a si mesmo em primeiro lugar, buscar incessantemente o aperfeiçoamento do espírito, é tornar a consciência o espelho onde se deve refletir a sabedoria adquirida por aqueles que de mãos dadas caminham em nome da criação divina.

Busque em você a saída para tudo, mas não deixe de se conectar a um movimento que não para e que sempre nos oferece uma chance de recomeçar, que é a Vida, pulsando em todos nós e que nunca acaba, pois onde estiver, de qualquer forma, materializada ou não, você existe e o será para sempre...

Desejo a todos uma boa reflexão com esta leitura, agradecendo a permissão que me foi dada para a realização de cada página expressa neste livro, que dedico com todo o meu coração aos amigos de minha casa espiritual e aos da Terra que por ora separados, mas unidos no mesmo amor e propósito que nos acalenta a alma saudosa, na esperança de vê-los felizes no exercício de crescimento contínuo rumo às esferas elevadas, onde poderemos um dia acolhê-los de braços abertos, no retorno preciso e na continuidade de tudo.

Um abraço do amigo espiritual
Moacyr

CAPÍTULO 1

Marie acordou entre soluços e prantos. Nos lençóis de seda, rolava a menina aos berros, chamando pela mãe. Irene, ao súbito despertar matutino, pulou da cama, aflita, em direção ao quarto da filha. Marie, desesperada, abraçou a mãe, que a envolveu em seus braços carinhosamente, indagando-a mais uma vez, qual fora o sonho desta vez...

Acomodada no colo materno, ela gemia ao suor que lhe escorria na face ingênua de garota assustada. Com o olhar arregalado, respiração ofegante, começou a relatar o pesadelo que tivera.

— Mamãe, o moço de chapéu queria me pegar, disse-me que ia me levar com ele para sempre e que não adiantava eu chamá-la.

Irene expressava o cansaço de mãe que não sabia mais o que fazer para tirar a filha dos contínuos tormentos que havia meses preocupava a família Nogueira.

— Oh! Meu Deus, o que eu posso fazer para você, filhinha? Fique em paz, a mamãe está aqui, foi apenas mais um sonho.

A menina, gélida, ameaçava desfalecer. Irene, num gesto de proteção, sempre que isso acontecia, levava a filha para dormir em seu leito, na intenção de acolhê-la mais de perto.

Mário dormia tranquilo, enquanto a menina se instalava entre o casal, demonstrando segurança por estar ao lado da mãe.

Irene ergueu a mão e puxou o relógio para verificar o horário. Pensou: "Seis em ponto. Sempre na mesma hora! O que se passa com essa menina? Assim que Mário acordar, vou sem falta procurar o doutor Nelson, a fim de uma vez por todas resolver este caso".

Ela ajeitou-se ao lado da filha e, aos poucos, entregou-se a um breve cochilo. Ao som do despertador que apontava sete horas, Mário se remexeu de um lado para o outro, procurando o corpo da esposa para aquecê-lo. Ao deparar com Marie, resmungou baixinho:

— Outra vez?! — esboçando um gemido meio contrariado, chamou por Irene: — Querida, acorde! O que houve? Por que Marie está aqui de novo? Já não lhe disse que isso é mimo desta menina? Vou levá-la para o quarto. Isso não pode mais acontecer! Ela está se acostumando com essa situação. Precisamos conservar a nossa intimidade, assim você acaba estragando essa garota!

Irene, embora sonolenta, com voz embargada, respondeu ao marido:

— Mário, tenha paciência com ela, os pesadelos a assombram e Marie está precisando de nossa ajuda. Vamos levantar e tomar um bom café, deixe-a dormir aqui mesmo, logo mais pedirei a orientação do doutor Nelson, tenho certeza de que ele nos indicará a melhor solução.

Mário concordou a contragosto, balançava a cabeça indignado. Enquanto colocava seu roupão azul, desviava o olhar da esposa que gesticulava pedindo silêncio para que Marie não acordasse com a conversa dos dois. Saíram do quarto fechando a porta com cuidado. A fim de descontraí-lo, Irene o abraçou com ternura, desejando-lhe um bom-dia!

A mesa posta por Catarina, a governanta de confiança de Irene, oferecia as guloseimas preferidas da família. Mário saboreava o desjejum enquanto lia jornal. Irene tratava das tarefas primárias com Catarina, quando, de repente, foram surpreendidos por um grito vindo do quarto onde Marie dormia, alvoroçando as primeiras horas da manhã. Ambos correram assustados, e, ao abrirem a porta, encontraram-na em choque, apontando em direção ao guarda-roupas.

— Ele está lá e quer me levar, não deixem, por favor, não deixem — berrava a menina, fora de si.

— Calma, Marie! Estamos aqui. Venha, garota, não precisa temer! Papai está aqui para protegê-la — considerou Mário, estendendo as mãos para a menina.

Marie soluçava aterrorizada quando Catarina entrou no quarto, demonstrando nítida preocupação. Sem entender o que estava acontecendo, perguntou aflita:

— Dona Irene, está tudo bem? — Catarina não esperou resposta, estendeu os braços carinhosamente para a menina, tentando confortá-la: — Oh, minha criança, o que foi desta vez?

— Cati! Ele voltou, estava logo ali, queria me bater.

— Você estava sonhando, não há ninguém aqui.

Marie começou a gritar novamente, apontando na mesma direção. Em seguida, esbugalhou os olhos e, com a respiração ofegante, colocou-se em posição curvada falando coisas desconexas. Ria em tom alto como quem quisesse debochar de todos, chegando à histeria.

Mário, desnorteado ao ver a filha descontrolada, interrompeu a gritaria, esbofeteando-a aos berros:

— Chega! Eu não aguento mais! Fique quieta, pare com isso!

Irene, apavorada, tentou segurar as mãos do marido, implorando que ele parasse de bater na menina. O rosto dele enrubesceu, e, transtornado, ele transferiu a raiva para a esposa, empurrando-a violentamente.

Irene tentou apoiar as mãos no armário, mas perdeu o equilíbrio e caiu, batendo a cabeça sob a quina da cama, desmaiando em seguida.

Mário voltou a si e, ao vê-la desfalecida, gritou:

— Meu Deus! O que eu fiz? Irene, acorde querida! — desesperado, pedia ajuda para a governanta: — Catarina, vá buscar o álcool. Depressa, corra!

— Minha mãe morreu! — gritou Marie. Aos prantos, vendo Irene imóvel e estendida no chão do quarto, atirou-se por cima do corpo dela.

Mário não sabia quem socorria primeiro, colocou as mãos na cabeça, estava estupefato.

— Puxa vida! Que coisa foi essa, minha filha, o que está acontecendo? — Desnorteado, tentava acalmá-la: — Não se assuste, mamãe está respirando.

Irene, aos poucos, remexeu o corpo, retomando os sentidos.

Nesse meio tempo, Catarina, de maneira apressada, retornava ao quarto, carregando em uma bandeja uma jarra com água, algodão e álcool. Ao subir as escadas em direção ao leito, sentiu forte tontura. Não conseguindo manter o equilíbrio, a governanta torceu o pé e despencou escadaria abaixo, soltando um grito pavoroso.

Mário ouviu o barulho e apressadamente abriu a porta. Não fosse a necessidade de se manter firme, teria sucumbido ao deparar com a cena que viu.

— Mas o que é isso? O que está acontecendo por aqui? Digam-me, pelo amor de Deus! — desabafou desolado, enquanto se apressava para socorrê-la: — Catarina! Você se machucou? Dê-me as mãos, pode levantar-se?

— Acho que sim. Tropecei ao sentir uma tontura inesperada. Como está dona Irene? Vamos, ela precisa de nós.

Catarina estava pálida. Apoiada nos braços de Mário, conseguiu se levantar.

— Calma, ela está bem. Foi apenas um susto!

— Ela bateu a cabeça, pode ser perigoso.

— Não há de ser nada! Não vamos pensar no pior. Está sentindo dor?

— Um pouco, mas estou bem! Temo por dona Irene.

Entraram rapidamente no quarto. Irene estava sentada no chão, ainda atordoada.

— Venha, querida, deixe-me ajudá-la. Meu amor, perdoe-me, perdi a cabeça! Como pude fazer isso? Estou bastante envergonhado. Perdoe-me!

— Estou bem. Não se preocupe — respondeu ela, amuada.

Marie, olhos esbugalhados, encostada na parede, teve medo de que o pai a culpasse pelos transtornos causados.

— Que início de dia! — exclamou Mário, enxugando a testa molhada. Em seguida quis se redimir: — Sinto muito, querida. Perdoe-me. Eu não sei como pude me descontrolar dessa forma.

— Estou bem, Mário, todavia desculpe-se com Marie, por favor.

Só neste momento ele percebeu que a menina ainda estava estática.

— Venha, meu anjo, perdoe o papai. Descontrolei-me por demais. Tudo vai passar, estamos aqui para ajudá-la. Está mais calma?

Marie murmurou positivamente. Mário alisava os cabelos da filha, que pouco a pouco se acalmou ao ver que a mãe estava reagindo.

— O que aconteceu com você, Catarina? — perguntou Irene, aflita, ao vê-la tocando o tornozelo.

— Levei um tombo daqueles ao subir as escadas correndo.

— Sente-se aqui — apontou para a poltrona à esquerda.

— Não se preocupe, estou bem. Precisa de alguma coisa?

— Sinto dor na cabeça, acho que um analgésico resolverá. Vá buscar para mim, querido.

— De jeito algum, eu mesma posso fazer isso — retrucou Catarina, prontificando-se de imediato.

— Desça com cuidado, aproveite e tome um também.

— Está com muita dor, querida? Quer que eu chame um médico?

— Não se faz necessário, tomarei o remédio e logo ele aliviará o impacto da batida. Sinto a minha testa latejar.

— Deixe-me ver — Mário friccionava com as mãos a testa da esposa. — Está inchado. Fique em observação, se sentir tontura, chamo um médico imediatamente!

— Não exagere, querido, já lhe disse que estou bem.

Mário segurou as mãos da esposa, beijando-as com ternura. Estava com remorso, sentia vários calafrios ao pensar no pior que poderia ter acontecido!

— Acho melhor vocês não saírem hoje. Vou telefonar para o escritório e justificar o meu atraso, e aproveito para comunicar à sua secretária pela sua ausência no trabalho — depois, Mário quis confortar a filha: — Ouça, Marie, precisamos levá-la a um bom especialista, ele vai orientá-la em relação a esses pesadelos contínuos. Quero que você confie no papai, pois queremos o melhor para você. Precisamos da ajuda de um profissional para poder nos auxiliar. Você não quer se livrar disso?

A menina balançou a cabeça positivamente, sem nada dizer. Mário a beijou com carinho, tentando convencê-la:

— Farei tudo para vê-la feliz! Não se preocupe! O médico é amigo do papai, tenho certeza de que brevemente você estará bem.

Ele sentou-se em seguida ao lado de Irene e, delicadamente, envolveu-a em seus braços. Tentava ser cordial e apagar aquela imagem de homem descontrolado.

— Sentirá alívio com o efeito do analgésico, porém, se observar algo errado, telefone-me imediatamente.

— Fique calmo, estou bem. Não vou trabalhar hoje, aproveitarei o dia inteiro para ficar com Marie, assim relaxo e posso me recompor devidamente.

— Faça isso, será bom para vocês. Ligarei mais tarde para saber se melhoraram.

— Vá em paz, ficaremos bem. Não se preocupe, qualquer coisa mando chamá-lo.

Mário hesitava em sair, tinha vontade de se desculpar ainda mais por tudo o que havia ocorrido, sentia seu peito apertado, e, desolado, percebeu que a filha ainda estava assustada. Fez sinal para que Marie se juntasse a ele, beijava-as continuamente. Não conseguiu controlar a dor do arrependimento, debruçou-se sobre elas e chorou desoladamente.

Sem que pudessem perceber, tampouco imaginar, estavam sendo observados por um vulto, que assistia a tudo silenciosamente.

Mário se recompôs, despediu-se da esposa e filha, salientando que não se deixassem incomodar por ninguém. Por fim, tomou fôlego e saiu para o trabalho.

Irene, a sós com Marie, procurava confortar a filha do seu jeito.

— Querida, procure compreender a atitude de seu pai. Todos nós estamos preocupados com você, queremos ajudá-la. No entanto, as pessoas se expressam de maneira diversa, cada um de nós escolhe uma forma de extravasar as tensões e preocupações. A forma que seu pai se expressa é diferente da sua e da minha — ela fez uma pausa e prosseguiu: — Diante disso, não devemos julgá-lo e sim compreender que ele não sabe como ajudá-la, assim como eu. Por esse motivo, preocupa-se por demais e acaba por se exaltar, chegando a esse descontrole que infelizmente pudemos notar. Decidimos procurar a orientação de um bom médico. O importante é você ficar bem, poder dormir em paz e acordar bem-disposta, não é mesmo?

Marie não se pronunciava, apenas ouvia as colocações da mãe.

Irene, intimamente estava muito preocupada com a reação da menina, era paciente e compreensiva, procurava manter o equilíbrio da família. Sabia que Mário era temperamental, percebia sua impaciência por tudo o que supostamente o afastasse da atenção dela. Embora se sentisse profundamente magoada e surpresa com a agressividade dele, resolvera ponderar em virtude da tensão que os acometia, mesmo porque era a primeira vez que vira o marido tendo um descontrole exagerado. Nunca, sequer, aquele homem ousou ofendê-la como naquela manhã. Por certo estava esgotado e merecia seu perdão. Sempre fora bom marido, dedicado à família, desde que ela estivesse totalmente disponível para ele, em primeiro lugar.

Irene amava-o intensamente, por esse motivo, iria relevar depois de terem uma boa conversa. Tinha absoluta certeza de que tudo era consequência de sua imaturidade de não saber lidar com aquela situação. Ela conhecia-lhe as dificuldades quando solteiro, certamente não tivera um bom apoio familiar e sua expectativa de suprir isso com ela era a razão desse temperamento possessivo.

Ela olhou para a filha que adormecera em seus braços. Relembrou a cena em que Marie debochava de todos. Como poderia uma menina tão dócil e meiga chegar àquele ponto?

Embora o desgaste matutino merecesse ser esquecido, não conseguira libertar-se daquela imagem. Temia ouvir um diagnóstico complicado por parte do médico. Sentiu arrepios percorrerem seu corpo. Sua testa ainda latejava.

Irene ouviu passos no corredor. Ao toque delicado da porta, ela desconcentrou-se.

— É você, Catarina?

— Posso entrar, senhora? Trouxe um pouco de salmoura para a senhora passar na testa.

— Psiu! — advertiu. — Faça silêncio. Marie está dormindo!

Catarina puxou uma cadeira, sentou-se ao lado de Irene.

— Está melhor, senhora?

— Minha testa ainda está latejando. E quanto a você, aplicou salmoura no tornozelo?

— Sim, embora sinta também que ainda está muito dolorido. Tomei o remédio, daqui a pouco estarei melhor.

— Quer que eu chame um médico?

— Para quem?

Irene sorriu.

— Você é tão teimosa quanto eu. Preciso descansar, contudo, não consigo esquecer a cena em que Marie chegou ao extremo. Depois, vem à minha mente o rosto furioso de Mário. Estou esgotada, essa é a verdade...

— Não pense mais nisso. A menina estava assustada, temendo a bronca do pai.

— Você não acha que ambos exageraram?

— Quer mesmo saber o que eu acho? — perguntou Catarina, ao mesmo tempo em que aplicava-lhe a salmoura.

— Quero. Ai! — gemeu Irene. — Está doendo...

— Calma, senhora, este é o melhor jeito de fazer o inchaço desaparecer.

— Não sei o que pensar. O que será que... Ai, que dor! — interrompeu a fala novamente.

— Só mais um pouco. Já estou terminando.

— O que quer me dizer? — insistiu Irene.

— Não sei explicar, porém alguma coisa estranha está acontecendo com essa menina. Confesso que acho muito estranho esta história de pesadelos. No início até considerei natural, mas todos os dias ela sonha desse jeito? Acho melhor a senhora aguardar o parecer do médico. Enquanto isso, farei uma oração para Marie.

Catarina era muito religiosa. Nas horas de folga, geralmente ao entardecer, costumava sentar-se perto de uma linda floreira ao lado do chafariz, no jardim. Ali era o lugar de sua preferência. Contemplava o céu até que apontassem as primeiras estrelas. Figurava ser os olhos de Deus por terem tanto brilho. Assim se deixava embalar pelas recordações de sua juventude, e muitas vezes, de tanto que se envolvia, chegava a chorar. Depois, agradecia a Deus, com prece fervorosa por ter sido acolhida pela família Nogueira. Muitos não tiveram a sua sorte, e Catarina sentia-se privilegiada por viver em pleno conforto sendo considerada membro da família. Era digna da maior confiança de seus patrões, rezava todos os dias para que todos fossem protegidos, exatamente como se sentia ao lado deles.

— Também não sei explicar, fico pensando qual a razão disso, visto que Marie é criada com tudo o que podemos oferecer-lhe de melhor — respondeu Irene, desolada.

— Então não pense, descanse. Aproveite que ela está dormindo e faça o mesmo. Se precisar de mim é só me chamar.

— Está bem, você está certa. Vou relaxar agora.

— Faça isso, vai acordar melhor.

Catarina fechou as cortinas, sorriu para a patroa e saiu.

Irene ajeitou o travesseiro, procurou banir os pensamentos. Minutos depois, enquanto acariciava a filha, adormeceu.

CAPÍTULO 2

Mário era desenhista de uma empresa multinacional, trabalhava num luxuoso escritório, onde exercia com presteza seu trabalho, desenvolvendo técnicas para máquinas de alta tensão numa empresa metalúrgica com sede no interior de São Paulo. Irene, empresária bem-sucedida, dava continuidade ao patrimônio que herdara do pai. Filha única, rica, tinha rotina diária agitada a fim de conciliar o compromisso familiar com os negócios.

Marie, com onze anos de idade, estudava num dos colégios voltados à elite paulistana da época. Ela se mostrava dispersa nos estudos. A única filha do casal apresentava problemas ainda desconhecidos pelos pais.

Mário inicialmente desconsiderava a possibilidade de a filha estar doente, julgava-a mimada demais pela esposa. Mas em vista dos últimos acontecimentos, resolvera não perder mais tempo. Mesmo considerando que Irene contribuía muito em mimá-la, fazendo tudo o que a menina queria, a fim de compensá-la por sua ausência diária, acabara por se convencer de que havia outras razões que eles desconheciam, pois aquele comportamento de Marie não era normal.

Irene era uma mulher competente profissionalmente e dedicava-se inteiramente para manter o lugar de seu pai na direção da empresa. Questionara algumas vezes com o marido se Marie estaria precisando mais de sua presença por estar entrando na pré-adolescência. Ao mesmo tempo, reconhecia que esta era uma fase passageira, porém que despenderia maior atenção por parte dela.

Ela só não compreendia o significado desses pesadelos atormentadores. Eram cenas repetitivas que a assombravam.

Irene conhecia muito pouco sobre o assunto. Embora ela nunca tivesse tido esse tipo de problema durante a infância, tampouco soubera de um caso familiar semelhante, sentia-se impotente e pressionava-se, ao mesmo tempo em que compensava a filha pela solidão que julgava lhe causar.

Marie estava crescendo e como na maioria das vezes os pais não se dão conta disso, algum conflito certamente a menina estava enfrentando. Naquela manhã, tudo havia ficado muito claro para eles: Marie precisava realmente de ajuda médica.

Mário, a caminho do trabalho, também reconhecera isso. Estava pensativo, suspirava aliviado por nada de pior ter-lhes acontecido. Era um homem bom, mas com sérias dificuldades de controlar suas emoções.

Assim que ele chegou ao escritório, resolveu algumas questões cotidianas. Logo em seguida, dirigiu-se à secretária pedindo-lhe que ninguém o incomodasse até a hora do almoço. Entrou em sua sala, desatou o nó da gravata, tirou um lenço do bolso e enxugou a testa. Mário sentia-se inquieto. Resolveu relaxar para retomar o ânimo, porém as cenas dos fatos ainda eram vivas em sua mente.

"Que coisa estranha!", pensou. "Um tumulto criado apenas por um pesadelo! Como fui me descontrolar assim?"

Depois acabou por justificar seu comportamento em virtude de não aguentar mais aquela situação, afinal, Irene mimava demais a menina. Isso não poderia continuar! Dessa maneira o casamento seria afetado. Todas as vezes que acordava e queria procurar a esposa para trocarem carícias, deparava com a filha dormindo entre eles. Cansado de reclamar e percebendo que Irene nem se importava, preferindo atender aos caprichos da filha, Mário foi conservando muita contrariedade e acabou jogando tudo para fora, de maneira descontrolada.

Ao mesmo tempo, sentia-se culpado por pensar assim. E se acaso estivesse enganado? A filha poderia estar realmente com algum problema mental, haja vista o quadro histérico que assistira minutos antes. Reconhecia que ao vê-la daquele jeito, parecendo uma desmiolada, ele acabou por se alterar, tentando trazê-la para a realidade, daí a razão de sua reação agressiva. Depois rejeitou rapidamente o pensamento.

— Não, isso não! Minha filha não pode estar louca! Irene não aguentaria tamanha decepção! A nossa família ficaria arruinada!

Mário sacudiu a cabeça. Estava agitado. Temia qualquer coisa que pudesse afastar-lhe da esposa.

— Estou exagerando! — suspirou. — São apenas pesadelos; essa menina deve estar comendo muito antes de dormir. E, depois, já se acostumou com a preocupação excessiva de Irene.

Mário não percebeu que sua mente estava por demais acelerada, disparando os pensamentos, enquanto simultaneamente verbalizava parte de seus sentimentos.

Uma sombra escura o envolvia do topo da cabeça ao frontal, acentuando para que alguns pensamentos negativos se fortalecessem. Sutilmente, cenas de afeto entre Marie e Irene surgiam-lhe na mente, provocando certo ciúme.

Mário começou a deprimir-se, com a impressão de que Irene estaria se esquivando dele.

— Será que não me quer mais? Sempre agi de acordo com os preceitos de um bom marido, fazendo de tudo para escapar da rotina, temendo que nossa relação se desgastasse.

Ele recordou quando Marie era pequena e solicitava maior atenção da mãe. Mário sempre se desdobrava para estar ao lado delas. Prestativo e companheiro, admirava a esposa, por conseguir manter-se em harmonia entre a casa e o trabalho.

Naquela época, Marie tivera várias babás, e sobrava tempo para que Irene ficasse mais ao lado dele. Agora, porém, sentia-se invadido, mas não era fácil admitir isso, pois amava a filha, apenas não concordava com a postura da esposa, a qual julgava exagerada.

Aturdido por tantas dúvidas e incertezas, resolveu acabar com aquele tormento, e repentinamente considerou:

— Vou ligar imediatamente para o doutor Nelson! Haverá um jeito de solucionar isso.

O espírito que o envolvia tentou impedi-lo, provocando-lhe sensação desconfortável. Mário sentiu uma pressão na nuca. Em seguida, veio à sua mente: "Para quê? Resolva do seu modo. Acabe com esse mimo, proíba Irene de trazê-la para seu quarto, seja mais firme e irredutível, ameace deixá-la caso não lhe atenda. Ficará livre de vez desse estorvo".

Mário rejeitou, respondendo para si mesmo:

— Não posso fazer isso, sou impulsivo demais, Irene não me perdoaria a grosseria, mesmo porque não quero me exaltar como nesta manhã.

Mário preocupou-se com sua atitude de agressividade. Sabia que a esposa tiraria isso a limpo. Estava envergonhado. Não sabia mais o que pensar. De quem seria a culpa? Tentara agir com firmeza, resultando em histeria por parte dele também. Perdera o controle da situação, não almejava sequer pensar numa afronta dessas, a esposa o recriminaria para sempre.

Repentino desânimo o acometeu. Dois vultos debruçavam-se em seus ombros, intensificando-lhe as sugestões negativas.

"Ela não o ama mais, por esse motivo concorda em levar a filha para dormir entre vocês. Se sentisse sua falta, daria outro jeito. É conveniente para ela socorrer a menina, assim se esquiva de você."

Mário curvou-se sobre a mesa e, com as mãos entrelaçadas, suplicou:

— Ah! Meu Deus, ilumine-me! Parece que estou ficando louco, não posso me deixar envolver por esse desânimo, minha filha precisa de mim. Não posso ser egoísta e deixá-la à mercê desses tormentos. O que faço? Ajude-me!

Num impulso rápido, chamou pela secretária, solicitando-lhe que fizesse a ligação para o médico.

Só após alguns minutos, Mário pôde se sentir um pouco mais aliviado. Quando o médico o atendeu, explicou-lhe rapidamente o que estava acontecendo. Prontamente, o doutor o confortou, sugerindo-lhe manter a calma em primeiro lugar, pois conversaria com Marie e certamente resolveriam a questão; assim que ele pudesse obter mais informações poderia diagnosticá-la devidamente. Impaciente, Mário solicitou atendimento de emergência, alegando ser prioritário o problema de sua filha. O médico, condizente com a situação, fez o possível para atendê-lo de pronto. Mário aceitou as condições de ser o último paciente a ser atendido por Nelson naquele mesmo dia. A consulta foi marcada por volta das vinte horas.

Conseguido o intento, Mário pôde relaxar verdadeiramente, conscientizando-se de que havia feito a coisa certa. Suspirou profundamente e deu alguns passos até a janela de sua sala. Com as mãos nos bolsos e o rosto marcado pela expressão de cansaço, direcionou o olhar para o infinito a fim de esvaziar a mente. Foi interrompido pela secretária que entrou na sala.

— Senhor Mário?

— Sim? — sobressaltou-se.

— O senhor precisa de alguma coisa? Posso sair para almoçar?

— Não, obrigado, pode ir para o seu almoço.

— Está tudo bem? Se preferir posso esperar mais um pouco — insistiu a moça.

— Não se preocupe, estou bem. Vou aproveitar para resolver algumas coisas antes de almoçar.

Heloísa se retirou pensativa, indagando para si mesma de que valeria tanto dinheiro no bolso se não havia felicidade completa. Penalizada ao ver a preocupação do patrão, pois pôde ouvir a conversa que ele tivera com o médico, considerou-se uma pessoa mais feliz do que ele, mesmo tendo grande diferença em relação aos recursos financeiros que o provia.

— Bom mesmo é não ter muito dinheiro, sempre uma desgraça aparece... — repetia sempre para si essa frase muito comum diante de seus preceitos preestabelecidos...

Mário, como quem captasse os pensamentos de Heloísa, desabafou intimamente, dizendo baixinho:

— Essa moça deve ser mais feliz do que eu, não tem dinheiro, tampouco preocupações! De certo sonha casar-se com um homem de posses, ter filhos e parar de trabalhar, vivendo exclusivamente com a família.

Em pensamento, ele fez ligeira comparação com a esposa. Irene jamais se submeteria a isso. Depois concluiu:

— Se bem que na vida todos nós encontramos em algum momento certo dissabor, seja por motivos financeiros, afetivos ou até mesmo de saúde. Cada um tem a sua hora para isso — arrepiou-se em seguida só em pensar que a filha pudesse estar louca. — Talvez para mim isso seja o pior! Por que não podemos ser felizes em tudo? Até pouco tempo me considerava um homem privilegiado, mas agora, esse problema com Marie... Estou exagerando! Nem ao menos tenho condições de saber o que se passa com ela, quanto mais diagnosticá-la como doente mental.

Mário retrucou o pensamento, continuando em seguida:

— Não posso me deixar enfraquecer agora. Preciso reagir!

Resolveu sair imediatamente para almoçar. Hesitou. Estava por demais agitado, comer daquele jeito não lhe faria bem. Resolveu tentar concentrar-se diante de alguns projetos e por muito custo conseguiu envolver-se por completo em seu trabalho.

CAPÍTULO 3

Na mansão, tudo transcorria como Mário ordenara. Irene afastara-se do trabalho naquele dia, a fim de se restabelecer, aproveitando para ficar ao lado da filha. Apenas dera alguns telefonemas de negócios e em especial para sua secretária, delegando-lhe algumas pendências. Depois, procurou observar o dia a dia de Marie. Logo mais estariam todos acolhendo a orientação de Nelson.

Irene pensara várias vezes em ficar mais em casa, dividir melhor o seu tempo com a menina, pois Marie poderia estar reclamando inconscientemente de sua ausência. Caso modificasse sua rotina, participaria mais dos momentos com a filha.

O dia transcorreu mais calmo. Após o almoço, mãe e filha sentaram-se na varanda da sala de estar. Irene tentava distraí-la, apontando em direção às flores do jardim, que apresentavam um maravilhoso cenário de início primaveril.

Marie se mostrava indiferente. A mãe, percebendo-lhe a atitude, tentou se aproximar, perguntando:

— Filha, como estão os estudos?

A menina, de maneira dispersa, pouco se interessou em responder-lhe prontamente. Absorta em seus pensamentos, olhar evasivo, esboçou um leve sorriso e respondeu:

— Tudo bem, mãe, hoje eu não pude ir à escola, não é? Estou doente? Vamos ao médico?

— Sim, querida, quero vê-la bem! Diga-me, filha, estou sendo uma boa mãe para você?

— Sim, mamãe. Não se preocupe tanto.

Irene observava a menina que abrira uma revista, dissimulando suas indagações.

Aparentemente, não conseguira ver qualquer tipo de alteração em seu comportamento, a não ser quanto aos pesadelos. Culta como era, lera um artigo certa vez sobre "Sonhos e Pesadelos". A matéria dizia que as pessoas expressavam suas emoções reprimidas e preocupações diárias por meio deles. Mas que tipo de preocupação teria uma menina daquela idade? A não ser a possível solidão quanto à falta de sua presença?

Irene não desistiu, colocou suas mãos nos joelhos da filha, tentando aproximar-se novamente:

— Marie, quero lhe dizer uma coisa.

A menina sobressaltou-se aos dois toques do telefone e impaciente acompanhou os passos de Catarina, que se apressava em atender.

— Alô! Como vai, Julia? Está sim, aguarde um momento, por favor!

Ao ouvir o nome da amiga, a menina disparou para atendê-la.

Irene balançou a cabeça, como se dissesse para si mesma: "Pare de se culpar, seja mais natural com ela!". Em seguida, pegou a revista que Marie deixara cair e começou a folheá-la, a fim de dissipar suas preocupações.

Marie tentava despistar a curiosidade da amiga em relação à sua falta no colégio, temia ser alvo de chacotas se alguém soubesse o verdadeiro motivo.

Julia insistia no assunto:

— Bem, Marie, se você quiser, poderemos lanchar à tarde, assim você aproveita para copiar a matéria de hoje, poderei ir até a sua casa para estudar, o que acha?

A menina, desconcertada, desviou o convite, alegando indisposição da mãe. Marie não tivera coragem de contar para a sua amiga sobre os pesadelos, tampouco a extensão disso. Sentir-se-ia profundamente inibida se Julia soubesse que a mãe a levaria a um psiquiatra.

Irene prestava atenção, disfarçando a preocupação em relação ao que percebera da menina. Por fim, Marie se despediu da amiga, combinando o lanche para a tarde do dia seguinte.

Irene tentou pacificá-la:

— Marie, quero que saiba que iremos apenas consultar um médico, não há o que temer, pesadelos são naturais, apenas no seu caso estão um pouco exagerados. Não se sinta uma menina diferente. São apenas sonhos. Você há de compreendê-los com a orientação devida. No entanto, concordo com você que por ora este assunto deva ficar somente entre nós.

A menina reagiu:

— Ah, mãe, não quero falar sobre isso, só de pensar na cara daquele homem dos sonhos, sinto arrepios.

Instantaneamente, Marie mudou sua feição, demonstrando extremo constrangimento e palidez. Catarina interrompeu a conversa, trazendo uma bandeja com suco de laranja e torradas com geleia de amora, dando preferência ao gosto de Marie.

— Com licença! Olhem o que a Cati trouxe especialmente para Marie!

Ao se aproximar, a governanta sentiu estranha sensação, ondas de arrepios com súbita vertigem, semelhante ao que sentira ao cair da escada pela manhã.

— Catarina, você está bem?

— Acho que sim, dona Irene. Coisa estranha! Senti a mesma sensação da manhã. Será que estou assustada?

— Como está o tornozelo?

— Dolorido, já fiz mais compressas com salmoura, estou melhor.

— Caso prefira, pode descansar esta tarde. Talvez ajude se você erguer as pernas e repousar um pouco.

— De jeito nenhum, estou bem, não conseguiria ficar parada. Contudo, intriga-me essas vertigens, será que me alterei demais? Pode ser do sistema nervoso. Vou fazer um chá de cidreira para relaxar os nervos.

— Bem, se precisar chamarei um médico.

— Obrigada, senhora, espero não precisar.

Marie, ao prestar atenção na conversa, sentiu uma pontada no estômago, acompanhada de enjoo ao ver o lanche sob a mesa na varanda.

— Catarina! Não estou com fome, tire rápido essa bandeja daqui, estou com enjoo.

— Marie, você precisa se alimentar, fizemos a geleia especialmente para você, sei que adora amoras!

A menina empalideceu, virou-se de súbito para a governanta

extremamente irritadiça, ordenando que Catarina levasse de imediato a bandeja para fora dali.

— Que é isso, Marie, o que há? Catarina está cumprindo seu dever em servi-la. Desconheço essa atitude, filha. Qual a razão desse nervosismo todo?

— Já disse que não quero e pronto. Saia já daqui! — berrou.

— Não precisa ficar nervosa, só estou querendo ajudar — respondeu Catarina.

— Cale a boca! — continuou Marie, extremamente alterada.

— Basta Marie! — interferiu Irene. — Peça desculpas para Catarina.

— Desculpas de quê? Não quero comer e pronto!

— Nunca a vi assim, minha filha! O que está acontecendo com você?

Marie soltou uma gargalhada inesperada. À esquerda de onde estavam, um vulto a envolvia, sem que fosse percebido.

— Pare já com isso, filha! Pelo amor de Deus! Tenha respeito pelas pessoas que a amam.

— Vocês não me deixam em paz! — suspirou a menina, colocando a cabeça entre as pernas.

Irene cruzou olhar com Catarina, que pensava indignada, correspondendo ao olhar da patroa: "Como aquela menina meiga se transformou nessa menina tão agressiva e com esse comportamento arredio?".

Irene procurou controlar-se.

— Filha, respire fundo. Procure se acalmar.

A menina reergueu-se, olhando espantada para as duas, sem nada poder explicar.

— Não sei o que houve, mãe, de repente senti um ódio tão grande...

Aos prantos, Marie debruçou a cabeça no colo da mãe. Irene gesticulou para que Catarina se retirasse. Delicadamente ela obedeceu, pedindo licença e saindo em direção à copa.

Irene envolveu a filha em seus braços, contemporizando:

— Calma, filha! Não precisa se alterar quando não quer alguma coisa — tentou ignorar-lhe a atitude agressiva. Enquanto acariciava-lhe os cabelos, questionara intimamente: "O que está acontecendo com ela? Talvez esteja com problemas psíquicos. Não há nenhum caso em família. Talvez ela esteja com perturbação emocional!".

Catarina entrou na cozinha, prestes a cair. Joana, a cozinheira, preparava a sobremesa do jantar e, ao vê-la cambaleando, correu, puxando ligeiramente uma cadeira para que ela se sentasse.

— O que houve, Catarina? Você está gelada! Acho que sua pressão caiu. Tome um pouco de água. Escutei uns berros, foi com você? Aquela menina maluca a ofendeu?

— Não fale assim, Joana. Respeite Marie, ela está com problemas e estou um pouco nervosa desde a manhã. Marie se irritou comigo só porque insisti para que ela comesse o lanche. Essa menina chega a me preocupar. O que será que está acontecendo com ela? Pesadelos, gritos, há vários meses... Antes eram de vez em quando, mas agora, todos os dias... Dona Irene vai levá-la ao médico hoje. Vamos aguardar o que ele vai dizer.

— É uma maluca mesmo! Onde já se viu brigar com você só por causa disso! Essa gente rica tem muito fricote, isso sim! Se fosse comigo eu responderia à altura! Se ela se meter comigo, não vai gostar, eu não tenho a língua presa como você.

— Deixe disso, Joana. É apenas uma menina. Nunca aconteceu nada parecido. Marie deve estar realmente doente.

— Que doente que nada! É uma riquinha mimada como todas! Pensam que podem tratar de qualquer jeito as pessoas humildes. Boba você, que morre por causa deles. Eu não! Por que você não reclama com a dona Irene? Se você deixar, vai acontecer de novo. Ela não vai mais respeitá-la, você vai ver! Depois não me diga que não a avisei.

— Não é assim, Joana. Tenho certeza de que isso vai passar. Estou preocupada demais com eles. Não sei o que será de mim sem essa família. Como eu gosto deles! Devemos agradecer todos os dias, pois com o dinheiro que eles têm, nunca desfizeram de ninguém. Como são bons com todos! Que bênção trabalhar para eles! Espero que Marie fique boa logo e tudo volte ao normal nesta casa.

— Não é o que a menina acha, não! Ela a humilhou, sim! Quando essa peste crescer vai mandar em tudo! Já pensou se um deles morrer e ela comandar esta casa? Louca como é?

— Joana, você não sabe o que está dizendo. Marie é uma menina doce e meiga, está com problemas. Devemos compreender. Afinal de contas, temos de ser prestativas nas horas boas e más. Temos de estar ao lado deles neste momento.

— Do jeito que você fala até parece que vai acontecer uma desgraça. Só porque a "bonequinha" tem pesadelos, todo mundo está preocupado! Na minha terra a gente resolveria isso fazendo um bom chá de hortelã e cidreira. Se não resolvesse, enfiava três dentes de alho debaixo do travesseiro e três galhos de arruda nos pés da cama. Acho que ela quer mesmo é dormir ao lado da mãe, como um bebê. A patroa é muito boa e não percebe isso! Certo foi o patrão que deu uns bofetes na cara dela. Mesmo assim não adiantou, viu só como ela continua "louca"? Se eu fosse ele, repetia a dose!

— Que sabe você sobre isso? Dona Irene tem suas razões para mimá-la tanto. Trabalha muito e não pode ficar sempre ao lado dela, devido aos negócios das empresas. Ela é muito inteligente, puxou ao pai! Sabe manejar tudo muito bem e se sente culpada por não estar mais tempo perto da filha, dando-lhe a atenção devida. Por tudo isso, tenta compreendê-la nessa fase de pré-adolescência, tentando fazer o melhor que pode.

— Eu não disse que é coisa de gente rica? Queria ver se essa menina fosse pobre! É porque ela tem tudo o que quer, não tem do que reclamar, então grita de noite, querendo a mãe. Acho que ela não quer crescer, quer ficar bebezinho para ter a atenção de dona Irene o tempo todo. Por falar nisso, porque o senhor Mário não trabalha com a mulher? Já que a madame tem tantas empresas, por que ela não divide com ele, assim poderia ficar paparicando mais essa garota durante o dia, e, quem sabe, ela parava de ter pesadelos.

— Joana, deixe a vida dos patrões de lado e faça a sua parte. Cuide da sobremesa.

— É só curiosidade, mas se eu fosse ele estaria lá, mandando em tudo.

— Bem, parece que houve um acerto entre eles, enquanto seu Geraldo era vivo. Seu Mário vem de família humilde e, para não se sentir um aproveitador barato, preferiu exercer a profissão em outro lugar, mesmo porque o ramo em que ele atua é outro. Como desenhista, ele acha melhor trabalhar numa empresa onde possa exercer a profissão que escolheu, mas isso não vem ao caso. Agora chega de conversas e vamos cuidar dos afazeres, já estou melhor.

— É bom mesmo, senão dá que essa garota invoque com a sobremesa, vai sobrar para mim...

— Não exagere, Joana. Foi só um contratempo. Devia estar nervosa e agitada e se descontrolou.

Lá fora, Marie, sem compreender a razão de tanto ódio repentino, tentava se desculpar com a mãe. Irene, porém, preferiu não estender a conversa, esperaria pela consulta ao médico. Diante dos fatos, ficara ainda mais determinada a resolver isso com urgência.

Tentando distrair a filha, perguntou se ela gostaria de ver algumas peças de tecidos que comprara recentemente. A menina concordou, parecia estar mais calma e animou-se com o convite. Assim, Irene conseguiu envolvê-la por toda a tarde e pontualmente, no horário previsto, saíram juntas rumo ao consultório médico.

CAPÍTULO 4

Na sala de espera de Nelson, Irene, elegantemente vestida, ao lado de Marie, observava a menina que, como de costume, folheava uma revista, demonstrando alienação. Procurou não interrompê-la e com gesto sutil colocou suas mãos nas pernas da filha, acariciando-lhe os joelhos. Estava apreensiva, temia que Marie se alterasse repentinamente.

Irene recordou-se de certa vez, quando Nelson questionara-lhe sobre uma segunda gravidez. Dizia-lhe o amigo que já estava na hora de ela pensar num irmãozinho para Marie. Ela, porém, recusara sempre, alegando indisponibilidade, devido ao seu papel nas empresas. Sabia que mais um filho tomar-lhe-ia todo o tempo e possivelmente não seria conveniente abandonar o trabalho. Irene comandava tudo em memória de seu pai e, para ela, por mais que não admitisse, as empresas estavam em primeiro lugar.

Mário aceitava tudo o que a esposa determinava, muito embora fosse notório perceber-lhe a vontade de ter mais um bebê. Apostava sempre que, se Deus lhe presenteasse, seria um lindo menino. Brincava com a esposa tentando muitas vezes convencê-la usando esse argumento, mas não obtinha sucesso.

Ansiosa e temendo ser advertida pelo médico em relação ao pouco tempo que dispensava para a filha, Irene olhava para o relógio insistentemente, registrando o atraso do marido. Considerava indispensável a presença dele, dividiriam juntos as responsabilidades, com isso ela não se sentiria tão culpada caso o médico enfatizasse que a filha estava carente de atenção.

A secretária, percebendo-lhe a inquietação, perguntou:

— Dona Irene, gostaria de um chá ou água?

— Oh, sim! Prefiro chá. E você, Marie?

— Nada, obrigada.

Mário entrou no consultório nesse momento. Irene levantou-se e foi ao seu encontro.

— Graças a Deus você chegou!

— Estou no horário, querida, procure se acalmar, tudo vai dar certo — beijou-lhe a fronte com carinho.

— E você, minha pequena, está melhor?

— Sim, papai.

A chamada do interfone na mesa da secretária fez com que Marie apertasse as mãos da mãe.

— Queiram me acompanhar, é sua vez, Marie — tornou a moça, com delicadeza.

A menina agarrou-se à cintura da mãe.

— Calma, filha, vamos apenas conversar. Não se preocupe, estamos aqui.

O médico vinha ao encontro deles, esboçando largo sorriso.

— Boa noite, amigos! Que satisfação revê-los! Entrem, por favor. Ora, ora, Marie já está ficando uma bela moça!

A menina corou com o elogio.

— Viemos lhe pedir uma ajuda para Marie — antecipou-se Mário.

— Hum, será que Marie precisa de ajuda?

A menina não respondeu.

— Como estão os estudos? — tentou dissimular.

— Bem — gesticulou a menina.

— Pelo que fui informado anteriormente por seu pai, você anda tendo muitos pesadelos, não é mesmo?

Marie continuava em silêncio.

— Vamos conversar sobre isso? — insistiu o médico. — Gostaria que me contasse tudo, em detalhes, o máximo que puder se lembrar. Acha que pode fazer isso?

— Sim.

— Ótimo! Podemos começar? Fique bem tranquila, pois você só está me relatando um fato, não está sonhando, certo?

— Sim. Bem, acordo todas as noites com o mesmo sonho, ou melhor, pesadelo...

Marie, então, começou a narrar os fatos. Estranha sensação de irritabilidade a acometeu.

— Falar sobre isso está lhe incomodando? — ressaltou o médico. — Pare, respire fundo. Olhe isso como uma cena de um filme onde você não é o personagem central. Veja isso fora de você, certo? Vamos lá, comece novamente.

Marie, cabisbaixa, continuou a falar. Irene inquietou-se. Sentira vontade de interrompê-la várias vezes.

"Que coisa estranha!", pensou a mãe. Aquele assunto agora parecia-lhe tão fútil e menosprezível! Sentiu certa contrariedade por estar lá, estava perdendo tempo com coisas insignificantes. Talvez todos estivessem exagerando. Vinha-lhe na mente: "Para que despendermos tanto atenção para isso? São apenas sonhos e nada mais".

O médico interrompeu-a novamente, percebendo a inquietação de Irene.

— Irene, não há com o que se preocupar, estou apenas analisando os fatos. Procure não se envolver na questão.

— Desculpe-me, doutor Nelson, acredito estar tensa com toda essa situação.

O médico procurou confortá-la, apertando-lhe as mãos gentilmente. Depois se virou para Marie e disse:

— Continue, querida!

— Bem, vou avistando um homem com um chapéu estranho que grita o meu nome e diz que quer me levar com ele e que não adianta chamar por minha mãe. Fico desesperada, querendo me livrar dele. Em seguida, acordo suada, ao mesmo tempo trêmula. Não escuto nada, parece que estou perdendo os sentidos. Volto ao normal com minha mãe chamando o meu nome, depois vou dormir no quarto dela, pois fico com medo de ficar sozinha, adormecer e ter o mesmo pesadelo.

Mário remexeu-se na cadeira. O médico prosseguiu:

— Muito bem. Agora me diga, como você tem expressado suas emoções ultimamente?

— Como assim?

— Perceba se você está se reprimindo com algo que queira fazer ou falar. Feche os olhos. Apenas reflita. Pergunte a si mesma: Estou fazendo o que quero? Estou falando o que sinto?

Marie silenciou.

— Como é isso para você? — continuou o médico.

— Eu não sei — respondeu acabrunhada.

Irene recordou o disfarce do telefonema com Julia. Tivera vontade de interferir na conversa. Hesitou. Ela mesma concordara com a filha. Para que se expor sendo que o diagnóstico ainda não fora dado? Considerava que a própria individualidade deveria ser preservada, assim como a discrição quanto aos problemas rotineiros da família e intimidades em geral.

Ela ensinara a filha a não comentar jamais o que se passava em casa aos amigos, até que se tornassem verdadeiramente íntimos; eram benquistos apenas para trocarem momentos de descontração.

Seria ela a responsável por esta opressão? Até que ponto usaria a direção certa preservando os conflitos familiares cotidianos, temendo comentários supérfluos e sem importância? Estaria ela comandando por demais os desejos de Marie?

Sua mente disparava, querendo antecipar uma resposta concreta. Sentira pequeno suor escorrer-lhe na testa; tentou dissimular, retirando um lenço da bolsa e enxugando-se discretamente.

O médico observava com sutileza o comportamento dos pais, enquanto tentava fazer com que Marie se expressasse o quanto podia.

Mário permanecia calado, enquanto Irene se agitava com seus julgamentos.

Nelson continuou:

— Bem, Marie, faça uma análise agora e me diga quais são os seus medos atuais, fora os pesadelos — ele sorriu.

A menina pensou, pensou e respondeu indecisa:

— Não sei, talvez os estudos, não estou muito bem na escola, e as provas finais estão se aproximando. Além disso, há outra coisa. Ah, deixa para lá — dirigiu o olhar para a mãe.

— O que é deixar para lá?

— Nada de importante, doutor.

— Você poderia me contar? Se isso lhe veio à mente, creio que gostaria de esclarecimento.

Marie calou-se. Tornou o olhar para a mãe.

— Quer falar sobre isso em outro momento?

Marie assentiu. Irene quis intervir novamente. Conteve-se. O que Marie estaria escondendo deles?

Nelson sugeriu:

— Acredito que poderemos começar um tratamento para você, Marie. Gostaria de me ver durante algumas semanas? Poderemos continuar nossa conversa, o que acha?

Irene descontrolou-se, respondendo pela filha:

— Claro que sim, poderemos vir, não é querida?

— Tenha calma, Irene, vamos ouvir Marie — interferiu o médico.

— Para mim está bem.

— Excelente! Iniciaremos de imediato nesta semana. Devo orientar-lhes quanto ao rumo de nossas sessões. A princípio, faremos uma hora por semana com Marie, intercaladas com sessões entre os pais a cada quinze dias. Vou receitar-lhe um tranquilizante leve para que você tenha uma boa noite de sono, sem pesadelos. Está certo, Marie?

— Sim.

— Bem amigos, por hoje é só. Tenham paciência. Logo mais tudo estará em perfeito equilíbrio.

— Mas, doutor, o que se passa com Marie?

— Vamos avaliar, Irene. Não se preocupe tanto. Procurem passear bastante e conversem o mais que puderem. Essa atitude fará bem a todos. Momentos de lazer sempre são os melhores remédios...

Irene ruborizou.

— Acha que estou trabalhando muito e não tenho tempo para estar com minha filha?

— Eu não disse isso.

Irene desatou a chorar. O médico aguardou pacientemente. Aos poucos, ela foi se acalmando, enxugou os olhos e se desculpou.

— Seria bom se todos se conscientizassem de como estão dirigindo suas vidas. Com o passar do tempo, vamos nos esquecendo ou deixando por último o que nos dá prazer. Assumimos papéis e posturas que fogem do nosso melhor. Isso é, passamos a viver somente para conquistar algo ou manter esse ritmo diante daquilo que já conseguimos na vida. Tudo se torna muito mecânico e rotineiro, nem percebemos que em nossa vida poderá estar faltando boa dose de estímulos que, se atendidos, vão nos gratificar pelo intenso prazer de viver. Procurem permitir-se avaliar tais questões. Como já disse antes, estaremos em contato permanente e então teremos tempo suficiente para trabalhar nisso.

Mário retrucou:

— Creio que o problema maior são os pesadelos que afrontam Marie, é por isso que estamos aqui, queremos saber o que se passa com ela. Não concordo com a atitude de Irene em conduzí-la ao nosso quarto. Na minha opinião, isso é extremamente nocivo, pois além de interromper a nossa privacidade, Marie não aprende a reagir por si mesma. O que me diz? Estou errado?

— Esses detalhes serão abordados em terapia; justamente por esse motivo, quero que compareçam aos nossos encontros. Não se precipitem em determinar o que seja certo ou errado. No entanto, percebo que é comum quererem resolver a questão em poucas horas. Infelizmente, isso não é possível.

Mário tirou o lenço do bolso e enxugou a testa suada.

— Percebam! — salientou o médico. — Cada vez fica mais claro que estão passando por um conflito em comum, vou auxiliá-los se me permitirem.

Irene sentiu raiva de Mário. Disse para si mesma: "Como pode ser tão egoísta nesse momento?"

Em seguida, olhou para Marie, que se esquivava da conversa, observando a variedade de quadros diplomáticos na parede do consultório. O médico fazia algumas anotações enquanto observava tudo. Mário sentiu-se desconcertado ao cruzar o olhar com a esposa. Num impulso rápido, redimiu-se diante da filha, dizendo:

— Marie, desculpe-me, estou apenas querendo ajudá-la.

Irene fulminou-o novamente, desta vez expressando no olhar maior indignação.

— Todos vocês deverão, antes de qualquer coisa, assumir uma postura de respeito aos sentimentos uns dos outros. Cada um apresenta necessidades individuais, das quais se respeitadas e bem conduzidas trarão harmonia diante da convivência em comum. Procurem trocar a palavra "problema" por aprender a superar as diferenças que se apresentam no cotidiano. Quanto a você, Marie, saiba que está num momento onde a fase de infância está indo embora para dar início aos primeiros passos da pré-adolescência. Isso quer dizer que não há nada de sobrenatural. Vamos pouco a pouco ensiná-la como enfrentar os seus medos. Por ora, gostaria que você se permitisse a falar naturalmente com seus pais a respeito do que está sentindo. Expressar-se vai lhe fazer muito bem. Com isso, creio que os pesadelos tenderão a desaparecer. Diga para si mesma que nada pode assustá-la, que são apenas sonhos, fruto da mistura entre a imaginação e a realidade daquilo que você absorve no dia a dia.

— Como assim, doutor Nelson? Até que ponto isso influencia nos sonhos? Todos nós passamos por conflitos durante a fase de transição entre a infância e a adolescência, mas nem por isso eu tive pesadelos contínuos — reagiu Irene.

— As nossas tendências são diferentes. Marie é uma menina muito sensível, não há nada de perigoso nisso. São apenas reflexos de atitudes comportamentais que necessitam de maior atenção. Sua filha, com certeza, vai superá-las. Além do mais, ressaltei que, por Marie estar reprimindo suas emoções, elas se expressam durante o sono, usando a projeção da mente para expurgar todo sentimento guardado.

— Deus o ouça, doutor Nelson! Sei que é extremamente habilidoso em seu trabalho. Ajude a minha menina a se livrar disso — suplicou Irene.

— Vamos tratá-la. Afinal, foi para isso que vieram aqui, não foi? Quero que sejam assíduos nas sessões, assim teremos uma continuidade que nos permitirá resolver a questão o mais rápido possível. Sugiro que comecem de imediato uma nova forma de se comunicar entre si. Primeiramente, prestem mais atenção em suas necessidades, procurem se atender prontamente na medida do possível. Isso trará certa flexibilidade em compreender as escolhas alheias. Por hoje é só!

Mário quis insistir na conversa, mas o médico levantou-se rapidamente e foi conduzindo-os até a porta. Com despedidas formais, retiraram-se rumo ao saguão do prédio.

Na portaria, Mário pretextou ir buscar um relatório no escritório, alegando ter de analisá-lo para uma reunião no dia seguinte. Intimamente sentira vontade de estar só, porém temia a reprovação de Irene.

— Procure não demorar, querido, o esperaremos para o jantar.

— Fique tranquila, serei rápido.

Mário ordenou ao motorista que dirigisse com cuidado e, com as mãos nos bolsos da calça, acompanhava a saída do carro que levava Irene e a filha de volta para casa. Esperou que o veículo se distanciasse e, em seguida, entrou em seu carro rumo ao escritório. Pensativo em relação a tudo o que ouvira no consultório do médico, chegou a notar que estava se sentindo mais confortável em rever suas sensações sem ter que as dividir com a família.

Por outro lado, não sabia ainda como iria se posicionar no cotidiano sem que a esposa o recriminasse. Temia provocar confusão se fosse mais autêntico. Parar e refletir em suas necessidades, era um termo novo para ele, não compreendia muito bem essa linha de pensamento que o médico aconselhara. Reconhecia que algo precisava ser mudado, no entanto, julgava ser prioritário a cura da filha. Isso seria sem dúvida o alvo principal agora, o resto ficaria para depois.

"Somos adultos e sem dúvida alguma será mais fácil conduzirmos nossos problemas", pensou.

Distraiu-se ao perceber o movimento da cidade, estava uma noite bonita. Entre uma parada e outra nos semáforos, olhava para tudo e todos. Quantas vezes passava pelo mesmo lugar, sem mesmo notar as paisagens? Vivia numa eterna correria. Isso era estressante!

Mário girou a maçaneta para descer o vidro do carro, a fim de absorver o ar puro. Bocejou. Os primeiros sinais de cansaço surgiram numa intensa espreguiçada. Olhou para o céu como quem tivesse a primeira oportunidade de contar as estrelas. Foi interrompido pela luz verde do farol, engatou a marcha e prosseguiu.

— Ah! Bons tempos aqueles da infância! Nela não temos obrigações com nada! Apenas brincar, dormir, acordar e brincar de novo... — sorriu saudoso.

O som de um carro freando bruscamente o assustou, trazendo-o para a realidade.

— Nossa! Que louco! Para que tanta pressa? Para que isso, meu Deus! Que vida! Que correria! — reclamava, enquanto observava outro carro se distanciando velozmente.

Ligou o rádio e procurou se distrair ouvindo o som de uma boa música. Poucos minutos depois, chegou ao escritório. Subiu apressado na intenção de não demorar. Sentado em sua escrivaninha não percebeu a entrada de Gomes, seu diretor.

— Posso entrar?

— Gomes? Ainda aqui?

— Aproveitei para analisar os últimos detalhes para a reunião de amanhã. Como está Marie?

— Não sei dizer ainda, muito embora acredite ter sido de grande valia nossa conversa com o psiquiatra.

— Procure relaxar, essas coisas levam tempo.

Gomes, entretido nos assuntos da empresa, disparava um discurso minucioso, relatando os possíveis contratempos que poderiam impedir a fabricação de uma peça para distinta máquina funcional da empresa a qual Mário criara.

Mesmo respeitando a necessidade presente do momento, os pensamentos de Mário pairavam pelo estado de Marie. Vez e outra olhava para o relógio, estava com atraso de duas horas. Irene devia estar preocupada com ele. Não quis interromper o diretor, muito embora aquele assunto devesse ser discutido no dia seguinte durante a reunião.

Por fim, Gomes se cansou.

— Acho melhor irmos embora, já é tarde. Estou cansado, deixemos as últimas providências para a parte da manhã.

Mário de pronto concordou.

Saíram ligeiramente rumo ao estacionamento da empresa, despedindo-se em seguida. Mário entrou em seu carro, ligou o rádio, procurando distrair-se e afastar a preocupação.

Deu a partida e saiu em disparada. Cuidadoso como era, não percebeu que a velocidade avançava progressivamente. Queria chegar o mais rápido possível. Evitaria dissabores, pensava.

Deu seta e virou à esquerda próximo a um cruzamento perigoso. Freou repentinamente ao avistar o vulto de um homem que atravessava calmamente a larga avenida.

Deparando com o olhar assustado do pedestre, soltou um grito, ao mesmo tempo em que colocou a cabeça para fora da janela, dizendo:

— Isso é jeito de atravessar uma avenida dessas, camarada?

O homem de casaco preto e com as mãos no bolso abaixou-se rapidamente para pegar seu chapéu. Assustado, com passos fortes, continuou a travessia da avenida.

Mário, ainda nervoso, passou a mão pelos cabelos, estava incrédulo quanto ao ocorrido. Poderia ter atropelado aquele homem. Sobressaltado, engatou a marcha, tentando avistar o "camarada" descuidado e saiu lentamente indignado, seguindo seu percurso rumo à sua casa.

Ele ainda balbuciou algumas palavras em voz alta, dizendo que era só o que faltava, dispensando visivelmente o alerta quanto ao excesso de velocidade que não notara.

Mário parou defronte ao suntuoso portão da mansão e fez sinal de luz, no aguardo de Pedro, o porteiro, para permitir-lhe a entrada.

Suspirou longamente, olhando uma fresta de luz que vinha da varanda do quarto de Marie.

Os portões se abriram e Mário entrou. Cumprimentou a esposa que o recepcionou entre o hall de entrada e a antessala.

— Desculpe o atraso, querida! — foi logo relatando o incidente do percurso, sem perceber o abatimento de Irene, que sentiu vertigem ao olhar para o marido.

Ela tentou recompor-se para não preocupá-lo, depois preferiu não dar muita ênfase ao relato, sugerindo com neutralidade:

— Distraídos existem em qualquer lugar, a qualquer hora. Ainda bem que nada aconteceu, não é mesmo? Procure se acalmar, vamos tomar um drinque enquanto Catarina providencia para que o jantar seja servido.

Mário não parava de falar do "camarada". Estava inconformado.

Servido por Irene, tomou um gole de uísque que descia pela garganta seca e irritada.

— Marie está bem?

— Está, logo que chegamos, ela subiu para seus aposentos, preferindo descansar um pouco. Também fiz o mesmo, estava um pouco tensa.

— Vamos conversar após o jantar? Quem sabe se começarmos com a sugestão do doutor Nelson? Poderemos retomar nossas conversas, creio que isso a ajudaria.

— Hoje não, querido, vamos deixá-la mais à vontade, prefiro que sejamos o mais natural possível, não gostaria de forçar uma situação.

— Mas, Irene, para que protelar? Quanto mais cedo seguirmos nesta direção, mais cedo reconheceremos os resultados. Assim nos livraremos do problema.

— Marie não é um problema!

— Eu não disse isso!

Irene alterou-se.

— Como não? Você me parece um tanto quanto ansioso, isso não é bom!

Mário se exaltou, retrucando com certa impaciência:

— Como deixar para depois, Irene? Estou preocupado com a menina. Mesmo porque não estou suportando mais essa situação. Não quero ver Marie nesse estado, e muito menos perder noites de sono.

Irene controlou-se, percebeu que o marido estava agitado.

— Estamos muito tensos! Acredito que se instigarmos o assunto, ela se agitará por consequência também. Percebi que ela gostou de estar com o doutor Nelson. Vamos aguardar o início do tratamento, assim estaremos sob uma orientação mais correta.

— E você, o que achou da consulta?

Irene dissimulou.

— Está com fome?

Mário desconcertou-se. Por fim, respondeu:

— Sim, não quer falar mesmo sobre isso, não é?

Irene assentiu.

— Então me desculpe a insistência, você está certa, estou me precipitando por demais. Tivemos um dia muito agitado em todos os sentidos. Vamos chamar Marie. Poderemos ouvir uma boa música na sala de estar após o jantar, o que acha?

— Vamos ver!

Irene abraçou o marido e ambos seguiram para a sala de jantar.

Marie descia as escadas nesse momento.

— Filha! — exclamou Mário.

— Estou com fome, papai.

Mário, surpreso ao vê-la mais disposta, tornou com entusiasmo:

— Este é um bom sinal, estávamos esperando-a.

Irene também se surpreendeu.

— Espero que Catarina tenha providenciado tudo o que você mais gosta!

Marie sorriu.

— Não percamos mais tempo. Vamos jantar, depois ouviremos uma boa música e quem sabe poderemos conversar um pouco.

Marie fechou a cara.

— Isto é, se vocês quiserem — remediou Irene, percebendo a indisponibilidade da filha.

— Catarina! Pode servir o jantar, estamos famintos!

— Pois não, madame, fico feliz que estejam mais animados.

— Tenho certeza de que ficaremos mais ainda depois de saborearmos aquele suflê maravilhoso que nos espera.

Todos sorriram. Por alguns minutos, tudo parecia ter se transformado naquela família. Descontraídos, os pais de Marie faziam de tudo para que a menina se divertisse entre uma conversa e outra.

Mário comentava sobre um artigo que lera falando de emancipação feminina; provocava a esposa, dizendo que as mulheres queriam tomar o lugar dos homens, no entanto, não viviam sem eles...

Irene retrucava, afirmando que isso era verdade, mas que pela própria natureza eles se rendiam aos caprichos femininos, tornando--se escravos dos desejos de uma mulher; logo, elas eram mais espertas do que eles! Mereciam comandar.

Depois de terminarem o jantar, atenderam ao pedido de Mário, juntando-se à sala de estar para ouvirem uma boa música antes de se recolherem para dormir.

Marie estava pensativa, porém mais descontraída. Ficou um pouco com os pais, depois preferiu ler uma revista em seu quarto.

Mário se aproximou mais da esposa. Sentados juntinhos no sofá macio, acariciava-lhe os cabelos, procurando criar um clima romântico para ter-se com ela mais intimamente.

— Há quanto tempo não ficamos assim — disse ele, sussurrando aos seus ouvidos, beijando-lhe carinhosamente os lábios carnudos, enquanto entrelaçava uma das pernas no colo dela.

Irene correspondia. Ele se sentia feliz, como nos tempos de namoro. Murmurava-lhe palavras doces, deslizando as mãos suavemente pelo corpo todo de sua amada.

Ali ficaram se entregando aos desejos de amor correspondido, capaz de superar todo e qualquer período de transição no relacionamento.

No meio da madrugada subiram para o quarto na ponta dos pés, como duas crianças. Controlavam o riso, como querendo esconder suas travessuras.

Irene abriu lentamente a porta do quarto de Marie para se certificar se estava tudo bem.

A menina adormecera com as revistas em seu colo, porém Irene preferiu deixá-las ali para não acordar a filha. Mário concordou.

Em seu leito, ela abraçou o marido, agradecendo-lhe pelos momentos vividos. Ele estava radiante! Prometeram-se mais tempo para a intimidade, priorizariam dali por diante maior disponibilidade para trocarem carícias como nos tempos de namoro. Poderiam assim superar os problemas. Tudo voltaria ao normal. Estavam certos disso! Adormeceram, sentindo a respiração mútua dos corpos que se uniram, saciando os desejos permitidos.

O silêncio pairava sob a mansão. Todos dormiam. Vultos estranhos se aproximavam em direção ao quarto de Marie, que dormia, aparentemente tranquila. O espírito da menina não conseguiu se desprender totalmente do corpo físico por persistência de alguns pensamentos negativos pelos quais ela se deixou invadir antes de adormecer.

Atormentara-se ao pensar como poderia enfrentar seus medos, sentia-se insegura quanto a isso. O perispírito de Marie mantinha-se dez centímetros precisamente acima de seu leito, quando os invasores penetraram lentamente, arguindo ondas negativas que a envolveram por completo. Fortes risadas eram emitidas próximo ao seu aparelho auditivo, enquanto formas-pensamento induzidas chegavam à fronte de Marie, que começou a remexer-se como quem estivesse "amarrada", querendo se soltar.

— Puxa mais! Quero ver se você vai conseguir escapar agora! — induzia persistentemente o invasor.

As risadas se multiplicavam. Marie se debatia continuamente sem ter noção do que estava acontecendo.

— Vamos, mais forte, senão você não conseguirá se soltar — risos e chibatadas energéticas atingiam agora o aparelho respiratório de Marie que, ofegante, queria gritar e não conseguia.

— Mãee... Mãeee!

Ela sentiu-se impotente ao perceber que estava sozinha e que ninguém poderia socorrê-la. Tinha a sensação de estar caindo em profunda escuridão sem forças para gritar.

— Você não é boa coisa nenhuma. Se pensa que vai se livrar assim, está muito enganada. Espere para ver o que vai lhe acontecer se continuar a ouvir aquele médico do inferno! Eu não vou deixar você ir lá, entendeu? Experimente me desobedecer. — Intimava a entidade que, nutrida pelos fluidos vitais dela, tomava a forma do conhecido "homem de chapéu", com os seus assessores.

Nesse momento, Marie recebeu a infiltração do olhar penetrante do espírito acompanhante, como chispa de fogo que queimava seu abdome compulsivamente.

Irene, ao contrário do que previa, não conseguira atingir sono profundo. Remexia-se delicadamente, de um lado para o outro, cuidando para não acordar o marido que dormia tranquilamente.

Algumas sensações estranhas ocorriam, porquanto Irene notara uma pressão no peito indefinível. Marie viera-lhe à mente. Ergueu-se vagarosamente procurando avistar o despertador.

— Três horas da manhã em ponto e eu não consigo dormir! — exclamou.

Foi afastando os lençóis do corpo e na ponta dos pés dirigiu-se ao quarto da menina, agora não mais com a postura de uma criança travessa, mas com uma forte sensação desagradável.

No corredor, sobressaltou-se com inesperada tontura, a ponto de se segurar entre as paredes.

"Nossa!" Parou por alguns instantes, respirou fundo e continuou. "Devo ter exagerado com os doces, que enjoo!", pensou.

Irene teve ímpetos de seguir para a copa à procura de um desintoxicante estomacal. Desistiu ao passar bem próximo do quarto de Marie. Instintivamente, segurou na maçaneta dourada da porta e tentou abri-la vagarosamente. Outra tontura! Apoiou-se na porta e deixou que o corpo sem firmeza a empurrasse para dentro. Tentou avistar Marie em seu leito, porém sua visão escureceu repentinamente e ela teve a sensação de desmaio. Novamente respirou fundo, retomou os sentidos, arregalou os olhos ao ver Marie se debatendo desesperadamente. Debruçou-se sobre ela, acolhendo-a de imediato em seus braços.

— Marie! Marie! Filha, acorde! Estou aqui! — Irene batia levemente com as mãos no rosto dela.

Lágrimas escorriam-lhe pela face ao ver a menina em desespero. Ouvindo os apelos de Irene, Marie subitamente voltou para o corpo físico. Sem retomar completamente a consciência, apontava para a beira da cama, porquanto a visão do invasor ainda se fazia presente em sua mente.

Irene tentava acalmá-la, passando as mãos pela cabeça da filha, acariciando-lhe os belos cabelos longos, quando percebeu que seu corpo vertia suor.

— Filha, respire fundo. Já passou. Estou aqui — repetia Irene, entre lágrimas.

A menina, aos poucos, retomava os sentidos. Ao perceber a figura da mãe ao seu lado, jogou-se em seus braços chorando copiosamente.

— Psiu! Querida. A mamãe está aqui! Calma, já vai passar.

A energia amorosa de Irene afastou por completo as entidades perturbadoras, que se retiraram rapidamente da mesma forma como chegaram.

Marie, sentindo-se mais calma, ajeitou-se. Recostando o corpo sobre os travesseiros de pena, suspirou:

— Ah! Mãe! Fique aqui comigo. Não me deixe sozinha, por favor!

— Claro, meu bem. Não estou com sono mesmo. — Neste instante, ela notou que sua indisposição passara por completo.

Acomodou-se ao lado dela, beijando-lhe a fronte cansada e nada quis saber sobre os "pesadelos". Preferiu confortá-la, lembrando-a de que tivera uma única conversa com o médico, e que no decorrer das sessões isso não ocorreria mais.

Irene tentou não demonstrar o pânico que a acometera. Precisava reagir para acalmar a filha. Em seu íntimo sentira o gosto amargo da decepção.

"Como pode ser, meu Deus?", indagou. "Estávamos bem, calmos e descontraídos!" Por fim, procurou dispersar os pensamentos. Não queria piorar a situação.

Marie se acalmou nos braços da mãe, que permaneceu ao seu lado até o amanhecer. Irene não conseguiu dormir, com receio de que Mário acordasse primeiro e não a encontrasse na cama. Ela decidiu não comentar nada com ele, a fim de poupar-lhe outra decepção e com isso quebrar-lhe a esperança das juras de amor que tiveram. Quando Mário despertou, ela e Marie já se postavam à mesa para o desjejum. Já havia instruído a menina para nada lhe dizer.

— Bom dia, meus amores! Pelo visto, o único atrasado aqui sou eu! Por que não me acordou, querida?

Irene manteve a postura.

— Tentei, mas os meus beijos não foram suficientes para acordá-lo...

— Ah! Duvido! Se bem que realmente eu precisava desse sono profundo e reparador — piscou para a mulher.

— E você, meu outro amor, dormiu melhor esta noite?

Marie baixou a cabeça sem nada responder.

— O que foi? Está triste?

— Está tudo bem, querido. Marie deve estar apreensiva por retomar as aulas.

— Você só faltou ontem, além do mais, temos o atestado médico.

— Não é isso, pai. Estou preocupada com as lições que perdi.

— Sua amiga poderá lhe emprestar o caderno, você copia tudo e nós poderemos lhe auxiliar também. Não há com o que se preocupar.

— Querido, vou levar Marie ao colégio, depois seguirei para a empresa.

— Infelizmente não posso acompanhá-las, terei uma reunião importante, não posso me atrasar.

— Claro, não se preocupe! Iremos juntas. Aliás, você não trouxe seu relatório para analisá-lo? Por que não o fez? — simulou Irene, com riso irônico.

— Bem, estive ocupado com coisas mais importantes — respondeu Mário, esboçando um riso maroto.

Irene observava a disposição do marido, sentiu vontade de abraçá-lo tão intensamente como na noite anterior. Pelo menos isso estava bem, percebeu estar mais envolvida afetivamente com ele. Notara como lhe caía bem o tom do azul de sua camisa. Ele estava lindo naquela manhã! Fizera a opção certa de ocultar-lhe o infortúnio com Marie. Mário estava tão descontraído que não percebeu o leve abatimento da esposa. Ao se despedirem, Irene o abraçou, dizendo:

— Querido, estou apaixonada por você!

Ele sentiu seu coração disparar.

— Eu amo você! — retribuiu.

— Tenha um bom-dia, meu amor! Conforme for, poderemos almoçar juntos.

Irene concordou.

Com um beijo ardente, ambos trocaram carícias antes de assumirem suas atividades rotineiras.

CAPÍTULO 5

No decorrer das semanas, a família Nogueira partilhava um conflito subsistente. Irene se dividia entre a atenção da família e um projeto novo para a abertura de mais uma filial da empresa. Sentia-se um pouco esgotada, pois passara a dormir às escondidas com a filha, até que percebesse que ela apresentasse melhoras com o tratamento terapêutico a que fora submetida por Nelson.

Marie, nesse período, sentia-se segura ao lado da mãe e conseguia ter boa noite de sono, o que não ocorria com Irene que, abatida, cochilava constantemente, durante o dia, em seu escritório.

Certa noite, Mário acordou de madrugada e não encontrou a esposa em seu leito. Levantou-se apreensivo, foi até o quarto da filha, espiou entre a pequena fresta da porta e resolveu entrar. Irene sobressaltou-se:

— Mário!

— O que houve, Irene?

— Nada, apenas acordei e vim ver se Marie estava bem, ela acordou e eu fiquei aqui até que ela dormisse novamente.

— Então volte para o nosso quarto, ela já está dormindo, não há necessidade de ficar aqui e dormir desse jeito.

Irene estava acuada, não sabia o que fazer, temia deixar a filha, mas não encontrou saída, resolveu concordar com o marido.

— Está bem, você tem razão, vamos dormir, querido.

Com o passar dos dias, Irene apresentava maior cansaço, várias vezes tentava se esquivar dos carinhos do marido. Não sentia mais empolgação, justificava para si mesma que o desânimo era proveniente do tipo de escolha que estava fazendo, pois continuava a amparar a filha durante a noite e com isso não descansava devidamente. Precisava ser forte, não haveria de sucumbir agora que conseguira acalmá-la definitivamente. A questão voltava-se para Mário que se mostrava cada vez mais irritadiço com a postura dela. Até que novamente ele a surpreendeu levantando-se e indo dormir com a filha.

— Irene! O que está acontecendo? Por acaso Marie acordou?

Com expressão de profunda apatia, ela sentou-se ao lado dele e resolveu contar-lhe tudo, afinal eles poderiam juntos encontrar outra solução. Não aguentava mais assumir tudo sozinha.

— Meu bem! Ouça com atenção o que tenho a lhe dizer.

Mário arregalou os olhos, temia que a esposa o abandonasse. Assim pensava todas as vezes que ela o rejeitava. Irene, com a voz embargada, começou a relatar o que estava fazendo durante as noites.

— Mas o que é isso? Você poderia ter-me participado! Que loucura! Você está completamente alucinada, a menina não apresentou nenhum motivo para tanto. Você está exagerando com excessos de mimo e com isso estragando nossa relação.

— Não! Sinto-me preocupada e como ela se conforta com a minha presença, resolvi esperar até que confie mais em si mesma.

— Eu não posso aceitar isso, veja bem o que está fazendo, por acaso comentou com o doutor Nelson?

— Não. Estou aguardando a sessão em que iremos juntos. Procure compreender, estou apenas querendo que ela fique bem, assim poderemos pensar mais em nós dois.

— De jeito nenhum, hoje você não vai lá. Deixe-a dormir sozinha, só assim saberemos o que poderá acontecer.

Irene se mostrou irredutível e não aceitou a proposta dele.

— Está bem, se é assim que você quer, então vá, mas não diga que eu não lhe avisei — disse Mário a contragosto.

***

Com o passar dos dias, Mário tomou a decisão de mudar sua rotina, a fim de que Irene pudesse perceber que ele não estava satisfeito com a escolha que ela havia feito. Com atitude repreensiva, tentava punir a esposa, chegando altas horas da noite, alegando reuniões imprevisíveis. Ficava em companhia de amigos solteiros, colegas de trabalho, em bares noturnos, desabafando entre um drinque e outro a ausência da mulher. Estava angustiado e arredio; em casa, conversava apenas o essencial, somente na hora do desjejum e se despedia delas apressadamente, justificando estar atrasado.

Mário começou a se distanciar da família sem perceber as consequências que tais atos impensados gerariam. Às vezes, em seu escritório, pensava em conversar com a esposa e pôr fim na situação. Mas o orgulho imperava em sua conduta. Responsabilizava Irene pelos mimos abusivos em relação à Marie. Sabia que a mulher não cederia aos seus caprichos. Sentia ciúmes dela com a filha. Ondas nebulosas o envolviam constantemente, aguçando-o e estimulando-o à revolta.

"Se está agindo assim, colocando Marie em primeiro lugar, é sinal de que não significo nada mais para ela. Quem sabe Irene arrependeu-se de ter-me como esposo?", pensava.

O coração dele acelerou bruscamente com misto de culpa e raiva. Caso a filha estivesse realmente com distúrbios psíquicos, nada mais justo que precisasse de maior atenção por parte deles. Sabia por informação de Irene, que por sua vez insistia em colocá-lo a par dos problemas da família, que a menina não tivera mais pesadelos, mas em contrapartida, isolara-se de suas amigas na escola, permanecendo horas sozinha. Pouco conversava, além disso, provavelmente iria repetir o ano. A diretora, em breve reunião escolar com ela, informara quanto ao aproveitamento insuficiente de Marie, que demonstrava profundo desinteresse nas aulas, passando a rabiscar somente o caderno com frases desconexas e inoportunas, do tipo: "Sei lá por que estou aqui... Deixa disso... Ufa, Ufa... Não acabou com isso ainda?"

Mário tornou-se indiferente ao caso, sentia-se impotente para prestar qualquer tipo de ajuda, questionava intimamente, com notável desânimo, o que poderia dizer a filha, já que Irene tomara a frente. Ao mesmo tempo, considerava que ele mesmo não teria a habilidade e a paciência da esposa. Além do mais, esse tipo de problema era especialidade das mulheres resolverem, os filhos eram mais apegados a elas.

Por outro lado, não conseguia omitir de si mesmo o quanto estava enciumado por sentir-se rejeitado pela mulher. Ele se perguntava constantemente o porquê de ela não demonstrar semelhante preocupação por ele. Reconhecia que era muito compreensiva e carinhosa, mas preocupada com ele, não!

Permitia que a confusão mental gerasse essas dúvidas. Amava a esposa e a filha, porém tinha certa aversão a qualquer tipo de situação que causasse distância da mulher. Marie estava sendo o pivô, embora não admitisse isso com maior clareza.

Nos momentos em que estava por demais alterado, julgava a filha uma intrusa mimada, até mesmo egoísta, embora fosse apenas uma garota. Certamente, não teria coragem de verbalizar isso para a esposa, e com reação culposa de pai desorientado, evitava o confronto com Marie, até que a crise pessoal desaparecesse.

Em meio a tanto dissabor, Mário mal conseguia se concentrar devidamente no trabalho. Sentado na mesa do escritório, várias vezes ele parava o que estava fazendo para dar margem aos pensamentos que o atormentavam.

Naquele dia não foi diferente, chegara bem cedo e tentava dissipar o sentimento de solidão que o acometia, rabiscando uma folha de papel à sua frente a fim de conseguir esvaziar a mente conturbada, para depois dar início às atividades rotineiras, quando foi interrompido por Heloísa, a secretária, que o chamava para atender ao telefone.

— Senhor Mário, o doutor Nelson está na linha, o senhor pode atendê-lo?

— Claro!

Mais do que depressa, ele pegou o telefone de extensão, respondendo a chamada do médico.

— Mário, como vai? Precisamos conversar, você poderia passar hoje em meu consultório por volta das dezoito horas?

— É alguma coisa urgente? Marie está bem? — indagou com preocupação.

— Não se aflija, estou apenas querendo colocá-lo a par do estado dela. Acredito ser de extrema necessidade a participação dos pais.

— Você já falou com Irene? — instigou.

— Sim, estamos apenas aguardando sua confirmação.

— Bem, nesse caso, deixarei meus afazeres e irei com certeza.

— Ótimo! Dessa forma chegaremos mais rápido ao nosso objetivo; a participação de vocês é indispensável.

Mário silenciou por instantes. Sentiu-se derrotado, enfraquecido ao ouvir que a participação dele era muito importante para a melhora da filha. Disfarçando a melancolia, despediu-se do médico quase impulsivamente, confirmando sua presença no horário previsto. Recostou-se na cadeira e pediu um copo de água para Heloísa, que o atendeu de pronto.

Percebendo a apatia dele, ela quis ser prestativa ao perguntar-lhe:

— O senhor está bem? Posso ajudar em alguma coisa?

— Não, Heloísa! Existem coisas que só nós podemos passar. Não se preocupe, estou bem.

— Se o senhor precisar, pode contar comigo! — redarguiu a moça, lamentando secretamente pelo problema que ele estava enfrentando.

— Obrigado, pode sair agora. Preciso ficar só.

Mário acompanhou com o olhar a saída da moça e pensou:

"Acho que ela nem suspeita do que está realmente acontecendo. Os menos favorecidos não sabem reconhecer um tipo de problema como esse. Só se preocupam em pagar suas contas para sobreviverem, talvez isso os defenda de coisas piores. Quanto a mim, não saberia dizer até quando reunirei forças para enfrentar essa questão. Por que isso teve de acontecer conosco? Onde erramos? Que tormento, meu Deus! Quando isso tudo vai passar?"

Abalado e sem condições de separar os problemas familiares dos da empresa, não conseguia mais ser tão criativo nem receptivo ao pensamento da chefia. Precisava de horas para conectar-se e responder sobre a criação de peças inovadoras, as quais beneficiariam o andamento da produção.

Embora recebesse extrema consideração dos proprietários, que o admiravam por sua competência e sabiam que ele estava passando por um período difícil com a filha, Mário temia não conseguir atender às exigências do mercado, porque, sem criatividade, as coisas se tornavam difíceis e demoradas e a empresa não podia parar. Mesmo recebendo apoio para não desistir e superar a crise pessoal, não admitia de forma alguma trazer um prejuízo para eles, sendo que sua função era de suma importância para manter o ritmo de vendas em alta, como sempre ocorria.

Mário pensou em aproveitar o horário da consulta da filha para pedir ajuda ao médico. Quem sabe se fosse medicado, voltaria ao ritmo normal. Decidido, ele pediu licença após o almoço e foi para casa descansar um pouco. Isso lhe faria bem e, descansado, compareceria ao consultório na hora marcada. Irene fez o mesmo. Chegaram com minutos de diferença.

— Olá, querido, que bom estarmos aqui — sorriu ela.

Irene abraçou o marido, que se sentindo pulsar de emoção, respondeu:

— Vamos ao médico? — indagou, enquanto retribuía o abraço, apertando-a de encontro ao seu peito.

Irene, abatida, percebendo a alteração do marido, beijou-lhe afetivamente, na intenção de se entregar carinhosamente. Mário, envolvido, desabafou:

— Querida, sinto tanto a sua falta!

— Eu sei, mas procure compreender a fase que estamos passando com nossa filha.

— Não aguento mais ficar perambulando por aí, depois do trabalho — delatou-se com certa imprudência.

— Mário, o que está falando? Por acaso está querendo me dizer que fica pelas ruas em vez de voltar para casa?

— Não é bem assim — tentou contemporizar.

— Como não? Pelo que entendi você não fica trabalhando até tarde, fica? — perguntou, irritadiça.

— Não — silenciou ele.

— O que está acontecendo? Por que não me diz?

— Calma, Irene. Eu nunca a vi perder o controle. Não precisa exagerar. Apenas dou algumas voltas com os colegas de trabalho para espairecer um pouco e aí quando percebo, as horas já avançaram.

Mário abaixou a cabeça, no intento de esconder da esposa a tristeza que o acometia. Lágrimas rolavam-lhe pela face. Pensou por alguns instantes nos tempos de juventude. Naquela época, não havia preocupações. Divertia-se frequentemente. Sempre fora muito animado e gostava da vida. No entanto, o que fazer com a opressão que sentia? Como se abrir verdadeiramente para Irene? Não era muito hábil em transpor seus sentimentos. Considerava-se inseguro diante dela. Não haveria de decepcioná-la com suas fraquezas. Com certeza, a esposa o desconsideraria. Assim acreditava. Tentando ludibriar sua conduta, tirou um lenço do bolso e enxugou a face molhada, continuando:

— Sinto-me esgotado e preciso esvaziar a mente para poder

trabalhar melhor. Entre um drinque e outro vou descontraindo e...

Foi interrompido bruscamente pelo grito da esposa:

— Chega! Que problemas são esses que precisa de horas "livres" com desocupados? Por acaso está cansado da família? Prefere a companhia de irresponsáveis ao alívio do dia do que o carinho de uma esposa dedicada? Porventura está arrependido de ter se casado? Gostaria de ser solteiro e não ter de assumir os problemas do lar? É isso? Confesse!

— Não é isso, querida — tentou abraçá-la.

Irene se afastou furiosamente.

— Não me toque. Ainda não sei se essas mãos se perderam nos braços de outra. Se isso está acontecendo, quero que seja sincero e não me engane.

— Deixe de bobagens, eu não disse nada disso. Está vendo? Sempre tem que ser do seu jeito. Isso é que me incomoda. Você prefere me largar no aconchego do leito sozinho e ir amparar Marie. E quanto a mim? Por acaso pensa que não sinto a sua falta? Como acha que me sinto?

— Está tentando se justificar me culpando? — interrogou Irene, esboçando riso contrariado.

— Claro que não! Pedir um pouco mais de sua atenção é errado? — revidou Mário.

— Estamos enfrentando um problema sério com Marie. O que quer que eu faça? Largar a menina aos desvarios dos sonhos perturbadores? Que tipo de pai é você? Em vez de reclamar minha atenção, poderia muito bem dar mais atenção a sua filha carente — aos prantos, Irene continuou o seu desabafo: — Estou me desdobrando entre as empresas e a família; nem por isso saio do serviço e vou aliviar minhas tensões com pessoas desprovidas de responsabilidades!

Mário, julgando ser aquela tarde uma boa oportunidade para ir ter com Irene, cedeu ao desânimo e dirigiu-se ao bar da sala de estar. Abriu a garrafa de uísque, tomou dois goles da bebida, buscando acalmar-se. Em profunda depressão, ele foi silenciando, enquanto Irene continuava seu desabafo.

Pensamentos negativos tomavam conta da mente dele, que se dispunha sem vigia à receptividade deles. Risos entoavam o ambiente sem que o casal percebesse. Novamente, os vultos se apresentaram, tentando induzi-los:

— Isso mesmo, seu frouxo! Beba mais, precisamos que você caia fora dessa casa. Você só atrapalha a vida delas — induzia um deles.

Mário recebia a mensagem como se fosse seu próprio pensamento, pois desconhecia a influência mental de mentes perversas que se alimentam das nossas energias usando nossos pontos fracos. Fios mentais saíam das entidades perversas, atingindo agora o frontal de Irene.

— Grite mais e expulse-o dessa casa. Enquanto você fica aqui como uma matrona, ele vai à procura de aventuras. Pergunte a ele com quem está saindo? São amigos ou são amigas? Você está sendo trocada, não percebeu ainda? Se ele a quisesse mesmo, não sairia do seu lado.

Irene, descontrolada, aceitava a indução a tal ponto de verbalizar cenas obscenas, acusando Mário de vadiagem.

Catarina, a governanta, escutava a tudo perplexa, atrás da porta. Nunca vira qualquer discussão entre os dois. O que estaria se passando naquela casa, onde a paz dera espaço para a discórdia?

Pretextando intimamente intervir na briga dos patrões, pensou em pedir licença e oferecer um lanche. Aquietou-se, sabia não ser essa uma boa saída, pois poderia na inconveniência ser enxotada do local. Irene estava muito descontrolada e o patrão bebia muito. O que fazer? Catarina estava trêmula, com as mãos frias. Num impulso puxou um crucifixo de dentro da blusa, e segurando firme, diante da imagem do Cristo, fechou os olhos e orou:

— Deus Pai, criador do céu e da terra, venha ao auxílio desta família, devolva a paz entre eles. Estou com medo, Senhor, temo uma tragédia. Sinto um aperto em meu coração, estou sentindo coisas estranhas aqui dentro. Sei que Você tudo sabe e tudo vê. Nada pode ficar obscuro diante de Sua bondade infinita. Por tudo isso, sei que Sua misericórdia pode amparar dona Irene e seu Mário!

Catarina orava fervorosamente, era católica praticante. Enquanto isso, era avistada por um dos comparsas da falange de espíritos perversos que envolviam o ambiente.

— Olha lá! — avisou um deles ao grupo. — Aquela intrometida está tentando tirar as nossas forças.

— Vou cuidar disso já, ela vai ter o que merece! — comprometeu-se mais um.

— Isso mesmo, acabe logo com ela! — concordaram todos.

Catarina, envolvida pela prece, sentiu um ligeiro mal-estar, mas continuou orando com fervor.

A entidade saltou na direção dela, tentando magnetizá-la, porém, um facho de luz saiu do coração de Catarina, atingindo diretamente a entidade, que soltou um grito de dor, caindo deliberadamente, como se tivesse recebido um choque elétrico.

— Seu imbecil — acudiu um deles. — Não é assim que se faz! Viu no que deu? Agora temos que sair daqui, senão todos seremos atingidos. Corram! Corram! Vamos ser queimados! Voltaremos mais tarde. Isso não vai ficar assim! Da próxima vez deixe comigo. Eu já não lhe disse que é para induzir a mente das pessoas, aguçando coisas negativas para enfraquecê-las? Que ideia foi essa de esganar a intrometida?

Em seguida, os espíritos abandonaram desesperadamente o local, brigando entre si.

Irene começou a se acalmar, notando a nítida expressão depressiva de Mário que se mantinha cabisbaixo, absorto em seus pensamentos. Diminuindo o tom da voz, exclamou:

— Meu Deus! A que ponto chegamos! Não seria mais oportuno conversarmos mais vezes sem nos alterarmos?

— Creio que você se alterou por demais — respondeu Mário, ainda desanimado, porém livre do ímpeto de deixar a família e ir embora para sempre.

— Tem razão. Exagerei, desculpe-me. Não posso conceber a ideia de perdê-lo — tentando uma reconciliação, Irene abraçou o esposo com ternura, que por sua vez, deixou-se envolver pelos beijos da mulher sem rejeitá-la.

Catarina, de maneira emocionada, beijava o crucifixo, agradecendo a Deus pelo que acabara de ver. Repetia com comoção:

— Obrigada, Senhor, só Você é maravilhoso a ponto de atender à humilde prece de uma pecadora como eu. Bendito seja o Seu santo nome! Louvado seja para sempre, Pai Divino! Obrigada! Serei, a partir de hoje, sua serva fiel, todos os dias reforçarei uma oração para todos desta família.

Logo depois, sem ser percebida, com sutileza, fechou a porta da antessala, deixando que o casal ficasse à vontade e dirigiu-se para a copa.

— Joana, prepare um lanche para os patrões. Tenho certeza de que logo mais estarão famintos — sorriu maliciosamente.

— É? Não diga? Essa gente rica é tudo doida mesmo. Eles não estavam brigando até agora?

— O que é isso, Joana? Anda vigiando os patrões de novo?

— Não, estava vigiando a senhora atrás da porta, ouvindo tudo, aí escutei um pouco também e saí correndo. Eu, hein! Vai que a senhora me visse! Já ia falar que eu sou bisbilhoteira! Mas bem que vi a senhora lá!

— O que é que você queria comigo para me seguir assim, deixando seus afazeres?

— Nada, não. Só queria avisar que chegou uma carta para a senhora.

— Carta?

— Sim, está aqui, o Neraldo trouxe.

— De quem será? Quem poderia procurar uma senhora abandonada pela família? Faz anos que não tenho notícias de minhas irmãs. Perdi o contato com todos. Moram em outro estado, mas nem sei onde.

— Abra logo, vamos ver de quem é? — sugeriu Joana impaciente.

— Deixe de ser curiosa! A carta é para mim, não para você.

— "Tá", "tá"! Mas abra logo!

Catarina abriu a carta e começou a ler.

Foram apenas algumas linhas suficientes para deixá-la completamente atônita diante do que lia.

— O que foi Catarina? O que está escrito? — perguntou Joana ao vê-la completamente pálida.

Catarina ordenou que ela continuasse com seus afazeres e se retirou atordoada, rumo a seus aposentos. Abriu a porta de seu quarto, sentou-se e tentou reler o bilhete:

Catarina, até que enfim a encontrei! Pensou que fosse viver escondida por muito tempo, não é? Sei tudo sobre o seu passado. Preciso de dinheiro, sei que seus patrões podem lhe dar. Farei um novo contato. Vá preparando a 'bolada', caso não queira que eles saibam da filha que você abandonou e da morte de Eliseo.
Sabiá.

Catarina sentiu seu mundo desabar ao reviver a amargura de seu passado. Seria essa a impressão de tragédia que sentira diante da briga dos patrões? O aperto no peito seria um mau presságio? Teria condições de sentir o efeito da oração em si mesma agora? Onde encontraria forças para tanto? Relutava dentro de si, tentando abster-se dos pensamentos e das emoções que a acometiam naquele momento.

Deixou-se cair, perdendo todo o encanto de horas atrás, onde o conceito de fé que remove montanhas, por certo, agora, parecia apenas ter efeito para os outros, pois se sentia como se estivesse recebendo uma punhalada do destino nas suas costas. O chamado de Joana a fez voltar parcialmente à realidade.

— Catarina, dona Irene a está chamando. O que aconteceu? Posso entrar?

Catarina levantou-se e arrumou os cabelos, respondendo:

— Já estou indo, vá e diga para a patroa aguardar. Não comente sobre a carta, por favor, Joana, eu lhe peço.

— Está bem, mas posso entrar? Quer ajuda?

— Não, já estou saindo. Vá logo. Dona Irene não pode se atrasar.

Joana a atendeu. Desconfiada, acreditou que arrumaria um jeito de descobrir o que estava escrito na carta.

— Vou perguntar para o Neraldo. Com certeza ele vai descobrir de onde veio essa carta, já que trabalha na agência do correio e sendo o meu namorado, não vai me desapontar. Mais tarde, se Catarina não me contar a verdade, hei de descobrir!

Irene a esperava na copa.

— Joana, o que houve com Catarina?

— Não sei não, patroa. Ela disse que já vem. Acho que ela está preocupada — disfarçou, balançando os ombros.

— Esquisito! Catarina não tem com o que se preocupar. Bem, não posso esperar mais, senão perco o horário do médico. Avise-a que estou saindo com Mário e que jantaremos fora hoje. Prepare algo para Marie quando ela chegar. Entendeu?

— Sim senhora, pode ir que dou o recado.

— Pois, bem. Depois conversarei com Catarina.

Enquanto isso, Mário caminhava pelos jardins da mansão aguardando por Irene. Com as mãos no bolso relembrou os tempos em que passavam horas sentados, observando a beleza das flores, o luar, aproveitando os beijos... Amava a esposa, não queria mais continuar longe de seus carinhos. Pensou em propor-lhe que revivessem os costumes do passado, onde só os dois pudessem namorar junto à beleza da natureza. Romântico como era, colheu algumas margaridas para presenteá-la. Beijara as flores como se fossem os lábios dela.

— Ah! Irene, que saudades dos velhos tempos... Como tudo para nós sempre foi maravilhoso! No momento em que eu lhe entregar estas margaridas, quero que receba de volta o nosso amor! — beijou novamente as flores e saiu ao encontro da esposa.

— Vamos, querido, não quero chegar atrasada!

Irene encarou o marido, que se aproximava com o ramo de flores nas mãos.

— São para mim? — adiantou-se.

— Sim, meu bem, quero que sinta o quanto a estimo. Olhar para estas flores fez-me lembrar os bons tempos que vivemos.

— Obrigada, querido, mas ainda me considero estar vivendo "bons tempos" com você.

— Sabe o quanto preciso de você?

Irene sorriu. Preferiu levar as flores com ela no carro. Dessa maneira, não quebraria o encanto que o marido lhe proporcionara.

Mário deu ordem para o motorista que os aguardava. Os dois entraram no carro e, abraçados, seguiram rumo ao consultório médico.

CAPÍTULO 6

Às dezoito horas em ponto, Irene e o marido aguardavam ansiosos na sala de espera de Nelson. Foi Mário que quebrou o silêncio.

— Sabe, querida, fico pensando como a vida é mágica, por vezes acreditamos que estamos pondo tudo a perder, exageramos diante de nossas ilusões e sofremos por antecipação. Se soubéssemos lidar melhor com os problemas, por certo estaríamos sempre felizes, não é mesmo?

Irene esboçou leve sorriso, concordando com ele.

Ao sinal da secretária, o casal entrou na sala do médico, que prontamente os recepcionou.

— Boa noite, amigos! Acomodem-se, por favor — disse, apontando em direção às poltronas.

Mário visivelmente se alterou e precipitou-se:

— Doutor Nelson, ajude-nos! Precisamos que resolva o problema de nossa filha.

— Calma, amigo, vamos conversar, é para isso que estão aqui.

Nelson levantou-se e solicitou para a secretária água e café. Enquanto isso, Mário tateava com os dedos sobre a mesa, registrando um quadro típico de impaciência.

Irene fez sinal para o marido aquietar-se.

— Estou com Marie há algumas semanas. Bom, analisando-a, percebi que a maior dificuldade dela é expressar seus sentimentos, principalmente em relação ao pai.

Mário tentou interromper, Nelson advertiu:

— Prestem atenção. Agora é hora de me ouvir, certo?

— Claro, claro... Desculpe-me, doutor Nelson.

— Veja bem. A dificuldade de Marie se expressar vai reprimindo suas emoções, gerando parte dos bloqueios que ela apresenta. A fuga nesses casos é a melhor saída, ela se esconde diante de seus desejos e decisões por medo de ser rejeitada. Ela criou fantasias em seu mundo, alienando-se da realidade. Sente-se constantemente ameaçada e, como não consegue reagir diante disso, expressa, em seus sonhos, a confusão de fortes emoções temerosas, resultando em pesadelos na figura de um agressor.

Nelson fez uma pequena pausa e depois prosseguiu:

— Marie se sente impotente diante da vida, é insegura, considera-se feia e desengonçada. Acredita ser chata com os amigos. Isola-se frequentemente, criando uma grande defesa. Além disso, transfere toda sua afetividade exclusivamente para a mãe, além de não se considerar suficientemente amada pelo pai. Geralmente, esse quadro é típico nas pessoas que precisam de maior atenção para permitirem responder aos afetos desejados.

Mário ruborizou-se. Indignado, reagiu inconformado:

— Isso não é verdade! Faço tudo para essa menina. A única coisa que acho indevida é a mania que Irene tem de protegê-la como se ela fosse uma inválida. Isso eu não aceito mesmo! — justificou.

Irene remexeu-se na cadeira um tanto quanto desconfortável, pensando em Marie. Temia que a filha precisasse de isolamento psiquiátrico, isto é, que precisasse ser internada para poder curar-se. O médico, percebendo a aflição dos pais, sugeriu:

— Vamos com calma; esse temperamento é comum para algumas pessoas consideradas mais sensíveis emocionalmente que outras. Marie é uma delas, apenas isso. No entanto, faz-se necessárias algumas modificações no que se refere à conduta comportamental de todos. Primeiramente, vocês precisam aceitar o fato, com isso trabalharemos em conjunto, cada um fazendo a parte que lhe cabe.

— Nossa filha está doente, doutor? — preocupou-se Irene.

— Emocionalmente, sim. Peço paciência até que possamos conduzi-la em seu fortalecimento interior. Portanto, nada de exageros. Como disse há pouco, precisam colaborar com a terapia. Sugiro alguns encontros também com vocês, a fim de que possam compreender a base estrutural de um indivíduo, bem como incentivar Marie a criar mecanismos apropriados para reagir nesta fase.

— Bom, quanto a mim estou disposta a enfrentar todas as barreiras para ver minha filha saudável.

— Eu me sinto perdido, não sei se posso ajudar. Mesmo porque reconheço não ter paciência com ela.

— Mário, gostaria que não se precipitasse quanto ao seu diagnóstico. Percebo sua fragilidade nessa questão, mas creio que posso ajudá-lo, se quiser.

— Não me sinto doente a ponto de ser tratado, ou estou?

— Todos nós, quando sofremos de carência afetiva, não sabemos mediar entre sentimentos e atitudes. Somos por demais preconceituosos quanto a autoajuda. Esta é uma boa oportunidade para que vocês também possam avaliar alguns pontos em aberto dentro de vocês. Saúde mental e emocional resulta no equilíbrio físico.

— Nesse caso, o que devo fazer?

— Apenas se permitir observar que precisam mudar para que as coisas mudem. Cada indivíduo se torna responsável inteiramente pelas consequências de suas atitudes, porém, poucos se conscientizam disso. Alegam serem vítimas do acaso, usando a autopunição ou punindo alguém inconsequentemente.

— Até que ponto sou o responsável pelo desequilíbrio de Marie?

— Eu não disse isso, Mário. Estou apresentando as dificuldades que Marie enfrenta. Se ela acredita que não é amada o suficiente pelo pai, não quer dizer que você não a ame.

Irene mantinha-se pensativa, precisava reunir forças para não cair em prantos. Não sabia exatamente qual dos três era o mais necessitado. Observava com nitidez a dificuldade de Mário. Sentia-se oprimida, mas incapaz de desabafar. Ela sempre fora o esteio da família, como demonstrar fragilidade, sendo que o marido e a filha apresentavam mais necessidades de ajuda? Não poderia, de forma alguma, desmoronar.

Ela bem que gostaria de estar a sós com o médico para poder abrir-se por inteiro sem que Mário estivesse presente. Haveria de dar um jeito para que isso ocorresse. Simularia uma dúvida em particular e assim, como desculpa, marcaria uma sessão individual com Nelson.

— Quanto a você, Irene, diga-me seu parecer — instigou o médico.

— Ah! Eu concordo plenamente. Tudo farei para que nossa família seja feliz novamente. Principalmente Marie — complementou, tentando dissipar o que lhe vinha à mente.

Mário enciumou-se, mas preferiu não verbalizar o que estava sentindo.

"Sempre Marie em primeiro lugar", pensou.

— Bem, então iniciaremos com vocês dois na próxima semana. Quanto a Marie, aconselho muita conversa, de igual para igual. Compreendem? Passem a enxergá-la como ela é, procurem respeitar mais sua livre escolha, porém, orientando-a como já fazem. Criem alternativas para expressar o que sentem, isto é, percebam se estão sendo compreendidos por ela. Estimulem as características positivas e comecem a aceitar as diferenças de pensar e agir que cada um de vocês apresenta.

— Mas não obrigamos Marie a nada ou também disso ela nos acusa?

— Não há acusações por parte de Marie. As acusações estão dentro de você, Mário. Não seja intolerante consigo mesmo. Apenas ressaltei a necessidade de ela escolher por si mesma.

— Desculpe, estou nervoso demais para associar tantas informações novas. Eu mesmo me sinto atordoado e estou com problemas no trabalho pelo excesso de preocupação familiar.

— Procure olhar para a situação sem colocar muito sentimentalismo, considere que Marie apresenta uma necessidade de equilibrar-se emocionalmente e isso fará com que vocês se relacionem de forma mais clara e mudem alguns conceitos diante da vida. É um exercício que lhe trará muita independência e liberdade interior, você passará a reconhecer a importância de respeitar o que sentimos e com isso criar outros vínculos para se relacionar de acordo com a nova postura.

— Não compreendo onde isso possa me ajudar a esvaziar a mente conturbada — disse Mário, desolado.

— Entenderá quando começar a aprender a se mostrar como você realmente é, respeitando seu jeito único de ser e sentir.

— Convivo com pessoas, nem sempre podemos expor o que gostaríamos, pois temos uma obrigação a cumprir e não posso ser tão autossuficiente a ponto de escolher fazer tudo só pensando em mim. Isso não é egoísmo?

— Esse é o seu conceito. Tornar-se independente não significa violar a ordem natural das coisas, mas aprender a se incluir é essencial.

— Não compreendo como posso sair disso. Acredito que eu também precise de ajuda.

— Vamos conversando durante as sessões, conforme for, você poderá iniciar algumas sessões individualmente.

Irene não aguentou e foi logo se prontificando a receber o mesmo diagnóstico. Nelson concordou em atendê-los, se preciso fosse, em sessões individuais. Depois finalizou a conversa providenciando de imediato um horário mais apropriado para continuarem o assunto.

Mário continuava desabafando, desta vez, foi interpelado pelo médico que, tentando descontrai-lo, desviou a conversa para o sentido pessoal, relembrando fatos da juventude e contando suas novas pesquisas sobre o comportamento humano.

Nelson era um estudioso nato. Sempre participava de congressos, procurando se atualizar. Estava acrescentando novas técnicas que sabia serem muito eficazes neste tipo de questão. Falara muito em como lidar com as diferenças nos relacionamentos afetivos e a importância de prestarmos atenção mediante aquilo que realmente queremos e que nem sempre o fazemos por estarmos arraigados em preconceitos que nos inibem a vontade própria, resultando com isso, acúmulo de emoções reprimidas que nos levam às doenças psicossomáticas.

Alertou que a necessidade de mudar interiormente, requer muito treino e persistência para condicionar a nova maneira de pensar e agir, pois a maioria das pessoas apresenta muitas resistências em relação a isso.

Irene prestava atenção, identificando-se inteiramente com que o médico dizia. Sentia-se sufocada e teve ímpetos de chorar compulsivamente pedindo ajuda. Contudo, controlou-se ao considerar que a filha necessitava estar bem em primeiro lugar. Depois disso, estaria mais tranquila para rever seu comportamento e aprender sobre o novo assunto que o médico expunha.

Mais alguns minutos de conversa, o médico, sorrindo para os amigos, informou que o paciente da próxima consulta já o aguardava. Despediu-se educadamente. O casal se retirou pensativo.

Irene, pela primeira vez sentiu um aperto no peito ao ver-se voltando para casa com Mário. Estava esgotada. Preferia estar só, caminhar um pouco, sentar num banco de jardim e ficar lá até que sentisse vontade de voltar. Todavia, como de costume, rejeitou a atender sua verdadeira necessidade, prontificando-se a reagir de imediato. Não perderia a postura. Todos precisavam dela naquele momento. Haveria de encontrar forças para aguentar até que todos melhorassem. Absorta diante das observações que ouvira, nem sequer lembrou-se de que haviam combinado de se divertirem naquela noite. Jantariam em um bom restaurante, depois fariam um passeio a dois.

O motorista seguia normalmente o trajeto de volta. Mário a trouxe de volta para a realidade, quando inesperadamente se lembrou do combinado. Sem ao menos questionar se ela estaria ainda disposta para acompanhá-lo, ordenou rapidamente ao motorista:

— Josué, nós não iremos para casa agora.

— Pois não, senhor! Para onde devo ir?

— Dobre à direita, vamos àquele restaurante de que tanto gostamos.

— Está com fome, querida? — perguntou a fim de confirmar sua opção.

— Oh! Sim! Claro! Estava distraída e não me lembrei do que havíamos combinado.

— Eu também. Aproveitemos para descontrair um pouco. Preciso tanto de você! — afirmou Mário, procurando se aconchegar mais perto dela.

Irene contraiu-se por dentro. Sentia vontade de gritar. Não estava com fome, tampouco queria aquele tipo de descontração. Amava o marido, mas se sentia sufocada por ele. Por mais que tentasse compreendê-lo, não conseguia encontrar o porquê de ele exigir tanta atenção dela.

Mário a acariciava docemente e Irene não teve coragem de contrariá-lo. Correspondia, disfarçando os sentimentos que lhe ocorriam. Nesses casos é indispensável salientar que quando não estamos sendo verdadeiros, não há uma troca saudável. Em vez de nos sentirmos preenchidos, damos vazão para nossas inseguranças e um grande vazio ocorre.

Irene estava se sentindo oprimida, mas nem por isso teve uma atitude cabível à sua real necessidade. Não desejava desapontar o marido. Sabia dos melindres dele. Pensara em não criar mais confusão e tentaria reagir para que o passeio valesse a pena, pois havia tempos que não saíam a sós. Por certo, isso lhes faria bem. Insistia para se convencer disso. Mesmo porque não enxergava outra saída naquele momento.

Respeitar-se verdadeiramente, ainda era para ela um comportamento desconhecido. Conservava os padrões de condicionamentos familiares, principalmente no que dizia respeito a filhos e marido. Por outro lado, já havia se emancipado, conquistando sua independência profissional, mas não usava a mesma conduta dentro do lar. Irene não percebia que um comportamento onde a negação interior e a perda de entusiasmo são frequentes, leva o indivíduo à depressão, acarretando consequências gravíssimas para a saúde mental e física.

A perda do prazer de ser si mesmo é a maior causa disso. Acumulamos uma série de obrigações que anulam nossa liberdade de expressão. Sentimo-nos sufocados e presos diante de valores distorcidos e não reconhecemos o que é mais importante para nós. Com isso, vamos enfraquecendo os estímulos da espontaneidade. Neutraliza-se o gosto de viver.

A mente recebe as mensagens de insatisfação constante e reflete-se no acúmulo de pensamentos negativos. A força de ação só é usada para combater problemas e dificuldades, gerando desgaste emocional, crises de abandono, medos. Aguça-se a incapacidade de alterar o próprio destino. Negligência mútua onde os indivíduos se atolam em suas próprias armadilhas, até que vencidos pela dor, que é um impulso retroativo, são convidados a parar e prestar mais atenção em si mesmos. Rendendo-se na súplica de expulsar o tormento interior, tornam-se mais humildes para confrontar o véu de ilusões criadas.

Inicia-se então, o despertar da consciência, o encontro com o Eu, a direção que faltava, a solução imediata, a renovação. Atitudes e crenças que outrora os confundiam, dão espaço para o novo. A vontade de recomeçar é solicitada e como um milagre divino tudo se transforma.

Valorizar-se é a prioridade. Olhar com a mesma beleza para uma pétala de rosa até a mais vil experiência é a primeira lição. Se for bem compreendida, conseguiremos ultrapassar a fase primária do aprendizado do espírito, surgindo então a tão sonhada libertação.

Irene estava a caminho disso, porém, com certa imaturidade emocional, não identificava ainda a necessidade de se fazer feliz em primeiro lugar. Naquela noite, pouco conseguiu se divertir; depois do jantar com música ao vivo, ela demonstrava forte desânimo.

Mário, esperando ser aquela uma boa oportunidade de reconciliação, decepcionou-se. Tentou estimulá-la, mas não obteve sucesso. Ela se mantinha em silêncio, pouco conversou durante o jantar. Ele, percebendo que nada do que fazia conseguia mudar o ânimo da esposa, pagou a conta e ambos saíram silenciosos de volta para casa.

CAPÍTULO 7

Nas semanas subsequentes, Irene apresentava extremo cansaço físico. Sem ânimo para comandar as atividades profissionais, resolveu pedir afastamento temporário da empresa. Delegara a direção para um de seus diretores de confiança.

Passava o dia deitada, não se alimentava devidamente. Sentia-se deprimida. Omitia seus sintomas diante da família. Alegava sempre indisposição passageira e que estaria precisando de um bom descanso.

Ela mal tivera coragem de marcar uma sessão individual com o médico para se abrir como gostaria, pois temia a reação de Mário se acaso ficasse sabendo o que realmente se passava com ela. Ligara dias antes para Nelson, desculpando-se previamente, e pedira para que ele aguardasse o momento mais propício para iniciar o tratamento, pois estava enfrentando sérios problemas nas empresas e não poderia se ausentar como gostaria.

Nem ela, tampouco o marido, submeteram-se ao tratamento solicitado.

Mário, insensivelmente, não percebera o estado emocional da esposa, e recebia como indiferença a atitude dela. Logo, entregou-se à bebida.

Marie permanecia dispersa na escola, só queira estar ao lado da mãe. Espaçava também sua ida às consultas terapêuticas.

Paralelo a isso, os três estavam sempre acompanhados das

entidades intrusas que permaneciam mais tempo no local, absorvendo as energias de todos.

Nesse ínterim, Catarina continuava recebendo as ameaças de Sabiá, e também tinha ímpetos de largar tudo e sumir, por medo de causar mais transtornos aos patrões.

Joana passava todas as informações da casa para Neraldo que a instigava, aproveitando-se de sua ingenuidade.

A mansão dos Nogueira transformou-se em um abrigo de energias vampiristas que dominavam pouco a pouco cada um que ali se encontrasse.

Irene, às vezes pensativa, considerava a hipótese de estar precisando de ajuda, mas se sentia totalmente fragilizada e não encontrava forças para reagir. Dormia muito e tinha sonhos perturbadores. Acordava agitada. Não sabia o que estava acontecendo com ela. Intimamente, recordava que em alguns momentos, pedira a Deus para que a perturbação de Marie passasse para ela, pois julgava estar protegendo a filha até mesmo nesse sentido. Com o estado emocional fragilizado, estava mais suscetível às energias negativas que a rodeava. Os espíritos que tramavam seus objetivos no mundo astral inferior se aproveitavam disso, pois estavam ligados com mais frequência ao campo mental de Irene.

Quando não abandonamos a posse de nós mesmos, damos a oportunidade de outras mentes serem receptivas à nossa vontade. Há uma mistura de sensações que nos confundem, pois perdemos o nosso contato interior e vamos enfraquecendo; comprometemos nosso campo energético positivo e passamos a vibrar somente em ondas semelhantes ao nosso tipo de sintonia. Isso ocorre pela lei da atração, somos como um ímã que atrai exatamente o que corresponde às nossas sensações e pensamentos. Cria-se uma forma densa ao redor do nosso campo frontal, zona onde se instala a percepção, que é um dos níveis da consciência. Por tudo isso, a confusão de ideias se acentua. Chamamos de atuação mental todos os aspectos provenientes dessa interligação mental negativa.

É justamente nesse ponto que sofremos perturbações externas tanto de mentes encarnadas quanto desencarnadas, por afinidade de crenças e posturas.

***

Certa tarde, depois de sentir um sono profundo, Irene viveu essa experiência fora do corpo físico. As entidades que a envolviam sabiam ser essa uma boa oportunidade de prendê-la, pois dominavam sua vontade e para eles se tornava fácil demais suas atuações. Um deles a esperava ansiosamente para impressioná-la ainda mais.

Irene se viu sentada na cama de Marie, onde havia se instalado provisoriamente. A porta do quarto se abriu, um homem de estatura mediana, vestindo roupa antiga, tirou o chapéu, cumprimentando-a sarcasticamente:

— Como vai, senhora? Lembra-se de mim?

— Quem é você? Como ousa entrar aqui em meus aposentos?

— Calma, só queria conversar um pouco. Estou com saudades de suas ordens! — disse, soltando uma sonora gargalhada.

— Saia já daqui, vou chamar o segurança.

— Não vai adiantar! Agora você está sob minha vigilância.

— O que quer? De onde vem?

— Isso agora não interessa. Preciso mesmo é de Marie e você começa a me atrapalhar, quero estar com ela a sós e peço que você se retire deste quarto, afinal, com você por perto, não posso tê-la junto a mim. Agora que você já me fortaleceu não preciso mais de sua presença aqui!

— O que está dizendo, seu imbecil? Quem pensa que é para entrar aqui e me fazer ameaças? Fique longe de minha filha, vou chamar a polícia, saia da minha frente!

Irene tentou empurrá-lo, mas não sentia seu corpo físico quando tentou tocá-lo. Meio confusa, olhou para as mãos sem nada entender.

— Viu só como agora você não consegue nada contra mim?

Risos entoaram novamente no ambiente. Irene sentiu-se desfalecer. Quis gritar, mas a voz não saía. Sentiu forte aperto no peito e começou a chorar.

— Por favor, deixe-nos em paz. Você não pode levar a minha menina, ela é tudo o que tenho, deixe-a em paz!

— Ela é minha e não sua! Já disse por bem para você não me atrapalhar. Quem sabe nós três poderemos ficar juntos se você quiser... — outra gargalhada. — Agora faça o que eu mando. Quem dá ordens aqui sou eu. Você não pode mais me impedir. Eu a perdi por sua culpa ou você já se esqueceu? Demorei muito para encontrá-la, agora não a perderei de novo! E fique sabendo que esse crápula com quem você se casou, não vai durar muito. Vou acabar primeiro com ele, depois acertaremos as nossas contas, só eu e você! Fique longe daqui e não tente pedir ajuda, não vou deixar nenhum intruso se meter na minha frente e se duvidar, vai ver cabeças rolando, entendeu bem?

— Saia já daqui! — gritou Irene, descontrolada.

— Pense bem, quem tem que sair é você!

O espírito dirigiu-se para mais perto de Irene, magnetizando o seu pescoço como quem quisesse enforcá-la. Irene sentiu falta de ar e, tossindo muito, conseguiu se esquivar, voltando rapidamente para o corpo físico deitado na cama. Pulou aturdida diante da reminiscência pela experiência que acabara de ter.

— Que sonho! Oh, meu Deus, o que está acontecendo comigo? Estou impressionada com as histórias de Marie. Só pode ser isso! Fico aqui sem ter vontade de nada, agora estes sonhos... O que farei? Como reagir?

Impotente como estava, deitou-se novamente aos prantos, entregando-se ao desânimo costumeiro. Estava anoitecendo quando Catarina, que só resmungava pela casa, bateu nos aposentos de Marie.

— Senhora, posso entrar?

Irene estava deitada, porém não dormia.

— Entre, Catarina.

— O que é isso, dona Irene? Vamos levantar um pouco! Tome um banho, vai se sentir mais renovada, o jantar está quase pronto.

— Não estou com fome. Deixe-me aqui, por favor.

— Isso já é demais! Acho que vou chamar um médico para a senhora. Como pode viver durante dias assim? Alimentando-se muito mal e não saindo deste quarto? Procure reagir. Parece que todos aqui estamos enfrentando um temporal.

Catarina, apesar dos conflitos que estava vivendo sem poder contar para ninguém, sentia forte compaixão pela patroa. Pediu licença e sentou-se ao lado de Irene na cama. Segurando nas mãos dela, disse carinhosamente:

— Vamos orar, dona Irene! Até mesmo eu me esqueci disso! Só mesmo Deus pode nos ajudar neste momento.

Fechou os olhos e começou a rezar em voz alta. A face de Irene estava molhada de lágrimas, porém sentia-se render pela prece fervorosa de Catarina e, aos soluços, abraçou a governanta, que retribuiu-lhe todo carinho e dedicação.

— Calma, dona Irene, tudo vai dar certo! Vamos confiar em Deus! Pois eu também peço essa ajuda para Ele por mim.

— O que você tem, Catarina? — perguntou Irene com a voz embargada.

— Às vezes somos vítimas do destino e nos sentimos sem direção, perdidos como numa noite escura até que o sol se aponte.

— Desculpe, Catarina, com esses problemas que venho enfrentando, não percebi que você estava precisando de ajuda. O que está acontecendo com você? Lembro-me de que Joana um tempo atrás, disse-me que você andava preocupada.

— A Joana não sabe o que diz. É claro que estou, vendo todos vocês assim nesta casa... — tentou dissimular.

— Ah! Adorável criatura, não se aflija por nós. Sempre tão dedicada conosco, como posso retribuir-lhe tanta presteza?

— Neste momento, com a sua melhora, dona Irene! Isso para mim seria metade de um caminho andado. Talvez encontrasse mais força para enfrentar a vida, o que eu mais quero não é para mim e sim para Marie e a senhora. Se me permite a observação, temo criar-lhe mais preocupações, mas é que o seu Mário anda exagerando nas bebidas; sinto que ele está muito deprimido ao vê-la desse jeito.

— Mário não entende mesmo. Já não sei o que posso fazer e para dizer a verdade, já não encontro forças para reagir.

Voltou a se deitar, jogando-se em profundo desânimo.

— Bem, se a senhora quiser, posso ajudá-la a descer um pouco, quem sabe não melhora?

— Deixe-me, Catarina. Amanhã talvez. Agora preciso ficar só novamente.

— Mas, senhora...

— Se eu precisar de você, eu a chamo. Estou bem, só quero ficar aqui. Marie já voltou da escola?

— Já, está na sala de música com Julia. Servi um lanche há pouco para elas.

— Ah! Então estão bem. Melhor assim. Agora pode ir, Catarina.

Ao fechar a porta, a governanta desceu pensativa.

"Acho que ela não vai conseguir sair dessa tão cedo. Vou insistir para que o médico venha para cá. Tentarei falar com o seu Mário, mesmo se ele chegar de madrugada, ficarei esperando. De hoje não passa!" Em seguida, Catarina passou pela sala de música para ver se as meninas precisavam de alguma coisa.

Marie estava deitada num divã cujo tecido era forrado na cor de vinho. A cor dourada de seus lindos cabelos faziam um belo realce, ornamentando sua beleza.

Catarina admirava a beleza da menina e a tinha como filha. Sentou-se perto dela acariciando seus cabelos.

— Precisa de alguma coisa, Marie?

— Não Cati, estamos bem. Você quer tomar um suco, Julia?

— Obrigada, Marie, agora não. Estou terminando a lição de casa, logo mais o motorista vem me buscar e quero terminar esta matéria.

— Você também já fez sua lição de casa, Marie? — indagou Catarina.

— Já — a menina olhou para Julia, para que assentisse por ela.

Julia sorriu para a amiga, pois sabia estar fazendo a lição dela naquele momento.

— Estou na copa, qualquer coisa, me chamem.

Marie esperou a saída de Catarina e agradeceu a amiga.

— Só vou fazer hoje. Você precisa estudar, Marie.

— É eu sei, mas não tenho vontade. Desculpe, Julia. Vou tentar.

— Se sua mãe descobrir que sou eu quem faz suas lições, ela vai brigar comigo.

— Minha mãe não vai descobrir, acho que está doente. Não quer se levantar da cama.

Foi a primeira vez que Marie se abriu com alguém.

— O que será que ela tem? Já foi ao médico?

— Não. Se fosse coisa grave, já teria ido.

— Marie, quer que eu fale para o meu tio vir aqui? Ele é médico. Minha mãe diz que ele é ótimo. Eu adoro o meu tio, ele é muito bonito. Todos dizem em casa que eu devo seguir o exemplo dele, pois quando tinha a nossa idade ele vivia estudando, quase não brincava, gostava mesmo era dos livros.

— Eu já gosto de ficar assim, ouvindo música. Não gosto de estudar. Acho complicado. Não consigo me concentrar.

— Eu sei, Marie, mas para isso devemos fazer as lições, fica mais fácil entender.

— Você é mais inteligente do que eu, Julia. Queria ser como você.

— Não diga isso, você também é sabida, mas muito preguiçosa.

Marie fez careta para a amiga, jogando-se novamente no divã. Julia balançou a cabeça e voltou às lições.

Naquela noite, Mário chegara no horário habitual, expressando cansaço natural devido ao dia atribulado que tivera. Dirigiu-se para a sala de estar. Tirou a gravata, abriu a camisa, dobrou as mangas e respirou fundo exclamando:

— Que dia! Ainda bem que hoje é sexta-feira!

Catarina serviu o patrão com um drinque e arriscou-se a fazer breve comentário a respeito de Irene.

— Senhor Mário, devo chamar dona Irene para o jantar?

Ele suspirou, passando as mãos pela cabeça.

— Como ela está? Levantou-se hoje?

— Não. Comeu muito pouco. O senhor não acha que deveria procurar um médico? Dona Irene não é de se entregar dessa forma. Estou muito preocupada. Ela só pergunta do senhor e de Marie, logo após volta a dormir.

— É, Catarina, parece que o céu desabou por aqui. Eu também estou desmoronando. Fico horas nesta sala, sei que estou exagerando com a bebida e não tenho mais ânimo ao vê-la desse jeito. Ando pensando muito sobre tudo o que está acontecendo, sei que tenho muita participação em relação a isso. Às vezes me considero um homem fraco, dependente de amor e carinho e desabafo na bebida.

Demonstrando tristeza, tirou um lenço do bolso e enxugou a testa.

— Todos nós enfrentamos dissabores na vida, e é nessas horas que precisamos nos apegar à Deus, pois não podemos desanimar.

— A minha fé se esgotou, Catarina. Acho que Deus não pode resolver o que eu devo fazer.

— Isso é. No entanto, só ele pode nos dar forças para levantarmos e agirmos. Nesta tarde orei muito por dona Irene. Ela até mesmo chegou a desabafar.

— O que ela disse?

— Chorou muito. Sinto que nem ela sabe mais o que fazer, está muito abatida e não consegue reagir como de costume. Acho que isso não é normal, algo de errado está acontecendo.

— Vou tentar falar-lhe agora. Quem sabe ela se anima mais e eu também. Amanhã, por certo, tomarei uma providência, chamarei o médico. Fique sossegada, tudo isso vai passar, espero...

Mário subiu as escadas da mansão pensativo, abriu devagar a porta do quarto de Marie. Avistou a silhueta de Irene que dormia aparentemente tranquila. Chegou mais perto da esposa e começou a acariciar-lhe, beijando-lhe as mãos.

— Irene, acorde querida.

Abrindo os olhos surpresa, ela perguntou assustada:

— O que foi querido, Marie está bem?

— Sim, não se preocupe.

A bem verdade, Mário nem sequer perguntou por Marie, mas não quis preocupar a esposa.

— O que houve, então?

— Precisa se alimentar, ficou mais um dia aqui fechada, só dormindo.

— Já disse que não tenho nada, só preciso descansar, sinto-me bem estando relaxada.

— Percebo que isso não é normal, faz dias que você está assim.

— Não é nada, tenha certeza.

Mário beijou-lhe a testa dizendo:

— Vamos, levante-se. Quer dar uma caminhada pelo jardim?

— Hoje não, meu bem, mas prometo que amanhã farei um esforço e assim conversaremos. Sinto-me um pouco fraca.

— Vou pedir para que Catarina sirva o jantar aqui.

— Não tenho fome.

— Irene, se você não comer vou levá-la ao médico imediatamente — disse ele, com voz enérgica.

— Está bem, mas não exagere. Peça apenas um caldo quente e algumas torradas.

— Aproveite para tomar um bom banho antes disso.

— Está certo, fique aqui um pouco, querido.

Mário sorriu, abraçando-a fortemente.

— Oh! Meu amor, como sou falho com vocês. Sou um fraco! Você estava certa, sou um egoísta em pensar somente em mim. Prometo melhorar, meu bem. Prometo!

— Todos nós precisamos reagir e mudar. Quem estava certo é o nosso amigo doutor Nelson. Se tivéssemos seguido suas orientações, talvez não estaríamos assim tão enfraquecidos — aludiu pensativa.

Permaneceram juntos por alguns minutos, embora visados pela equipe de comparsas que ouviam a conversa do casal à distância.

— Ouviu isso, chefe? O que faremos agora?

— Deixe esses pombinhos acharem que terão saída. Eles não perdem por esperar!

— E quanto à garota?

— Está sob controle, anda dispersa como sempre, será fácil manipulá-la.

— Tenho um plano infalível para retirá-la deste quarto. Ela vai pensar que retomou as forças! Assim o campo fica livre para nós.

— Ei, você! Venha para cá e fique de sentinela. Não tire mais as forças desta inválida. Deixe-a reagir por si mesma.

— Sim, senhor, contanto que aquela feiticeira não venha aqui rezar, senão serei obrigado a colar no pescoço dela novamente.

— Cale a boca! Quem manda aqui sou eu! Faça o que lhe digo.

— Não chegue muito perto e não tente conversar mentalmente com ela. Não quero que se enfraqueça agora, senão teremos mais trabalho.

— Nossa, chefe! Como o senhor sabe de tanta coisa? Como tem esse poder?

— Anos de escuridão! Aprendi com alguns guerrilheiros com quem convivi nos últimos tempos, até encontrá-las.

— Puxa! Pretende matá-las?

— Você fala demais, por acaso quer aprender o que só eu posso saber?

— Não senhor.

— Então chega de conversa e tome o seu posto. Voltarei amanhã.

O sentinela obedeceu de pronto enquanto se despedia do chefe, que desaparecia como um relâmpago, penetrando solo abaixo.

CAPÍTULO 8

O dia estava ensolarado. O céu límpido apontava a cor azul celeste. Marie acordou mais cedo, olhou para a mãe que dormia ao seu lado. Não quis acordá-la. Resolveu tomar um pouco de sol. Desceu, sentou-se na varanda como de costume e pediu o desjejum.

Catarina sugeriu um banho de piscina. Marie negou-se. Queria estar só para contemplar a natureza. Resolveu caminhar pelos arredores do imenso jardim da mansão.

De repente, surpreendeu-se ao ver Joana, a cozinheira, enterrando uma toalha amarrada num dos canteiros do jardim a poucos metros de onde estava. Silenciosamente, escondeu-se atrás de uma folhagem a fim de observar o que ela estaria fazendo. Joana, enquanto cavoucava a terra, repetia palavras estranhas, batendo as mãos com certa determinação. Em seguida, tirou do bolso do avental um punhado de pó amarelo e jogou sob o embrulho, espalhando terra por cima. Cobriu com algumas folhas e saiu apressadamente do local, voltando aos seus afazeres domésticos.

Marie, desconfiada, quis interrompê-la, mas preferiu silenciar-se. Intrigada pensou: "O que Joana está fazendo?". Teve ímpetos de desenterrar o embrulho, porém, amedrontada e com fortes arrepios pelo corpo, saiu imediatamente dali, procurando se recompor.

Catarina, que vinha logo atrás, percebeu que a menina correu em disparada para outra direção. Tentou alcançá-la, dizendo em voz alta:

— Marie, precisa de alguma coisa? Não quer mesmo tomar um banho de piscina e aproveitar o sol?

A menina sobressaltou-se, mas respondeu sem demonstrar o quanto havia se assustado.

— Talvez mais tarde. Quero caminhar um pouco pelos jardins. Sinto-me bem. Mamãe já acordou?

— Ainda não. Estou preocupada com dona Irene. Vive trancada no quarto. Oh! Meu Deus! Uma mulher tão ativa! Não posso acreditar que esteja tão parada. Persisto na ideia de que sua mãe deveria procurar um médico.

Marie continuava respondendo, ocultando sobre o que havia visto.

— E papai?

— Disse que iria dar uma passada pelo escritório, mas não trabalhará hoje, aproveitará o sábado para almoçar com vocês. Afirmou que voltará em breve.

— Cati, o papai bebeu muito ontem?

— Que é isso, menina? Seu pai não é um alcoólatra — tentou dissimular.

— Já percebi que ele bebe todos os dias e não conversa muito conosco.

— Bem, querida, são fases que os adultos passam. Sabe como é, muito problema no trabalho. Seu pai sempre foi um lutador. Por certo, agora está enfrentando dissabores na empresa.

— Cati, o que me diz de Joana?

— Como assim, ela a desagradou?

— Não é isso, mas...

— Não entendi o que você quis dizer, Marie.

— Ah! Acho que ela é esquisita.

— Marie, os empregados têm suas manias. Joana não controla muita bem sua curiosidade, tende a se intrometer em assuntos que não lhe dizem respeito, contudo é boa pessoa. Continuo não compreendendo o porquê do interesse por ela?

— É que eu a vi correndo pelo jardim muito apressada, achei estranho.

— Não se preocupe, Joana é assim mesmo; vive atrapalhada, com medo de fazer algo errado e ser punida.

— Bem, procure aproveitar o sábado. Vamos ver se dona Irene se anima e a leva para passear hoje. Vou deixá-la agora, se precisar de mim, é só chamar.

Catarina se retirou e Marie continuou caminhando. Passou algumas vezes pelo local onde abordara Joana. Sentiu novamente os arrepios. Afastou-se rapidamente, procurando um banco para se sentar.

Na cozinha, Joana corria de um lado para o outro. Estava muito agitada naquela manhã. Falava sozinha quando Catarina entrou no recinto sem que ela notasse.

— Puxa, ainda bem que consegui. Parecia impossível, estava certo o Neraldo.

— O que houve, Joana, por que está tão agitada? — indagou Catarina.

— Não é nada, não. Estava pensando no Neraldo. Tudo o que ele fala dá certo.

— O que ele lhe falou?

Joana engasgou. Tossiu, tentando despistá-la.

— Estou com a garganta irritada. Tomei leite gelado ontem.

— Já que você não quer me dizer, então procure ter mais atenção no serviço.

— Não é nada de importante, Catarina, são coisas nossas...

— Prepare o desjejum de dona Irene. Vou ver se ela já acordou.

— Como dorme! Ela está doente?

— Não, está um pouco triste. Vá fazer o que eu lhe pedi. Deixe esse assunto de lado.

Irene dormia quando Catarina abriu a porta do quarto. O sol irradiava seus raios, aumentando o calor matutino. Já passava das dez horas quando a governanta pensou em acordá-la para que aproveitasse o resto da manhã. Hesitou. Depois tomou coragem e a chamou.

— Dona Irene — repetiu por duas vezes seguidas.

Irene remexeu-se.

— O que foi, Catarina?

— Bom dia, senhora! Desculpe-me acordá-la. O sol está tão lindo, pensei que pudesse aproveitar um pouco da manhã.

— Estou com sono ainda. Se quiser pode abrir a janela.

— Não está com fome?

— Não. Só gostaria de um suco.

— Vou providenciar. Veja que dia lindo! — tentou estimulá-la. — Marie está sentada no jardim, quem sabe se a senhora caminhasse um pouco, talvez se fortalecesse mais.

— Vou tomar um banho. Vá buscar o suco. Depois verei o que fazer.

— Sim, senhora.

Irene levantou-se a contragosto. Olhou pela janela e avistou Marie. Sentiu vontade de chamá-la. Virou-se em direção à cama, teve ímpetos de deitar-se novamente.

"O que está se passando comigo? Por que não consigo reagir como antes?", pensou.

O desânimo a acometia violentamente. Não sentia vontade de se arrumar. Tinha crises de choro contínuas. Dirigiu-se ao lavatório. Olhou-se no espelho. Sua aparência estava horrível, a fisionomia, envelhecida. Ficava mais desanimada ao se ver naquele estado deplorável. Questionou intimamente como pôde permanecer por tanto tempo nos aposentos da filha sem ter forças para reagir.

Seus pensamentos voltaram-se para o esposo. Lembrara da conversa da noite anterior. Sabia que o marido queria melhorar-se, já estava na hora de voltar para seus aposentos e viver mais ao lado dele. Reconhecia que Marie estava mais calma. Já não tinha tantos pesadelos. Somente a ela caberia mudar. Procuraria Nelson, precisava de ajuda e estava mais disposta a isso. Olhou novamente pela janela, contemplando a filha.

Irene lembrou-se dos tempos em que Marie era criança e ficava horas sentada no banco do jardim conversando com as plantas. O fluxo de pensamentos foi interrompido por Catarina, que entrou com uma bandeja repleta de guloseimas.

— Senhora, trouxe o desjejum. Procure se alimentar, vai lhe fazer bem.

— Obrigada. Não tenho fome, prefiro apenas o suco.

Catarina tentou estimulá-la.

— Senhora, vá até a piscina, tome um pouco de sol, aproveite a companhia de Marie.

— Está bem, irei. Não quero comer nada. Pode sair e diga para Marie que estou descendo.

— Pois não, senhora.

Catarina suspirou. Notara que a patroa acordara mais animada.

"Tenho certeza de que foram as minhas preces!", pensou. Depois, fortaleceu a fé para resolver a questão que a atormentava às escondidas.

— Sei que esta força infinita também me iluminará. Terei uma saída, hei de escapar dessas ameaças que venho recebendo, não posso criar mais um infortúnio para esta família. Nunca poderão descobrir! O que iriam pensar de mim? Jamais poderei desapontá-los e não seria um difamador para me colocar nesta situação. Preciso agir rapidamente, antes que dona Irene comece a desconfiar.

Catarina recebia as cartas de Sabiá, o chantagista. Lia e amassava, jogando-as no lixo. Nem imaginava que Joana descobrira tudo, nem ao menos que recolhia as cartas do lixo a mando de Neraldo, seu namorado, que a instruíra para isso.

Assim era feito. Joana esperava Catarina se ocupar com os patrões e corria até os aposentos dela para vasculhar o lixo. Procedia dessa forma toda vez que o carteiro chegava. Como não sabia ler corretamente, esperava por Neraldo. Depois, entregava tudo para que o moço escondesse em sua casa. Ela tentava ajudá-la de acordo com o que acreditava ser certo. Por orientação de uma mulher que benzia, Joana enterrou algumas peças de Catarina no jardim da mansão, na intenção de firmar a permanência dela ali caso não conseguisse se desvencilhar das ameaças e intentasse fugir. Não podia se imaginar naquela casa sem a presença de Catarina. Considerava-a como uma mãe, visto que a governanta a todos procurava ajudar desde que contribuíssem com o bom andamento dos serviços prestados aos patrões.

Por sua vez, Neraldo se comprometera a verificar o paradeiro das cartas, porém, isso levaria algum tempo e nem sequer sabia se realmente teria sucesso em sua pesquisa.

Catarina orava todas as noites, pedindo ajuda aos céus para que nada de ruim lhe acontecesse, muito embora as marcas do passado atingiam-na de tal forma que as lembranças amargas reviveram em seu coração a dor de um amor sofrido e de perdas irreparáveis.

Naquele tempo, ainda muito menina, Catarina se envolvera com Eliseo. Homem maduro, porém casado. Por mais que relutasse, ela não resistiu aos encantos dele. Por fim, engravidou.

Sem saber como agir, ajudada pelo amante, fugiu de casa se instalando num convento distante dali. Quando a criança nasceu, ele veio buscá-las, justificando-se à madre superiora de que agora ele se encontrava em condições de ampará-las.

Alguns meses haviam se passado. Catarina vivia sozinha com a criança numa cabana. Eliseo as visitava durante o dia e à noite, voltava para a família. A menina precisava de mais recursos, pois era muito fraca fisicamente. Então resolveram que ele levaria a criança para morar junto da família dele. Diria à esposa que encontrara aquele bebê jogado no campo. Quando tudo estivesse resolvido, eles voltariam a se encontrar.

A intenção de Eliseo era esperar que sua esposa morresse para se casar com Catarina, visto que a mulher não possuía boa saúde. Ele não tinha coragem de deixá-la. Mãe de seus quatro filhos, moça simples e dedicada, precisava muito dele, todavia Eliseo não a amava.

Um ano se passou. Certo dia, um capataz da fazenda em que Eliseo trabalhava descobriu tudo. Desde então passou a ameaçá-lo, dizendo que se ele permanecesse ali, contaria tudo para a esposa dele. Fez isso porque almejava ser o braço direito do chefe e não perderia aquela oportunidade.

Eliseo tentou convencê-lo de que precisava do emprego para manter a família e que ele estava sendo muito egoísta pensando exclusivamente na vaidade de ser o mais importante para o patrão. Tudo em vão. Um dia, numa briga, o capataz lançou violentamente um punhal e enfiou no abdome de Eliseo.

A notícia percorreu o povoado. Ninguém soube mais do capataz assassino. Catarina fugiu novamente, temendo que a verdade viesse à tona. Desnorteada, entrou no primeiro ônibus que apareceu e sumiu de sua cidade natal. Alguns anos depois, foi acolhida pela família Nogueira, identificando-se como órfã de pai e mãe.

As marcas desse passado agora ressurgiam, porém, não conseguia entender como alguém pudesse encontrá-la, estava tão distante de tudo e todos que pudessem conhecê-la. Nunca mais soubera da filha, imaginava que tivesse sido criada pela mulher de seu amante.

Pensara no capataz, mas depois de tantos anos, como ele poderia saber de seu paradeiro? Estava totalmente mudada, era apenas uma adolescente, seu corpo nem era tão formado. Quem estaria por trás de tudo aquilo? Isso a atormentava constantemente. De uma coisa estava certa, jamais cederia àquelas ameaças e, caso fosse preciso, estava decidida a ir à polícia.

Entretanto, não sabia como iria enfrentar os patrões, temia decepcioná-los por nunca ter-lhes dito a verdade. Considerava-os a sua verdadeira família. Não queria que eles sofressem as consequências de seus erros do passado. Estava sendo o alvo de algum vigarista que ambicionava extorquir dinheiro deles por meio dela. Jamais se prestaria a isso, mesmo que lhe custasse manchar a honra.

Catarina rezava muito, hábito adquirido quando estivera no convento. Lembrava-se constantemente das palavras consoladoras que a madre lhe dizia:

— Minha filha, tenha fé! Jamais se sinta sozinha, abra seu coração e deixe que a luz divina faça parte de seus sentimentos. Deus nunca nos desampara.

Ela aguardaria por mais informações para saber quem a ameaçava, e, somente depois, contaria toda verdade para Irene e Mário. Envolta nessas preocupações pessoais, a governanta dividia sua angústia em silêncio com os problemas dos Nogueira.

CAPÍTULO 9

Naquela manhã, o sol realmente tinha sido o grande mediador para estimular os ânimos de Irene. Ao lado da filha, contemplava a natureza, ao mesmo tempo em que absorvia plena sensação prazerosa em contato com as folhagens do belo jardim.

— Mamãe, como é bom tê-la aqui comigo, senti muito sua falta, não gosto de vê-la afastada de tudo. O que houve, mãe? — perguntou a menina, ao mesmo tempo em que se jogava nos braços dela.

— Não sei, minha filha, há momentos em que nós perdemos o senso das coisas e nos entregamos ao desânimo. Não se preocupe, estou bem. Sinto-me mais fortalecida. E quanto à você, querida? Soube que não está cumprindo seus deveres devidamente. Quero vê-la reagir também. Não podemos nos entregar, não acha?

— Sim, mamãe, é que eu estava muito preocupada com sua saúde e me dispersei um pouco.

Marie sentia-se aliviada por não ter ido com frequência à escola nem às consultas com o médico. Gostava mesmo era de ficar horas sentada na varanda, o lugar de sua preferência. Para se safar do interrogatório, sugeriu apressadamente:

— Mãe, vamos caminhar um pouco?

— Prefiro ficar sentada, querida, mas se quiser pode ir.

— Não, sem você eu não vou.

— Marie, está na hora de seguir por si mesma, minha filha. Percebo que é muito dependente, isso não é bom.

— Eu só queria vê-la animada como antes.

— Estou bem, Marie, pode ir se quiser.

— Não! Eu não vou sem você! — exasperou impulsivamente.

— Então fique, faça como quiser.

Marie tinha dificuldade de expressar o que queria. Na verdade, gostaria de falar para a mãe que vira Joana enterrando algo no jardim. Desejava caminhar com ela, passar próximo ao local, quem sabe sua mãe percebesse alguma coisa.

Mas como a característica das pessoas que não se expressam abertamente é distorcer a comunicação, a conversa tomou outro rumo. Marie emburrou-se. Cruzou os braços, franzindo as sobrancelhas. Irene agiu com indiferença. Na verdade, não tinha forças suficientes para dispensar com Marie. A menina, percebendo a atitude dela, começou a reclamar de dor no estômago. Irene não a atendeu.Continuou firme, em silêncio.

— Mãe, peça para Catarina um remédio para mim.

— Querida, vá até a copa e peça você.

— A senhora não quer mais a minha companhia? Quer que eu a deixe a sós?

— Não é isso, só quero que tome atitudes por si mesma.

— Então, com licença, mãe, fique à vontade — respondeu rispidamente, saindo emburrada.

Irene recordara as palavras do médico: "Precisam ensinar Marie a ter sua própria individualidade". Ela percebia que a menina se tornara muito dependente, sabia que havia contribuído, porém, estava mais do que na hora de mudar. Ela mesma não estava mais aguentando as consequências dessa postura, não queria que a filha a sufocasse, havia exagerado, reconhecia que essa fora realmente a causa de seu afastamento do marido. Concordava com ele agora. Ela tentou proteger a filha por demais, causando todo aquele desgaste. Pretendia ressarcir o erro de imediato, embora ainda não estivesse tão segura quanto à reação da menina, porquanto, temia que Marie voltasse a ter pesadelos. Sentia-se perdida quanto ao rumo de sua conduta, mas começaria aos poucos a ensinar a filha a tomar decisões por si mesma.

O barulho do carro de Mário trouxe Irene de volta à realidade. Levantou-se e foi ao encontro do marido.

— Mário!

— Bom dia, querida, que bom vê-la mais disposta. Pensei que dessa vez você não sairia tão cedo da cama.

Irene abraçou o marido, dizendo:

— Estou me sentindo melhor hoje.

Marie olhava-os por detrás da janela da sala de estar e com um aperto no peito retrucou em pensamento: "Agora ela se levantou... e não quis se levantar para mim".

Mário aceitou o convite de Irene para sentar-se no jardim.

Conversavam animadamente quando foram interrompidos por Marie.

— Posso me sentar com vocês?

— Claro, querida, sente-se aqui, ao lado do papai.

— Posso, mãe?

Irene entreolhou Mário e assentiu. Marie estava visivelmente alterada.

— O que há, filha? Não está alegre com a chegada do papai?

Marie não respondeu. Mário continuou:

— Vamos fazer algo diferente hoje, almoçaremos juntos e depois vamos ao cinema, que tal, Marie?

A menina balançou os ombros. Foi Irene quem respondeu:

— Prefiro dar algumas voltas pelo parque. Sinto-me um pouco debilitada, andar me fará muito bem, em vez de ficar sentada numa sala escura, assistindo a um filme.

— Como preferir, o importante é que façamos, juntos, algo diferente.

Marie assumia a postura de rejeitada, pois era extremamente insegura e carente. Por esse motivo, exigia muita atenção dos pais. Era facilmente influenciável pelos seus próprios pensamentos negativos. Contudo, recebia também a soma de vibrações das entidades que a rodeavam. Ao menor descuido, sentia-se envolvida por uma sensação de pressão no peito, devido à repressão de suas emoções. Começou a sentir uma leve tontura e seu coração apontava um ritmo mais acelerado do que o normal. Olhou para o pai e ironizou:

— Se o senhor também colaborar...

— Como assim, Marie?

— Se o senhor não dormir após o almoço...

Mário ficou desconcertado, pois sabia o que Marie queria dizer. Quando se sentia solitário, escolhia a bebida entre as refeições, depois caía em sono profundo. Irene observou a atitude indelicada da menina, porém nada disse. No fundo até que concordava com ela.

Os espíritos aproveitavam-se desses deslizes e começavam a

atuar gracejando aos ouvidos da menina. Emitiam ondas, sugestionando palavras obscenas na intenção de provocar uma briga entre eles. Marie absorvia a sintonia totalmente desprovida e continuou "atacando" o pai:

— Caso o senhor esteja mesmo querendo sair conosco, deverá se controlar.

Mário dissimulou e tentou desviar o assunto:

— Vamos almoçar e depois resolveremos o que vamos fazer — abraçando Irene, dirigiram-se para a sala de almoço.

Marie sentia-se impaciente com sintomas de náuseas e sensação de fraqueza. Estava perdendo energia. Tinha pensamentos de repulsa quando olhava para os pais. Não compreendia o que estava lhe acontecendo. O espírito magnetizador se aproveitava dos pontos fracos dela, induzindo com veracidade frases que lhe causavam extrema perturbação:

— Olha só os "pombinhos", eles nem ligam para você. Ele a convidou para sair só por cortesia, pois é a ela que ele prefere. Na verdade, ele quer sair só com ela e você vive atrapalhando, não percebeu isso ainda? Deixe-os a sós, você atrapalha sempre, garota problemática, doente, chata!

Marie ia desfalecendo, pois era exatamente assim que ela se considerava e a entidade sabia disso muito bem. Risadas soavam ao redor de Marie, que tinha a sensação de estar enlouquecendo. Sentou-se à mesa, ao lado de Irene; tentou buscar o auxílio da mãe, mas não tinha forças para falar. Catarina, sorridente, servia o almoço com presteza.

— Quer um pouco de salada, Marie?

— Não, obrigada, estou sem fome.

— Não vai comer nada?

— Não, Catarina, sirva-me apenas um suco.

Desta vez, não houve qualquer interferência dos pais. Marie estranhou. As "vozes" se aproveitaram novamente:

— Eu não disse? Eles nem ligam para você. Saia dessa mesa imunda! Deixe-os a sós, você só atrapalha.

Marie estava prestes a atender, quando Catarina chamou a atenção de todos:

— Bom apetite! Vamos agradecer a Deus pela fartura!

Mário olhou para Irene que correspondeu abrindo largo sorriso. Marie sensibilizou-se com a atitude inesperada de Catarina.

As entidades se descolaram parcialmente, como se tivessem levado um empurrão. Blasfemaram em seguida:

— Eu já disse para você dar um fim nessa intrometida — balbuciou um deles.

— Isso não é nada, volte ao seu posto, fale com mais força — ordenou o chefe.

Com ligeiro impulso, o espírito saltou, grudando-se mais fortemente às costas de Marie.

— De que adianta essa mesa farta, se ele não dá o amor que você precisa? Não ouça essas bobagens, veja que eles nem reparam em você. Não enxerga que você não existe para eles? Só quando está doente, aí eles se preocupam para alívio de consciência, do contrário, você só atrapalha. Saia já dessa mesa!

Marie, atormentada, relutava em conter a vontade de jogar tudo no chão e sair correndo, gritando para o quarto. Irene tomou a palavra:

— Que Deus nos abençoe mesmo! Somos privilegiados. Apesar dos problemas, temos muita fartura. Talvez nos esqueçamos de agradecer todos os dias por esta dádiva.

— Sempre é bom lembrar de Deus, para que ele se lembre de nós, não é querida?

— Com certeza, acho que estamos abandonando os preceitos religiosos. Poderíamos também ir até uma igreja esta tarde, que tal?

— Como quiser, rezar faz bem para a alma.

— Faz algum tempo que não nos dedicamos a Deus, meu pai sempre agradecia pelo sucesso e nunca lhe faltou nada.

— Já os meus, falavam que Deus não dá nada, que temos de lutar muito para conseguir as coisas, sem esforço nada se consegue. Mas com a ajuda Dele, fica melhor...

Mário sorriu com naturalidade, apertando a mão da esposa. Irene olhou para Marie que nada dizia, apenas tentava controlar a raiva que sentia.

— Filha, prove o suflê, está uma delícia!

— Não, obrigada!

— Quer ir à igreja conosco?

Marie sentiu arrepios.

"Fazer o que lá?", pensou, respondendo:

— Não sei.

As entidades irritavam-se com o assunto e por não estarem conseguindo que Marie ficasse descontrolada e acabasse com a harmonia do almoço, resolveram recuar momentaneamente.

O telefone tocou. Catarina se deslocou até a antessala para atender.

— Residência dos Nogueira, boa tarde.

— Boa tarde, o senhor Mário está? Aqui é o doutor Nelson.

— Oh, sim, está almoçando. Devo interrompê-lo, doutor?

— Não é necessário. Peça por gentileza para o senhor Mário entrar em contato comigo o mais rápido possível. Obrigado.

— Pois não, doutor, darei o recado. Tenha uma boa tarde.

A sobremesa estava sendo servida quando Catarina discretamente deu o recado para Mário.

— O que foi, querido?

— O doutor Nelson quer falar comigo.

Irene abaixou a cabeça, reconhecendo que tanto ela quanto o marido, não corresponderam à orientação do médico. Notou que excepcionalmente naquele dia, ambos tiveram mudanças no modo de agir com Marie. Embora nada fora premeditado, tudo ocorrera naturalmente da parte dos dois.

A menina se manteve alienada durante o almoço. Sentia raiva, mas não sabia distinguir entre o que eram suas próprias emoções e o que eram as influências negativas que atuavam insistentemente, dando-lhe novas formas pensamentos. O campo mental de Marie estava em pleno bombardeio, todavia, sem que percebesse, conseguira também uma vitória naquele dia. Entretida com o parecer da mãe em relação ao propósito de agradecimento por tudo, controlou-se, não dando vazão à sugestão das personalidades atuantes, que se afastaram dela, pairando como sombras no teto da sala, observando tudo para agirem mais certeiros numa próxima oportunidade.

Enquanto o casal se dirigia para a sala de estar, Marie pediu licença e seguiu para seus aposentos, pretextando desejo de uma boa leitura, a fim de escapulir caso os pais decidissem sair para um passeio logo mais.

— Vou ligar para o doutor Nelson, você me acompanha, querida?

— Claro. Vamos enfrentar as questões que deixamos para trás.

— Creio que não seja só isso. Eu me antecipei em pedir-lhe ajuda, devido ao seu estado de saúde. Não poderia mais vê-la o dia inteiro naquele quarto jogada na cama, e eu deprimido como estou, nada poderia fazer sozinho. Conversei esta semana com o doutor Nelson. Ele está a par de tudo.

— Fez bem, vamos, ligue para ele.

Mário assim o fez. Em poucas horas Nelson estaria entre eles para uma boa conversa e possível diagnóstico para o caso de Irene. Esperariam por ele e depois, conforme fosse a direção do médico, sairiam para dar um passeio no parque próximo de casa, atendendo a vontade dela.

Antes do costumeiro hábito de uma dose de licor após as refeições, Irene convidou o marido para se sentarem na varanda, até a chegada do médico.

No quarto de Marie, a sintonia era outra. A menina tentava ler um artigo de sociologia, leitura predileta de Irene. Gostava de tudo o que a mãe lhe incentivava, mas nem sempre aproveitava por si mesma o aprendizado. Tudo fazia para receber atenção dela e muitas vezes fingia gostar para satisfazê-la, ou se forçava a ponto de embaralhar-se até perder o interesse.

A menina leu mais um parágrafo e fechou o livro, prendendo-o com as mãos no peito. Cruzou os pés, estava impaciente, depois resolveu dar uma espiada pela janela. Avistou os pais abraçados no banco da varanda. Sentiu ciúme.

— Por que não me chamaram? — indagou, pensativa.

Marie observava o toque das mãos de Mário nos cabelos de Irene e os beijos delicados no rosto dela. O sorriso da mãe, correspondendo com abraços. Virou-se bruscamente, deslizando as costas pela parede do quarto e agachou-se, apoiando as mãos no queixo. Postura típica de quem se sente rejeitado.

— Meu pai nunca fez isso comigo! — continuou extravasando as emoções.

Lembrou-se da orientação do médico.

"... Marie, jogue para fora o que você sente."

— O que faço para o meu pai gostar também assim de mim?

Voltou para a cama, deitou-se de costas. Pretendia dormir. Para que pensar, de nada adiantaria essa reclamação! Por certo lhe diriam que não era mais criança, mas que sempre agia como tal. Marie virou o pescoço, pensou em levantar-se e olhá-los novamente, mas desistiu. Ficaria mais atormentada, melhor seria dormir...

O sentinela, no quarto, assistia a tudo, aguardando as ordens do chefe.

— Chaves! Como andam as coisas por aqui?

— Tudo sob controle. O que faremos de agora em diante? Devo induzi-la ao sono?

— Não. Deixe-a descansar naturalmente. Não se aproxime muito, logo mais entraremos em ação.

O espírito em forma de homem, vestido com seu casaco preto e chapéu, parou diante de Marie, que confortavelmente se acomodara em seu leito. Contemplando-a, sorriu para Chaves, o seu comparsa, assegurando:

— Logo mais, princesa, estaremos juntos! Tenha paciência, meu anjo, pois, para onde você for, terá o carinho que merece!

Marie, entregue à fuga de seus sentimentos, por meio do sono, remexeu-se, resmungando palavras desconexas e demonstrando certa agitação.

— Cuidado, chefe, ela pode vê-lo!

— Eu sei, vou sair daqui, você fica.

— Está certo, mas o que vai fazer?

— Nada do que já está prescrito para ela. Apenas vou aproveitar a oportunidade de fisgá-la definitivamente.

— Como assim?

— Logo mais você verá! Agora cale a boca, procure se manter à distância.

Mesmo agitada, a menina conseguiu se desprender totalmente do corpo físico. Atraída por uma luz intensa, Marie se viu num lindo jardim, onde a melodia suave dos cantos das aves entoava no ambiente, exercendo profunda paz e tranquilidade. Um homem se aproximou dela, estendendo-lhe as mãos.

— Venha, Marie, não tenha medo!

Sentindo uma forte emoção, e sem saber explicar, ela perguntou:

— Quem é o senhor?

— Venha, sente-se aqui neste banco comigo, preciso falar-lhe.

Marie obedeceu. Chegou mais perto, seu coração pulsava fortemente, parecia-lhe estar revendo alguém muito querido. As lágrimas rolavam da face do interlocutor, que abrigava a menina em seus braços.

— Marie, sei que você não me reconhece, porém, Deus me concedeu esta oportunidade de reencontro, talvez para abrandar o meu coração tão sofrido. Vejo em você o rosto de sua mãe quando pequena...

Marie olhou-o com curiosidade, como quem estivesse prestes a se recordar daquela fisionomia que não lhe era estranha. Por um momento se viu sentada no colo da mãe, diante de um álbum de fotos da família. Irene apontava a figura de um homem claro, estatura mediana, com um semblante alvo e sorriso marcante.

— Vovô! — exclamou surpresa. — O senhor é o meu avô, pai da mamãe!

— Oh! Querida, como sou privilegiado por isso. Sente-se, meu anjo, preciso falar-lhe. Não me fora permitido contar-lhe certos detalhes, entretanto, poderei ajudá-la.

— Como assim, vovô?!

Geraldo pegou nas mãos da menina, beijando-as docemente.

— Filha querida, como eu gostaria de abrandar-lhe do porvir! Mas sei que as leis divinas não erram. Estamos todos aprendendo a melhorar, muito embora isso seja difícil de compreender quando estamos envolvidos na matéria, por conta da reencarnação.

Geraldo pigarreou e prosseguiu:

— O espírito é eterno, pois você pode me ver. A morte é apenas uma transformação que nos exercita o aprendizado. Quero que seja forte diante dos desígnios divinos. Estarei ao seu lado, mas por algum tempo, você não poderá me ver.

Marie permanecia atenta. Geraldo continuava:

— Tenho certeza de que você vencerá, e no momento em que sua consciência despertar para o perdão, estará livre para recomeçar mais uma etapa. Não tema, pois tudo lhe será revelado no tempo preciso. Leve com você a confiança que Deus em nós é a luz que se aponta na escuridão do caminho da dor, até que saibamos nos render em tudo e por todos, na lei do amor. Agora, preciso ir. Voltarei a encontrá-la quando me for permitido.

A menina ouvia cada frase como fagulhas tocando o seu coração. Não tinha palavras para expressar o que estava sentindo. Geraldo abraçou a neta novamente, pedindo à Deus, em prece silenciosa, para que amparasse aquele espírito na jornada da vida. Em seguida foi se afastando, acenando com as mãos.

Marie ficou por alguns minutos sentada no banco, envolvida pela beleza do lugar e pela energia que recebera do avô. Logo, voltou para o corpo físico, despertando em seu leito.

Abriu os olhos e se viu em seu quarto, suspirou. Lembrara-se do avô, porém não registrara o que ele queria lhe dizer. Parecia renovada, notando que toda a sensação de ciúmes havia desaparecido.

Caminhou até a janela e viu que seus pais não estavam mais no jardim. Olhou para o relógio, havia se passado exatamente duas horas. Perguntou-se: "Onde estão? Terão saído sem mim?". Tentou controlar-se, lembrando da possível visita do médico.

Teve ímpetos de verificar, contudo resolveu esperar pelo chamado da mãe. Ficaria lá mesmo aguardando, e, para passar o tempo, apanhou algumas revistas e começou a ler.

Chaves a observava, pareceu-lhe ter perdido a sintonia com a menina. Sentia-se sonolento e não percebeu o deslocamento do espírito de Marie. Pensou ter sido mais uma artimanha de seu chefe, e admirava-o pela astúcia de poder induzir quem quer que fosse. Assim ele acreditava. Chaves não conhecia as leis de atração, da qual somos regidos pela afinidade de sintonia, onde a ligação mental é feita, e muito menos, a concentração disso, de vida após vida.

Os amigos espirituais de Marie envolveram-na com um manto de luz até o encontro com o avô, que se servia de instrumento esclarecedor deles para o auxílio da família. Sabia que eles estavam tendo mais uma oportunidade de desfazer enganos e romper com o ódio trazido do passado que os impediam de avançar num propósito mais saudável de crescimento individual.

Nenhuma semente ficará esquecida, todos, cedo ou tarde, serão convocados a refletir na soma de suas experiências, até compreenderem que tanto o amor como o ódio, caminham juntos, criando ao nosso redor amarras ou aberturas que se manifestam em nossas vidas, formando o conjunto de escolhas. Vencer o orgulho depois de tanto sofrimento faz com que nos rendamos diante de nós mesmos. Encontramos a direção de nossa essência divina, que sempre nos conduz para o melhor.

Nesta rota não há impedimentos nem atrasos, tudo está perfeitamente em ordem, aprendemos a trabalhar para o bem de todos e a reconhecer que cada um só pode dar aquilo que tem e receber o que produziu dentro ou fora de si mesmo. O amadurecimento espiritual está para todos mediante a conquista de cada um em seu devido tempo.

A equipe espiritual que acompanhava a família dos Nogueira sabia disso muito bem, e por esse motivo nem sempre podia intervir quanto às atuações das entidades que os atormentavam, pois todos estavam vinculados por laços de ódio e ignorância.

A única diferença é que para os desencarnados se tornava mais fácil plasmarem constantemente fluidos de vingança em prol de um tempo vivido, onde nada mais se podia fazer além de perdoar e compreender que todos ainda estão apenas no início de um grande aprendizado diante das leis da vida.

Marie continuava entretida com as revistas, vez por outra, sentia vontade de ir ao encontro dos pais, mas rejeitava a ideia, pois queria intimamente que eles a procurassem primeiro.

Augusto, o homem de chapéu e casaco preto, entrou repentinamente no local.

— Chaves! Tenho boas notícias.

— Fale, chefe, o que é?

— Tudo parece estar a nosso favor. Aquele gorducho de branco teve uma emergência inesperada e não virá aqui para conversar com os "pombinhos". Acabei de ouvi-los no jardim de inverno. Estamos adiantados, de hoje não passa...

Ele dirigiu-se mais perto de Marie e, coçando o queixo, disse:

— Viu só, minha princesa, como sou demais? Hoje ficaremos juntos para sempre!

A menina sentiu náuseas.

— Chefe, não chegue perto dela!

— Cale a boca! Eu posso fazer o eu quiser com ela, você não!

— Desculpe, pensei que não poderíamos chegar muito perto.

— Agora falta pouco. Daqui a alguns minutos eles vão sair. Vamos acompanhá-los. Fique alerta.

No jardim de inverno, Irene lamentava o ocorrido com Mário.

— Que pena, meu bem! Hoje me sinto melhor e gostaria de ter estado com o doutor Nelson. No entanto, devemos compreender, vida de médico não deve ser nada fácil! Tomara que amanhã possamos recebê-lo sem nenhum imprevisto.

— Aproveitemos para sair mais cedo do que prevíamos. Vamos acordar Marie.

— Tenho uma ideia melhor. Catarina vai ajudá-la a se vestir, enquanto nós dois vamos juntos dar um passeio pelo jardim, o que acha?

— Ótima ideia.

Mário estava radiante, animado em ver a esposa bem-disposta, e ressaltou:

— Gostaria de vê-la sempre assim, meu bem!

— Ora, querido, toda família sempre passa por fases não muito desejáveis. Até que para nós nada de ruim ocorreu, não acha? Acredito que logo mais tudo estará bem como antes. Marie já não tem tido pesadelos e eu me sinto renovada, mais alguns dias e a paz voltará entre nós. Estive pensando que já está na hora de deixá-la mais independente para que reaja por si mesma. Voltarei para nosso leito esta noite.

O coração de Mário bateu forte ao ouvir a decisão da esposa. Quis chorar de emoção, mas controlou-se.

— Estou ansioso, não vejo a hora de tê-la novamente em meus braços — beijando-lhe os lábios repetidamente, ele demonstrava o quanto estava satisfeito.

— Acha mesmo que devemos sair? — perguntou Irene com riso malicioso.

— Sim, devemos compartilhar com Marie. Ela também precisa estar bem ao nosso lado. Vamos passear conforme combinamos, mesmo porque teremos a eternidade para ficar juntos.

Irene surpreendeu-se, pela primeira vez reconheceu que o esposo conteve a ansiedade e estava disposto a melhorar seu relacionamento com a filha.

— Fico feliz por pensar assim, você tem razão. Vamos fazer desta tarde a melhor de nossas vidas.

— Deixe comigo, vocês vão se divertir muito. Voltaremos tão felizes, que Marie vai dormir muito bem esta noite.

Para o casal, aquele momento simbolizava uma grande reconciliação entre eles e a filha. Irradiavam a esperança de realmente superarem todos os conflitos que geraram o distanciamento dos dois.

No quarto, Marie arrumava-se com ajuda de Catarina, que ao mesmo tempo conversava com ela, revelando seu contentamento por ver a mudança de Irene. Percebendo a alienação da menina, ela perguntou:

— Que cara é essa, garota? Por acaso não está feliz por saber que sua mãe está melhor?

— Estou — respondeu emburrada.

— Então me diga o porquê deste bico?

— Pensei que ela viria aqui me acordar.

— Deixe disso, Marie. Não vê que seus pais estão procurando se acertar? Que estão fazendo de tudo para deixá-la feliz também? — Marie não respondeu, abaixou a cabeça, enquanto Catarina abotoava seu lindo vestido azul.

— Pronto, você está linda!

Catarina virou Marie diante do espelho, onde um olhar se cruzou com o outro. Marie se virou e a abraçou pela primeira vez.

— Obrigada, Cati, você sempre foi muito boa comigo.

— Quero vê-la feliz. Você teve a sorte de nascer numa família maravilhosa. Quando você ficar mocinha, vai entender melhor essas coisas de casal.

— Eu já sou uma mocinha!

— Claro! Digo, mais velha. Vamos logo, seus pais a aguardam.

— Cati...

— O que há?

— Não sei, não estou com muita vontade de sair.

— Você não fará essa desfeita para eles, fará?

— Não é isso, hoje eu tive um sonho...

Catarina interrompeu.

— Nada de sonhos, olhe para sua realidade. Veja como a vida é bela e devemos aproveitá-la ao máximo. Sonhos são irreais, você não deve se impressionar tanto com eles, todos nós sonhamos, não estrague o passeio e não comente nada com seus pais. Procure se distrair, vai lhe fazer bem. Quem sabe seus sonhos hoje serão mais divertidos se você rir muito com o passeio?

— Está bem. Não vou contar-lhes nada.

— Agora vamos, coloque um sorriso na cara e desça bem-humorada.

Marie sorriu, fitou o rosto da governanta, parecia ter se perdido no infinito. Catarina beijou-lhe a testa e, segurando-lhe as mãos, desceram vagarosamente a belíssima escadaria de mármore ornamentada com detalhes de ônix.

Marie surpreendeu-se ao ouvir as risadas da mãe que a aguardava no jardim de inverno.

— Como você está linda, filha!

Marie corou.

— Vamos, donzelas! Estão sob o meu comando, vou levá-las a um passeio inesquecível.

— Até mais, Catarina, você está de folga hoje! Dispense a cozinheira também. Jantaremos fora esta noite.

— Obrigada, dona Irene, vou aproveitar para colocar algumas coisas em ordem. Divirtam-se.

Augusto e Chaves ouviam a conversa em paralelo.

— Divirtam-se muito "pombinhos", pois esse passeio será inesquecível! — rebateu Augusto, soltando estrondosa gargalhada.

— Estou ansioso, chefe. O que vai acontecer?

— Fique sossegado. Vamos procurar alguns desavisados que perambulam pelas ruas, tenho alguns amigos na cidade que me devem favores.

— Caso eles se mantenham alegres, não será mais difícil induzi-los?

— A alegria pode durar pouco, eles não estão tão fortes assim. Depois, está tudo muito bem esquematizado, não haverá falhas desta vez. Vamos acompanhá-los, não podemos nos distanciar nem por um minuto.

Augusto olhou para a mansão e exclamou para Chaves:

— Ainda voltaremos aqui, temos outras contas a acertar! Até breve!

Saíram apressados, instalando-se no banco de trás do carro de Mário, que optou por sair sem a presença do motorista. Queria tornar aquele passeio o mais íntimo possível. Irene não continha as risadas, brincava com o marido, relembrava situações engraçadas que haviam passado juntos.

Marie também se sentou no banco da frente do luxuoso carro importado, de cor preta, com estofados na cor branca. De vez em quando, ela ria com as histórias da mãe. A maior parte do tempo fixava o olhar no horizonte.

A princípio, Irene havia dito que gostaria apenas de dar algumas voltas de carro ao redor do parque, depois, sentindo-se mais revigorada, sugeriu uma parada para um passeio a pé. Todos concordaram. Caminhavam tranquilamente pelo parque. Irene, com um saco de pipocas nas mãos, continuava a brincar com o marido, que saboreava com Marie, maçãs do amor. O sol já estava se pondo quando Mário convidou-as para assistirem a um filme.

— Que tal Marie? O que acha?

— Se a mamãe quiser, eu vou.

— Nada disso. Sua opinião também é importante — retrucou Irene.

— Eu gostaria de continuar passeando.

— Eu também. Viu só como estamos em sintonia?

— Pelo jeito as mulheres venceram — sorriu Mário.

— Papai, estou com sede.

— Vamos procurar um refresco bem gostoso.

Marie continuava dispersa, apesar dos esforços dos pais em entretê-la. Já passava das seis da tarde quando saíram rumo ao local onde o carro estava estacionado. Mário cantarolava as cantigas de sua cidade natal quando inesperadamente foi abordado por dois rapazes mal trajados, que pretextaram informação de uma rua, alegando estarem perdidos.

Irene, num impulso rápido, escondeu a bolsa para trás de si. Mário ligeiramente respondeu dizendo que também não era dali e que não poderia ajudá-los. Apontou para a entrada do parque, indicando o segurança para informá-los. Os rapazes agradeceram e atravessaram a rua em direção ao segurança.

— Ufa! Que susto! — disse Irene.

— Para dizer a verdade, eu também me assustei. Graças a Deus não nos aconteceu o pior.

Marie, pálida, nada dizia, roía as unhas compulsivamente.

— Fique tranquila, filha, não foi nada. O papai está aqui. Não se preocupe.

Marie, um pouco atordoada pelo susto, ouviu vozes do tipo: "Esperem para ver..."

Todos entraram no carro. Mário ajeitava os retrovisores quando percebeu dois vultos saírem detrás do veículo e correrem em direção à sua janela.

— Não se mexa — disse um deles, apontando um revólver para a nuca de Mário.

Irene agarrou-se em Marie, tapando a boca da menina com as mãos. Mário, imobilizado, tentou breve conversa.

— Calma! O que querem? Dinheiro? O carro?

— Cale a boca e vá para o banco traseiro! — ordenou um deles, aos gritos.

Mário pediu para que eles se afastassem um pouco, a fim de que pudesse abrir a porta e passar para o banco de trás, todavia, tentou ludibriá-los. Num impulso, abriu a porta com rapidez na intenção de derrubá-los. Depois tornou a fechá-la, enquanto dava a partida no carro. Conseguiu sair no arranque de emergência.

Apenas um deles caiu ao chão. Acelerando, Mário continuou em disparada, gritando para que a esposa e a filha se abaixassem. Vários tiros foram disparados em direção ao carro.

Irene chorava desesperada, segurando Marie, que fora atingida por um tiro que atravessou o vidro traseiro, alojando-se na cabeça dela.

Mário ainda não havia percebido o que estava acontecendo,

preocupava-se em conseguir velocidade para se distanciar do perigo. Irene não conseguia falar para o marido parar, gritava quase em estado de choque. Mário só parou o veículo depois de virar a segunda quadra e entrar em um posto de gasolina.

— Calma querida, já passou.

Irene, aos berros, apontava para Marie. Desacordada e deitada sob o peito da mãe, a cabeça da menina jorrava sangue por todo lado.

— Meu Deus! Minha filha! Marie, acorde! Filha! Filha! — Mário desesperou-se. — Socorro, ajudem-nos! Chamem uma ambulância!

Em poucos minutos o posto de gasolina se transformou num aglomerado de pessoas que corria em direção ao casal aflito.

As sirenes dos carros de polícia estremeciam as ruas da cidade, abrindo espaço no trânsito para que a ambulância que transportava Marie chegasse em tempo no hospital mais próximo.

Marie não se mexia, mas ainda respirava. Irene, atordoada, debruçava-se aos pés da filha, pedindo à Deus que não a levasse.

— Ajudem a minha menina, ela não pode me deixar! Eu não vou suportar! Eu prefiro morrer com ela. Eu não fico sem ela...

Mário seguia a ambulância dentro de um carro de polícia. Em desespero, ia relatando para o policial o ocorrido.

— Eu fui o culpado, talvez não devesse ter reagido assim. O que seria pior, meu Deus? Deixá-las à mercê de bandidos? Digam-me o que eu deveria ter feito? — soluçava em desespero.

— Tenha fé, senhor — disse o policial, tentando acalmá-lo. — Agora o mais importante é salvar a menina.

A emergência do pronto-socorro do hospital já estava a postos quando a ambulância chegou. Imediatamente Marie foi levada ao centro cirúrgico. Mário e a esposa ficaram para os primeiros socorros na enfermaria. Deitados no leito, sob efeito de calmantes, pareciam alheios à realidade.

O mundo parecia ter acabado para eles, naquele fim de tarde, onde o propósito inicial era a reconciliação, a diversão, a união dos três...

Mário não conseguia tirar da cabeça a cena da esposa em desespero. Marie, caída, o sangue jorrando... Pensou em morrer. Julgava não poder continuar a ser feliz, pois sabia que a esposa não reagiria sem a filha. Questionava Deus o porquê daquilo tudo.

— Melhor seria se fosse nós três... — repetia continuamente. Olhou para a esposa ao lado, notou sua expressão sofrida e transfigurada, segurava com as mãos entre o peito, uma corrente de ouro com a imagem de Nossa Senhora Aparecida.

A enfermeira-chefe entrou no local, aplicando-lhe mais um sedativo.

— Procure manter-se calmo, senhor, logo mais o médico estará aqui para conversar com vocês.

Mário parecia inerte. Com olhar fixado para o alto, estendeu as mãos para a enfermeira dizendo:

— Preciso levantar, ajude-me, quero estar com Marie.

— Infelizmente, precisa aguardar, senhor.

— Chamem o melhor médico, minha filha não pode morrer! Preciso fazer alguma coisa, não posso ficar aqui!

Minutos depois, mesmo resistindo, Mário cerrou os olhou molhados de tanta tristeza.

CAPÍTULO 10

Na casa dos Nogueira, a notícia chegou por intermédio de Vasques, o policial a mando de Mário. Catarina, assim como os outros empregados, mesmo em estado de choque, avisava os amigos da família. Os mais íntimos, assim como Nelson, dirigiram-se diretamente ao hospital.

A entrada da mansão estava isolada por policiais, a fim de evitar a penetração de jornalistas que se aglomeravam por todos os cantos. Em pouco tempo, o movimento intenso de carros formava um clima de tensão, tirando a tranquilidade dos quarteirões ao redor da mansão.

Vasques, discretamente, interrogava os empregados da família, colhia com detalhes cada informação dentro do parecer deles. Questionava a possibilidade de ter havido algum sinal que detectasse um assalto premeditado.

Joana, a cozinheira, percebendo a manipulação da polícia, esquivava-se, temendo ser descoberto seu envolvimento, em relação às cartas que Catarina havia recebido com ameaças feitas por Sabiá. Já havia alguns dias que as correspondências haviam cessado. Perguntara para o namorado, Neraldo, o que poderia ter acontecido. Obteve como resposta uma certa indiferença e despreocupação do rapaz, que dizia para que ela se esquecesse disso, pois, ele mesmo resolvera queimar as provas guardadas, alegando que tudo não passara de uma brincadeira.

Joana, a princípio, negou-se, mas reconhecendo que Catarina estava tranquila e por não ter visto mais a chegada das cartas, decidiu concordar com Neraldo, resumindo tudo como um grande equívoco.

Vasques dirigiu-se à cozinha.

— Por favor, um copo de água.

— Oh! Pois não! — respondeu Joana um tanto quanto aflita.

O moço bebia, porém, com os olhos compenetrados registrava todos os movimentos dela.

— Qual o seu nome?

— Joana.

— Bela casa, não, Joana? Faz tempo que você trabalha aqui?

— Sim, mais de dois anos.

— Você observou algo de estranho por esses dias?

— Como assim? Não saio desta cozinha, só obedeço as ordens de Catarina.

— Mas sabemos que os empregados sabem de tudo o que ocorre com os patrões e com você não deve ser diferente.

— O que sei é que eles estavam passando por problemas com a filha, depois foi a patroa que adoeceu e justamente hoje, quando os três resolveram passear, acontece uma desgraça dessa!

— Alguma coisa fora da rotina, do tipo: um telefonema, uma carta, alguém estranho pelas redondezas?

Joana estremeceu, mas foi rápida na resposta.

— Carta?! Não vi nada não, senhor.

— Tem certeza?

Joana começou a gaguejar.

— Si... Sim, tenho certeza.

— Estamos averiguando tudo, se lembrar de alguma coisa, procure-me neste endereço.

Vasques tirou um cartão do bolso e o entregou à moça.

— Até breve, Joana.

— Como assim?

— Pelo jeito vou ficar por aqui mais alguns dias, até a situação se regularizar. Tenho ordens do senhor Mário para vigiar a mansão.

— É? Acha que os bandidos sabem onde eles moram?

— Quem sabe? Pode não ser nada, mas vamos investigar, a família é muito rica e nesses casos, somos obrigados a checar tudo e todos, até cessarem as possibilidades de suspeitas.

— Eles não foram assaltados na rua?

— Sim, mas pode ter sido uma armação e até que a polícia se convença disso, leva um bom tempo. Ah! Só mais uma pergunta: você mora aqui?

— Sim, senhor.

— Namora?

— Sim, senhor.

— Avise o seu namorado que poderemos precisar dele também.

— Para quê? O Neraldo é um moço bom, trabalhador, homem honesto.

— Muito bom, mas gostaria de conhecê-lo, como já disse, preciso checar todos os que estão ligados diretamente à família.

— Amanhã ele volta, hoje não deu para ele ficar, pois Catarina precisa de mim.

— Certo, então amanhã conversaremos.

Joana mordeu os lábios, pensando se havia dado com a língua nos dentes. Estava apavorada com a história das cartas, julgava ter-se comprometido. Precisava arrumar um jeito de avisar Neraldo antes de ele ser pego de surpresa.

"Isso ainda vai dar angu!", pensou. "Quem mandou eu ser tão bisbilhoteira? Se bem que não temos nada a ver com isso. Se Catarina souber, não vai me perdoar. Nunca poderá saber. Além do mais, tenho certeza de que dona Irene me mandará embora se souber de tudo. Preciso avisar o Neraldo, antes de ele sair para o trabalho."

Os pensamentos de Joana fervilhavam sua mente.

"Só faltava essa! Com tanta desgraça acontecendo nesta casa, mais uma seria demais! Ai, se essa menina morrer, meu Deus! Vai ser uma tragédia, as coisas por aqui vão piorar, no fundo tenho pena deles, com tanto dinheiro, passar por tudo isso! Que desgraça! Se eles tivessem ficado em casa nada disso teria acontecido", disparava os pensamentos, aturdida.

Por fim, decidiu não esperar nem mais um minuto, avisaria Neraldo naquela noite mesmo, assim o moço estaria ciente quanto ao inquérito policial. Tirou o lenço da cabeça, ajeitou os cabelos e saiu sorrateiramente pelos portões dos fundos da mansão.

Pouco antes de cruzar o segundo quarteirão à distância do local, Joana sobressaltou-se ao deparar com o namorado, que por sua vez aparentava estar por demais preocupado.

— Neraldo! Foi Deus quem lhe mandou! Saí às escondidas e não posso me demorar.

— Eu também preciso muito falar com você. Depois que saí, fiquei parado a alguns metros para acompanhar o que estava acontecendo, vi quando os policiais chegaram. Joana, você não pode falar para eles sobre as cartas, serei intimado a depor, vou me tornar o principal suspeito, você já viu no que isso vai dar? Vão botar a culpa em mim e poderei ser preso.

— Mas homem! Justamente por isso vim lhe avisar. O policial quer falar com você amanhã, sabe que namoramos e pediu para eu avisá-lo. Não pode falar nada, meu emprego também está em jogo. Morra, mas não abra o bico!

— Ah! Que bom que concorda comigo! Estou mais aliviado, só faltava você para avisar e... — Neraldo calou-se.

— Que história é essa, só faltava eu para avisar?

— Não é nada não, disse isso porque andei fazendo umas perguntas lá no correio para tentar encontrar o remetente. Só isso.

— Que estranho, o correio está fechado... Neraldo, você está me escondendo alguma coisa?

O rapaz esfregava as mãos impacientemente, enquanto batia a ponta dos pés. Estava visivelmente nervoso.

— Fala homem, o que mais sabe dessa história?

Neraldo, não encontrando jeito para despistá-la, resolveu contar-lhe a verdade.

— Joana, ouça bem o que tenho para lhe falar. Uma tarde, após o término do trabalho, parei num bar próximo ao correio para tomar um aperitivo antes de voltar para casa. Conversa vem, conversa vai, começamos a disputar uma sinuca. Conheci um senhor de meia-idade, ficamos amigos, contei-lhe tudo sobre minha vida e meus anseios em me casar com você. Reclamei sobre a vida dura que levo e como seria difícil formar uma família e proporcionar-lhe o conforto devido.

— E então?

— Num desabafo, comparei a vida de seus patrões com a minha. Ele, no entanto, dizia-me que eu estava perdendo tempo ao pensar que ficaria rico da noite para o dia, que o melhor mesmo era me conformar com a pobreza. Depois, quis saber se você tinha parentes próximos e eu disse que não, que você havia vindo do interior tentar a vida na capital. Percebi que ele se interessou em saber mais sobre a vida dos Nogueira. Na medida do possível contava-lhe os detalhes de toda rotina, igualzinho como você me dizia. Um dia, comentei sobre a governanta, o quanto você estimava

Catarina, principalmente por ela se encontrar na mesma situação que a sua, com uma pequena diferença, ela era órfã de pai e mãe. O homem me contou algumas coisas do passado dele, disse que o nome "Catarina" lhe trazia tristes lembranças. Pensei que ele havia namorado alguém que tivesse o mesmo nome dela.

Neraldo parou por instantes para tomar fôlego. Em seguida, concluiu:

— Descobri que a tal Catarina que ele conheceu era apenas uma adolescente que sumiu de sua terra natal, sem que ninguém mais soubesse o seu destino — de repente o rapaz exaltou-se: — Eu juro, foi tudo ideia dele!

— O que você fez, fale-me logo! Deixe de suspense.

O moço hesitou ao continuar relatando, pensou que a namorada não o entenderia. Depois tomou novo fôlego e continuou:

— Ele armou um plano para saber se a tal da governanta era a moça que ele conheceu, eu achei aquilo um absurdo, conversa de bêbado... Imagine se ele teria tanta sorte assim de achá-la. Ele insistiu, alegando que não custaria nada arriscar, vai que ele desse sorte! Pediu-me para levar uma carta sem identificação. Caso ela fosse ao encontro dele, então mataria a charada e eu seria muito bem recompensado pelo favor que havia lhe prestado. Achei o homem louco, depois pensei em nós dois, no nosso casamento, em melhorar de vida, pois a quantia que ele me prometeu dava para fazer tudo rapidamente, sem termos de esperar tanto para isso. Concordei, mesmo achando que ele não estava no perfeito juízo, e assim fizemos.

— Fez o quê?

— O seu Manoel, que é o dono do bar, já havia me alertado para não confiar naquele homem, pois para ele não passava de um mau caráter. Achava mesmo que era um ladrão disfarçado, à procura de fazer amizades com algum serviçal da vizinhança nobre para sondar se cabia um assalto. Seu Manoel não gostou dele e me alertou quanto ao diz-que-diz que trocávamos. Desconfiado, pedi para você dar um jeito de pegar as cartas para que eu pudesse saber do que se tratava.

Neraldo fez nova pausa e prosseguiu:

— Não contei para ele sobre a reação de Catarina. Inverti tudo, falei que ela dava boas risadas quando lia as cartas. Ele se irritava, chegou até mesmo blasfemar, dizendo que um dia ainda iria encontrar aquela miserável. Por outro lado, a própria Catarina não se manifestou, então achei que era loucura dele mesmo, e que a reação dela não passava de uma preocupação com os patrões, caso estivesse sendo sondada por algum oportunista. Encontrei-o hoje e contei sobre o caso da menina. Ele me ameaçou de morte caso eu dissesse algo sobre as cartas para a polícia, pois me avisou que eu seria chamado a depor, já que sou seu namorado. Temia ser visto como suspeito. Concordei imediatamente, temendo a mesma coisa. O vigarista arrumou as tralhas e se mandou de medo. Deve estar fichado em alguma delegacia por aí, acho que o seu Manoel estava certo. E, preocupado, vim ao seu encontro.

— Mas que história maluca é essa? Foi cair na lábia dele? É bem possível que ele estivesse sondando o terreno. Faça-me o favor, Neraldo, deixa de ser "tônho". Vá trabalhar que você ganha mais! Dinheiro fácil desse jeito não presta, não! Minha mãe dizia que vem e vai como sabão! Agora é que não podemos abrir o bico mesmo! Vai todo mundo preso! Inclusive eu, que nada tenho a ver com o "peixe"! Amanhã, vá na mansão falar com o policial, ele só vai querer saber sobre sua vida. Você é trabalhador, com carteira assinada, a polícia respeita isso, não vai lhe acontecer nada.

— Tem certeza?

— Depois que tudo passar, vou lhe dar umas boas palmadas, para ver se acorda, homem de Deus! Por pouco não caiu na cilada. Nunca contarei nada para a pobre da Catarina. Onde já se viu atormentar a mulher daquele jeito? Ainda bem que pedi ajuda para a benzedeira, tenho certeza de que foi isso que nos livrou daquele sujeito! Vou voltar agora. Esteja lá amanhã e acabe logo com isso!

Neraldo estava aliviado, tirara um peso de cima, iria se preparar para depor com a segurança de que aquele incidente ficaria esquecido para sempre.

***

Na sala de estar, Catarina, exausta e muito abatida, retirou-se para seus aposentos, a mando do casal Paulo e Valentina de Moraes, primos de Mário, que assumiram provisoriamente o comando da mansão. Aos poucos, os amigos iam se retirando, porém na expectativa de serem avisados de imediato a qualquer informação sobre Marie.

Paulo e Valentina se encarregaram de avisar outros familiares distantes, assim como os diretores e funcionários das empresas da família, providenciando todos os detalhes para eventual emergência. Alguns policiais ficariam de vigia até o amanhecer. O ar sombrio predominava sob um misto de silêncio e tristeza na casa dos Nogueira.

Paulo e a mulher, inconsolados, sentaram-se lado a lado na saleta contígua à sala de estar.

— Que tragédia! Não posso acreditar no que está acontecendo. Fico a imaginar o porquê disso tudo. Como puderam ser acometidos de tanta dor inesperadamente? O que vamos fazer se Marie morrer?Você tem ideia de como ficarão Mário e Irene? — indagou Valentina, preocupada.

— Não sabemos ainda o diagnóstico médico, convém aguardarmos, pois Deus há de interferir para que aconteça o melhor. Estou atônito diante da monstruosidade que acometeu nossa querida Marie. Só Deus para dar a ela força nesta hora.

— Malditos! Hão de sofrer ainda mais do que causaram — vociferou Valentina, revoltada.

— Embora a situação seja revoltante, não podemos nos desequilibrar. Precisamos reunir forças para ajudá-los. Estou indignado! Meus primos são pessoas dignas, boas e nunca se prevaleceram do dinheiro que possuem, tratam a todos sem diferenças. Possuem a nobreza verdadeira da alma, trabalham muito e se preocupam em contribuir para o bem social. Aos nossos olhos eles não mereciam passar por isso, mas diante dos desígnios divinos, nada sabemos. Venho estudando sobre alguns assuntos que nesta hora podem nos beneficiar se passarmos a compreender a vida sobre outro prisma. É a única coisa que pode nos consolar diante da gravidade da situação.

Paulo fez pequena pausa enquanto pedia ajuda aos benfeitores espirituais. Após alguns minutos de concentração, foi se acalmando até conseguir maior clareza dos pensamentos. Envolvido por uma luz que circulava sua cabeça, dando-lhe plena sensação de consolo, olhou para a mulher e continuou a conversa com mais inspiração.

— Na vida, todos temos uma grande lição a ser aprendida. Por mais difícil que nos pareça, há uma razão de ser, ainda que seja desconhecida por nós. Considero o ser humano incapaz de lidar com os imprevistos e fatalidades. Na minha opinião, prefiro crer que além da nossa consciência, existe algo maior pelo qual somos regidos.

— Você acredita em destino? Estaríamos à mercê de predestinações? — interrompeu Valentina.

— Não vejo por esse prisma. Creio apenas que o destino nada mais é do que uma grande oportunidade de mudarmos o rumo das coisas para melhor, passando por experiências boas ou ruins, mas amparados por Deus.

— Como pode Deus permitir uma tragédia para aprendermos algo melhor? O que se aprende numa situação de desespero como essa? Se tivéssemos filhos, você já se imaginou no lugar deles? Falaria assim tão conformado se acaso Marie fosse nossa filha?

— Não estou dizendo que deveríamos sorrir, mas me refiro ao sentido da compreensão das leis da vida que nunca erram com ninguém. Percebo que é muito comum a revolta entre nós, pois não temos condições de conhecer além da vida.

— Além da vida? O que quer dizer? Os mortos ressuscitaram para o paraíso eterno?

— Não os mortos com o corpo físico, pois isso seria humanamente impossível, mas o espírito que nunca morre, apenas sofre uma transformação da matéria e parte para a verdadeira consciência espiritual.

— Vida após a morte? É isso o que está tentando me dizer?

— Sim, porquanto o espírito é eterno.

— Paulo, aceito seus conceitos, mas não creio que isso exista. Aliás, sinto calafrios ao pensar ou falar nesses assuntos, você bem sabe.

— Claro, compreendo que não chegou a sua hora ainda para esse entendimento. Existem muitos mitos a respeito do assunto, talvez se estudasse um pouco, começaria a dar os primeiros passos para um grande aprendizado.

— O que se pode fazer dentro de seu ponto de vista, em relação ao caso de Marie? Como poderemos ajudar? Devemos rezar?

— A prece sempre será o grande bálsamo para o alívio das dores, pois quando oramos, transportamo-nos para um nível de sintonia mais elevado, experimentamos a contemplação máxima, deslocamos a mente perturbada e damos vazão aos sentimentos puros, que nos renovam as forças para enfrentarmos os desafios da nossa existência. É o que poderíamos fazer agora, para ajudarmos a nossa querida Marie e seus pais.

Paulo segurou as mãos da esposa e iniciou uma prece a favor dos entes queridos. Foram interrompidos por um barulho vindo do quarto de Marie.

— Paulo, o que é isso? Parece uma forte ventania, as janelas estão batendo muito.

— Vamos subir e fechá-las.

— Eu não, vá você!

— Deixe disso, Valentina, é apenas uma ventania.

— Eu não gosto de falar de espíritos, não me sinto muito à vontade.

— Vamos! — insistiu o moço.

Paulo subiu às pressas. Valentina foi atrás; ele dobrou o corredor e abriu a porta do quarto de Marie. Tudo parecia perfeitamente normal, as janelas estavam fechadas.

— Vamos ver os outros aposentos, alguma janela deve estar aberta.

— Vá na frente.

— Quer esperar aqui, Valentina?

— Não, prefiro ficar com você.

— Pelo que parece, tudo está trancado.

— Ouvimos a batida das janelas, tenho certeza de que vinha do quarto de Marie.

— Então vamos voltar lá e continuar nossa prece.

— Ah! Meu Deus! E se for um sinal desses espíritos de que tanto fala?

— Bem, se estamos no caminho certo, devemos continuar, podem estar querendo que façamos uma corrente para auxiliá-la.

— Nesta hora vale tudo — concordou Valentina, assustada.

Sentaram-se na cama da menina e Paulo reiniciou a prece. Desta vez, foram interrompidos por outro barulho que se assemelhava a garrafas se quebrando, vindo do bar na sala de estar.

— Paulo, vamos sair daqui, está acontecendo alguma coisa que não sabemos, será que tem alguém escondido?

— Devemos continuar. Não podemos nos distrair. Depois vamos ver o que há. Acredito não ser nada material. Temos policiais na porta da mansão.

Com muito custo, Valentina seguiu à risca a orientação do marido, que por sua vez reforçou o pedido de amparo aos amigos espirituais. Orava com fervor em prol dos familiares. Com os olhos cerrados, vibrava intensamente pela cura da menina. Depois, silenciou quando foi acometido por um torpor estranho que envolvia sua fronte. Continuou na vibração, e, de repente, uma luz intensa se formou diante de seus olhos, permitindo-lhe uma visão extrassensorial.

Paulo foi se deixando conduzir pela luminosidade, que, aos poucos, delineava uma cena intrigante à sua compreensão momentânea.

Um senhor, descendo apressado por uma colina, gritava o nome de Marie e mostrava um lençol sujo de sangue. O moço hesitou em abrir os olhos. Mesmo sendo principiante nos conceitos da espiritualidade, era dotado de muita lucidez e continuou orando sem nada dizer para a esposa. Paulo tentou confirmar e entender o que lhe estava sendo mostrado, e mentalmente iniciou um contato com o "senhor" em desespero.

"O que quer me mostrar? Fale como posso ajudar."

"Paulo, você tem que tirar Marie dali. Eles vão prendê-la, corra, você precisa intervir."

"Como posso tirar Marie do hospital? Ela está em coma, à beira da morte..."

"Não é disso que estou falando, precisa orar por ela, para que se desprenda e consiga escapar dos agressores invisíveis. Ela está presa na mente dos pais. Vá ao hospital e ore com eles, ela precisa ir... Logo mais vão entender, não podem segurá-la."

"Como posso dizer isso aos pais dela? Eles esperam que a filha se salve!"

"Filho, estou tentando ajudar, Marie já está desencarnando... Seu desprendimento é uma questão de horas, porém está sendo esperada por vingadores do passado e estou tentando livrá-la para que não sofra nas mãos dos dementes. Só com a permissão divina poderemos conseguir. Se ajudarmos Marie a se elevar por meio da sintonia branda da prece, estará salva verdadeiramente. Caso contrário, a luta sangrenta continuará nessa família, até que todos se ajustem em nome do bem. Preciso ir, faça o que lhe peço, estamos unidos em nome do amor, mas nas mãos de Deus."

O quadro se apagou repentinamente da mente de Paulo, que, aos soluços, retomou os sentidos.

— Meu bem, você se emocionou por demais! Vejo que está abalado.

— Valentina, temos de ir ao hospital.

— Não podemos sair daqui, não há nada a fazer. Precisamos obedecer às ordens de Mário, pois ele conta conosco. Sabe que tomaremos as devidas providências, ele nos confiou a presença em sua casa.

— Pois então fique, eu tenho de ir. Sinto que Marie não voltará mais para cá.

— O que é isso, Paulo? Você está sendo precipitado! O que houve? Está também impressionado tanto quanto eu por causa dos barulhos? Veja — ela fez sinal com as mãos –, parou, pode ter sido um dos empregados na cozinha, afinal, estamos todos desorientados. Vamos chamar Catarina, com certeza alguém se descuidou e quebrou algumas louças. Quanto ao vento, pode ter sido as portas do jardim de inverno, não pensamos nisso.

— Não é nada disso! Você não poderia compreender... eu tenho de ir!

Valentina, percebendo que não adiantaria segurá-lo, concordou, mesmo contrariada e temerosa.

— Então vou chamar Catarina para me fazer companhia, não gosto de solidão, estou um pouco tensa e amargurada.

— Faça isso. Se puderem fiquem em prece também.

— Peça para o motorista levá-lo, já está muito tarde. Ficarei mais tranquila se souber que está acompanhado.

— Pois bem, vamos chamá-lo. Que Deus me ajude diante da missão que me confiou neste momento! Não será fácil para ninguém, principalmente para eles.

— Vamos esperar os resultados. Você não diz que a prece pode tudo?

Paulo abraçou a esposa e beijou-lhe a fronte, dizendo:

— Torça por mim e por Marie.

— Fique calmo, meu amor! Vai dar tudo certo. Mantenha-me informada. Ficarei aguardando notícias.

Com um breve aceno, Paulo se despediu; sabia que naquele momento sua presença junto aos seus era indispensável. Sentia bem no íntimo que uma força superior o envolvia, fazendo-o refletir sobre a visão que tivera quando em estado de prece no quarto de Marie. Reconhecia que fora algo diferente do habitual, já ouvira falar muito de entidades espirituais que se comunicam através da mediunidade. Desde a fase adolescente, sempre fora muito interessado pelo assunto, porém havia pouco tempo que passara a se dedicar à pesquisa por meio de leituras a respeito.

Paulo questionava para si mesmo se era um médium, pois alguns fenômenos inexplicáveis já lhe haviam ocorrido, incentivando-o ainda mais a procura literária. Certa vez, em conversa com amigos, ouvira o relato de sua amiga Lídia, sobre suas visões noturnas. Moça culta e inteligente abordava o fenômeno com a maior clareza, como se isso fosse natural em sua vida. Paulo muitas vezes se sensibilizava, admirava a coragem dela em se expor sem medo de ser considerada "anormal" entre o grupo, mesmo sendo respeitada por todos.

Lídia afirmava que todos possuíam um dom, porém o que não sabiam é que todo ser humano é médium, sendo que uns são mais sensíveis do que outros. Ressaltava a importância do aprendizado nesse sentido, caso houvesse reflexos muito evidentes em algumas pessoas dotadas de maior sensibilidade.

De acordo com a filosofia da amiga, Paulo se enquadrava no contexto. Desde pequeno sabia que tinha visões, lembrava de sua mãe acariciando seus cabelos quando ele apontava para um canto da sala dizendo que alguém estava sorrindo para ele. A mãe, para tranquilizá-lo, sempre dizia que eram os "anjinhos de Jesus" que vinham visitá-lo.

Somente no fim da adolescência, notara que as visões voltaram a acontecer, porém não tão nítidas, apenas em pontos de luzes coloridas que se acendiam e apagavam, confundindo-se com ilusão ótica, com diziam seus pais.

Paulo estava tenso, mas confiava que os espíritos o ajudariam na presença de Mário e Irene. Lágrimas escorriam-lhe pelo rosto, sua expressão era de amargura e tristeza, seu coração acelerava, estava apreensivo.

Chegando próximo ao hospital, o moço pedia forças, pois temia sucumbir diante deles. Resolveu orar. Uma luz prateada o envolveu novamente, transmitindo-lhe leveza e segurança. Paulo suspirou profundamente quando o carro parou na portaria principal.

— Chegamos, senhor, vou estacionar e aguardá-lo.

— Obrigado, Josué. Reze por nós.

Josué tirou um lenço do paletó e enxugou as lágrimas, lamentando pelos patrões. Paulo desceu e seguiu em direção à recepção. Alguns minutos depois, uma enfermeira o acompanhou até o leito onde estavam os primos. Paulo estava trêmulo, porém confiante. Abriu a porta e a cena que viu o comoveu profundamente...

Irene estava de joelhos de mãos dadas com Mário, chorando sem parar.

— Paulo! — exclamou Mário.

— Como está, Marie? Não pude esperar sem nada fazer, resolvi estar com vocês.

— Ah, Paulo, venha até aqui, estou desesperada, minha filhinha não pode morrer, vamos rezar para que Deus a salve.

— O que dizem os médicos? — tentou dissimular.

— Não nos deram muitas esperanças... — soluçou Mário.

Irene estava inconformada, muito abatida, não aceitava a situação.

— Não pode ser! Deus não fará isso comigo. Ela vai reagir, eu tenho fé, sempre fui muito boa, não mereço isso... — chorava compulsivamente.

Paulo abraçou a prima que aos soluços continuou aos prantos em seus braços. O rapaz mentalmente pedia ajuda aos benfeitores espirituais para ampará-los. Uma nuvem esbranquiçada o envolveu, abrindo-se um quadro em sua mente, mostrando a situação de Marie.

Ela era observada por duas entidades que palitavam os dentes, ansiosas para agarrá-la. Imóvel fisicamente, porém no sentido extrafísico, a menina percebia tudo sem nada compreender. Solicitava a presença da mãe, que aparecia em sua mente chorando em desespero. Paulo suava frio, passou as mãos pela testa, afastando o corpo de Irene do seu.

"Meu Deus, ajude-nos", pensou.

— Sei que esse momento é difícil para vocês, mas Deus sabe o melhor a fazer. Vamos orar para que se faça o melhor para Marie, se Ele achar que ela deve ficar aqui entre nós, proverá sua cura, mas se Ele a quer junto de si, vamos pedir que os anjos possam ampará-la.

— Paulo, nem me diga uma coisa dessas! Deus não vai levar a minha Marie... — desesperou-se Irene.

— Prima, não podemos fazer nada, por acaso já pensou que não podemos mudar os desígnios divinos? Eu bem sei que neste momento falar disso pode parecer que estou sendo frio e alheio à dor que sente, porém o que estou sugerindo está além de nossa capacidade de decidir. Invoquemos a Providência Divina, pois só Deus sabe realmente o destino de Marie. Procure compreender que se for para ela ficar boa, que se salve, todavia, a situação é grave, não sabemos se corre o risco de ficar em estado vegetativo ou com alguma sequela que poderia mantê-la por anos imóvel e presa a uma cama. Não seria pior para ela? Será que temos o direito de prendê-la em tal situação?

— Não quero mais ouvir, ela ficará boa! — gritou a mãe. — Eu não estou prendendo a minha filha, nem quero que morra, nem que fique em uma cama. Os médicos hão de ajudá-la, se preciso for, nós a levaremos para fora do país, onde a medicina anda mais avançada. Eu posso pagar, sou rica, ela vai se curar. Eu farei tudo o que for possível para salvar a minha menina.

— Calma querida — interveio Mário. — Paulo está certo, meu coração está partido, mas Deus sabe o que será melhor para nossa Marie.

— Vamos orar juntos com bastante fé — sugeriu Paulo, já envolvido pelos amigos espirituais. Em voz alta iniciou: — Senhor nosso Deus, pai criador de todas as coisas, envolva Marie com Sua luz. Nada podemos sem Sua permissão, dê-nos forças para aceitar os Seus desígnios. Que Marie seja livre das maldades do mundo e que em seu coração possa despertar o amor e o perdão por aqueles que a afrontaram em demência por ignorarem a Sua existência. Que a luz do amor envolva seus pais, aliviando esta dor, para que eles possam superar esta provação amparados pela Sua força. Se acaso precisarem aceitar esta separação, que tenham forças para isso e que possam, por meio dessa dura realidade, compreender que a vida é eterna e que estamos aqui apenas de passagem. Perdoe-nos a revolta, pois não compreendemos a razão pela qual uma criança possa ter sido vítima de tal desgraça. Quem sabe um dia, merecedores deste esclarecimento, venhamos a entender a causa do destino que se forma para cada um de nós.

Paulo fez pequena pausa e finalizou:

— Senhor, pacifique o nosso espírito e ampare Marie que neste momento entregamos para ti. Que os benfeitores possam conduzi-la diante daquilo que seja o melhor para o seu espírito.

Mário e Irene choravam copiosamente, envolvidos por uma luz azul e passes magnéticos que os espíritos amigos emitiam em favor deles.

Paulo, ainda intuído, segurou nas mãos de Irene dizendo:

— Solte Marie para Deus. Tenha fé.

Irene abraçou o primo dizendo baixinho:

— Não posso, peça a Deus para me levar também.

Paulo, sem perceber que estava sendo intuído, respondeu com firmeza:

— Não é a sua hora, Irene, caso fosse estaria em semelhante situação. Sinta em seu coração o amor verdadeiro, que liberta para o melhor. Veja Marie como um espírito em evolução e não apenas como sua filha.

A voz de Paulo se tornara mais grave e firme, fazendo com que Irene parasse de chorar por instantes.

— Ela teve uma missão e cumpriu, liberte seu espírito.

Irene colocou as mãos no peito dizendo:

— Deus faça o melhor por nós. Não esqueça que amo minha Marie. Tenho fé que ela vai se curar.

Em seu íntimo, Mário repetia o mesmo. Paulo visualizava Marie, mas estranhou não captar mais sua sintonia. Abriu os olhos, inspirando profundamente. Ficou surpreso por não se lembrar dos detalhes da prece, reconhecia ter sido extensa, e que não tivera domínio das palavras expressadas. O rapaz reconhecera que fora envolvido pelos espíritos, porém questionara o paradeiro de Marie. Agradeceu a Deus por estar sendo o veículo de amparo da família, depois sugeriu:

— Vamos aguardar, está quase amanhecendo. O médico deverá passar por aqui logo cedo. Ficaremos em prece.

Irene se deitou, parecia ter sido sedada; Mário acomodou-se em uma poltrona. Paulo foi até a janela; o céu da cidade estava nublado, sentia-se em paz por ter ajudado os primos. Lembrou-se da cena das entidades ao lado de Marie. O que aconteceu? Foram afastados? Era isso que o mensageiro queria?

Às cinco horas e trinta minutos, Nelson, o médico amigo da família, entrou no hospital à procura dos Nogueira. Mário pulou da cadeira quando o médico entrou, e fez sinal de silêncio para não acordar a esposa, pois ela havia sido sedada novamente.

— Mário, sinto muito, Marie está nas últimas. Doutor Nataniel, médico responsável, logo mais estará aqui para informá-los.

Mário abraçou o amigo chorando intensamente.

— Precisa ser forte! Irene precisará de muita ajuda! — Nelson tentou consolá-lo enquanto apertava as mãos do amigo inconformado.

Eram exatamente seis horas e quinze minutos, quando Marie deixou seu corpo físico, partindo para o mundo espiritual amparada pelos benfeitores invisíveis do plano superior.

No saguão do hospital, os rumores aumentavam entre enfermeiros e funcionários, todos de certa forma estavam indignados com o fato de uma criança ter sido baleada por bandidos e muito temerosos em relação à violência da cidade. Estavam condoídos pelo sofrimento dos pais, ainda mais agora, com a notícia da morte da menina.

O médico-cirurgião responsável, acompanhado de dois assistentes, dirigia-se ao encontro dos progenitores de Marie. Irene sentiu-se desfalecer quando percebeu o desespero do marido; sem forças para reagir, debruçou-se no leito sem poder aceitar a dura realidade.

Doutor Nataniel entrou no quarto, tirou um lenço do bolso e com um gesto de solidariedade abraçou Irene, que, aos prantos, agarrava-se a ele suplicando para que ele não deixasse sua filha partir. O médico com a voz embargada, delicadamente respondeu-lhe:

— Dona Irene, por favor, mantenha a calma. Estamos aqui para confortá-los. Sabemos ser este um momento difícil, fizemos tudo o que nos foi possível. Infelizmente, Marie nos deixou.

Mário puxou a esposa para seus braços, tentando consolá-la. Sentiam-se enfraquecidos, o mundo desabara para eles. Choravam inconformados. Unidos agora pela dor, o casal se deixou envolver pelas lágrimas que marcariam as mais duras lembranças de um adeus prematuro para o conceito dos humanos, mas inevitável quanto à necessidade espiritual de cada um.

O silêncio dos amigos presentes era a mais sublime demonstração de respeito e compaixão, pois, de certa forma, compartilhavam entre si a lamentável dor da separação. Nessas horas, somente aqueles que possuem uma visão mais ampla do espírito são capazes de se desprenderem, compreendendo a jornada individual de cada ser.

Por esse motivo, o mais indicado é deixarmos que o amor não se rompa e que continuemos amando intensamente aqueles que nos são tão especiais, porém, conscientes de que nada se perde, tudo se transforma no Universo.

Não há fim, apenas um novo recomeço. O desapego nos ensina a criarmos dentro de nós, a consciência da libertação. Mesmo sem saber ainda como lidar com isso, somos convidados a refletir nos valores do espírito, pois com certa impotência, reconhecemos que somos todos iguais diante das leis da vida e aos olhos de Deus...

CAPÍTULO 11

O sol irradiava a bela manhã de dezembro. Três meses após o desencarne de Marie, a família dos Nogueira se mantinha em luto fechado.

Irene observava, pela sacada de seu quarto, o movimento nas calçadas, em virtude das festas natalinas. Sentia seu coração apertado, as lágrimas escorriam-lhe pela face. Lembrou-se de Marie quando pequenina, porquanto a menina adorava essa época do ano à espera do Papai Noel. As festas de família... Vez ou outra esboçava um leve sorriso, recordando as travessuras da filha.

Irene, embora sempre tivesse aparência jovial e cuidasse do corpo com esmero, agora aparentava estar muitos anos mais velha. Abatida, com olhar sempre sombrio, vivia o tempo todo a contemplar o céu estrelado até altas horas da madrugada. Durante o dia, sua única companhia eram os álbuns de fotografias de Marie. Acariciava cada foto, como se estivesse tocando a filha. Ela não aceitava sugestão para outra atividade, dizia que o destino fora cruel demais e que só lhe restava viver de boas recordações.

Era visível também a transformação de Mário, sempre muito atencioso com a esposa, não insistia para que ela reagisse, sabia que isso era uma questão de tempo. Esporadicamente, sentava-se ao lado dela na sacada de seu quarto e esperava o amanhecer. Sentia-se menos culpado pela morte da filha, porém muito angustiado pelo desgosto que se abatera sobre a esposa tão querida.

Os amigos do casal os aconselhavam a fazer uma viagem, mas tudo era em vão para eles. Chegaram até mesmo a se afastar de alguns por tanta insistência no assunto. Preferiam estar sob o conforto e o silêncio do lar.

A única predisposição para conversas se dava nos encontros espaçados com Paulo e Valentina, que procuravam distraí-los, levando sempre uma palavra de apoio. Irene ficava feliz com a presença de Paulo, sentia-se eternamente grata pela ajuda que tivera no momento mais triste de sua vida e acreditava que se não fosse por ele, não teria aguentado tamanha dor.

Paulo, após a morte de Marie, envolveu-se por completo nos estudos da mediunidade, passou a frequentar um grupo de desenvolvimento espiritual no centro da cidade. Aos poucos, começou a compreender a influência dos espíritos na preparação do desencarne de Marie.

Num desses encontros, um espírito o havia alertado em relação à família dos Nogueira, afirmando para que aguardassem o tempo oportuno, pois iriam passar por uma grande transformação.

Paulo sempre que podia tocava no assunto com eles, a princípio não havia muita receptividade, mas no decorrer dos meses, Irene, desejosa em reencontrar a filha, começou a se interessar mais, na intenção de receber uma graça de poder realmente constatar que a filha estava viva em outro plano.

A partir disso, Paulo decidiu visitá-los com mais frequência. Em comum acordo, realizavam todos os domingos uma oração para o espírito de Marie. A rotina do casal agora se resumia em apelo ao mundo dos espíritos, pois Mário, mesmo um pouco descrente, percebia que Irene se modificava nas noites da reunião, e como sempre fazia de tudo para vê-la feliz, mostrava-se bastante interessado, estimulando-a com palavras de esperança de um dia receberem um sinal de que, se esse mundo espiritual realmente existisse, haveria de trazer-lhes notícias da filha.

No fundo, Mário acreditava que cada ser humano precisa se aliar a uma crença religiosa e nada mais. Para ele, a morte de Marie fora pura estupidez do destino. Embora conformado, ele tinha algumas recaídas, onde sempre martelava a mente com a mesma indagação:

— Será que sua filha estaria ainda viva, caso ele não tivesse reagido ao assalto?

Nesses momentos, Mário se entregava à bebida a fim de esquecer. Quando isso acontecia, perambulava pelas ruas da cidade, chegando até mesmo a circundar o parque à procura dos irresponsáveis que tiraram a vida da filha. No entanto, com uma pequena diferença: Mário adquiriu uma arma de fogo por intermédio de um amigo.

Sentimentos de vingança rodeavam a mente dele, queria fazer justiça por suas próprias mãos. Intimamente, desejava poder encontrá-los um dia e então, cara a cara, devolveria na mesma moeda àqueles que fizeram sua família sofrer.

Irene não sabia da aquisição do marido, mesmo porque Mário fingia para a esposa estar totalmente consolado.

Mário alimentava uma revanche. Jurara para si mesmo que fosse o tempo que fosse, iria encontrá-los. Em algumas reuniões, chegou até a pedir mentalmente para os espíritos que o ajudassem, como prova de que eles existiam de verdade. Pouco prestava atenção na leitura edificante.

Quando Paulo dissertava o tema que surgia ao acaso, poucas vezes conseguia envolver-se. O padrão vibratório de Mário nesses momentos ficava extremamente baixo, portanto, vulnerável à atuação de entidades espirituais pouco evoluídas, que percebiam tal estado, e tentavam persuadi-lo, incentivando tais pensamentos nefastos.

Paulo, com a frequência dos exercícios mediúnicos, aprendeu a reconhecer de pronto as faixas negativas, e percebia que o primo não estava bem sintonizado com as forças superiores. Se esforçava ao máximo para atraí-lo, solicitando que ele dissertasse a parábola. Mário se recusava, alegando ser incapaz de ministrar sobre o assunto.

Irene, no entanto, mantinha-se de olhos cerrados, como quem esperasse instantaneamente por um milagre: o de rever a filha. Nem notava a dispersão do marido. A fé e a paciência, certamente nesses casos eram o melhor remédio para Paulo, que sabia estar sendo convidado a treinar tais atributos.

Valentina acompanhava todo o movimento da família, embora estivesse mais afinizada do que eles, não possuía a tênue do equilíbrio emocional. Disparava em revolta quando se atinha a sós com Paulo, questionando-o se era o momento de eles estarem fazendo tal trabalho, pois não sentia que os primos do marido estavam receptivos a ponto de respeitá-los.

Paulo pacientemente ignorava a intenção de Valentina, respondendo sempre com presteza que essa atitude era bem condizente ao despreparo espiritual; eles estavam, assim como ele, apenas aprendendo, pois a maturidade espiritual cedo ou tarde chegaria a todos, despertando-os para uma nova consciência.

Alertava-a, no entanto, quanto às possíveis interferências negativas, a qual estavam sujeitos caso o pensamento não estivesse totalmente voltado para o bem.

Valentina achava que Paulo estava virando um fanático e que essas definições eram um tanto quanto exageradas, não acreditava que seus pensamentos poderiam estar sendo reconhecidos pelo plano espiritual, não gostava dessa ideia, sentia-se vigiada, preferira não dar muita importância a isso e se julgava independente demais. Ela temia perder o senso próprio.

Na verdade, ela desconhecia que cada um de nós é responsável pela criação de nosso destino de acordo com o que pensamos, sendo que nossos pensamentos são plasmados na esfera astral, tanto quanto a vibração que emitimos. Somente após conquistarmos melhor grau de esclarecimento é que nossa sintonia vibratória se modifica.

Naquele momento, o que mais preocupava Paulo era o reconhecimento de tais energias que circundavam a família. Sentia que, diante de grande desafio para seu próprio crescimento, aquela era uma boa oportunidade de treinar o que estava aprendendo. Contava com o auxílio dos protetores espirituais, aguardaria a revelação, observando com sutileza cada expressão, vinda ou não dos encarnados presentes, pois determinara para si mesmo, que fosse o que fosse, surgiriam todas as respostas e encaminhamentos para a questão; sabia não estar só e isso o confortava, pois guardava dentro de si uma das orientações precedidas pelo plano espiritual quando citaram que a família dos Nogueira iria passar por uma grande transformação.

Homem de personalidade firme como era, Paulo ajustava-se aos propósitos dos amigos invisíveis, que sabiam poder contar com ele. Quando estamos vinculados aos compromissos de ordem espiritual, a mediunidade se torna grande facilitador para esse intercâmbio, muito embora a faculdade mediúnica se diferencie na abordagem dinâmica que os encarnados se propõe a desenvolvê-la.

É imprescindível destacar os princípios de renovação interior, somando-se aos estágios pré-desenvolvidos em outras vidas. Em resumo, este é um caminho sem voltas para o crescimento individual, pois, fora da matéria, exercitam-se a abertura de certos canais psíquicos na elaboração do conjunto de experiência que cada espírito traz de suas vidas pregressas.

Somos reconhecidos como grandes geradores que concentram e distribuem energia, e para os estágios onde o homem transgride e desafia o poder de sua inteligência, jamais conseguirá explicar as grandes descobertas se não souber se conectar a essa fonte inesgotável de conhecimento entre a lei da matéria e o cosmo dentro de si mesmo.

Cientistas vasculham as relatividades, enquanto o fator provável está ainda como um grande enigma a ser desvendado. Não podemos mais isolar matéria, mente e espírito; aguça-se o reflexo que torna o côncavo e o convexo uma coisa só. Desaparece a ideia onde a forma se interpõe entre ondas magnéticas, sendo considerável o magnético que cria a forma, onde a mente atua como coadjuvante principal, expressando-se nos mais altos declives do pensamento contínuo, envolvida na órbita celestial do conhecimento supremo; fixa-se no culminar das emoções como se fosse cadeia atômica se desprendendo de seu núcleo, percorrendo dentro desse circuito, estimulada pelos guiões sombrios do ego, até se instalar na base materna dos sentimentos mais puros. Plasmando sob os efeitos dessas ondas magnéticas a origem do espírito dentro da criação divina, banha-se no amparo do casulo físico, seguindo como mensageira até alçar o comando da própria consciência.

A reencarnação propicia ao grande navegador de si mesmo obter esse comando, visto que nesse período o espírito conserva o instinto predominante do qual é regido pela disposição de atuar. Comparando-se às lembranças remotas de sua evolução, caracterizada pelo anseio de sua autossobrevivência, esbarra na sensação de ser e sentir-se uno com a natureza. Mas na condição de adormecido, desperta para a grande transformação do reconhecimento de novos valores, capaz de modificar-se com precisão.

Muitos fogem do convívio mútuo, isolando-se da oportunidade de exercerem o confronto direto. Não percebem ser este o único meio de se rebelarem contra as possíveis amarras; tecem os fios da ignorância e permanecem por longo tempo no labirinto do sofrimento.

Buscam as saídas para se libertarem, mas só quando se reconhecem vencidos pelo torpor do orgulho, arrastados pela dor, cedem aos impulsos do amor, recebendo o sopro da vida como um convite para seu renascimento.

Impotentes diante da manifestação divina, estendem as mãos e por entre lágrimas de arrependimento, deixam-se embalar pelas ondas da flexibilidade com destino certo, até obterem o manejo credencial para ultrapassarem os limites da inconsciência, a busca da eterna lucidez.

CAPÍTULO 12

O desespero assolava Marie. Durante esses três meses ela fora mantida sob o efeito sedativo de passes magnéticos, administrados pelos enfermeiros do pronto-socorro espiritual que a acolheu após o desencarne.

Aparentemente, o caso era bem conhecido pelos dirigentes, mas completamente inexplicável para outros dentro daquela colônia de restabelecimento perispiritual.

Marie sofria constantemente espasmos psíquicos, acordava gritando a presença da mãe, tal como fazia em seu luxuoso quarto terreno.

Juvenal, um dos assistentes, mesmo muito experiente nesse assunto, acompanhava o caso com algumas indagações. Certa vez, em umas das reuniões de sua comunidade espiritual, citara com veemência a triste história da menina, solicitando aos supervisores que lhe concedessem maior tempo ao lado dela, a fim de estudar o caso com mais afinco.

Foi o médico Matheus de Andrade, coordenador geral, que assentiu prontamente e com um leve sorriso perguntou ao rapaz:

— O que observa neste caso, meu jovem?

— Bem, primeiramente, agradeço a todos pela permissão que me foi dada. Diante da denúncia do infortúnio da mente, suponho estar a um passo de desvendar os desníveis da consciência, que primeiramente foram causados por traumas, revelando a imaturidade emocional vinculados excessivamente às mentes intrusas de mesma faixa vibratória, relacionados às múltiplas existências de Marie. Por tudo isso, sinto-me apto para acompanhá-la neste período de transição em que ela se encontra. Como sabem, estou me especializando no assunto, creio ser o mais próximo para auxiliá-la, e assim poder aprimorar-me e defender minha tese.

— Se precisar trocar informações, você tem minha permissão para usar qualquer material de minha sala de estudos. É só se reportar ao Frederico, meu assistente, e ele vai lhe dizer os horários disponíveis.

Juvenal sentiu-se profundamente lisonjeado, mas sabia ser essa a questão que o levaria a atingir maior esclarecimento para seu espírito e aptidões para ministrar os ensinamentos a serviço do crescimento geral da humanidade.

Relembrou-se por alguns instantes as grandes dificuldades que tivera quando encarnado, e abençoou secretamente todo seu empenho dentro da colônia. Sabia que quando estamos voltados para o caminho da alma, tudo acontece facilmente. É um fluir constante, muito embora bastante desconhecido pela grande maioria.

Trocaram mais algumas informações gerais sobre outros assuntos e deram por finalizado o encontro. Na saída do pavilhão geral, Juvenal respirava fundo, a fim de absorver todo o frescor do belo jardim colorido, ornamentado com árvores imensas que delineavam um esplendoroso cenário nas ruas daquela cidade astral.

Ele reconhecia a importância de manter os pensamentos positivos; toda aquela condição resultava da criação mental e vibratória da harmonia de seus moradores. Juvenal resolveu sentar-se no banco de uma praça. Admirava o despontar das primeiras estrelas daquele céu indiscutivelmente azul belíssimo.

A música suave embalava todas as esquinas dos imensos quarteirões e fluidos como arco-íris espalhavam-se em lindos desenhos por toda a atmosfera. Tratava-se da equipe de higienização planetária, que em seu horário habitual, exercia condições de dissipar possíveis nuances de formas pensamentos negativas, associadas ao campo mental de seus visitantes em tratamento. Fortaleciam as camadas energéticas por meio das luzes, promovendo grande sensação de alegria, muito comparável ao estado doce de uma criança que olha pela primeira vez os fogos de artifício numa noite de grande comemoração.

Juvenal sentia-se totalmente refeito, levantou-se, acariciou algumas hortênsias, como se estivesse diante de um rosto amigo, expressando carinho e ternura, quando avistou Virgínia vindo um tanto quanto apressada ao seu encontro. Os olhos da moça brilhavam de emoção, seus cabelos acobreados davam-lhe um tom de altivez e firmeza.

A moça havia sido sua prima na última passagem terrena. Ambos desencarnaram basicamente com a mesma idade, aos vinte e dois anos de plena juventude e com um espaço curto de diferença entre os acontecimentos, abalando literalmente toda família.

Eram muito amigos, embora só puderam se reencontrar na colônia espiritual após longo período de recuperação. Estavam interligados no mesmo propósito de crescimento interior. Virgínia prestava serviços como enfermeira e adorava música. A princípio, lamentou-se por sua partida prematura da Terra, porém considerava que ao menos desencarnara como queria, embalada na melodia...

Virgínia tinha ido assistir a uma apresentação de um cantor famoso em cidade próxima a sua e, na volta, o carro onde estava como passageira entre amigos que cantavam alegremente, inesperadamente perdeu o controle, despencando num barranco imenso. Jorge, o motorista, ela e mais três amigas desencarnaram naquela noite.

Juvenal estava de férias no exterior quando soube do acontecido. Ele ficou extremamente chocado, pois a prima tão querida o havia deixado. Poucos meses depois, o rapaz foi acometido por uma bactéria inexplicável pela ciência dos homens, e também deixou seu corpo físico subitamente.

O reencontro após o período de transformação foi a maior prova para eles de que estavam realmente vivos. Assim diziam, satirizando os acontecimentos, postura comum aos jovens e às pessoas com certo senso de humor aguçado.

Desde essa época, começaram a trabalhar e estudar juntos no mundo astral. O rapaz havia cursado até o quarto ano de medicina na Terra. Depois de seu refazimento optou por concluir seus estudos agora de outra forma. Obteve muito conhecimento por meio de pesquisas dentro da colônia espiritual.

Virgínia desejava ter sido cantora, mas por preconceitos familiares esquivou-se da preterida profissão, resolveu estudar música como forma de lazer, era professora na área de ciências humanas.

Agora, na colônia, continuou sua inclinação para música e sempre que podia, procurava se aperfeiçoar mais. E foi com muita satisfação que correu ao encontro do primo para contar-lhe as últimas novidades.

— Juvenal, onde esteve? — a moça nem esperou a resposta dele, foi logo dizendo com certa excitação: — Adivinha o que eu consegui?

— O quê? Pelo jeito deve ter sido algo muito importante.

— Foi sim, mas como sempre costumo dividir com quem gosto o que recebo, eis aqui.

Eram dois ingressos para assistirem a uma apresentação com alguns cantores famosos que continuaram no mundo astral dedicando-se à música.

— Viu só? Vamos assisti-los no sábado, que tal?

— Maravilhoso! Terei o maior prazer em acompanhá-la, além do mais eles foram muito populares e ainda continuam transmitindo seus sentimentos por meio das melodias.

A colônia apropriada para eles denominava-se Estação da Comunicação e Livre Expressão. Havia sempre shows com artista de todo o tipo. Sempre era uma noite de festas para todos, um momento de descontração e expansão interior.

Virgínia sabia que para entrar em qualquer colônia, a vibração teria de estar bem compatível com o nível de sintonia por lá exigida.

Há vários tipos de estação no mundo astral, todas requerem muita atenção quanto às preliminares exigências de fator vibratório.

Virgínia fez muitas amizades com um grupo de jovens cantores, almejava um dia poder ingressar junto a eles para concluir seus objetivos, que aparentemente na Terra não puderam ser concluídos. Percebendo a introspecção de Juvenal, sentou-se ao lado dele, tentando ser solidária.

— Estava meditando?

— Sim. Estou diante de uma experiência muito importante para mim. Com o caso de Marie, vou avaliar uma série de suposições para defender minha tese. Com isso, sei que estarei exposto a muitas variações emocionais, visto que ainda me sinto suscetível ao campo mental, diante de certos assuntos inacabados, dos quais vamos cultivando em nosso subconsciente as marcas de experiências vividas.

— Mas você é tão hábil nisso! Estou certa de que tudo dará certo. Você enfrentou zonas inferiores com desequilíbrios mentais e emocionais e, de certa forma, teve todo apoio para que não se envolvesse e conseguiu vencer.

— É, mas nossa mente é um universo a ser desvendado ainda. Temos tantas coisas para aprender, sinto algo dentro de mim, comparável a uma erupção que começa a se movimentar lentamente até me devastar por completo.

— Não se preocupe tanto, ainda bem que os convites vieram em boa hora, um pouco de descontração vai lhe fazer bem.

Juvenal sorriu, não quis mais continuar a conversa, ambos sabiam que cultivar a ansiedade alteraria suas vibrações, ficariam descentrados. Ele reconhecia que esses desafios eram comuns diante do amadurecimento pessoal de cada um e com o auxílio do material de apoio do médico Matheus, tudo sairia bem.

O rapaz havia sentido um calafrio ao rever algumas cenas pretéritas e era isso que o incomodava. Precisaria de mais equilíbrio, começaria a disciplinar-se melhor em todos os sentidos para acolher certas emoções a serem trabalhadas.

Direcionar o nosso pensamento e dominar nossos impulsos são verdadeiros álibis quando enfrentamos mudanças de valores e, sem dúvida alguma, conectarmo-nos com o nosso Eu sempre é a melhor solução. Pensar, agir e sentir devem estar em equilíbrio, no domínio de nós mesmos.

A mente cria ilusões dependendo da maneira como cada um encara a sua própria realidade, deixando-se levar por imagens fantasiadas, causadas por impressões momentâneas da consciência em desenvolvimento.

O campo mental, quando desconectado dos valores da alma, fortalece por demais a visão intelectual, inibindo a expressão dos sentimentos sublimes. A mente cria o que acreditamos sentir. Podemos determinar o que pensamos e como fazê-lo, sem transferirmos para os outros as nossas necessidades de apoio interior.

O poder mental deve estar ancorado às crenças positivas e direcionado para o que realmente é o melhor para nós. Nesse exercício, confrontamo-nos com os primeiros estágios: o desprendimento das mágoas e ressentimentos, emoções vinculadas ao apego, causadas pelas expectativas de sermos atendidos pelos outros. Não sabemos ainda nos dar a atenção devida, há um conflito entre o que a mente sugere e o que sentimos, dificultando-nos a expressão.

Quando nos libertamos desses condicionamentos, abrimos espaço para a expressão límpida que há em nós. Tudo se transforma a partir daí, vamos dando início ao autoconhecimento, aprendendo a tomar conta de nós, respondendo pelos nossos atos e pensamentos. Desenvolvemos a capacidade de assumir nossas escolhas e consequências, sem dramatizarmos. Vamos libertando e sendo libertados das amarras psíquicas, que geram apenas cobranças de uns para os outros. Arrastamo-nos vida após vida, como justiceiros de nossos próprios delírios.

Rever o que passamos, requer amadurecimento para enfrentarmos as nossas ilusões sem nos culparmos nem nos sentirmos errados.

Se soubéssemos como agir, certamente não existiriam erros nesses estágios; entretanto, encará-los como tormento da alma não justifica a ação. De nada adianta remoermos o que já passou, outrossim, aprendermos como poderíamos fazer para melhorar.

A dor que surge ao confrontar esses comportamentos se dá pelo fato de não termos ainda a habilidade de pararmos para observar quais as atitudes que os geraram. Deparamos com o sofrimento, veículo projetado para estimular o acesso ao contato interior, e podemos arrastar por longo tempo essas amarguras, com posturas resistentes às mudanças. No entanto, chegará a hora de olharmos para nós mesmos e reconhecermos que ficamos parados momentaneamente, sendo receptivos às consequências frustrantes, que são puro reflexo da nossa imaturidade.

E o regresso ao nosso "Eu" nos convida a refletir: Como compreendemos as coisas? Ainda julgamos ou criticamos impiedosamente? Estamos voltados apenas para os valores externos envoltos pelo orgulho ferido? Não percebemos as causas e efeitos do que criamos.

Com baixa autoestima, ficamos expostos negativamente e vulneráveis quanto à aceitação do que os "outros" consideram ser melhor para nós.

O primeiro passo para essa mudança interior tão procurada por todos é termos a coragem de enfrentar a nós mesmos. Nessa compreensão, tornamo-nos iguais e nos diferenciamos pelas conquistas individuais, que chegam para todos a seu tempo.

Como o espírito é eterno, esses processos nos acompanham fora da matéria. Nossas crenças e emoções vinculadas ficam registradas em nosso corpo mental. Fora da matéria, o corpo espiritual com estrutura eletromagnética retrata, como um molde plástico, toda condição registrada pelo pensamento. Nasce então a condição vibratória onde o espírito pode residir.

Após o treino constante do controle de nossas emoções, iniciamos outro estágio com a manifestação do sentimento puro diante da criação divina, até nos tornarmos parte do poder uno, que nos permite tudo transformar em prol da evolução espiritual.

CAPÍTULO 13

— Acorda, menina vadia! Está pensando que vai se livrar assim tão fácil? — gritava o homem de chapéu nos ouvidos de Marie.

— Deixe-me em paz! Eu quero minha mãe! Onde estou?

— Pare com isso! É bom que saiba logo, você nunca mais vai ficar ao lado de sua mãe. Agora você não terá como fugir. Eu fiquei anos à sua espera e não pretendo perdê-la de novo. Venha comigo de uma vez!

O homem tentava magnetizá-la a fim de tirar-lhe toda energia. Marie soluçava e se debatia gritando:

— Solte-me, eu não vou! Não sei quem é você! Socorro! Socorro!

— Vai sim, eu não a largo mais! Faço um trato com você, se me obedecer eu a levo ver a sua mãe.

— Não! Saia daqui! Solte-me!

A menina pulava no leito em desespero, sentia-se atraída por uma força imensa, temia perder os sentidos e ser agarrada pelo agressor.

— Vamos, dê-me sua mão, depressa, não seja tola, eles nunca vão lhe deixar sair daqui. Você será escrava deles. Comigo ficará mais livre, poderemos fazer muitas coisas juntos, eu lhe ensino tudo, não tenha medo de mim. Eu preciso de você!

Marie sentia-se acuada quando Juvenal entrou apressadamente no quarto alertado por um dos enfermeiros de plantão.

O rapaz segurou firmemente as mãos da menina, dizendo:

— Marie, você é luz! Sinta agora que você pode se libertar por si mesma. Pense em momentos alegres, veja-se sorrindo. Você é muito especial para Deus! Todos aqui querem a sua melhora, sei que você pode reagir, basta acreditar em sua força.

Uma luz forte a envolvia, cortando todos os fios mentais que a ligavam com a entidade que a induzia, pouco antes do desencarne. O rapaz aplicava-lhe passes magnéticos no frontal e cardíaco. Aos poucos, a menina foi serenando e pela primeira vez conseguiu abrir os olhos, como quem acabasse de acordar para a verdadeira vida.

— Onde estou? O senhor pode chamar minha mãe? Acho que tive outro daqueles horríveis pesadelos. O que aconteceu comigo?

— Marie, quero que fique calma. Estou feliz por ter despertado. Você está num hospital para refazimento. Logo mais estará boa. Tenha paciência.

— Quero a minha mãe, por que não está comigo?

O rapaz sabia que não poderia revelar ainda a real situação da menina. Respirou fundo e respondeu:

— Sua mãe já esteve aqui, enquanto você dormia. Então a deixou sob meus cuidados, logo mais você estará bem. Está com fome?

— Com sede.

— Vou pedir para uma enfermeira trazer-lhe algo para comer e beber.

— Você é médico?

— Sou. Meu nome é Juvenal.

— Meu pai é seu amigo?

— De certa forma, sim.

— Sinto minha cabeça pesada.

— Vamos cuidar disso.

Virgínia entrou no quarto, recepcionando-a com imenso sorriso.

— Olá, Marie, seja bem-vinda! Trouxe algumas coisas que você gosta, torradas com geléia de amora, que tal?

— Aposto que foi minha mãe quem mandou — respondeu a menina, com breve contentamento.

— Creio que sim! Procure se alimentar. É hora de se fortalecer. Vamos cuidar direitinho de você.

A menina se deliciava com as guloseimas energéticas. Juvenal sorriu satisfeito. Daquele momento em diante ficaria mais fácil tratá-la devidamente, até que se desligasse definitivamente das interferências mentais que atuavam sobre ela.

O rosto sombrio de Marie denotava os efeitos de uma guerra mental da qual estava envolvida. Juvenal olhava-a com carinho, observando cada movimento que a menina fazia. Chegara o momento de libertar Marie que, por algum motivo, registrara em seu espírito marcas de um passado doloroso. Precisava incentivá-la quanto a sua autoestima e a se desvincular radicalmente da aparente fragilidade afetiva da qual se encontrava.

Juvenal usaria sua habilidade para colocar-lhe sua nova condição em espírito. A partir daí, iniciaria o tratamento previsto. Conhecia perfeitamente as artimanhas daquelas entidades que a assediavam. Viviam em estado deplorável da alma e habitavam zonas funestas do astral inferior.

Eram espíritos vingativos e cobradores de uma justiça pessoal, e visto que não foram correspondidos em suas expectativas afetivas, chegaram ao auge da autodestruição. Envolvidos pelas mágoas e ressentimentos, não souberam compreender os limites de cada um. Prisioneiros do próprio destino, destilavam ódio e revolta.

Apesar de a menina ter sido encaminhada após o desencarne para a colônia de tratamento, ainda era um tanto quanto vulnerável às energias mentais negativas. Existia ali um vínculo de padrões e conceitos a serem reformulados para que ela conseguisse definitivamente se isolar das interferências obsessivas.

Haveria por certo mais uma chance de reajuste entre aqueles espíritos que por ora se encontravam perdidos em suas próprias ilusões.

Assim como a vida continua após a morte física, nossa reformulação interior também continua, porém, cada uma a seu tempo.

***

Augusto e seu comparsa espumavam de ódio por terem sido afastados do campo mental de Marie. Sentiam-se enfraquecidos ao breve contato com a luz que fora emitida pelos amigos espirituais da menina.

— Levanta, capataz! Não podemos ficar aqui sem movimento, precisamos arrumar um jeito de pegá-la para valer!

— É perigoso, chefe, não podemos entrar naquele lugar. O que faremos?

— Cale a boca, seu incompetente! Depois de tanto trabalho, acha mesmo que vou sair assim? Não posso perdê-la de vista, vou acabar com aquele sanatório, vou magnetizá-la de novo, ela tem de ceder! Logo mais, quando ela descobrir que morreu, vai entrar em pânico, aí vou induzi-la à culpa, para que se lembre do que sofri.

O capataz coçou a cabeça pensativo, murmurando baixinho o quanto era perigoso aquela tarefa.

— O que é? Está com medo deles?

Chaves hesitou alguns segundos e respondeu:

— Não é isso, mas eles são mais rápidos, aquelas muralhas de força são impossíveis de derrubar.

— Vou provocar a fuga dela, e então a capturo de vez! Se você está virando um frouxo, acho bom se lembrar que está sob o meu comando, ou quer que eu o devolva para aquele bando que o procura? Esqueceu-se que eles me respeitam, e que é por isso que você está há tanto tempo livre? E pare de me olhar espantado, faça o que lhe digo e pronto!

— Não é que eu não confio no chefe, mas não conseguimos pegá-la depois do acidente, não sei quem está por trás disso, o plano não podia ter falhado. O chefe não ia voltar à mansão? Poderíamos ficar lá até que as coisas melhorassem para o nosso lado.

Augusto se irritou e, aos berros, blasfemou ainda mais:

— Aquele gordo, com ajuda daquele fanático, interferiu. Ela é uma fraca, deu ouvidos a eles. Meu argumento será mais forte! Eu juro! Eles me pagam! Bando de falsos iluminados! Eles não me convencem, eu sou mais forte! Entendeu? Eu sou mais poderoso. E fique você sabendo que sou eu quem comanda o que deve ser feito; voltaremos à mansão depois que eu capturá-la. Acertarei as minhas contas na hora certa!

Risos debochados entoavam no ambiente sombrio onde se encontravam, deixando Augusto mais irritado.

— Vamos sair daqui! Esses abutres vivem nos espionando, e ainda querem nos convencer a ir com o chefe deles. Não sigo ninguém! Se eu conseguir isso, eles é que vão querer trabalhar para mim.

— Saiam imbecis, nada me vence! Ainda hão de me implorar serviço!

Os risos aumentavam, até que os dois mergulharam em um buraco escuro que parecia não ter fim. Ficaram por ali escondidos, arquitetando seus planos para a próxima investida que tinha o objetivo de capturar Marie.

Em algumas zonas do campo astral inferior, esses "buracos" funcionam como uma fenda energética, regida pela representação do pensamento que alguns espíritos sabem manipular muito bem, formando esconderijos que provisoriamente os abrigam.

Ao saírem dali, essas fendas não se fecham, vão se alastrando, representando vegetação rasteira, comparadas a puro lodo, concentração de formas pensamentos extremamente negativas e nocivas ao ambiente. Todo tipo de histeria, desde um breve gemido até um grito atormentador, faz parte da atmosfera criada pelas vibrações densas de seus habitantes, que ali permanecem até atingirem a possibilidade de iniciar sua reformulação interior.

Augusto e seu comparsa ainda não sabiam, mas estavam a caminho disso. Movidos pelo ódio e desamor, havia chegado a hora dessa reformulação, e como todo processo de grande resistência às mudanças aparentemente agrava-se, pois recebemos um impulso semelhante a uma contração para expulsar de vez todas as emoções retidas, a energia fica mais forte, materializando com mais rapidez toda crença contrária à libertação.

No caso de Augusto, o ódio aumentava com grande exatidão; ele questionava intimamente o porquê de não conseguir atingir seu alvo, porém, sentia-se mais aguçado por essa conquista do que propriamente por vingar o sentimento ferido.

Com isso, despertava-se nele o potencial de ação, ainda que obedecendo a fase negativa em que se encontrava, pouco a pouco se somava valores que outrora havia negado e, como consequência, achava-se vítima de traição e maldade daqueles a quem perseguia, jurando retomar o que julgava pertencer-lhe. Ficara muitos anos remoendo-se e se ligando às falanges que o estimulavam em seu caráter negativo; era temido, fazia de tudo para ir por si, e com isso, conquistara a confiança daqueles com quem convivia. Era constantemente solicitado para criar armadilhas de vingança, e depois que executava seu plano, conseguia mais respeito por parte deles.

No entanto, a notícia de que estaria passando por dificuldades para atrair sua "presa" espalhara-se em seu meio. Muitos lhe ofereciam ajuda, outros caçoavam, sugerindo que se aliasse a um outro comandante, mas ele não aceitava nem uma coisa nem outra. Augusto preferira contar apenas com Chaves, o seu aliado.

Planejava receber títulos de grande honra e assim se tornar um grande rei, onde seus súditos recorreriam somente a ele. Haveria de conseguir Marie a qualquer custo. Ele era muito persistente, outra habilidade que desenvolvera, numa época em que ficara muito isolado, aprendendo com um mago das trevas todas as artimanhas da manipulação mental, para depois seguir à procura de sua amada.

Agora ele não poderia sucumbir, depois de tudo, não seria justo perdê-la mais uma vez. Sua ideia fixa aumentava a amargura das lembranças ruins.

Um misto de amor e ódio se confundiam na cabeça dele, e sem mesmo desejar, toda sua história começara a vir à sua mente.

Augusto recordou-se da beleza de Elvira, que o fascinou desde o primeiro dia em que a vira correndo de braços abertos pelos campos de sua enorme fazenda. Naquele tempo, tudo vinha muito mais fácil para ele; herdeiro de grande fortuna, assumira o lugar do pai ainda jovem, e mesmo sendo muito rígido, cedia facilmente aos caprichos da noiva. Sentia-se um homem privilegiado, bonito e com uma mulher maravilhosa. O que mais poderia querer?

Elvira era meiga, possuía um carisma de bondade incomparável, mesmo sendo descendente de família nobre e acostumada com excesso de mimos e cortejos do pai, que tudo fazia para compensá-la de toda má sorte pela perda da mãe que nem a tinha visto nascer.

Moriza estava prestes a dar à luz, porém em uma tarde de verão, resolvera sair para um passeio pelos campos abertos da cidade onde morava. Era casada com o nobre Rafael, e portadora de uma personalidade firme, impulsiva, além de uma beleza exuberante. Chamara duas amas para acompanhá-la, mesmo a contragosto do marido, que tentou impedi-la, alegando cuidados em virtude de seu estado.

Ela achava o marido exagerado, sentia-se bem; por certo, não haveria motivo para tanta preocupação, visto que seu passeio seria breve. Entrou em sua linda carruagem, ordenando que seguissem em direção aos campos abertos. Fortes chuvas surgiram no caminho; os cavalos ficaram assustados com as trovoadas, perdendo o controle, um deles tropeçou numa grande pedra, desprendendo-se do coche.

A carruagem disparou velozmente, tombando num barranco. Moriza caiu, o sangue escorria-lhe, manchando o belo vestido de renda. Foi socorrida por alguns cavaleiros que estavam escondidos debaixo das árvores, aguardando a chuva diminuir. Chegou muito ferida e foi assim que entrou em trabalho de parto. Salvou-se a criança, mas ela não resistiu aos ferimentos.

Desde essa época, Rafael cuidou da menina, como se fosse a única coisa que lhe restara na vida. Ficou anos sozinho, não quis mais se casar, muito embora choviam pretendentes. Quanto mais se dedicava à filha, mais instigava o desejo de muitas mulheres de compartilhar sua companhia e amor. Mas ele se recusava a todas, só queria a companhia da filha, que, a cada ano, assemelhava-se mais ao seu grande e único amor.

Augusto procedia da mesma forma que Rafael, fazia de tudo para que sua amada não sentisse falta de nada. O tempo passou, eles noivaram e casaram-se. A partir daí, Augusto modificou seu comportamento, tornando-se excessivamente ciumento.

Elvira sentia-se sufocada com o assédio do marido. Nem mesmo os costumeiros passeios pelo campo aberto eram mais permitidos por ele. Ela gostava de liberdade, como sua mãe. Notando que até disso estava sendo privada, resolveu abrir-se com o pai.

Rafael ouviu o relato da filha; a princípio aconselhou-a a ter paciência com o marido, pois Augusto era um bom homem e, com o tempo, talvez com o nascimento de um filho, tudo pudesse mudar.

A moça tremia em arrepios só em pensar que se tivesse filhos ficaria mais presa ainda. Relutava fazer renascer a admiração por Augusto, pois duvidava de seus sentimentos em relação ao marido, chegando até mesmo, em algumas vezes, sentir repulsa por ele.

Augusto, que não aceitava ser rejeitado por sua amada, tornou-se agressivo, a ponto de obrigá-la aos carinhos desejados. Cada vez mais irritado, tomou por costume trancá-la em seus aposentos, até que ela resolvesse respeitá-lo como merecia.

Ele deixou de ser aquele homem alegre, confiante como antes; deu espaço para o fel da amargura. Vez por outra, nem mesmo ele compreendia a razão de tanto ciúmes. Entregara-se à bebida e à volúpia, deitando-se com outras mulheres.

Uma das amas de Elvira, em atrevimento e às escondidas, mandou um empregado da fazenda relatar os fatos para o pai da moça, pois ela se abatia cada vez mais em sofrimento.

Poucos dias depois, Rafael decidiu tomar as devidas providências, indo ao encontro de Augusto para resolver a situação.

Nesse mesmo tempo, Augusto recebeu a visita inesperada de seu primo, Felício.

O próprio Augusto o recebeu, e com um olhar de suplício, abraçou o primo emocionado, dizendo:

— Foi Deus quem o enviou!

— Estou chegando de viagem e gostaria de conversar com você, meu primo — respondeu o jovem com largo sorriso.

— Entre, sua presença aqui é providencial!

Aos poucos, Augusto relatou as dificuldades que enfrentava em seu casamento.

— Ora, Augusto, você sempre me pareceu tão seguro de si, o que houve? Perdeu-se de amor? Com essa atitude você está afastando sua mulher, em vez de conquistá-la.

— É isso mesmo, meu bom rapaz, você tirou as palavras de minha boca. Vim justamente para isso, preciso conversar seriamente com você, Augusto — ajuntou Rafael com firmeza.

— Pois bem, vejo que todos estão à procura de solução — Augusto fez sinal. — Queira sentar-se, meu sogro.

Ficaram horas conversando, até que Augusto ordenou a uma das amas para trazer Elvira à sala. Em poucos minutos, a moça, com aspecto tristonho, correu aos braços do pai, chorando copiosamente.

Felício não compareceu ao casamento do primo e por esse motivo impressionou-se com a beleza de Elvira, não conseguindo desviar seus olhos dela. Intimamente, percebeu ser aquele o motivo de tanto ciúmes de Augusto. Felício continha valores enobrecidos, sabia reconhecer além das aparências, por esse motivo, lamentava a insegurança do primo.

Rafael pretendia ficar alguns dias em companhia da filha, até que tivesse certeza de que Augusto cumpriria a promessa de não molestá-la mais. Felício iria ficar por mais tempo, tinha a intenção de aprender com o primo a administrar a fazenda.

Augusto sentia-se lisonjeado com a confiança que seu tio depositava nele para auxiliar o primo.

Elvira se mostrava mais animada, passeava todas as tardes com o pai em companhia de Felício. A jovem admirava a inteligência dele, porquanto era sorridente, brincalhão, do tipo descontraído, capaz de cativar facilmente a amizade das pessoas. Comparava-o com Augusto que, sempre muito rígido, não permitia acesso para isso.

Em um desses passeios, Rafael e Felício se distanciaram por alguns minutos de Elvira que se distraíra com sua ama ao redor de belas folhagens.

Aproveitando a ocasião, Rafael não hesitou para conduzir Felício em algumas pequenas recomendações:

— Felício, daqui a dois dias retornarei aos meus afazeres, julgo que minha presença aqui não se faz mais necessária. Augusto e Elvira estão se entendendo melhor e me sinto mais tranquilo sabendo que você permanecerá na fazenda por mais algum tempo. Sendo assim, estimando seu caráter firme e nobre, peço-lhe que os ajude a manter a harmonia. Com a minha ausência, temo ainda que Augusto se descontrole, inibindo a liberdade de Elvira. Caso isso aconteça novamente, não hesitarei em retirá-la daqui, não medirei forças. Não criei minha filha para sofrer, não me valeria tanta solidão a qual me submeti, temendo que outra mulher ocupasse o lugar de sua mãe e a maltratasse. Conheci boas mulheres, mas nunca lhes confiei meus sentimentos. Coloquei o bem-estar de Elvira sempre em primeiro lugar.

Rafael suspirou e prosseguiu:

— Augusto sempre me pareceu ser um homem calmo e equilibrado. Não encontrei qualquer deslize de Elvira para que ele agisse dessa forma com ela. Porém, compreendo que a beleza de minha filha é tão estonteante quanto à de sua mãe, e talvez algum elogio excessivo por parte de alguns amigos o tenha deixado assim tão inseguro.

— Tenho conversado muito com meu primo, senhor Rafael, e posso assegurar-lhe que nem ele sabe ao certo a razão desse ciúme descontrolado. Além disso, fez-me um breve comentário sobre uma ligeira indisposição que o acomete seguidamente durante a madrugada.

— Como assim? Explique-me melhor.

— Augusto disse-me que tem acordado suando e muito agitado, levanta-se logo em seguida, senta-se na varanda e é surpreendido por pensamentos e imagens alusivas. Em seguida, uma forte sensação de perda o deixa profundamente temeroso em relação à Elvira. Por conta disso, começou a tratá-la como prisioneira.

— Estaria Augusto com alguma doença desconhecida?

— Ainda não sei. Sugeri a ele que observasse com mais atenção, e se persistissem os sintomas, procuraríamos auxílio de um bom médico da cidade.

— Ora, não seja por isso. Augusto é muito influente e eu também, não lhe faltará assistência.

— Por certo, mas ele se nega a receber ajuda. Por enquanto, prefere aguardar mais um pouco, até solucionar alguns problemas da fazenda.

— Ele não comentou nada a respeito dos negócios, estaria com alguma dificuldade?

— Acho que não seria essa a razão, mas vamos aguardar como ele mesmo sugeriu. Caso ocorra algo que seja necessária nossa interferência, o senhor será avisado.

— Faça isso, meu bom rapaz, estarei pronto para socorrê-lo. Agora poderei retornar em paz, deixando-os aos seus cuidados.

***

Augusto relembrava cada detalhe de sua vida e pela primeira vez trocou a expressão de raiva por lágrimas, relembrando os bons tempos ao lado de Elvira. Quantas vezes pensou que se não fosse pelo desespero que sentira com o desaparecimento dela e o ódio pela sede de vingança, quem sabe estaria ao seu lado hoje.

Chaves aproximou-se impaciente, tirando-o das lembranças remotas.

Augusto tentou se recompor e com certo autoritarismo perguntou:

— O que foi? Que cara de espanto é essa?

— Chefe, estão o procurando.

— Quem?

— Não sei, ouvi falar. A turma está desconfiada, disseram que dois homens que não são daqui conversavam a seu respeito. Queriam saber onde você estava.

— E que medo é esse? Só pode ser aquele bando que vive me pedindo favores. Deixe-os se virarem para me encontrar.

— Não estou com medo, é que do jeito que a turma se escondeu, achei que poderíamos estar em perigo.

— Larga a mão de ser medroso, Chaves! Você sabe que não tenho medo de nada. Só que agora não estou para prestar favores, preciso me concentrar ao máximo, não quero errar o alvo novamente. Agora, saia daqui e me deixe sozinho. Se ouvir besteiras, bata de ombros. Vê se não me atrapalha. Se precisar de você, eu o chamo.

— Vou ficar vigiando a porta, ninguém vai incomodar o chefe.

— Faça isso; agora vá.

Augusto tentava retomar as lembranças, mas desta vez foi interrompido por forte tumulto externo. Resolveu levantar-se e ir até a porta. Irritado, pensou em acabar em poucos segundos com aquela gritaria.

— Esses incompetentes hão de ver! Pensam que podem fazer o que quiserem? Ainda sou muito poderoso, vou lhes mostrar como um chefe deve ser respeitado.

Ao sair, surpreendeu-se com Chaves que, imóvel, tentava se esconder a qualquer custo.

— O que foi?

Chaves apontou a chegada dos visitantes.

— Quem são vocês? O que querem?

— Como vai, amigo?

— Não sou seu amigo. Estão a mando de quem desta vez?

Os dois homens foram se aproximando ainda mais. Augusto então compreendeu de que lugar eles vinham... Trajavam uma túnica escura, porém luminosa.

— Gostaríamos de conversar com você.

Augusto fechou a cara, cruzando os braços, em seguida respondeu:

— Eu não tenho nada a falar.

— Mas nós temos! Por favor, seja maleável pelo menos uma vez! Há tempos que também estamos aguardando uma oportunidade. Será melhor nos ouvir, estamos prontos a ajudá-lo a se libertar verdadeiramente.

— Já estou livre e não preciso de ajuda.

— Não é o que parece. Está amargurado, revoltado com as lembranças remotas, pensa em se vingar. Até quando? Por acaso obteve sucesso total em suas investidas?

— Estão me desafiando?

— De forma alguma, estamos apenas querendo que você se conscientize de que nada do que fez proporcionou-lhe paz.

— E quem são vocês para me julgar? Por acaso sabem o quanto sofri? Eu estou tão errado assim? Se estivessem na minha pele o que fariam? Agradeceriam a Deus por tanto sofrimento? Saiam daqui, deixem-me em paz, eu sei como me libertar.

— Augusto, não estamos aqui para julgá-lo e sim para ajudá--lo verdadeiramente. Sabemos o quanto sofreu, mas também reconhecemos que você nada sabe da lei de ação e reação. Suas atitudes se refletem gerando situações agradáveis ou ruins. Nós somos responsáveis pelos nossos acertos ou enganos. Enquanto isso não mudar dentro de você, os fatos vão se repetir, pois você está se baseando apenas em uma única existência em que se colocou como vítima. Gostaríamos que relevasse pelo menos até que possamos lhe esclarecer melhor. No entanto, para facilitar, viemos convidar-lhe a nos acompanhar. Você terá a oportunidade de aprender novos valores, renovar-se e assim não julgar apenas uma situação que lhe marcou o espírito, mas sim outras existências ser-lhe-ão mostradas a fim de que possa finalmente compreender, avaliando passo a passo o quanto precisa vencer a si mesmo. O que acha?

Augusto estava tenso, sentira uma onda de paz envolver-lhe por completo, mas repentinamente rejeitou brutalmente.

— Não! — gritou descontrolado. — De jeito algum, eu não vou me render a vocês assim tão fácil! Devem estar a mando dos comparsas daquele gordo traidor! Eu não vou cair desta vez! Primeiro me entreguem Marie, depois eu penso no que farei.

— Não somos comparsas de ninguém, fomos escolhidos para ajudá-lo. Será para o seu próprio bem! Não resista à mudança, você está se deteriorando cada vez mais, veja como está!

— Não tenho mais nada a lhes dizer, saiam daqui e não tentem me impedir.

— Vamos voltar daqui a uma semana, quero que reflita melhor e então tome sua decisão. Esperamos que a Providência Divina lhe envolva neste período. Esses são os nossos verdadeiros votos para você.

— Se existisse Providência Divina, por certo estaria ao meu lado quando fui traído e humilhado.

— Antes de sairmos, gostaria que você refletisse também quanto à sensação de paz que o acometeu. Se nossa intenção fosse uma farsa, você receberia outro tipo de vibração. Você sabe disso muito bem, os anos de estudos com o mago das trevas lhe mostraram essa diferença.

Augusto surpreendeu-se, eles sabiam de tudo o que lhe ocorrera neste tempo todo.

— Se me vigiaram esses anos todos, porque só agora fizeram contato comigo? — tentou dissuadi-los.

— Porque chegou a hora. Nada no Universo acontece fora de seu tempo natural. Saberá disso também caso resolva nos acompanhar.

— Estão querendo me seduzir, sabem que sou curioso, mas pouco estou me lixando com isso também, tanto faz o porquê, não há nada que me faça desistir de Marie.

— Está bem, voltaremos no prazo estipulado.

— Não percam tempo, vão falar com aquela gangue que me prejudicou, façam a cabeça deles primeiro e não a minha. Ah! Aproveitem para lhes dizer que eu estou esperando um a um para o acerto de contas e não adianta eles se fazerem de santos para se livrarem de mim ou quem sabe para enganar vocês. Eu, pelo menos, sou mais autêntico, sou o que sou.

— Reconhecemos seus méritos, ainda que os use de forma primitiva. Até breve.

Ambos saíram ligeiramente, representando uma enorme labareda de fogo, ofuscando a visão de Augusto que, estupefato, chegou a se intimidar discretamente.

Chaves, escondido, ouviu tudo. Tentou se aproximar, mas foi repelido repentinamente por Augusto.

— O que quer, se eu precisar de você o chamo, deixe-me sozinho.

— Mas, chefe, eu só queria lhe dizer que...

— Saía, já falei! — interrompeu-o brutalmente, empurrando-o com força.

— Calma, chefe, se precisar me chame.

Saiu correndo sem esperar resposta. Augusto sentia-se trêmulo e com as mãos no rosto esfregava a testa suada.

— Bandidos poderosos! Chegaram a me intimidar! Devem estar rindo uma hora dessas. Mas eu também tenho o meu poder, a briga ainda não começou. Até agora eles estão conseguindo isolar Marie, contudo, não perdem por esperar, hão de se arrepender de defendê-los.

Augusto sentiu-se exausto e, aos poucos, rendeu-se a um breve cochilo.

CAPÍTULO 14

Já passava das dez horas da manhã quando Irene despertou. Os raios do sol atravessavam as frestas das janelas semiabertas, alcançando parte de sua cama.

"Hoje é domingo", pensou. "A semana passou rapidamente, os dias estão correndo e eu aqui, sem saber qual rumo tomar."

Ela levantou-se, abriu as janelas e as portas da sacada. Como era de costume, após a morte da filha, ficava horas ali, relembrando os belos momentos com Marie. Sentia-se, porém, um pouco mais fortalecida e já apresentava os primeiros sinais a fim de retomar suas atividades por completo. Irene contemplou as belas flores do jardim, respirou fundo e exclamou:

— Que dia lindo!

Em seguida fechou os olhos imaginando oferecer aquele belo cenário da natureza para sua preterida. Virou-se em direção a um aparador com vários retratos de Marie. Fixou o olhar num deles, onde estavam juntas na foto e indagou:

— Quando irei revê-la, minha filha?

Irene lembrou-se das palavras confortadoras de Paulo que sempre lhe dizia: "Marie começou uma nova vida". Até que ponto isso seria real? Existiria vida após a morte? Sabia que Paulo enveredara para aquele estudo, mas nunca obtivera algum sinal de que isso fosse verdade. Mesmo assim, reconhecia estar mais fortalecida com as leituras que ele preparava uma vez por semana nas reuniões de domingo.

Ela o considerava muito inteligente para se deixar enganar, mas em seu íntimo o que mais ansiava era poder receber um sinal da filha. Isso a motivava de um lado; por outro, sabia que ela mesma estava criando muita expectativa. Compreendia que se um dia merecesse e se realmente existissem espíritos, ela haveria de fazer um contato com a filha.

Irene havia tido alguns sonhos com a menina, muito conturbados, porém, sabia serem estes reflexos de seu estado, como sempre afirmava Nelson.

Paulo dizia também ter recebido notícias dela por meio de seus benfeitores espirituais que solicitavam para que continuassem as preces e os estudos a fim de ajudar Marie em seu refazimento no mundo astral.

Irene não entendia como ela poderia estar sendo tratada lá e não aqui. Aprendeu, porém, a rejeitar tais pensamentos a fim de não se desequilibrar; por certo isso atingiria a filha e ela tudo faria para que Marie recebesse as melhores vibrações.

— Será que Marie virá hoje? — olhou para o céu que estava esplendoroso, límpido, com um tom azul celeste magnífico e suspirou.

Resolvera tomar o desjejum e se preparar para a reunião. Escolheria as melhores flores para enfeitar a casa e quem sabe talvez recepcionar a filha.

Os criados já estavam acostumados com a nova rotina aos domingos, era notória a transformação de Irene, porém, não associavam aos estudos e sim às orações pelo espírito da menina. Assim, o sigilo era mantido. Apenas Catarina sabia exatamente o que ocorria e se esforçava para acalentá-la, mesmo com sua diferente formação religiosa. Gostava de vê-la se apegando a Deus, mesmo que fosse dessa forma, se isso a estaria reerguendo, era o que importava.

Algumas vezes, quando Irene se confidenciava com ela a respeito das lições que Paulo trazia, chegava a indagar se realmente os mortos poderiam se comunicar com os vivos. Isso lhe provocava arrepios pelo corpo todo, mas disfarçava para continuar a apoiando.

O dia transcorreu sereno. No fim da tarde, Irene se preparava para a chegada dos companheiros quando Mário entrou no quarto.

— Percebo que hoje você está mais disposta do que eu, querida.

— Não diga isso! Precisamos estar prontos e animados, quem sabe receberemos uma surpresa!

Mário torceu os lábios, sentia-se desanimado e um pouco oprimido. Não queria desapontá-la, todavia, tinha a intenção de não participar da reunião naquela noite. Resolveu se abrir.

— Meu bem, você acredita que Marie virá? Quem sabe fosse melhor apenas desejarmos que ela esteja bem, onde estiver. Paulo mesmo já a alertou quanto a isso. Não devemos chamá-la mentalmente, poderemos atrapalhar seu refazimento. Eu não gostaria de ver você assim iludida para depois se desapontar. Isso não é bom para nós. Perceba que você só fica alegre aos domingos e...

Irene o interrompeu:

— Eu sei! Mas as lições me confortam a alma. Concordo que estou ansiosa por notícias e não vou perder a esperança. Paulo é ajuizado e sabe o que está fazendo. Eu confio nele. Se Deus permitir, hei de falar com minha filha! Agora vamos, trate de ficar mais animado e me acompanhar, sem você não faremos a reunião.

— Estou me sentido oprimido e um pouco irritado, não estou com vontade de participar.

— De jeito nenhum! Paulo também disse que é muito comum isso acontecer. Devemos vigiar e persistir, você se esqueceu?

Mário se irritava a cada frase de Irene. Procurou se controlar. Por fim concordou:

— Está bem, mas pretendo me abrir com ele caso me sinta oprimido.

Irene não respondeu, continuou se arrumando, gostaria que a filha a encontrasse muito bem, caso aparecesse...

A contragosto, Mário resolveu tomar um bom banho, quem sabe despertaria maior desejo.

Enquanto isso, Catarina preparava a sala, colocando sobre a mesa os arranjos de flores escolhidos por Irene e uma jarra com água. Dissimulava a intenção que sentia em poder algum dia participar das orações. O principal para ela era o bem-estar de Irene. Relembrou por frações de segundos a ameaça que recebera de Sabiá por meio das cartas anônimas, antes da morte de Marie. Sobressaltou-se.

— Ah! Meu Deus que história foi aquela! Ainda bem que esse tal de Sabiá sumiu — mesmo assim temia o reaparecimento dele. Rejeitou o pensamento e invocou seu desejo com as mãos erguidas para o alto, como quem suplicasse uma graça: — Agora não! Por favor, meu Deus, agora não!

A campainha tocou, Catarina apressou-se para atender, olhou para o relógio, faltavam trinta minutos para o horário previsto da reunião.

Paulo e Valentina subiram a pequena e graciosa escada que dava acesso à porta principal da mansão. Catarina os conduziu até a sala de estar.

— Sentem-se, por favor. Dona Irene já vai descer.

— Obrigado, Catarina — tornou Paulo, fixando seus olhos nela. — Mário está?

— Está sim. Eles estão se arrumando.

Irene desceu a escada eufórica.

— Já estamos no horário?

Paulo abriu enorme sorriso e levantou-se para cumprimentá-la.

— Falta pouco! Pelo que vejo você hoje está radiante e muito bonita como sempre!

— Espero ansiosamente a chegada de vocês, muito embora hoje em especial estou me sentindo muito animada.

Valentina perguntou:

— E o Mário?

— Deve estar terminando de se arrumar. Vamos nos sentar e esperá-lo.

Irene olhava para o relógio, contando os minutos para iniciarem a sessão. Mário entrou cabisbaixo. Irene reprovou-o com o olhar.

— Tudo bem, Mário? — indagou Paulo.

— Mais ou menos. Hoje estou me sentindo um pouco oprimido, não sei se serei uma boa companhia.

— Mas é claro que sim, sem você nada faremos — retrucou Irene.

— Não se sente bem? — preocupou-se Paulo.

— Fisicamente sim, mas... não estou com vontade de orar hoje. Paulo sorriu.

— Não vamos orar e sim estudar os mecanismos da vida pelas orientações espirituais. No entanto, se você não se sente à vontade, por favor, respeite-se.

— Mas você não disse que devemos persistir quando essas sensações nos ocorrem nos dias de estudo?

— Sim, desde que estejamos abertos para isso, ou melhor, se estamos encontrando sentido no que estamos fazendo. Caso contrário, é melhor respeitar o momento de cada um.

— Mário está interessado, não é querido?

— Na verdade, algumas vezes sim, mas sinto que faço isso mais por você. É isso que eu gostaria de falar-lhes hoje.

— Fique à vontade, primo. Quando sentir necessidade de participar conosco, será bem-vindo. Faremos as vibrações e incluiremos você. Não se preocupe. Vá descansar.

Irene torceu o nariz, desaprovando a postura do marido.

— Bem, fico até sem graça de deixá-los sozinhos, mas realmente prefiro ficar só. Desculpem-me a franqueza. Quero que se sintam em casa, apenas não estou disposto. Creio que um pouco de ar fresco me fará bem. Logo que terminarem tomaremos o lanche juntos.

— Faça o que o seu coração lhe pedir — respondeu Paulo.

Mário pediu licença e foi para o jardim, sentia-se ainda mais oprimido, sua cabeça rodopiava. Chegou até a questionar o porquê desses sintomas estarem mais acentuados, sentiu vontade de voltar, mas relutou. Acreditava que tinha ficado desconcertado de se abrir com os primos. Afinal, para ele era difícil falar de pronto o que lhe ocorria. Costumava ouvir primeiro o que Irene determinava. Continuou andando pelo imenso jardim até que a reunião terminasse.

Irene tentou desculpar-se, mas Paulo interveio, dando início à reunião.

Primeiramente, prepararam o ambiente com uma bela prece, em seguida Paulo pediu para que Irene abrisse o livro e lesse a mensagem em voz alta. Ela surpreendeu-se com o tema, embora com certa dificuldade conseguiu concluir a leitura. Paulo e Valentina entreolharam-se, sabiam que a Providência Divina sempre está presente quando nos predispomos a recebê-la.

Após os comentários, começaram as vibrações. Paulo clamava com força o que vinha de seu coração, todos estavam bem sintonizados. Uma equipe de mentores espirituais trabalhava com eles, jorrando luzes no frontal e cardíaco dos participantes, outros volitavam com bolas luminosas por toda a casa.

Paulo percebia parte desse trabalho e ia relatando para elas. Por fim, foi intuído por seu mentor individual a finalizar o encontro.

Irene desapontou-se e indagou:

— Paulo, você não recebeu alguma notícia de Marie? Não é possível, eu tinha certeza de que hoje ela estaria aqui entre nós. Devemos terminar? Sugiro que esperemos mais um pouco.

— Irene, devo deixar claro que embora eu possua a condição mediúnica para a vidência, não posso controlar esses estados.

O intuito de nossas reuniões é uma pequena introdução para um grande aprendizado, além da harmonização do ambiente e a ligação com os nossos amigos espirituais. Sei que para você a intenção se faz maior, porém, caso Marie pudesse estar presente, isso não quer dizer que poderíamos obter uma comunicação mais segura com ela. Para que esse encontro se torne possível, faz-se necessário um ambiente propício com médiuns preparados e principalmente a permissão de Deus.

Paulo sorriu e continuou:

— Não posso prometer-lhe nada em relação a isso. Não sabemos se Marie está em condições para tal. O que poderemos fazer, já estamos fazendo com as vibrações que emitimos para ela. Com certeza, ela as recebe por meio de sensações prazerosas, como a lembrança de seus entes queridos. Perceba o quanto você está melhorando! Compreendo que a saudade de sua filha faz com que você ultrapasse qualquer coisa. Não se esqueça de que o amor que sente por ela nunca morrerá. Quando a dor apertar, fixe sua atenção no seu coração, imagine uma luz reluzente saindo do seu peito em direção a ela. Verá que se sentirá muito melhor em poder doar este amor por meio dessa sintonia.

Lágrimas escorriam pela face de Irene.

— Desculpe-me, é que arrumei a casa esperando por ela, vejam essas flores, são para a minha Marie.

— Ótimo, tenho certeza de que ela vai recebê-las onde estiver. Tudo o que pensamos cria uma forma e nossos sentimentos fazem essa ponte entre um e outro. Não apenas para as pessoas que já partiram deste mundo, mas entre nós aqui também funciona muito. Tenho aprendido muitas coisas a esse respeito. Por exemplo, se estamos com algo mal resolvido com alguém, podemos fazer a mesma coisa. Mentalizamos a pessoa envolvida numa bola de luz e emitimos ondas de amor por meio de nosso coração. Depois, é só aguardar a oportunidade certa para que possamos ver como isso funcionou.

Paulo pigarreou e prosseguiu:

— Certo dia, em meu escritório, percebi que certas influências negativas atuavam em um companheiro de trabalho com temperamento ostensivo. Um rapaz inteligente, contudo muito preocupado com sua autoimagem e com tendência para desarmonizar o ambiente; encontrava defeito em tudo e em todos. Como já o havia alertado e não encontrei muita receptividade, resolvi vibrar para que ele pudesse enxergar seus exageros e assim se renovar.

Irene e Valentina prestavam atenção.

— Até certo ponto consegui, pois ele pelo menos começou a prestar mais atenção em meus "toques", diminuiu a aversão, o resto só dependia dele. Mas ficou claro que quando não entramos no negativo de alguém, podemos conviver plenamente com a pessoa. Isso não significa que devemos fechar os olhos, aceitando tudo o que os outros fazem; contudo, com uma boa conversa e respeito, conseguiremos mais harmonia do que se ficarmos guerreando com coisas fúteis que só nos prejudicam.

— Eu não sinto que tenho essa força como você — ponderou Irene.

— Todos temos muita força, é só acreditarmos em nós mesmos.

— Você compreende tudo claramente, sua visão é tão aberta, além do quê, você é muito inteligente e sabe dessas coisas.

— Deus nos dá por igual todas as oportunidades, mas cabe a nós irmos buscá-las. O mundo está cheio de coisas boas e ruins. Cada um escolhe o que mais se afiniza. Se você gosta desses assuntos, isso mostra que somos afins, se você se interessar em aprender, todos os meios lhe serão dados. Isso se chama conquista. Irene, você é uma mulher dinâmica e inteligente com domínio em sua área, não é? Como conseguiu isso? Por acaso não teria sido pela dedicação e empenho? Pois bem, para tudo o caminho é o mesmo. Se quisermos conseguir algo, devemos nos empenhar com persistência até atingirmos o domínio desejado.

— Pelo choque que passei, perdi grande parte deste dinamismo. Nada mais se faz importante quando penso que fiquei sem a minha filha.

— Sua filha é um espírito em evolução como você. Se a experiência dela aqui na Terra foi curta, por certo deve haver uma razão particular. A vida continua, o mundo espiritual é a eternidade do espírito. Continuamos a aprender, estudar e renovar. Encontramos coisas e pessoas afins nas diversas colônias que existem.

— E se tudo isso for apenas imaginação? Gosto do que você fala, porém, não posso afirmar se é verdade. Eu gostaria de ter uma prova.

— Não enxergamos apenas com os olhos da matéria. Quando estamos prontos, algo em nós diz que sim, não precisamos de provas, porque já encontramos esclarecimento quando estamos fora do corpo e nossa consciência reflete uma aceitação plena, porque trazemos os registros vividos em nosso íntimo. Depois, envolvemo-nos por afinidade e tudo nos parece muito familiar. Enquanto não estivermos maduros, pairamos em dúvidas, em questionamentos inviáveis. Aprender é bom, questionar o que se aprende, melhor ainda. Mas quando duvidamos, queremos assistir a grandes manifestações para que possamos acreditar em poucos minutos, e logo em seguida começamos a questionar se era verdade o que vimos ou ouvimos. Perceba como é sincrônica a nossa mensagem lida. Hoje, por exemplo, qual o tema que você abriu?

— "Perda de pessoas amadas — Mortes Prematuras."

— Algo em você pediu esse esclarecimento e todos nós aproveitamos. É o que você precisava no momento.

— Sem dúvida, percebi que esses espíritos estavam querendo que eu lesse isso.

— Algo em você fez com que a resposta que precisava fosse encontrada. Os espíritos só ajudam quando estamos abertos para ouvir.

— E eu não mereço saber de minha filha? Por quê? Se eles podem perceber o que há em meu coração, por que não me falam dela?

— Essa é uma lição sua também, por meio dela, você está tendo a oportunidade de se melhorar, encontrar novos valores, saber lidar com as perdas, desapegar-se, cultivando uma nova forma de ver a vida.

— Desculpe-me novamente, eu aceito tudo isso, mas a saudade me invade e eu não consigo me libertar dessa dor.

— Irene, se você pudesse ouvir ou ver Marie hoje, aguardaria amanhã, depois e depois... E estaria vivendo apenas para isso. Se ela teve de partir, por certo algo tem a realizar no mundo espiritual. Aqui estamos apenas de passagem, já pensou quantas vezes você já morreu e retornou? Quantas vezes você já foi mãe dela ou de outros? A oportunidade de crescer está aqui. Deixe que Marie siga o caminho dela e você o seu. Como pensa em continuar a viver? O que será que Deus reservou para você? Vamos, não desanime! Você deve aproveitar a sua encarnação também, afinal cada um é uno no Universo.

Mário se aproximou a fim de observar se já haviam encerrado. Notou a expressão de sofrimento de Irene, sabia que Marie não tinha vindo e que sua esposa ansiava por isso.

"Até que ponto isso estará fazendo bem a ela?", pensou. "Será que devo me intrometer e pedir para que encerrem essas reuniões de vez aqui em casa? Paulo pode estar exagerando, querendo nos levar para esse caminho e ela se iludindo esperando ver a menina. Devo fazer alguma coisa, isso não pode continuar! Vou conversar com ele a sós e sugerir que deixem de vir aqui por uns tempos. Afinal, ela terá de aceitar cedo ou tarde essa separação."

Mário mordeu levemente os lábios e continuou seu raciocínio:

"Irene não pode continuar vivendo apenas para isso. E nós, nossa casa, nossos sonhos... Nossa filha partiu e nos levou a alegria de viver. Bem que eu queria que tivéssemos morrido todos de uma vez. No meu íntimo sabia que perderia Irene com isso, estava certo! Não sei o que faço! Meu Deus, ajude-me!", clamou em desespero.

Valentina percebeu que Mário estava atrás da porta da varanda, fez sinal para Paulo que imediatamente se virou e pediu que ele entrasse. Mário estava com os olhos lacrimejantes. Irene se levantou e aproximou-se do marido, indagando:

— O que foi, querido? Aconteceu alguma coisa?

— Não. Estava apenas observando à distância.

Irene o abraçou com ternura.

— Venha se sentar entre nós, se preferir poderemos fazer um lanche como você havia sugerido — incentivou Paulo.

— Estão com fome? Querida, peça para Catarina preparar um bom lanche.

— Primo, quer falar a respeito?

— Não gostaria de atrapalhar a conversa, depois falaremos a sós.

— Vamos mudar um pouco de assunto, assim poderemos nos distrair com uma boa música; o que acham? Se preferirem posso tocar aquelas belas sinfonias que tanto gostam.

— Ótimo! Façamos um lanche e vamos para a sala de música — concordou Mário.

Valentina era exímia pianista, o ambiente estava sereno. Irene, com a cabeça recostada no ombro do marido, e Paulo ao lado do piano. Mário conseguiu relaxar sentindo o carinho da esposa e, envolvido pela música, deixou que sua imaginação lhe despertasse os mais puros sentimentos.

Em vista disso, considerava que mesmo com os infortúnios presentes haveria uma chance de tudo se transformar, assim pensava, enquanto suas mãos deslizavam pelos cabelos de sua amada. Gentilmente, sussurrou aos ouvidos dela um convite para uma dança.

— Será que conseguirei? — respondeu Irene, com certa indecisão.

Mário fez: "psiu!". Em seguida, apertou-lhe a mão e a puxou para que o seguisse em direção ao centro da sala. Começaram a dançar.

Paulo sorria, enquanto Valentina caprichava no teclado. A noite tinha se tornado agora bem mais agradável para Mário que, embevecido de alegria, constatava a veracidade de poder retomar a paz tão almejada por eles.

 A partir daquele domingo, Irene decidiu retornar ao trabalho. Sentia-se mais animada, atribuindo tudo isso ao esforço de Paulo, que lhe oferecera grande oportunidade de aprendizado. Não se considerava apta para compreender com mais profundidade o assunto, no entanto, absorvera muitas informações, das quais não saberia explicar o que realmente a motivou. Mas estava certa de uma coisa, decidiu acompanhá-lo ao Centro de Estudos. Assim, poderia obter mais informação e conhecimento, inclusive sobre Marie.

Naquela noite em seu leito com Mário, comentara sobre os assuntos dissertados no intuito de provocar-lhe maior interesse. Com o passar dos dias ele por si mesmo relevou sua decisão de interromper os encontros aos domingos; a esposa lhe parecia muito mais animada do que esperava. Esquivava-se o tanto quanto podia de participar com eles. Aguardava ansiosamente o término para juntos poderem ouvir uma boa música. Isso lhe fazia muito bem, preferira no momento não se envolver além disso.

Por orientação de Paulo, nenhum deles o forçaria a nada, nem Irene, que pouco a pouco, começou a identificar melhor a importância de respeitá-lo.

Sentindo-se menos oprimido, Mário ia se soltando mais, promovendo horas de conversação descontraída, e os esperava sempre com uma novidade. Promovia encontros para lazer, apresentando diversas opções que entretinham os convidados.

As coisas começaram a melhorar entre eles. Com Irene reagindo, ele se sentia mais estimulado em suas atividades.

Irene modificou toda a decoração de sua sala na empresa, reservando um canto especial para os porta-retratos com as fotos de Marie, e vasos com muitas flores que oferecia para sua menina.

De alguma forma, queria se sentir mais próxima da filha. Exercitava enviar-lhe energia de amor, visualizando um grande buquê de rosas no coração de Marie. Fazia isso sempre que a saudade apertava. Chorava muito, mas logo passava.

Irene começou a adquirir maior confiança em si mesma, como se estivesse quase chegando naquele estado de certeza interior que Paulo lhe apontara certa vez. Imaginava que a filha receberia suas flores onde quer que estivesse.

CAPÍTULO 15

Logo nas primeiras horas da manhã, Marie despertou ao som do cântico dos pássaros. Tentou levantar-se, mas não conseguiu. Sentia seu corpo dormente.

— Ainda estou no hospital — disse para si. Olhou ao redor examinando melhor o quarto. Um leve frescor a envolveu. Havia muitas flores lá.

— Minha mãe! Onde ela está? Essas flores devem ser por parte dela.

Avistou a campainha. Tentou acioná-la. Não ouviu sinal. Insistiu. Ouviu passos no corredor. Sorriu. A porta se abriu.

— Mamãe?

— Bom dia, minha menina! Como se sente hoje? Pelo visto está bem melhor! Sou Mariana, a enfermeira que cuida de você todas as manhãs.

— Oi, você viu minha mãe?

Mariana olhou para as flores e sorriu.

— São lindas, não acha? Ela lhe mandou tudo isso!

Marie assentiu, confirmando suas suspeitas.

— Vou ajudá-la a se levantar. Precisa se movimentar um pouco, vamos dar uma volta no jardim, você quer?

— Quero, mas e minha mãe? Gostaria que ela estivesse aqui comigo.

— Claro! Mas enquanto isso, nós vamos caminhar, pois tenho certeza de que você vai adorar.

Mariana auxiliou a menina a descer da cama, segurando em seus braços. Puxou uma cadeira ao lado para que ela se apoiasse melhor.

— Sinto-me fraca, não consigo movimentar minhas pernas.

— Isso é assim mesmo, ficou muito tempo deitada. Tenha um pouco de paciência, vou levá-la nesta cadeira de rodas e lá no jardim veremos o que acontece.

Marie se ajeitou. Saíram pelo corredor do pavilhão de restabelecimento, desceram uma rampa. A menina observava tudo com certa curiosidade e expectativa.

O ambiente era indiscutivelmente acolhedor. Em poucos minutos, Marie assistia a um dos mais belos espetáculos da natureza.

— Oh! Que lugar lindo!

Mariana sorriu complementando:

— Você ainda não viu nada, espere mais!

— Puxa! Isso é de verdade?! Nunca vi este tipo de flor, assim tão grande e de cor tão expressiva.

— Pode tocar, são verdadeiras!

Mariana parou ao lado de uma fonte de água cristalina.

— Veja, Marie. Isso não é o paraíso? — sorriu.

— Nem sei o que dizer, nunca vi nada igual!

— Pois bem, tente se levantar, eu a ajudo.

Com certo esforço, Marie conseguiu se postar em pé, enquanto a enfermeira a estimulava a caminhar. Com os braços entrelaçados e passos lentos, começaram a explorar os primeiros passos rumos a uma nova jornada...

Aos poucos, Marie foi adquirindo mais firmeza. A menina gesticulava constantemente, apontando o que a surpreendia. Sentia-se mais renovada. Cruzavam com pacientes e enfermeiros por todo o lado. Notara que todos aparentavam estar na mesma condição que ela. Insinuou perguntar:

— Todos aqui estão com dificuldades de andar como eu? Aparentam estar tão sofridos!

— Estão em processo de recuperação, assim como você.

— Aqui tem hora para visitas? Não avistei ninguém diferente, nenhum parente...

— Ora, ora, vejam só quanta curiosidade! Hoje a senhorita despertou para valer! Até ontem estava dormindo como um anjo!

— Há quanto tempo estou aqui?

— Pouco tempo.

— Não consigo me lembrar do que aconteceu comigo. Só me recordo do médico ao meu lado, da enfermeira e mais nada. Você pode me contar por que estou aqui?

— Posso sim, mas uma coisa de cada vez! Vamos aproveitar o belo dia e exercitar estas pernas preguiçosas!

Marie sorriu. À distância, Juvenal as observava. Com semblante sério e contemplativo pensou:

"Chegou a hora! Espero que tudo corra bem. Marie não poderá se desequilibrar por demais, ainda não está totalmente imune. Preciso agir o mais rápido possível".

— Se eu não lhe conhecesse tão bem, arriscaria lhe dizer que tudo dará certo!

— Virgínia! — exclamou ele.

A moça o abraçou com carinho.

— Está pronto? Quando quer começar?

— Hoje mesmo, temos de aproveitar a recuperação dela.

Virgínia olhou na direção do jardim. Notou que Marie correspondia às orientações de Mariana.

— Vou ao encontro delas.

— Faça isso. Encontre-me depois no lugar de sempre. É imprescindível mantermos a pontualidade.

— Estarei lá.

Virgínia saiu sorrindo, cantarolando músicas de sua própria autoria. Ela era espontânea e alegre, todos a conheciam por esta forma de se expressar quando almejava algo que precisava de muita concentração. Minutos depois, ainda sorrindo e cantando, chegou ao encontro de Marie, cujos versos tocaram profundamente seu coração:

"... Quando você está perdida e não sabe o porquê das coisas,
olhe para o alto, não importa o passado, tampouco o futuro!
Deixe a luz do sol penetrar em si, e a força do Universo então se manifestará.
Você tudo pode transformar, acredite!
Seja de dia ou de noite, descubra o brilho de cada momento.
Tristeza e dor podem se transformar em alegria e amor.
Você existe e para todo o sempre.
Chorar faz parte da vida, agora fique pronta para sorrir.

Um novo começo, um novo amanhecer, chegou para você.
Agora é a sua vez!"

— Maravilha! — aplaudiu Mariana.

— Gostou, Marie? — perguntou Virgínia. — Fiz esta canção especialmente para você.

A menina corou e respondeu:

— Obrigada, é muito bonita mesmo.

— Como está se sentindo?

— Estou conseguindo me mover, apenas não me sinto tão ágil.

— Considere que esteve por muito tempo acamada. Daqui a pouco estará normal.

— A senhora é a minha médica?

— Sou a auxiliar de seu médico, o doutor Juvenal, lembra-se?

— Mais ou menos. Sabe o que aconteceu comigo?

— Hum! Vejo que está muito preocupada. Por acaso não está sendo bem tratada aqui?

— Não é isso, mas quero ir para a minha casa ver minha mãe.

— Entendo, mas precisa se recuperar, assim não vai precisar voltar aqui, claro, somente para nos visitar. Disso faremos questão!

— Vocês também poderão ir a minha casa. Meus pais gostam de receber amigos.

— Ah! Muito bom! Iremos sim, com muito prazer.

— Marie, hoje iniciaremos uma série de exercícios para que você se recomponha mais rapidamente. Está preparada?

— Sim, já fiz vários deles com a Mariana.

— Muito bem, os demais serão feitos comigo e com o doutor Juvenal.

— Em poucos dias estará em forma e pronta para recomeçar.

— A que horas são as visitas? Meus pais virão me visitar?

— Preciso confirmar, por enquanto vamos nos distrair um pouco mais, quero levá-la a um lago, próximo daqui. Como você já percebeu, este jardim é imenso, precisaremos de uma semana inteira para explorá-lo por inteiro.

— Ficarei aqui mais tempo?

— O tempo que for necessário. Vai se habituar tanto, que sentirá saudades se nos deixar.

Marie sorriu.

— Vamos, quero mostrar-lhe minhas canções, faço uma para cada momento!

— Como consegue?

— Treino, muito treino! Agora se tornou fácil, mas no começo senti muita dificuldade, afinal, eu não aceitava que era capaz de tanto! Quando comecei a acreditar que se tornaria fácil, aconteceu! Percebe como somos nós que dificultamos as coisas? Se as enxergarmos simples assim elas nos serão; caso contrário, sofreremos as consequências do nosso modo distorcido de ver.

— Você faz aulas de canto?

— Oh! Sim! Mas me refiro à composição das letras das músicas. Considero ser este o mesmo mecanismo para tudo em nossa vida. Quando queremos algo, precisamos explorar em todos os sentidos para atingir o nosso objetivo. Aprender sobre o assunto é o primeiro passo, depois muita disciplina para exercitarmos até dominarmos por completo. Em seguida, criamos habilidades para colocar em prática e por último nos aperfeiçoamos, o que nos leva sempre à realização. Renovar torna-se então muito fácil, prático e natural.

Marie estava completamente atenta às informações que recebia, encontrava nas palavras de Virgínia certa semelhança com as atitudes de sua mãe. Enquanto caminhavam em direção ao lago, Virgínia explorava o assunto na intenção de envolvê-la por completo.

— Felizmente essas experiências se repetem sempre, até que cada um, individualmente, consiga integrá-las em seu modo de pensar e agir.

— Que tipo de experiência?

— A identificação de como chegar ao alvo de nossos objetivos. Tudo começa em nós enquanto estamos presos aos preconceitos como por exemplo: medo de errar, falhar, não ser capaz o suficiente, do que os outros vão falar, e assim por diante. Tais pensamentos afastam-no do nosso melhor. Abafamos justamente o que nos tornaria livres e independentes com as nossas escolhas e conquistas, e atrasamos nosso próprio crescimento. Então, adivinha qual será o resultado?

— Acho que tristeza.

— Para cada um é de um jeito. Alguns sentirão desânimo, outros tristeza, representando falta de estímulo, e outros ainda criticarão sem parar aqueles que estão fazendo o que gostam, gerando grande conflito ao ficarem ancorados no julgamento alheio. Geralmente, despertamos quando estamos cansados de sofrer, então algo em nós grita por uma renovação e ela acontece. Por tudo isso, digo que tudo começa em nós! E você, o que quer, Marie?

— Eu!?

— Sim, você. O que gostaria de aprender?

— Não sei bem, estou ainda um pouco confusa, sei que alguma coisa aconteceu comigo, mas não consigo me lembrar, por esse motivo perguntei se você era a minha médica, quem sabe pudesse me esclarecer.

— Sabe, Marie, é interessante notar como damos importância apenas para alguns aspectos. Você já parou para pensar que o ser humano está sempre querendo resolver alguma coisa? Poucos sabem parar e prestar atenção em si mesmo para descobrir o que realmente é importante no momento. E por falar em momento, o que é mais importante para você agora?

— Ver a minha mãe.

— Pois bem, diga-me como você se sentiria se sua mãe chegasse agora.

— Com muita alegria, correria para abraçá-la.

— Ótimo! Digamos que agora não seria possível encontrar a sua mãe, o que você faria para sentir a mesma alegria?

Marie ficou pensativa. Não conseguiu responder.

— Não sabe?

— Não.

— Quer descobrir alguma coisa que a faria feliz expressando amor igual ao que sente por sua mãe?

— Quero.

— Olhe este lago, não é lindo? Vamos nos sentar à beira dele. Veja como as águas refletem o nosso rosto. Olhe para você nesta imagem que se apresenta. Pergunte-se o que poderia lhe fazer feliz agora.

Marie fixou seus olhos em sua imagem refletida nas águas. Sentiu arrepios. Quis desviar. Virgínia insistiu:

— Continue, Marie. Olhe para si mesma, o que sente?

— Arrepios, uma sensação desconfortável.

— Traga a figura de sua mãe agora, imagine que a está vendo aqui neste lago.

Marie sentiu alegria.

— Minha mãe é linda!

— Sua mãe tem mais coisas bonitas do que você? Torne a olhar-se. Procure algo de belo em você mesma.

Marie abaixou a cabeça.

— O que houve?

— Sou triste.

— Está triste, não é triste.

— Encontre uma qualidade boa em si mesma.

Marie tornou a olhar-se nas águas do lago e deparou com seus longos cabelos loiros.

— Gosto dos meus cabelos.

— Isso, muito bem! Agora revele algumas qualidades boas que você tem.

— Não sinto nada.

— Ora, não há algo que aprecie em si mesma?

— Gosto de coisas bonitas. Gosto de passear com minha mãe. Acho que só.

— Quer aprender a enxergar o que você tem de melhor?

— Sim.

— Vamos treinar? Lembre-se, tudo é com muito treino.

Marie sorriu.

— Repita comigo, mas olhando em sua própria imagem: "Eu sou uma menina linda por dentro e por fora. Tenho muitas coisas boas para dar e receber. Gosto de ser como sou. Aprendo a expressar o que sinto com muita facilidade. Sou muito espontânea e alegre".

Marie repetia com vigor as afirmações positivas.

— Precisa treinar todos os dias, Marie, para se tornar hábil em alguma coisa. Segundo passo... — Virgínia hesitou: — Está cansada? Poderemos avançar? O jogo ainda nem começou!

— Quero continuar — respondeu a menina, apresentando certa curiosidade.

— Ah! Assim é que se fala. Precisará encontrar algo pelo qual consiga expressar seu amor, seu carinho e ternura. Pode levantar-se e andar ao redor do lago?

— Hum, hum — hesitou a menina.

— Observe com atenção cada detalhe, veja como este lugar é rico em sua beleza natural. Escolha alguma coisa que a sensibilize e me traga se puder.

— Você vai comigo?

— Não, você pode encontrar sozinha. Preste atenção e deixe seus sentimentos aflorarem. Caminhe vagarosamente sem pressa de adquirir agilidade, respeite seu estado. Permita-se receber a energia das flores, o som dos pássaros, o cheiro da relva, os raios do sol. Sinta tudo isso penetrando em seu coração, até que algo lhe desperte a atenção.

Marie se distanciou alguns metros do lago, com passos ainda lentos. Estava admirada com a beleza do local. Deu várias voltas, olhava de um canto a outro, como quem procurasse um tesouro. Recordou-se mais claramente do jardim de sua casa, os dias em que sua mãe a convidava para os passeios matutinos. Sentiu a saudade apertar-lhe o peito. Algumas lágrimas rolaram em sua face.

"Onde ela estaria agora?", perguntou intimamente.

Algumas imagens de seu quarto vieram-lhe à mente. Por mais que se esforçasse em se lembrar de tudo, não conseguia. Não compreendia essa dificuldade; o que lhe teria acontecido? Olhava para o céu como quem buscasse as próprias respostas.

Logo quis voltar à procura de Virgínia. Virou-se, ela estava deitada à beira do lago, com os braços abertos e olhar fixo no céu. Sentiu uma forte sensação de ternura por ela, não queria decepcioná-la. Tomou coragem e decidiu continuar o exercício.

Começou a observar a grandeza dos belos canteiros repletos de flores lindíssimas com diversas cores que se ornamentavam entre si. Por fim, algo lhe chamou a atenção entre as folhagens de um pequeno arbusto.

— Oh! Um ninho com passarinhos! São tão pequenos! Será que posso pegá-los? Estão sozinhos, parecem famintos.

Marie decidiu pegá-los e levá-los até Virgínia. Sentiu vontade de beijá-los, mas eram tão pequenos e sem penas, que se limitou a alisá-los com muita delicadeza, tocando na cabecinha dos recém-nascidos. Seu coração encheu-se de alegria. Com cuidado, envolveu-os em suas mãos, e, de repente, parou.

"Onde estaria a mãe deles?", pensou.

— Vou levá-los e depois os trago de volta para não ficarem perdidos — resolveu ela.

Quase chegando perto do lago a menina não conteve sua alegria.

— Virgínia! — gritou.

A moça se levantou surpresa.

— Olha o que eu encontrei! Não são lindos?

— Puxa! Recém-nascidos! Onde estavam?

— Bem ali, no meio daquele arbusto. Será que estão famintos?

— Por certo estão aguardando que a mãe lhes traga alimento.

— Então devo colocá-los lá rapidamente, pois se ela voltar não vai encontrá-los. Venha comigo, vou lhe mostrar onde estavam.

Virgínia sorriu, abraçando-se à Marie.

— E se ela não voltar? Eles morrerão de fome?

— Ela voltará, sabe onde eles estão, cuidará deles até alçarem seu primeiro voo. Depois, partirão sozinhos, vivendo sob os cuidados da própria natureza. Despertam neste estágio as buscas da autossobrevivência, burilando seus instintos. Se excluirmos os valores afetivos de nós mesmos, seremos semelhantes a eles. No fundo, estamos desenvolvendo, cada um em sua espécie, o fruto da autoindependência.

Marie delicadamente colocou-os de volta no meio do arbusto.

— Fiquem sossegados! Mamãe logo virá.

Acariciou-os com a ponta dos dedos, ajeitando melhor o ninho.

— Fico feliz por tê-los encontrado, Marie.

— Vamos ficar mais um pouco e nos certificarmos de que a mãe deles virá? — perguntou a menina.

— Não precisam de tantos cuidados assim. Quando encontrar alimento, ela vai lhes trazer. Fique tranquila. Quer me contar sobre sua experiência?

A menina começou a relatar o que havia sentindo em relação às lembranças de casa, até encontrar o ninho.

— Depois que os encontrei, senti uma vontade enorme de protegê-los.

— Isso a fez feliz?

— Muito!

— Se pudesse escolher qual lugar ocuparia, seria a mãe ou os filhotes?

Marie respondeu prontamente.

— Seria a mãe! Assim eu cuidaria deles com muito carinho.

— Mas os pássaros não têm emoções. Qual a forma da mãe expressar esse seu carinho, Marie?

— Trazendo comida para eles.

— Isso mesmo, colocando-os em lugar seguro, aquecendo-os etc. Depois, quando eles crescem, seguem sozinhos, porém em companhia de outros da mesma espécie. Os animais libertam seus filhotes mais rápido que nós. Sabem até que ponto devem ampará-los. Isso os torna livres e cúmplices de sua própria natureza. Cada um em seu estágio. Sabe que encontrei um aspecto muito positivo em você?

— Qual?

— A vontade de protegê-los. Isso demonstra uma boa expressão de seus sentimentos e respeito pela criação divina.

— E os meninos que matam os passarinhos, são maus?

— Não são tão sensíveis quanto você. Possuem instinto mais agressivo, todavia não podemos qualificá-los como maus. Adultos também matam aves e outros animais para se alimentarem e não são maus. Dentro de cada espécie existe uma função e um ciclo de desenvolvimento.

Virgínia sorriu e continuou.

— Fora da lei de sobrevivência realmente existem pessoas que não respeitam esses ciclos, tampouco animais e seres humanos. A ignorância faz com que muitos ainda conservem seus instintos primitivos. Não compreendem a lei da evolução. Não respeitam a si mesmos, tampouco valorizam seu meio ambiente. Maltratam animais e agridem-se mutuamente.

Marie prestava atenção e Virgínia prosseguia, sorridente.

— Esse assunto é muito vasto e poderemos conversar mais sobre isso em outro momento. Quero lhe explicar sobre outras coisas. Ouça bem, tudo no Universo obedece a ordem que determina uma lei que é denominada causa e efeito, e manifesta-se como pólos atrativos.

— Como assim?

— Se você possui bons pensamentos, por exemplo, cria ao seu redor uma vibração elevada. Suponhamos que você vacile agindo em desacordo, sua vibração então ficará mais baixa. Nossos atos poderão ser impensados e destrutivos, então as consequências se revelam desagradáveis e com o tempo percebemos que é preciso mudar para obtermos resultados positivos. Assim vamos nos comunicando energeticamente também. Atraímos exatamente o que estamos vivendo dentro de nós. Como a vida é eterna, nosso espírito anseia sempre uma reformulação de aprendizado. Difícil para você compreender isso?

— Um pouco.

Virgínia sorriu novamente, alisando os cabelos da menina.

— Você vai compreender pouco a pouco que Deus não pune ninguém; nós é que muitas vezes esbarramos em nossas próprias irreflexões e solicitamos ajuda.

— Deus não castiga os maus? — perguntou Marie pensativa.

— Os maus é que se cansam de ser maus, pois a possibilidade de alegria e liberdade diminui; geralmente as pessoas que procuram uma confusão acabam sozinhas; assim se rendem por si só. O sofrimento apenas nos ensina que algo está errado, e como ninguém gosta de sofrer, optamos por mudar, quase que obrigados a isso. Você já ouviu falar que a vida nos ensina sempre?

— Já.

— Isso quer dizer que escolhemos um caminho e, depois, somos convidados a mudar de rumo. O tempo exercita em cada um a capacidade de conhecer a si mesmo. Uma pessoa pode esconder de todos os seus atos e intenções, mas dela mesma, jamais. Vai ter de conviver com seus enganos até perceber que ela própria recebeu as consequências de suas atitudes. Dentro de um corpo físico ou não, haverá sempre muitas chances de renovação em todos os estágios da evolução humana.

— O que quer dizer dentro do corpo físico? — Marie sentiu arrepios.

— Estando vivos na matéria e após também. Não morremos nunca. Quando por algum motivo chega o término de nossas experiências terrenas, partimos para o mundo espiritual. A vida continua sempre!

— Então seremos anjos?

Virgínia riu com gosto.

— Que bom seria, minha menina! No entanto, poderemos nos tornar... — brincou. — Quando chegamos ao plano espiritual, seremos exatamente iguais como na última existência terrena. Apenas nosso corpo físico se acaba. Um outro corpo igualzinho ao nosso ressurge, porém mais leve, digamos, parecido com o corpo material, como se fosse um fluido que molda as mesmas características. Conservamos nossas emoções e sentimentos, e principalmente nosso pensamento. Existe uma mente universal que distribui vários ramos e nós somos os pequenos galhos deste grande gerador. Com o passar do tempo, vamos adquirindo fisionomia adequada à nossa nova morada. Conforme exercitamos a modificação de certas atitudes, esse corpo fluídico que agora nos pertence vai ser tornando mais luminoso.

— Como você sabe de tudo isso?

— Vivendo e aprendendo — dissimulou Virgínia.

— Eu nunca ouvi falar nisso!

— Eu disse que você vai aprender muitas coisas, lembra-se?

— Por que preciso aprender essas coisas?

— Para participar de um novo crescimento que acrescentará muito para você. Não está gostando desses assuntos?

— Acho-os muito complicados.

— É assim mesmo. Com o passar dos dias nossos assuntos ficarão muito mais excitantes.

— Ficarei aqui muitos dias?

— O tempo necessário para se recuperar bem.

Por alguns instantes a menina sentiu vontade de sair correndo dali. Sua cabeça rodopiava e teve forte sensação de desmaio. Virgínia estava preparada para qualquer manifestação deste tipo. Tentou estimulá-la.

— Marie, inspire profundamente e solte o ar devagar.

A menina a atendeu.

— Isso, continue, mais uma vez. Ótimo! Viu, já está melhor!

— Eu me senti muito fraca, acho que estou cansada.

— Vamos para o seu quarto, descansará o suficiente para retomar o equilíbrio.

Virgínia abraçou Marie e ambas seguiram juntas aos aposentos do hospital. Marie, em silêncio, sentia-se como se estivesse dentro de um turbilhão. Sua cabeça latejava, porém preferiu nada dizer. O calor dos braços de Virgínia a confortava. Alguns enfermeiros com cadeira de rodas foram ao encontro delas.

— Sente-se aqui, Marie — disse um deles, apontando para a cadeira.

Marie obedeceu.

— Com algumas horas de descanso estará nova em folha — replicou o outro.

A menina não sentiu forças para responder, recostou a cabeça na cadeira, estava semiadormecida.

Virgínia deu algumas orientações a eles e fez sinal que voltaria para vê-la mais tarde. Esperou que entrassem no quarto e se despediu, seguindo apressadamente pelo imenso corredor do hospital. Minutos depois ela estava ao lado de Juvenal relatando os fatos.

— Muito bom, está tudo sob controle — afirmou o moço. — Aguardaremos que ela desperte mais animada e então aplicaremos a segunda dose.

— Juvenal, o que pretende fazer em relação aos comparsas?

— Vamos devagar, tudo está muito bem planejado. Estimo que todos se saiam bem desta vez.

— Já está na hora de despertarem. Há tantas coisas que ainda não sabem!

— Infelizmente carregam mágoas e ressentimentos e, quando descobrirem que de nada adiantou, reconhecerão o tempo perdido.

— Quer dar uma volta? — sugeriu Virgínia.

— Ótimo! Relaxar um pouco vai nos fazer bem.

— Que tal irmos à estação das águas? Ao som daquelas fontes belíssimas armazenaremos boas energias.

— Aceito! — tornou ele, sorrindo.

— O que será isso? — indagou Virgínia, surpresa ao ouvir o toque da campainha de emergência.

— Vamos ver o que houve.

Minutos depois estavam na base da recepção do andar superior. Maristela os recebeu apreensiva.

— Por favor, queiram me acompanhar à sala dos visitantes.

— Geraldo! O que faz aqui? — perguntou Juvenal, estupefato.

— Desculpe-me, mas não pude esperar o determinado. Augusto está descontrolado. Temo que planeje um novo ataque.

— Calma, amigo! Está tudo sob controle. Além do mais, ele foi avisado. Será pior para ele.

— Estou fazendo o possível para cercá-lo, contudo reconheço que está sendo uma experiência muito dolorosa para mim.

— Fique tranquilo, você é capaz de superar. Procure não se envolver, você está em melhores condições de compreender. Vou substituí-lo por dois dias. É o suficiente para que retome a paz.

— Por isso mesmo que vim procurá-lo. Preciso de ajuda.

— Fez bem. Maristela, por favor.

— Sim?

— Acompanhe Geraldo à Câmara de Energização. Ficará conosco até que retome o equilíbrio.

— Como está Marie?

— Está reagindo muito bem. Chegará a hora do reencontro! Precisa ter paciência!

Geraldo se acalmou, permitindo que suas emoções aflorassem, provocando-lhe sublime expressão de amor. Chorou.

Virgínia, sensivelmente tocada, abraçou o amigo, confortando-o com palavras doces e estimuladoras.

— Estou mais calmo, obrigado pelo estímulo. Tenho fé e sei que tudo isso em breve passará. O melhor é agradecer a Deus por me permitir essa grande oportunidade de reajuste. Amadureci muito. Sinto-me em condições de reaver alguns fatos que me aprisionaram ao lado do pobre Augusto, que, sem dúvida alguma perece, em razão de tanto ódio e incompreensão contidos em seu coração.

— Nada mais justo do que avaliarmos nossas posturas diante das disponibilidades de aprendizado de cada um — ressaltou Juvenal.

— Por certo há muito ainda que aprender e estou disposto a isso. Reconheço que quanto mais me interesso, mais clareza e sabedoria adquiro. É um caminho sem fim! Se soubéssemos o quanto se faz valioso para o nosso espírito, não perderíamos tanto tempo com bobagens inúteis que atrapalham o nosso crescimento. Sem falar dos tormentos que vivemos ao recordar ações pretéritas das quais a imaturidade nos assinala a inflexibilidade e rigidez evidenciadas em nosso comportamento mesquinho e egoísta. Depois, o impacto com a verdade, o retirar das máscaras, até a hora de atendermos ao impulso do coração e pedirmos ao Pai uma chance de renovação. É isso, amigos, o tempo não passa até que possamos reaver dentro de nós a humildade que perdemos nos desvarios da mente.

— Não se culpe tanto, Geraldo. Você fez o que sabia naquele momento. O importante é que hoje você reconhece outros meios de resolver uma questão. O erro é apenas uma oportunidade de aperfeiçoamento. A culpa paralisa. O melhor é usá-la como alerta de que há uma outra forma de agir. Procure serenar seus pensamentos, quanto mais ansiedade, mais desconfiança!

Geraldo sorriu. Juvenal tocou-lhe no ponto certo! Estava por demais ansioso.

— Vou descansar. Pretendo me recompor o mais rápido possível.

Juvenal balançou a cabeça, dizendo:

— Recomponha-se o tempo que for necessário.

Maristela se aproximou atendendo ao olhar sugestivo de Juvenal. Puxou delicadamente Geraldo pelo braço, levando-o até a sala do tratamento indicado.

— Vamos, Virgínia. Faremos nossa recomposição energética de outra forma.

Os olhos da moça fixavam pontos meditativos. Juvenal conhecia a impetuosidade de raciocínio de Virgínia.

— Vou elaborar algumas vivências sobre a ansiedade e suas consequências. O que acha? — perguntou ela.

— Sabia que você estava arquitetando algo! — sorriu Juvenal.

— Tantos assuntos que merecem ser estudados com mais vigor! Quanto mais me dedico aos estudos do equilíbrio mental e emocional, mais me comprometo a me reeducar constantemente.

— Sem dúvida, esse é o caminho.

— Isso quer dizer que tenho aval?

— Desde que reconheça esses fatores em si mesma, vá em frente!

— Você não está querendo dizer que sou ansiosa, está?

— De forma alguma, sente-se como tal? — brincou.

— Estou em perfeita harmonia vibratória. Caso contrário, nem poderia estar aqui caminhando tão tranquilamente.

— É verdade. Ainda bem que posso compartilhar de sua companhia.

— Faço o possível, enquanto o impossível acontece!

— Filosofando?

— Um pouco!

— Hum, estou gostando.

Os dois sorriram. Abraçados, seguiam pelas ruas em direção ao Parque das Águas. Juvenal adorava esse passeio. Gostava do som das cascatas, do perfume das flores. Tudo ressaltava a sintonia de liberdade e descontração.

A belíssima entrada do parque era composta por arcos floridos com fontes de água luminosa. Logo na entrada havia duas placas: "Caminhando consigo mesmo", à direita e "Energização", à esquerda. Ambas com dispositivos, que sinalizavam automaticamente a frequência vibratória que permitia a entrada e indicava simultaneamente qual caminho seguir, de acordo com o que cada um precisava.

Juvenal entrou e imediatamente o sinalizador apontou a esquerda. O mesmo aconteceu com Virgínia, que brincou dizendo:

— Viu! Estou com vibração compatível!

— Espero que continue assim — instigou o moço.

Virgínia sorriu e, em seguida, começou a cantarolar, tentando imitar o som dos pássaros que vinham ao encontro do casal, recepcionando-os com voos simétricos.

Assim permaneceram no local, recebendo os fluidos dos quais necessitavam.

CAPÍTULO 16

— Quem cedo madruga, nunca perde a cuca! Acorda, infeliz!

— Chefe!

— Levante-se, vamos! Não podemos perder mais tempo. Está tudo pronto! Os Chifres de Fogo estão no local nos esperando, não podemos nos atrasar. Conheço um atalho, passaremos com cuidado. Aqueles otários pensam que vão me pegar! Rápido, não temos mais tempo a perder.

— É para já! Estou pronto, peguei tudo o que o chefe mandou.

— Essa é minha última tacada! Estou me sentido renovado.

— Também, depois de tanto preparo, naquele abismo...

— Cale a boca, preciso estar muito concentrado. Quero ver quem é mais forte!

— Acha mesmo que não há nenhuma possibilidade de sermos vistos?

— Pare de se borrar de medo. Esqueceu-se do que sou capaz? Quer que eu lhe dê uma amostra do meu poder?

— Não, chefe, livre-me disso. Estou do seu lado. Não quero ficar preso, não!

— Então, pare de falar besteira e me siga. Não desvie a atenção nem pelo pior corvo que aparecer. Nada poderá nos impedir!

Ambos saíram apressados. Augusto seguia à frente, munido por um facão afiado, que erguia blasfemando, como se estivesse indo para um duelo. Passavam por ruas estreitas, escuras, onde os gemidos fúnebres assolavam a atmosfera fétida e sufocante. Indo de um beco a outro, corriam para se desviar de moribundos que suplicavam ajuda.

Uma mulher com a cabeça envolta de larvas agarrou-se aos pés de Augusto, que impiedosamente ameaçou cortá-la em pedaços.

— Saia daqui, verme ambulante. Não soube se virar e agora quer a minha ajuda? Largue minha perna, caso contrário, corto-lhe ao meio.

— Salve-me, não aguento mais! Preciso de ajuda!

— Vá procurar um beato vigarista. Aposto que é uma víbora disfarçada. Saia daqui, moribunda!

A mulher se transformou em uma serpente pronta para fisgá-lo. Augusto não pensou duas vezes, decepou-lhe ao meio.

— Nossa! Que perigo, chefe!

— Era uma víbora disfarçada! Comigo não tem vez não! Conheço esse beco de serpentes. Querem nos seduzir pedindo auxílio e se fazendo de vítimas. É só dizer não, para ver como se transformam em demônios vivos.

Chaves, assustado, tremia a ponto de nada contestar. Por fim, chegaram à porta de um túnel. Pararam.

— O que foi, chefe? Não podemos entrar agora?

— Psiu! Fale baixo. Ouço ruídos.

— Não estou ouvindo nada.

— Psiu! Fique quieto.

Augusto, tenso, passava a língua ao redor dos lábios, enxugando o suor que lhe escorria.

— Seja o que for, nada me impedirá! Devem ser morcegos! Vamos entrar — decidiu.

Aparentemente tudo estava tranquilo. Augusto, desconfiado e com passos lentos, seguia cuidadoso. Por entre paredes cheias de limo, figuras monstruosas se erguiam ao encontro deles.

— Pegue a tocha, rápido! — ordenou.

Chaves obedeceu. Risadas entoavam, fazendo eco.

— Quero ver agora se eles se atrevem! Venham abutres! Venham mamar. Está na hora!

As formas pensamentos de vampiros monstruosos recuaram velozmente pelas fendas de onde haviam saído.

— Ufa! Que alívio! — redarguiu Chaves.

— Não se iluda, cretino! Saiba que poderá ter mais pela frente.

Chaves intimamente pensou em desistir. Augusto, percebendo os pensamentos dele, revidou:

— Nem pense em fugir, animal! Daqui para a frente, ou escapamos ilesos, ou seremos o almoço deles.

Chaves passou a mão pela testa suada. Não teve tempo de se justificar.

— Corra, vamos andar pelas beiradas, esse chão é falso. É terra sobre buracos infinitos. Se cairmos ficaremos presos por séculos!

Augusto e Chaves andavam na ponta dos pés, sem se apoiar paredes. Por fim, saíram ilesos.

— Que teste é esse, chefe?

— Não é teste nenhum. Não lhe disse que conhecia um atalho? Estamos nele. Aqui ninguém que não esteja preparado consegue passar. É o único meio de não sermos pegos.

— Como o chefe conhece tudo isso?

— Não lhe disse que fiquei muito tempo aprendendo com as trevas?

— E essas criaturas nunca saem daqui?

— Problema delas. Não tenho nada com isso! Que fiquem até que consigam um outro modo de se vingarem.

— Estão assim por que querem se vingar?

— São víboras! E estão vivendo de seu próprio veneno.

Chaves se lembrou da orientação dos dois homens de túnica preta, querendo convencer Augusto a largar a vingança e perdoar. Ousou perguntar:

— Todos os que querem se vingar vêm para cá?

— O que quer dizer, por acaso estamos aqui?

— Não, mas entendo...

— Eu nunca quis o mal de ninguém. Quero justiça pelo mal que recebi.

— E eu chefe, por que o estou acompanhando?

— O que é? Está melando?

— Só gostaria de saber, oras!

— Às vezes o saber pode atrapalhar. Principalmente agora. Não vacile com esses pensamentos que podem fragilizá-lo. Quero que mantenha a determinação para o nosso objetivo. Depois, você e eu estaremos livres e muito bem acompanhados.

— Acha que Marie ficará conosco?

— Não pense em Marie agora! — vociferou Augusto. — E pare com perguntas! Está falando muito para o meu gosto.

Chaves calou-se. Mas algo estranho estava acontecendo com

ele. Nunca questionara o porquê de sua situação. Por ter sido salvo por Augusto, reverenciava-o e o agradecia sempre. Agora, porém, depois de todas aquelas cenas pavorosas, começava a refletir. Sentiu-se frágil e impotente para assumir uma postura que o tirasse daquele mundo de sofrimento.

Augusto sabia que precisaria estar com muita raiva para não vacilar. Todavia, as lembranças de ter tido uma vida boa e feliz ainda eram para ele muito difícil de esquecer, tanto quanto a decepção e a frustração que o impulsionava à vingança tão almejada.

Já estava amanhecendo quando avistaram os capangas denominados Chifres de Fogo.

— Olha lá, estão nos esperando! Agora quero ver quem poderá nos impedir!

Chaves suspirou aliviado. Conhecia a fama deles, eram temidos e respeitados. Sentia mais apoio com essa união, principalmente porque falhar, para eles, era uma desonra.

— Chegamos! Sobrevivemos — tornou Augusto, sorrindo.

— Sinto recepcioná-los com má notícia. Eles sabem que estamos preparando uma cilada.

— O quê? Como? — indignou-se Augusto.

— Um vigia esquizofrênico, o tal do Geraldo...

— Gordo intrometido! Ele me paga! Mais uma vez tentando me impedir. Precisamos dar um jeito nele. Se ele tinha pouco cabelo, vai ficar sem um lado da cabeça! Ele não perde por esperar! — exasperou raivoso.

— Não será preciso. Ele se afastou. Contudo, deve ter dado com a língua nos dentes! Muita cautela será pouco!

— Não quero esperar nem mais um segundo! Quanto mais tempo, mais chance de ela se recuperar. Precisamos agir agora, enquanto ela não sabe de nada.

— Tanto nós quanto eles sabemos disso — acrescentou.

— Pele de Fogo! — gritou Augusto.

— Fale.

— O combinado não está adiado, está?

— Por causa de um fedelho? Claro que não!

— Então não demoraremos para agir e colocar o plano em ação.

— Não disse que adiaremos, disse apenas para termos cautela — justificou o outro.

— Sossegue, Augusto, sossegue! Está muito afoito. Sei como fazer, está entendido?

Augusto torceu o nariz. Fingiu controlar-se.

— Esse aí vai com a gente? — apontou para Chaves.

— Vai. Por quê?

— "Tô" gostando, não! Tem cara de sonso.

— Deixe-o comigo, é fiel. Isso basta.

— Quero ver se não atrapalha, senão passo fogo nele.

Chaves enrubesceu. Quis se defender, não conseguiu.

— Chaves é bom. Faz tudo direitinho. Nunca falhou. Não há o que temer. Ele vai comigo.

— E os outros já estão ao redor?

— Não saíram de lá.

— Muito bom.

— Bom mesmo é o que virá depois. Se ganharmos a parada, vamos dobrar o nosso preço para futuros compromissos.

— Vamos ganhar! Não quero nem pensar em mais uma derrota, seria o fim! Isso está fora de cogitação. Vamos em frente!

Chaves ouvia a tudo calado, entretanto, as últimas cenas ainda o atormentavam. Temia que se falhassem, todos fossem parar naquele lugar tenebroso. Sabia que não havia saída para ele. Como poderia fugir? Para onde? Augusto se rebelaria furioso e o acharia onde quer que se escondesse. Sentia que estava prestes a enfraquecer. Precisaria se recompor antes mesmo de ser percebido em tal atitude.

Pele de Fogo dava as últimas coordenadas para todos. Gesticulava seguro, com olhos arregalados e testa franzida.

Chaves nem parecia o mesmo. Olhava-os condoído.

"No que as pessoas se transformam?", pensou. "Onde vamos parar? Será que não há algo melhor para mim?"

Pele de Fogo suspeitava dele. Palitando os dentes, rodeava-o como quem quisesse examiná-lo a fundo. Augusto percebeu a intenção de Pele de Fogo e fez menção de proteger o comparsa. Gritou:

— Chaves, venha comigo.

Pele de Fogo arrastava os pés na terra, fazendo a figura de uma cruz e sinalizava com a cabeça, mostrando o que poderia acontecer com ele.

— Ele cismou comigo, chefe. Está me olhando muito.

— Fique aqui e faça exatamente o que eu lhe pedir. Pare de se borrar, quanto mais medo, mais impotente ficamos! Não aprendeu isso?

Chaves assentiu, porém, sentia-se desconcertado.

— Vou começar o serviço. Quando ela sair, vocês a pegam. Depois é só ficar alerta até termos certeza de que estamos fora de área. Pele de Fogo é um dos melhores magnetizadores que conheço, não será difícil escapar — considerou Augusto.

Embora este requisito era bem parecido com o dele, reconhecia que, nesse caso, o comparsa era mais indicado, pois todo cuidado era pouco em relação a não se envolver emocionalmente. Sabia também que estaria por muito tempo nas mãos dele. Mas valeria o esforço, desde que Marie estivesse para sempre a seu lado. Poderiam resgatar o tempo perdido, daria a ela uma nova chance de se redimir.

Augusto jurava vingança para todos. Um a um, todos pagariam até o último grito de dor, tudo o que fizeram a eles. Até mesmo aqueles que agora tentavam afastá-los.

— Esse grupo de hospitaleiros de meia-tigela, também entrará no jogo. Não admito ser julgado por eles, devem ter alguma intenção de parecer eficazes aos seus superiores. Corja interesseira! Querem estudar o caso para ganhar mérito! Até parece que comigo não terão trabalho — soltou uma inesperada gargalhada.

Todos o olharam espantados. Pele de Fogo não gostava do que estava vendo. Considerava fragilidade o menor gesto de impaciência ou outro tipo de emoção corriqueira. Temia esses impulsos, não gostava de perder uma "parada".

"Esse imbecil vai me trazer problema", pensou enquanto coçava o queixo com ar de preocupação.

— Tobias, chega mais — acionou um dos seus.

— Fale, patrão.

— Veja se se atira em cima desses dois. Fique de olhos bem abertos. Não sei não, "tá" me cheirando coco sem água, "tá" me entendendo?

— Já deu para perceber. Caso de amor mal resolvido, não tem sagu, não!

— Por esse motivo temos de ficar em estado de alerta. Não vamos nos arriscar por causa de "amores perdidos" e tomar na cabeça.

— Esse outro aí só falta se enterrar de medo. Não "tô" gostando, não!

— "Tá" a fim de se esquivar?

— Não dá. O cara tem poder. Vai atrás de nós. Depois, "tô" mais interessado no que posso conseguir daqui para a frente.

— É só ficar grudado neles. Qualquer problema dou um jeito de afastá-los de cena, até que possamos pegar a presa.

— Não será tão fácil assim, você sabe que não podemos ir além, embora tenha prometido. Vou ter de arrumar um jeito para que eles não percebam que não poderemos cumprir o que combinamos.

Tobias fez menção de rir. Já estivera em bandos da pesada, "mas esse Pele de Fogo", pensou, "não vale nada mesmo".

— Quer dizer que você não está com medo que eles atrapalhem nosso plano? — perguntou Tobias.

— Claro que não. Só temo que a ansiedade faça com que ele perceba que não daremos um jeito... E o medo do outro faça com que sejamos vistos, sem podermos fazer o planejado — rebateu Pele de Fogo.

— "Tá" me deixando embasbacado! Como é que é?

— Preste atenção. Vamos fingir que estamos executando o plano, depois vamos armar uma para que eles sejam presos, entendeu? Assim eu me livro dele e digo para todo mundo que agora só eu posso assumir casos complicados, entendeu a vantagem?

— O cara é de lascar! Se ele perceber, estamos fritos!

— Não vai perceber, está enfeitiçado para rever seu grande amor. Está assim há anos. Por isso nunca saiu do lugar. Só pensa nisso. É um imbecil, mesmo. Com tanto poder, não usa para si mesmo, só pensa nisso!

Tobias pensou, pensou, por fim concluiu:

— Cada um na sua, né? Não podemos julgar.

— Está defendendo o imbecil? Por acaso você se doeu? Ah, já sei, deve ter tido uma dessas paixões enlouquecidas — tornou Pele de Fogo.

— Não é isso. Sinto que nós também nunca saímos do lugar. Já pensou nisso?

— Nem me venha com essa conversa de soberano, vá se danar! "Tá" fantasiando muito!

— Acho que hoje não é o meu dia! Tento firmar minha mente e só encontro bolhas ao meu lado. Vou repensar em ampliar meus súditos. Vou fazer uma limpeza logo, logo.

— Ei! "Péra" aí! Agora "tá" se virando contra mim, é?

— Chega para lá. Vamos nos concentrar no caso. Vou armar e se você não atender minha expectativa, cairá fora. Combinado?

Tobias se retirou entoando uma risada.

— Oh, turma difícil! Agora sobrou para mim! — disse para si.

Augusto nem podia imaginar o que se passava. A cada segundo ficava mais alterado, andava de um lado para o outro, apertando os dedos e resmungando.

Pele de Fogo observava tudo e fez sinal para que Tobias se aproximasse mais deles.

— Estamos esperando o quê? — gritou Augusto.

— Temos de esperar o sinal. Aí eu entro em cena e você vem logo depois que eu der três assobios.

— Que sinal é este?

— Quando ela sair para o passeio, tentarei buscá-la pela mente, ela vai se atrapalhar e tentar fugir do manicômio. Logo em seguida você aparece, ela vai se surpreender ao vê-lo e aí nós a agarramos e pronto.

— Acha que podemos chegar tão perto?

— Não chegaremos, será ela que virá ao nosso encontro.

— E você acha que eles não estão preparados para isso? Vão deixá-la sair assim?

— "Tá" desconfiando do meu poder de persuasão?

— Não sei não, "tá" me parecendo muito fácil... Pensei que estivesse preparado para mais.

— Na hora veremos, de nada adiantaria se precaver muito, talvez ela vai facilitar a história.

— Talvez? Você acha que trabalho com "talvez"? Se estivesse tão certo dos fatos ela não lhe teria escapado.

— Vai jogar na minha cara isso pelo resto da eternidade, não é?

Pele de Fogo o interrompeu, pedindo sinal de silêncio. Os dois atenderam. Adiante, vinha ao encontro deles dois homens encapuzados.

— Vamos nos esconder — murmurou Pele de Fogo.

— Se eles passarem por aqui estamos todos fritos e mal pagos pela eternidade — afligiu-se Tobias.

— Calma, por certo estão apenas vigiando. Não podem nos deter, não estamos fazendo nada — tentou acalmá-los Pele de Fogo.

— Isso é o que você acha, seu imbecil! Ele está à minha procura! E agora, o que vamos fazer?

Augusto não imaginava que os "encapuzados" poderiam aparecer.

"Desgraçados!", pensou.

— Como pode ser? Estamos fora de área. Será que estavam nos seguindo?

— Psiu! — alertou Tobias. — Abaixem-se. Silêncio geral.

Os dois pararam fazendo duas bifurcações nas proximidades onde o bando se escondia.

Pele de Fogo sabia que isso era possível. Enganara Augusto. Aguardava o momento em que os vigilantes o capturassem. Esquivar-se-ia da melhor forma. Seu plano estava quase no fim. Na verdade, não estavam "fora de área" e sim dentro dela...

Augusto chegou a desconfiar, mas não podia fazer nada ainda sem ter certeza.

— Preciso pensar rápido. Como vamos escapar dessa? Esses Malditos! Infames!

Enquanto isso, Tobias, percebendo o sinal de Pele de Fogo, locomovia-se, rastejando ao seu encontro.

— Chaves, pode me ouvir?

— Estou aqui, chefe, bem à sua direita.

— Saia desse buraco, venha até aqui.

— Não posso, chefe, eles vão me ver.

— Deixa de ser medroso, preciso de sua ajuda.

— Não posso. Temo ser preso.

Pele de Fogo gostava do que estava vendo.

— Isso mesmo, seu bolha. Fique aí quietinho. Se escapar, você será meu — deduziu.

Augusto começava a se sentir acuado. Reconhecia que poderia ter caído numa cilada. Confuso, não estava conseguindo encaixar as peças. O que estaria fazendo Pele de Fogo escondido, porquanto tinha sido o mandante de tudo?

"Vamos ficar aqui para sempre... Enfrentá-los está fora de nosso alcance. Vieram em busca de minha resposta", disse para si mesmo. "O que farei? Estou perdido! Não posso omitir nada deles, são espertos e captam meus pensamentos. Caso contrário, eu os enganaria muito bem."

Augusto se perdia em sua angústia, nem notou que um deles vinha ao seu encontro.

— Venha conosco, Augusto. Está na hora. Não resista ao que você mesmo anseia se libertar.

Augusto estava estupefato. Olhos arregalados, respiração ofegante, não sabia o que dizer.

— Siga-me, será para seu próprio bem. Tenho absoluta certeza disso.

— Não posso, não será de livre e espontânea vontade, você há de me respeitar quanto a isso.

— Agora não terá mais esse privilégio. Ou você vem conosco ou vai se aprisionar no mais profundo lamaçal de seu espírito, nem liberdade mais terá.

— Não gosto de ser pressionado. Sabem o que busco. Isso é o meu bem e minha libertação. Tenho contas para ajustar.

— Levante-se, chega de blasfemar contra si mesmo. Precisamos que você entenda de uma vez por todas que não existe vítima. Estamos lhe convidando para rever os fatos e refletir sobre todo esse passado mal resolvido. No entanto, concordamos com você em um único aspecto, não pressionaremos ninguém, porém, não permitiremos mais esse tipo de situação. Todos os envolvidos estão de algum modo tentando se recuperar, aprendendo novos valores. Você ficou estagnado e de agora em diante não terá mais acesso ao campo energético deles. Por tudo isso, sua escolha será decisiva para si mesmo. Aproveite a oportunidade, você mesmo reconhece que não aguenta mais esse martírio sem solução.

Augusto ficou pensativo por instantes, afinal, seu orgulho era mais forte a ponto de impedi-lo ao discernimento. Por um lado, concordava que aquilo era um verdadeiro martírio, já fizera de tudo para conseguir seu objetivo, atingira seu alvo até certo ponto e dali por diante tudo se revertia contra ele. Não compreendia bem a razão. Às vezes se perguntava qual a razão.

Se existira um Deus, por que protegia apenas Marie? Não o consideravam merecedor de ajuda crística? Não fora injustiçado, traído e abandonado? Por que estava naquela situação desprivilegiada? O que ouvia era que seu ódio o mortificou. A vida protegia quem faz o mal? E quanto a ele, quando resolveu revidar, não tinha sido compreendido?

Foi nessas condições que Augusto chegou ao mundo astral, e por ter sido irredutível à compreensão, ficou perambulando, sedento em fazer justiça com as próprias mãos.

Depois de certo tempo, aprendeu a rebater tais pensamentos, julgou fragilidade, e seguiu com fixação de revanche, pois assim acreditava obter mais força para seu intento.

— Vamos, Augusto, reaja verdadeiramente! Não se deixe levar pelo descaso em relação à Providência Divina para si. Apesar de conserver essa fixação, você teve várias experiências e no momento não poderá mais se abster de seu próprio aprimoramento.

— Por que estão tão interessados nisso? Fizeram alguma aposta para ver quem conseguiria me convencer? Quanto vai ganhar?

— Prestamos serviços para o Criador. Nossa recompensa será o exercício de criarmos habilidade para compreensão, firmeza e compaixão. Escolhas que fizemos para obtermos méritos em relação a nossa evolução. Não pense que você é ou será o único a viver esses dissabores, todos nós passamos pela estrada da vida em busca de esclarecimento interior. Você só não se deu conta disso ainda. Pertencemos ao mesmo Universo que nos abriga.

— Filosofia barata!

— Veja bem, o que poderá fazer daqui por diante? Ficará tramando, tramando... e sem solução?

— Está me desafiando? Dê-me passe livre e então verá se a trama funciona ou não!

— Suponhamos que você consiga seu objetivo. Ficará assim por quanto tempo, vivendo na ilusão de que todos serão seus subordinados? Não ouviu tempos atrás que cada um cria seu destino da maneira como conserva seus pensamentos e atitudes? Não foi isso que o empurrou ao descontrole íntimo? Não há barreiras para o esclarecimento caso não o tenhamos em vida terrestre, e assim que retornarmos à pátria espiritual, continuaremos no mesmo aprendizado. Por esse motivo lhe digo que não há como escapar. Você está sendo convidado a tirar sua própria máscara e renovar-se.

— Não sou mascarado, nunca menti sobre meu intuito. Você está me ofendendo!

— Creio que sabe exatamente o que quero lhe dizer, e essa é mais uma de suas artimanhas de defesa. Você joga sempre para os outros a sua responsabilidade de ser feliz ou vítima de si mesmo.

— Chega desse assunto, não desejo mais ouvi-lo. Não me sinto preparado para tal aprimoramento. Não são vocês que dizem que tudo tem seu tempo? Oras, deixe-me em meu tempo. Sei muito bem o que fazer de meu destino. Não preciso dessa ajuda, tampouco de palavras vãs. No momento estou precisando de outro tipo de ajuda e essa eu bem sei que vocês se negam a me dar. Deixem-me em paz! Se quiserem, vou embora para o meu canto, mas não me obriguem a virar santo de uma hora para outra. Nem tenho essa intenção, e nunca a terei. Aliás, por falar em santo, vocês não têm jeito de salvadores, andam perambulando também vestidos com essa túnica disfarçada. Acaso não mereceriam um lugar melhor de viver já que são tão evoluídos?

— Estamos no lugar certo mediante nossas escolhas. Sua visão angelical está totalmente distorcida, assim como tudo para você. Só se presta a julgar como acha que deveria ser, abomina a humildade de enxergar os verdadeiros valores do espírito, está aprisionado em sua própria mentalidade infantil. Seu orgulho o impede de se expandir. Não percebe que está só? Deixou-se levar pelo ódio e vingança, amortecendo seus sentimentos. Isso lhe trouxe felicidade?

— De que adiantou eu ter sido um homem bom, honesto e dedicado? Eu era feliz e me roubaram o direito a isso. Como você explica? O que eu fiz para ter merecido tal afronta?

— Nossas experiências nos ensinam sempre algo que devemos melhorar. Em cada situação, temos essa dosagem de amadurecimento. Para se compreender é necessário dar o primeiro passo e cavalgar pouco a pouco em busca de nossas próprias respostas. Um bom motivo para criar coragem e nos acompanhar.

— Quero ver Marie, preciso tirar a limpo essa história, ajudem-me a encontrá-la. Depois disso farei o que me pedem.

— Encontrará Marie no momento certo, sabe disso. O que quer é se antecipar e tentar convencê-la a seu modo.

— Isso não será possível! Vão convencê-la ao contrário. Preciso saber me defender dessa vez. Não posso perdê-la.

— Você não precisa convencer ninguém, fique firme em seu melhor.

— Não posso! Eu lhe imploro, ajude-me, não posso perdê-la.

— Vamos ajudá-lo, mas deverá nos acompanhar. Confie, precisamos que você responda favoravelmente e então obterá a permissão.

— Vai demorar muito, estou atrasado no tempo, preciso correr... Quero chegar primeiro, assim ela me ouvirá e então estará perto de mim para sempre.

— Calma, Augusto. Venha, pegue em minha mão, deixe-me orientá-lo. Sei que me admira e me respeita. Gostaria de ser como eu e de ter os meus poderes, não é mesmo? Quero ensinar-lhe os verdadeiros poderes e como usá-los em seu próprio benefício.

Augusto colocou as mãos no rosto e meteu a cabeça entre os joelhos.

"E agora?", pensou. "Não tenho saída. Jogar tudo fora a troco de nada? De que me valeu tantos anos nessa angústia?"

— Não se atormente. Fique em silêncio por alguns minutos, preste atenção em que seu coração vibra. Esperaremos o tempo que for, estaremos ao seu lado até que se decida.

De repente, uma voz agoniada, vinda de um vácuo subterrâneo, despertou a atenção dos dois.

— Levem-me com vocês, eu me rendo. Quero sair deste lugar, não aguento mais vagar sem destino. Socorro! Ajude-me! Eu suplico redenção! Farei tudo o que quiserem, estou em perigo!

— Chaves?! — surpreendeu-se Augusto.

— Chefe, perdoe-me, quero sair daqui e se você aceitar a proposta deles, aqueles capangas vão me aprisionar. Vou aonde o chefe for.

— Como sabe o que vou fazer?

— Aceite, chefe, vamos com eles. São poderosos! Vão nos ajudar!

Augusto balançou a cabeça indignado. Os dois homens entreolharam-se com sorriso maroto.

— Você quer nos acompanhar, Chaves?

— Se o chefe for será melhor, mas caso ele se negue, eu me rendo — disse, ajoelhando-se aos pés do interlocutor.

— Pelo que vejo será uma boa companhia para Augusto. Ficarão no mesmo alojamento, assim poderão compartilhar a companhia um do outro.

Pele de Fogo, que ouvia tudo de maneira estupefata, fez sinal de recuo, apontando para Tobias uma fenda subterrânea.

Um dos mensageiros abordou:

— Será preciso enfatizar mais de um convite? Alguém mais gostaria de nos acompanhar?

Pele de Fogo deu um salto olímpico, justificando sua fuga.

— Haveremos de nos encontrar amigo! — revidou com firmeza. — Não há limites para a eternidade! Chegará a sua vez!

Tobias, estático, não reagiu de pronto. Continuava em silêncio.

Augusto sabia que Pele de Fogo jamais se renderia. Havia lhe preparado aquela cilada de maneira covarde. Augusto sentiu vontade de pular no pescoço dele e estrangulá-lo.

— Traidor, queria se prevalecer às minhas custas, haveremos de nos encontrar! Você não perde por esperar! — berrou.

— Ele foi apenas um veículo facilitador sem que pudesse perceber — contemporizou Silas.

— Facilitando a minha prisão?

— Você não será preso.

— Que tipo de alojamento é esse? Por acaso ficarei livre para ir aonde eu quiser?

— No momento em que estiver sob nossa orientação, não. Mesmo porque não terá tanto apetite assim...

— Viu só? Ficaremos presos, Chaves!

— Eu não me importo, chefe, quero sair daqui para sempre.

— Se eu não o considerasse por haver me respeitado por tanto tempo, dar-lhe-ia uns bons bofetes nessa cara de medroso que você tem.

— O que me diz, Augusto? Poderemos seguir viagem?

— Tenho outra escolha? Depois que esse cara lavada se rendeu, vou ficar em maus lençóis! Perdido por perdido, tomem e algemem minhas mãos.

— Não será preciso, não viemos para prendê-lo e sim ajudá-lo. Vamos! Chegaremos ao alojamento com tarefa cumprida. Teremos uma noite de recepção para os recém-chegados.

— Não vá esperando banquete. Vou fazer o que me pedem muito a contragosto e não estou para festejos. Não quero ser alvo de chacota. Já não basta a vergonha que passarei ao entrar em seu território? Quer me humilhar ainda mais?

— Deixe de ser melindroso. Será um prazer tê-los conosco.

— Vamos, chefe, estou pronto! — considerou Chaves.

— Cara de pau de sebo! Vende-se por pouco!

— Nada disso, chefe, vamos ficar longe disso. Uma nova vida se abre para nós.

— Cale a boca! Respeite-me, seu maria vai com as outras!

Risos entre os mensageiros.

— Na intenção de criarmos laços de futura amizade, apresentamo-nos como Silas e Freitas.

— Muito desprazer em conhecê-los — revidou Augusto.

— Chaves, a seu dispor!

— É um lambe-saia mesmo! Tudo muito bonito, quero ver o que farão conosco daqui para a frente.

— Não faremos nada que os desagradem, mas sim que os engrandeçam.

— Agora chega de milongas, vamos para o inferno de vez!

— Não se precipite! Poderá surpreender-se.

— Também acho, chefe, vamos comer, beber tudo de graça, sem ter que prestar favor a ninguém.

— Isso é o que você pensa! Nós nos tornaremos escravos a troco de um prato de comida e muito pior, serviçais para sempre! Logo eu, que sempre me neguei em ser subordinado. Estou perdido!

Silas e Freitas ouviam sem nada mais opinarem. No íntimo estavam por demais satisfeitos.

Agora começariam uma nova fase. E o mais interessante é que todos estavam de alguma forma ligados na magia do tempo, que sabe muito bem como tudo transformar.

CAPÍTULO 17

— Vim para que tenham fartura e abundância. Peça e receberás — declamou Olivas, com veemência.

Todos ouviam embevecidos de conhecimento. Faltavam poucos minutos para o término da palestra na ala de estudos do pavilhão de autorregeneração.

— Vamos aprender a traduzir esta frase nos dias atuais. O pensamento é fonte criadora, cada indivíduo responde exatamente de acordo com o que acredita. Não existe vítima do destino, vocês precisam aceitar que tudo pode ser mudado. Possuímos o poder de criar e transformar, nossas verdadeiras sensações formam o canal para a expressão do pensamento. Quanto maior for este contato interior, mais se abre o caminho da direção, canalizando os propósitos da alma. O contrário também ocorre, quando negamos nosso domínio interior. Sejam conscientes de que assumimos um compromisso com nós mesmos daqui por diante ao responder por nossas escolhas e consequências. Como tarefa de apoio, sugiro que todos preparem para o próximo encontro uma lista de dissabores, dificuldades e perdas que tiveram. Paralelo a isso, façam outra lista de valores conquistados. Com isso, vão perceber que passamos muitos anos remoendo algumas perdas e deixamos de valorizar a oportunidade de crescimento e a ajuda que tivemos nesses momentos de aprendizado. Para cada item negativo, procurem analisar o que a vida lhes ensinou. Depois se perguntem: "Que tipo de crença eu conservava para atrair aquela situação?"

Olivas percebeu que o comentário gerou dúvidas, muitos erguiam os braços para ter a chance de se esclarecer. Uma moça, com olhos ávidos, foi a escolhida.

— Como posso saber que crença é essa que me tirou do aconchego familiar tão cedo?

Alvoroços na plateia.

— Silêncio, senhores, concentrem atenção para essa indagação. Por favor, continue — estimulou Olivas.

— Não consigo recordar o que uma adolescente como eu teve de negativo para atrair aquela desgraça. O que pude contrair foi tão somente solidão, desespero e enorme vontade de voltar...

A moça caiu em prantos.

— Provavelmente não se desapegou ainda de sua última existência. Procure em primeiro momento se conscientizar de que está viva. Não está?

Alguns risos fizeram Suzana se descontrair.

— Sim, porém confesso que há poucos meses achava que estava vivendo um grande pesadelo.

— Pelo menos estamos entre defuntos falantes! — acrescentou Olivas.

Risos novamente.

— Então seria a minha crença sobre apegos demasiados a causa desse desencarne prematuro?

— Uma única forma de pensar não justifica a experiência. O conjunto dessas crenças e atitudes é que geram as causas, sendo que, dentro da visão espiritual, cada um se encontra exatamente onde deveria estar. Você apenas se restringiu a uma única possibilidade. Digamos que dentro de seu programa reencarnatório, esse aspecto ficaria mais em evidência chamando a sua atenção para a devida transformação. Continue se permitindo entrar em contato com todas as sensações e pensamentos que lhe ocorrem, as tendências desses padrões mais ou menos enraizados virão à tona e então será o momento de selecionar, optando para uma nova forma de pensar que lhe traga melhores resultados. E, justamente para ajudá-los nesta compreensão é que lhes propus a tarefa de apoio. Seguidamente faremos uma análise pessoal, comparando todas as tendências adquiridas em até três vidas pretéritas; nessa síntese avaliaremos mais de perto todas as resistências que vocês ainda conservam, dificultando certos reajustes.

— Como? Precisaremos rever o passado para tal identificação? — antecipou-se outro ouvinte, sentado à esquerda da moça.

— Uma crença que se torna muito resistente, provavelmente lhes acompanha há séculos. Citei, porém, uma forma de comparação de atitudes para que possam verificar a progressão ou a redução da mesma, de vida após vida. Se em cada existência vivemos os frutos de nossas experiências registradas, possivelmente muitas delas já se foram, outras requerem mais atenção até se dissiparem de suas mentes.

— Por que não aprendemos essas técnicas quando estamos na Terra? — continuou o moço.

— Porque vão fazê-lo de agora em diante, e quem sabe o melhor aluno entre vocês seja um exímio professor para o autoconhecimento. Mesmo porque tudo no Universo é uma troca. Estão aprendendo a se melhorar, logo mais serão os tutores dos que necessitam despertar para as verdades do Espírito. No entanto, posso lhes adiantar que muitos já usam esse mecanismo, porém sempre haverá um ciclo correspondente para cada grupo de aprimoramento, desde que estejam receptivos para isso. Conforme se apresenta a necessidade de emancipação, novas técnicas para o progresso geral serão usadas.

Olivas fez ligeira pausa e prosseguiu.

— A maior lição é a oportunidade de aprendizado, quando nosso espírito reconhece isso como primordial. Comparem as vezes que vocês se perguntaram quando encarnados: "Se eu soubesse disso, teria feito diferente...". Não é?

Todos assentiram com a cabeça.

— A vida em si é a nossa maior escola, tanto na matéria como fora dela, pois como podem perceber, tudo continua igualzinho desde que deixaram o corpo físico e só vai se modificar se atuarem para isso. Agora é a hora, já que estão predispostos a procurarem uma saída para sanar suas dúvidas e encontrar o bálsamo para suas dores. Aproveitem, amigos, e revejam seus pontos fracos; encontrem para cada um o potencial adormecido.

— Quero dizer que sempre fui muito teimoso e nunca fui de aceitar tudo sem questionar — interveio outro moço.

— Por esse motivo lhes disse para encontrarem seu potencial adormecido. O que fez com essa teimosia? Você a usou para seu benefício ou apenas para criticar e encontrar defeitos em tudo? O teimoso desperta em nós a persistência. Como foi isso para você?

O moço abaixou a cabeça. Pensou um pouco e logo respondeu:

— Realmente vivi a vida inteira abordando erros alheios, entretanto nunca pensei por esse ângulo. Noto que minha força só aparecia quando era contrariado, gerando muitos dissabores e brigas. Fora isso, não reconhecia que essa força e determinação pudessem ser usadas para atingir os meus objetivos diante do que eu acreditava. Na maioria das vezes, julgava-me muito inseguro, temendo erros e falhas; não fiz o que realmente queria.

— E qual o resultado disso? — salientou Olivas

— Perdas, frustrações, contrariedades... Até que me entreguei ao vício de beber para encontrar prazer. Mas nem assim conseguia, pois, alcoolizado, terminei meus dias vítima do golpe de uma facada, numa briga em um boteco. Fiquei anos almejando uma vingança, sem perceber que estava me afundando com o ódio que me queimava por inteiro. Alucinado e com meu perispírito em chamas pedi socorro, pois não aguentava mais tanta dor, até que vim parar aqui. Acredito ter ficado um bom tempo sem noção do quanto estava debilitado.

— Ótimo! Estamos chegando bem perto de toda a libertação que necessitam. Faremos uma pausa para que nossos pensamentos se encontrem com as forças divinas. Amanhã, retornaremos com nossas atividades.

Olivas ergueu as mãos e com um gesto sublime conduziu os ouvintes à fervorosa prece:

"Luz que promove o esclarecimento, envolva-nos com a inspiração precisa. Dissolva com seus raios todas as nossas resistências de enxergar o melhor que temos. Estamos diante da força maior do Universo, onde tudo se transforma dentro da Sabedoria Infinita. Crie espaço dentro de nossa mente para a renovação de valores. Confiamos que essa luz nos conforta, transforma-nos e nos mostra, mais uma vez, a direção certa".

Uma música suave envolvia os presentes, promovendo grande sensibilidade. Todos recebiam grande vibração de esperança e paz. Por fim, Olivas se despediu com ternura e firmeza. Qualidades essas que exaltavam sua conduta.

Suzana permaneceu um pouco mais no salão, preferindo aproveitar os últimos segundos daquela melodia. Sentia-se mais leve e fortalecida. Estava consciente de que desta vez estaria indo ao encontro de si mesma e isso a confortava. Observava a ornamentação do salão, havia belíssimas flores que davam um colorido especial ao ambiente. Inesperadamente, alguém a chamou:

— Desculpe, gostaria de lhe falar.

Suzana virou-se.

— Interrompi na hora certa, estão prontos para fechar o salão.

— Oh! Sim, eu só estava apenas absorvendo mais um pouco dessa sintonia.

— Gostaria de lhe falar. Se você quiser poderemos caminhar um pouco.

— Claro, estou mesmo precisando trocar algumas informações. Seu caso me deixou curiosa.

— Primeiramente, deixe-me apresentar, sou o famoso rei dos conflitos, pode me chamar de Maciel.

Suzana sorriu.

— Muito bem, Maciel, com esse nome deveria estar fora dos conflitos.

— É mesmo, mas como Olivas mesmo disse: "Tudo tem uma razão de ser".

— Nem me fale, sinto que todos nós temos muito que aprender. Você salientou bem, se soubéssemos de tudo isso quando estávamos na Terra, talvez tivesse sido mais fácil para todos.

— Concordo, mas como nosso tutor complementou, quantas vezes fazemos coisas e com o tempo reconhecemos nossos erros e nem por isso mudamos o modo de pensar, ou seja, erramos de novo. Resumindo, a vida é um conjunto de erros e acertos, faz parte do aprendizado. Mudar interiormente é a solução.

Maciel era um rapaz bonito, olhos expressivos e porte atlético. Seus cabelos ondulados e escuros contrastavam com sua pele clara e aveludada.

Suzana intimamente admirava a beleza do moço. A espontaneidade de Maciel a cativou de imediato.

Maciel mostrava suas qualidades. Por um lado aparentava ser muito inteligente, por outro, era frágil emocionalmente. Isso o tornava mais íntimo de Suzana, que estava se sentindo confortável na companhia dele. Mesmo porque depois de muitas crises dolorosas da qual estivera envolvida por muito tempo, essa era a primeira vez que conquistava uma amizade mais satisfatória.

Os jovens conversavam mais descontraídos. Maciel era dramático, exagerava na conversação, enfatizava tanto questões negativas como pulava rapidamente para outro extremo, satirizando os fatos. Suzana ria com gosto.

— Então, Suzana, o que será de nós agora? Vamos virar santos? Quem diria que um bêbado desencarnado fosse se redimir tanto — brincou.

— Creio que para chegarmos a essa santidade vai nos custar muitas horas de reflexão. Mas acho que não conseguiremos esse estado angelical. Pelo que me parece, o conceito de santo aqui é bem outro...

— É mesmo. Se o povo soubesse que a vida continua igualzinha depois da morte, daria um surto geral na população.

— Igualzinha em termos, pois aqui não temos escapatória diante de nossas sabotagens. Parece que eles sabem de tudo, exatamente o que estamos pensando. Lembra-se quando Olivas nos ensinou que somos reconhecidos pelos nossos pensamentos? Nossa vibração escurece e aí somos percebidos rapidamente pelos vigias da sintonia harmônica do ambiente. Ou seja, aqui temos por obrigação mantermos nossos bons pensamentos, caso contrário, somos expelidos da colônia, como mosquitos invasores.

— Imagine se isso fosse uma norma na Terra, tudo acabaria num segundo. Já pensou nas vezes em que criticamos alguém mentalmente? Aqui somos percebidos, não dá para bobear.

Suzana sorriu complementando:

— Ou seja, somos "convidados a mudar", não temos escolhas.

— Caramba! Que lugar é esse? Se não tivéssemos a consciência de estarmos idênticos como antes, juraria que estávamos alucinados.

— Alucinação é estar fora da realidade, não é mesmo, Maciel? De agora em diante não adianta mais fugirmos de nós mesmos.

— Nesse caso, vamos nos unir, assim nosso destino será promissor. O que será daqui para a frente? Já se questionou? O que faremos? Conforme melhoramos, aprendemos novos valores, mas e daí? Para onde iremos?

— Talvez retornaremos, como foi proposto na palestra, seremos professores de autoconhecimento. Ajudaremos outras pessoas a se esclarecer, vamos nos desenvolvendo mais e mais. Não será melhor deixar que nossa alma nos conduza? Se aprendermos como atendê-la, já será uma grande conquista.

— A minha cabeça ainda não assimila tanto. Isso não para nunca? Todos vão reencarnar um dia, até mesmo nossos instrutores?

— Tudo dependerá do que precisarmos, não sabemos como isso funciona. Deve ser bem estruturado o caminho de volta, ou da permanência. Eles estão trabalhando para nos ajudar, com isso estão somando cada vez mais experiência dentro do desenvolvimento pessoal. Isso é contínuo, tanto faz, seja aqui ou ali, o mais importante é estarmos bem e aproveitarmos todas as oportunidades de crescimento. Não acha?

— Acho, porém sou muito curioso e quero saber de tudo. Dizem que existem outras colônias mais aperfeiçoadas, será que poderemos ir até lá, só para xeretar?

— Deixe de ser impaciente, no momento temos de fazer um grande esforço para manter a vibração, mal sabemos nos cuidar e você quer ir para as colônias mais avançadas? Gosta de sonhar!

— Agora você foi fundo demais! O lado bom do curioso é desvendar o que está obscuro. Viu como já estou mais espertinho? Garanto que vou xeretar para saber pelo menos o que eles fazem.

— Vamos nos tratar em primeiro lugar, por certo outros esclarecimentos virão a seu tempo.

— Suzana, esta noite foi muito significativa para mim. Faz tempo que não converso com alguém que pode realmente me entender. Começo a enxergar a vida sob outro prisma, estou me sentindo renovado.

Maciel segurou as mãos da moça, levando-as até seus lábios.

— Você é especial! Gostei de conhecê-la.

— Suzana se desconcertou. Em seguida respondeu:

— É muito bom estar com você. Seremos bons amigos.

— Já somos. Espero não tê-la chateado com minhas loucuras.

— De forma alguma, você é muito divertido. Assim, brincando, poderemos neutralizar os famosos conflitos.

— Concordo plenamente, vamos satirizar tudo, assim não sofreremos tanto!

— Você não tem jeito. É um bom humorista.

— "Taí", uma nova profissão!

— Bem que dizem que quando olhamos tudo com alegria da alma, torna-se mais fácil resolver.

— E você conseguiu sanar a saudade dos seus?

Suzana se entristeceu.

— Ainda não, porém me sinto mais serena.

— Sentir saudades é bom, porém a dor não é. Tenho também muita saudades de minha família. Aprendi a valorizá-los e a entender o quanto eles gostavam de mim. Isso preenche o meu coração e então me sinto aliviado. O segredo é nos amar em primeiro lugar, não é?

— Acho que sim, porém gostaria que eles soubessem que estou bem.

— Vai ver que eles já a esqueceram — disse, provocando-a.

— Pare de ser chato, Maciel, você não tem jeito mesmo!

— Vamos mudar de assunto, caso contrário ficaremos tristes.

— Todos por aqui sofrem por alguma coisa. O melhor é aprender rapidamente como sair do sofrimento.

— Reconheço que sinto vontade de conversar com todo mundo por aqui, brincar, fazer amizades, tornar os dias mais agradáveis.

— Vamos promover alguns encontros, o que acha?

— Ótimo! Falaremos com Olivas, pediremos sua permissão para que ele analise quem está em condições.

— Notou como aconteceu conosco? Não seria melhor aguardarmos e deixar que naturalmente esses encontros aconteçam, assim como o nosso?

— Talvez, se bem que eu é que fui ao seu encontro, se não dermos o primeiro passo, nada acontece. Aqui não é igual à Terra? Então, façamos a nossa parte. Apenas vamos sugerir ao Olivas que nos oriente em relação ao processo individual de alguns grupos. Se tivermos permissão, faremos nossa parte de bons samaritanos — sorriu.

— Você é terrível, mesmo!

— Agora vou exercitar a minha teimosia para o positivo. Se não insistirmos diante do que queremos, cobraremos isso de alguém, então estaremos negativando nossa vontade, e esperando que os outros nos façam aquilo que sentimos ser importante realizar.

— Pelo visto já está treinando para fazer o exercício de apoio que Olivas nos indicou.

— Sou prático e gosto de resolver rapidamente as coisas. Vou acertar desta vez. Quanto mais treino, melhor ficarei.

— Isso mesmo! Você é mesmo muito receptivo, ouviu a lição e já a está colocando em prática.

— Como você mesma disse, agora não tem jeito de pararmos, é só prestar atenção nas escolhas, porque trarão consequências, não é?

— Tem boa memória, mesmo! Creio que está usando a determinação que havia negado.

— Digamos que tive um bom estímulo para isso.

— Qual?

— Uma pessoa chamada Suzana, conhece?

— Seu bobo. Vai me deixar sem graça de novo.

— Sua presença me alegrou muito. Meu coração se encheu de prazer e tenho que colocar isso para fora.

— Estou lisonjeada com tanto elogio.

— Então faça o mesmo. Abra seu coração e se deixe envolver pelo prazer que há em você.

— Não sei o que dizer. Você me surpreendeu. De conflitante não estou vendo mais nada em você.

— Não vamos trocar de papéis, eu é que sou o dramático, lembra-se? E para falar a verdade, estou bem saturado desses conflitos.

Suzana ficou sem referencial próprio. Absorvia o dinamismo de Maciel a ponto de se sentir um pouco desconfortável consigo mesma. Como ele reagira assim tão rápido? E quanto a ela, apenas tinha registrado serenidade, mas uma mudança tão rápida assim, para ela, não era tão fácil.

— Em que está pensando?

— Você está tão entusiasmado que eu não sei nem o que dizer de mim.

— Não precisa dizer, faça o que está sentindo.

— Não sei o que estou sentindo.

— Suzana, o que gostaria de receber?

— Amor, compreensão de tudo o que se passou comigo.

— Se estivesse pronta para dar isso a alguém, como faria?

— Não sei bem, mas acho que talvez se encontrasse alguém nas mesmas condições que eu, falaria para ter mais coragem, que tudo vai se esclarecer um dia. Ensinaria o que eu mesma estou aprendendo, isto é, ter mais facilidade de expressar o que sinto.

— Agora percebo que você também absorveu todo o ensinamento. O que queremos muito da vida ou de alguém, deveremos fazer.

— Isso me alegra o coração, poder ajudar quem está precisando.

— A mim também, quero fazer mais amizades. Tive uma ideia! Vamos falar com Olivas, certamente ele nos indicará pessoas seme-lhantes para podermos treinar a nossa transformação.

— Acha que dará certo? Estaremos prontos, mesmo?

— Se não começarmos não iremos saber nunca. O que eu não quero é ficar remoendo esse passado triste. Quem sabe fazendo coisas que nos alegrem, alcançaremos nosso equilíbrio mais rápido.

— Aceito — respondeu a moça, demonstrando animação.

— Agora gostei de ver! Em vez de entrarmos em crise, vamos agir para o bem de todos. Chega de dor!

Maciel abraçou delicadamente Suzana, que se entregou ao ensejo da vibração de alegria que os envolvia. Estavam integrados diante do mesmo desafio, permitindo que os sentimentos afloras-sem, neutralizando toda a impressão de sofrimento, recebendo com isso novos estímulos de realização. Surpreenderam-se ao notar que de seus corpos imantava intensa luminosidade. Foi a primeira vez que constataram o que significava expansão de fluidos magnéticos. Com sensação muito prazerosa, os dois, em estado de comoção, reconheceram estar indo para a direção certa.

Maciel, emocionado com a luminosidade que saía de seu peito, fez profunda prece de agradecimento. Quanto mais expressava o que sentia, mais a luz aumentava.

Era inexplicável o que se passava dentro de seus corações. De uma coisa estavam certos, tinha chegado a hora de mudar para melhor. E isso respondia a todas as indagações pretéritas, for-mando um novo ciclo de desenvolvimento, certificando-os que para recebermos algo é necessário abrir o coração e deixar manifestar o verdadeiro desejo da alma.

Suzana, a partir daquele momento, pôde conferir que a tristeza que a acometia era fruto de toda a repressão do amor que sentia. Disposta verdadeiramente a manter esse ritmo de sintonia, tornou o objetivo prioritário.

Ficaram horas conversando sobre todas as coisas que haviam feito, constando naquele dia o início de suas libertações.

CAPÍTULO 18

No dia seguinte, Olivas se preparava logo nas primeiras horas da manhã. Envolvido em prece constante, rogava ao Mestre divino as bênçãos para o início de suas atividades. A partir daí, rumou ao alojamento de recuperação.

— Bom dia, senhores! — entrou com sorriso esplendoroso.

Silas o cumprimentou com muita satisfação.

— Seja bem-vindo! Tarefa cumprida!

— Disso eu tinha certeza — salientou Olivas. — Onde estão nossos companheiros recém-chegados?

— Estão dormindo, por certo absorveram por demais as ondas de refazimento — sorriu.

— Vamos até eles.

Silas e Olivas entraram no dormitório principal. Augusto e Chaves não despertaram de pronto. Olivas colocou sua mão direita na fronte de Augusto. Ele ressoou alguns resmungos e pequena movimentação. Olivas continuou.

— Ah! O que é isso? — sobressaltou-se Augusto.

— Calma, amigo. Viemos para lhe dar as boas-vindas.

— Sei, vai falando, por onde começa a escravidão?

Chaves despertou assustado.

— Já é dia? Dormi como um anjo. Estou me sentindo bem-disposto.

— Bom dia, Chaves, sou Olivas.

— Mais um... — resmungou Augusto.

Silas intimidou-o com o olhar.

— Não falei por mal — remediou.

— Gostaria de conversar um pouco a sós com você, Augusto. Chaves poderá se fartar do desjejum.

— Oba, vou comer para valer!

— Aproveite bem, pois ainda precisa de substâncias parecidas com as da Terra. Logo mais sua mente vai se reformular, então seu alimento será totalmente diferente.

— Estou com muita fome, sinto-me fraco. Posso ir?

— Silas, acompanhe o rapaz.

— Augusto remexeu-se dizendo:

— O que quer?

— Sua colaboração. Pretendemos auxiliá-los nessa reformulação. Fui escalado para isso. Há tempos o estamos aguardando.

— Sei. E o que querem?

— Prepará-lo para isso.

— Você terá algumas tarefas a cumprir. Sua permanência neste local vai ensiná-lo sobre os verdadeiros valores da alma. Dependendo de seu aproveitamento será encaminhado futuramente para outro pavilhão. Uma nova fase se abrirá para você, terá ajuda de algumas pessoas que se encontravam sob as mesmas circunstâncias energéticas e conseguiram se ajudar com nossa direção. Isso vai estimulá-lo. Estaremos sempre em contato, isso adiantará sua mudança psíquica.

Augusto nada disse. Apenas ouvia.

— Por ora quero que se alimente como Chaves. Freitas vai com você, para que conheça o alojamento e suas tarefas. Procure descansar o máximo que puder, e aproveite a beleza da natureza que este local lhe oferece. Assim que estiver mais adaptado, voltaremos a conversar e...

Augusto o interrompeu.

— Quero ver Marie! Vão me prender até ela se distancar novamente? Só aceito se me levarem onde ela está.

— Marie nem sabe ainda o que aconteceu com ela. Por certo não o reconhecerá.

— Quero me explicar, contar o que houve comigo, ela precisa me ouvir.

— Fique tranquilo, meu amigo. Estamos aqui para ajudá-lo verdadeiramente.

Augusto soluçou até que as lágrimas tomaram conta de seu rosto. Olivas se sentou ao lado, apertou as mãos nos ombros dele e com gesto de carinho abraçou-o com compaixão.

Augusto estremeceu. Fazia muito tempo que não sentia este tipo de afeto. Lembrou-se de seu pai. Deixou-se acariciar, não teve forças para rejeitar; naquele momento todas as suas resistências e preconceitos desapareceram. Chorava feito criança.

Olivas invocava a Providência Divina para auxílio daquele homem sofrido e amargurado. Devido ao fluido energético que o fizera dormir profundamente, recebeu ajuda para equilibrar seu emocional sem que soubesse. Olivas primeiramente observou a reação dele após despertar, reconhecendo que Augusto fora atingido diretamente no ponto que precisava liberar as emoções reprimidas, e desejou ficar a sós com ele para que pudesse extravasar toda a mágoa que o sufocara por anos.

Assim permaneceu enquanto ele expressava autêntica catarse. Chorava, berrava, xingava, jurava vingança... Depois, serenava por alguns minutos, em seguida começava tudo de novo.

Até que pouco a pouco o estado de serenidade foi tomando conta da situação. Olivas aplicava passes magnéticos em sua fronte, centro cardíaco e gástrico.

— Maldito seja esse sentimento que me atormenta o coração! — resmungou.

— Procure entender que a maneira como você se relaciona consigo mesmo é imatura demais, então, seja qual for a razão, exagerou, colocando em risco sua paz emocional — orientava o instrutor.

Augusto cobriu o rosto com as mãos, esfregando os olhos lacrimejantes.

— Não peço para morrer e desaparecer, porque sei que isso é impossível... Mas bem que poderiam me dopar por milênios. Não aguento mais! Estou enfraquecido!

— Exatamente por esse perfil é que lhe digo que chegou a hora, Augusto. Não se desespere. Estou convicto de que este lamaçal no qual se atolou está prestes a se dissipar. O seu orgulho ferido não lhe deixa avançar. Está disposto a largar o passado?

— Eu não consigo! Vivi esses anos todos à procura de uma explicação, porém não me despojei por completo. Sinto-me amarrado, destruído...

— Venha, amigo, acompanhe-me. Solte-se verdadeiramente. Sinta a presença divina o envolvendo. Você é um homem forte, poderá reagir de imediato. Preste atenção em seus sentidos. Observe como faz tempo que você se abandonou, fixando sua revolta e colhendo resultados funestos. Solte a dor, liberte-se para valer!

Augusto, debruçado sob o leito, sentia dores por todo o corpo. De súbito, ergueu-se em direção aos pés, julgava estar sendo amarrado por grossas cordas.

— Saiam todos, deixem-me em paz! — balbuciava estonteado.

— Estamos sozinhos, veja. Não há ninguém aqui. Isso tudo é produção de sua mente. Está recebendo os reflexos condicionados. Continue, não tenha medo. Solte todas as sensações.

— Não! Sou forte, não posso ficar chorando. Vão rir de mim. Você vai contar para eles que estou fragilizado como um imbecil.

— Assuma suas necessidades; é você que está preso nas próprias armadilhas, tecendo esses véus escuros que lhe ofuscam a visão interior. Largue os preconceitos! Você é uma pessoa com sensações vivas dentro de si mesmo. Não é uma pedra! Destrua essa muralha perniciosa! Pare de enxergar o mal em tudo o que faz e pensa. Diga agora que você é capaz disso! Repita, vamos! Insista!

— Sou um fracassado, estou perdido no tempo, não tenho saída — bradou Augusto.

— Sou capaz de mobilizar os efeitos de renovação em mim mesmo agora. Tente repetir — incentivou Olivas. — Percebe como você é resistente? Largue essa resistência. Grite sim, grite também por sua renovação. Quero ouvir com bastante ênfase.

— Sou um desgraçado que quer se renovar. Pronto, já disse.

Olivas assentiu discretamente, complementando:

— Estou pronto para recomeçar! Fica melhor dessa forma.

— Diabos me corte ao meio, se depois de tudo isso o inferno permanecer na minha cabeça, enfio-me dentro de uma fenda na terra e lá apodreço por toda a eternidade.

— Essa sua dramaticidade transformada será sem dúvida uma grande habilidade futura.

— Está caçoando de mim, é?

— Vejo que está mais calmo, pelo menos voltou à consciência.

— E agora? O que pretende fazer comigo?

— Como se sente?

— Aliviado, mas ao mesmo tempo enfraquecido. Não sei se posso me levantar. Não sinto firmeza para tanto.

— Descanse um pouco, em vez de ir com Freitas, vou pedir algo para que se alimente aqui mesmo. Se tiver vontade, poderá caminhar mais tarde pelos jardins. São belíssimos, precisará dessa energia que vai ajudá-lo em sua autorreflexão. Vou me retirar, voltarei a vê-lo assim que possível. Relaxe agora.

Olivas em seguida estendeu as mãos em direção ao alto, agradecendo a oportunidade de trabalho. Augusto, semiadormecido, acomodou-se em posição confortável. Cerrou os olhos e se deixou entregar pela sensação de paz que o envolvia.

Na saída do alojamento, Olivas meditava como a criação divina é perfeita, relembrava suas experiências pessoais, sabia que enquanto o ser humano não depara consigo mesmo, a ponto de fazer desse encontro um elo verdadeiro entre a alma e o poder divino, de nada adianta reivindicar a libertação tão desejada. Reconhecia ser esse um caminho que todos chegariam cedo ou tarde. Particularmente, com ele não fora nada diferente, porém a maior lição que considerava ser de extrema valia para todos os casos, era a condição interior que surge naqueles momentos de desafios e que muitos sucumbem, esquecendo-se de perseverar.

Algumas pessoas trilham suas jornadas desconhecendo o significado da persistência; confundidas entre apegos e teimosia, pensam estar investindo em seus objetivos. Se os atingem perdem logo o interesse e se atiram em seguida para outro propósito. Procuram algo que possa preenchê-las, mas passam a vida inteira lutando apenas para somar o vazio que criam em si mesmas. Tudo o que conquistam não valorizam devidamente, muitas ainda dizem se sentir sem entusiasmo para a merecida comemoração. Há aqueles que reconhecem ter tudo o que qualquer um gostaria de ter, mas não entendem por que motivo são infelizes.

Perseverar é criar condições para usar a nossa força com determinação, em vez de nos forçar diante das suposições fora do sentido verdadeiro da realização. Feliz daquele que persiste sem se deixar abalar e principalmente tendo a lucidez para dar continuidade a tudo o que a alma deseja, sem esmorecer ou desistir.

Soltar o que não serve representa abrir novos espaços para o novo; mesmo que eventualmente estejamos sujeitos aos acidentes espirituais que nos fazem estacionar provisoriamente, não podemos desistir. Em todos os momentos estamos sempre aprendendo alguma coisa que precisamos desenvolver. Seremos coroados pelo mérito da coragem e persistência ao assumirmos o nosso comando interior.

Quanto maior for a concentração e disciplina diante dos nossos propósitos, mais nos tornaremos receptivos às leis da criação para tudo neste Universo.

Olivas sentia-se feliz por sua conquista interior, em seu espírito havia a condição principal que considerava a maior dentre todas: perseverança e doação! Era o seu lema inviolável.

O caso de Augusto e os seus, seria para ele mais uma tarefa a ser cumprida, iria se dedicar completamente para que eles pudessem encontrar o caminho da paz e da fraternidade. Sensibilizado, ele resolveu parar um pouco e absorver o ar puro e perfumado vindo do bosque das flores. Não resistiu aos encantos da natureza que aquele lugar concentrava, e, dirigindo-se até a entrada do parque, encantou-se ao pegar uma camélia que se desprendera de seu galho, caindo aos seus pés.

Olivas adorava flores e para ele esse fora mais um sinal da mãe natureza que nos oferece tudo quando estamos preparados para receber. Piscou para o arbusto e esboçou um sorriso, seguindo para a colônia central.

CAPÍTULO 19

A música suave entoava a mais bela sintonia de paz dentro da colônia central, ambiente este, totalmente preparado para que seus integrantes pudessem usufruir de maior equilíbrio. Lá, as ondas sonoras se assemelhavam à pureza dos sentimentos irradiados das mais puras intenções de expressão.

A vibração condizia em tudo e por tudo. Muitos dos assistentes que ali residiam, dedicavam-se inteiramente para que aquele local permanecesse sempre como um ponto de força positiva de rápida recuperação energética. Um grupo especializado em criar formas pensamentos positivas investia constantemente em ornamentos decorativos, exercendo a função de sinalizadores de divisão por assunto discutido. Para cada ala, um ambiente propício, totalizando trezentos e vinte e cinco compartimentos.

Professores especializados assumiam seus cargos na tarefa de recuperação. A ala mais procurada pelos iniciantes em busca de renovação era a de cura e libertação. Um pequeno hospital ali era formado, onde se aprendia como recuperar a consciência e restaurar o perispírito.

Médicos e enfermeiros conduziam um exímio tratamento psíquico. Mostravam como as marcas da desilusão afetam cada parte do corpo físico e astral. Assim, delineavam cada perfil de personalidade, juntamente com o tipo de atitude escolhida e suas consequências. Em sequência, revelavam a origem da criação medicamentosa, tanto para a parte física, quando espírito envolto na matéria, como energética quando fora dela.

Era fascinante o estudo elaborado por esses mestres, e dificilmente ao término da aula, com duração de três horas para cada tópico, alguém queria sair dali.

Muitos em estado de êxtase comentavam sobre a perfeição divina no Universo. Exclamavam que realmente ainda era muito desconhecido para o homem tal perfeição! Dentre elas a necessidade de mantermos os pensamentos em harmonia completa. Um deslize apenas era responsável por grande distúrbio que causava o caminho de complicações perigosas que por fim manifestam-se em forma de doenças, paralisando a harmonia do fluxo energético.

No outro compartimento, desenvolvia-se mecanismos para autodomínio. Vivências que ajudavam na expressão de emoções reprimidas. Esse era por demais divertido, sempre com sugestões para que o esboço do conflito tomasse um caminho de pouca impressão negativa.

Assim sendo, era solicitado para cada integrante, criar uma forma de expressão exagerada de seus medos, motivada agora como se fosse uma grande brincadeira.

Ali se formavam novos e futuros atores do convívio interior, interpretados pelo desejo de arruinar tudo o que os impediam de seguir avante.

Também se surpreendiam com tamanha criatividade. Juravam jamais imaginar serem tão bons nisso! Concluíam que todo lado dramático, se assim fosse conduzido, jamais destruiria as forças individuais de cada um.

Sempre no fim de cada tópico, reuniam-se e formavam uma peça teatral para exame final. Eram tão aplaudidos por serem tão cômicos, que a maldade de outrora não passava de um artifício para desposar a alegria da impessoalidade nascente.

Um grupo antigo ainda perpetuava como uma das melhores apresentações já expostas, e denominava-se: "Os perdedores que se tornaram vencedores".

Composto por cento e cinquenta integrantes, expunham individualmente, com dramaticidade, o resumo das perdas mais cotidianas e o caminho que fizeram para se saírem vencedores.

A grande mensagem se dava na conclusão de que quando não levamos a sério os infortúnios, tiramos grande proveito da situação. Assim se descortinava o potencial invertido que trazia a perda em vez do ganho. A exemplo de um deles, que perdera todos os bens materiais, de tão miserável que se tornou, tirou grande proveito se fazendo passar por um grande decorador estrangeiro que tentava convencer os nobres de sua época a aceitar os seus serviços, com isso adquirira a confiança deles, resolvendo outros tipos de questões, resultando em um ganho extra de avultada fortuna. Tempos depois, tornou-se um verdadeiro e respeitável nobre.

O ato seguinte revelava a experiência de um homem que esperava os criados despacharem os restos de comida no lixo para se fartar de um bom almoço no dia seguinte. Como não tinha onde morar, quando não era convidado por algum empregado a pernoitar nos palácios perto donde transitava, escolhia como leito um bom banco numa praça distante. De jeito algum iria dormir em qualquer um deles, principalmente os que não possuíam uma bela pintura. Assim passava a noite, imaginando que as estrelas eram suas amantes... "O andarilho do bem", esse era seu personagem.

Só que a verdade de sua história foi bem outra, de tão amargurado por ter sido destruído por seus sócios, perambulou até desfalecer por completo. Não aceitou ajuda e muito menos quis se ajudar. Preferiu morrer... Essa foi a grande transformação de seu espírito. Hoje ele é um dos mestres mais reconhecidos na história da arte.

Outro ato interessante e por demais conhecido, foi o da personagem que representava a força da mulher e sua necessidade de independência. Eugênia foi capaz de envolver a plateia com sua história de amor, em : "O romance proibido de Iara".

O cenário iniciava-se com uma imensa escuridão. Aos poucos, os olhos da bela atriz, com estatura mediana e seus longos cabelos cacheados em tom acobreado, eram exaltados por dois refletores que se abriam no palco, mostrando o deprimente estado da protagonista.

Iara começava a cena transtornada, corria de um lado a outro, com as mãos segurando a cabeça. Rangia os dentes e se encolhia aos prantos, em seguida levantava quase impulsionada por seu delírio, gritando o nome do homem amado.

— Onde está você, o que fizeram com meu amor? Diga-me, onde está você? — agora aos berros.

Militares entravam; o som da marcha exibida era atormentadora aos ouvidos de Iara, que se sentia pisoteada por eles.

— Fuja daqui — gritava um soldado aflito.

A moça tentava se erguer, mas não conseguia. Um sargento se deslocava e a carregava nos braços, quase que em início de desmaio.

— Santo Deus! O que pensa estar fazendo? Por acaso sabe onde se encontra?

— Estou fugindo e não sei como pude parar aqui. Ajude-me, não posso morrer, estou esperando um filho.

O barulho que representava uma bomba explodindo, sacudia a plateia atenta. Os militares se colocam em posição de combate, enquanto o sargento Dimas corria para escondê-la em um abrigo da base.

A moça aos poucos se recuperava. Olhava ao redor e se dava conta do perigo eminente.

— Sou uma prostituta! Faço isso para sobreviver, não me julgue, por favor! Aqueles comandantes nojentos e sujos não se importam comigo. Satisfaço seus desejos e agora ao menos posso contar com a ajuda deles. Talvez tenham me sedado e me jogado aqui, à beira da morte. O que faço? Ajude-me! Não posso perder meu filho, que nem ao menos sei quem é o pai.

— Como posso ajudá-la? Estamos seguindo a campo de batalha... Isso é uma loucura. Por certo vão querer exterminá-la, você tem que sair daqui imediatamente. Daqui a dois dias chegará alguns soldados da força aérea e aí posso tentar escondê-la, chegará a lugar distante, onde poderá ter seu filho em paz e segura.

— Graças à Deus! Como posso recompensá-lo? Se quiser pode me possuir...

O moço penalizado, apenas a abraçava e, com um breve beijo em sua testa, dizia:

— Iara, agradeça a si mesma pela força que tem em querer sobreviver e dar à luz um filho bastardo.

Alguns anos se passam após a fuga estratégica de Iara. O Sargento Dimas sempre se mantinha vivo em suas recordações, pois em agradecimento ao bom rapaz, dera semelhante nome ao filho.

Um dia, prestes aos preparativos da festa de formatura de seu primogênito, a bela senhora caminhava apressadamente pelas ruas movimentadas da cidade onde morava, quando esbarrou descuidadamente em um homem que vinha em sua direção.

O encontro surpreendeu os dois. Reconheceram-se de imediato. Iara, emocionada, reviveu a agonia daqueles tempos. Agora, mulher respeitada, casara-se com um comerciante bem-sucedido, tivera mais dois filhos homens.

Depois dos cumprimentos cordiais e saudosos, Dimas, curioso, ouviu o relato sobre a vida dela. Ele ao contrário, não se casou. Após a guerra, comprara algumas terras e empreendeu negócio com criação de gado. Era um homem rico, porém solitário. Acreditava que não seria um bom companheiro, pois as marcas do combate eram difíceis de esquecer. Preferia viver com a liberdade da natureza, sentia-se bem assim.

Dimas foi convidado para a festa do filho de Iara, intimamente se considerava o salvador da criança. A partir daí, foi inevitável um envolvimento mais íntimo entre os dois. Apesar de ambos realmente terem resistido muito antes disso.

Alfredo, o esposo de Iara, começou a desconfiar das saídas frequentes da mulher, decidiu colocar um de seus empregados para segui-la. Por fim, descobriu o inevitável. Irado, trancou a mulher dentro de casa; ela era vigiada até mesmo diante de suas necessidades íntimas.

Dimas foi ameaçado de morte, caso insistisse em fazer alguma coisa para tirar Iara do marido.

A grande reversão da história que se modificara no terceiro ato, foi quando Eugênia expôs a coragem de fazer com que Iara fosse em busca de seu ideal afetivo.

— Não posso viver como uma prisioneira! — gritava em seus aposentos.

Alfredo somente a visitava quando necessitava saciar seus desejos sexuais. Balbuciava palavras horrendas, citava que era somente para aquilo que ela servia. Iara muitas vezes chegava a sangrar por tamanha brutalidade do marido. Nem ao menos os filhos podia ver.

Eram inúteis as várias tentativas de seu filho Dimas, em querer vê-la. Resolveu de súbito ir ao encontro do sargento, somente ele poderia fazer alguma coisa.

E assim se procedeu. Armaram um plano de fuga para Iara, porém o imprevisto rompeu agora toda e qualquer possibilidade de salvação. Alfredo matinha vigias por todo lado, um deles disparou tiros certeiros em direção ao casal que corria para a estação de trem.

Dimas foi atingido pelas costas, mas Iara conseguiu escapar, entrando rapidamente no vagão. O trem partiu.

Ela desencarnou poucos dias depois, jogando-se do alto de um penhasco.

Até então a plateia comovida, sequer imaginava o desenrolar do exercício proposto. Como fazer de uma tragédia um ato de brincadeira para que todo dramatismo se anulasse?

Apresentou-se a conclusão:

— Fui sempre uma pessoa que nunca acreditou em facilidades, embora tenha escolhido uma vida fácil... — gesticulava a protagonista diante da plateia. — Muito embora cerceada quanto aos costumes morais da época, nunca pude escolher e me deixei manipular. Reconheço que minha força era muita, jamais desconfiei que pudesse seguir apenas com isso. Tantas outras conseguiram se virar de outra forma, mas eu sempre necessitei me sentir protegida, amparada. Vendi-me, anulei-me. Agora, mais lúcida e refeita, reconheço que jamais poderemos ir contra aquilo que já se despertou em nós. Caso contrário, tudo conspira contra. Então, deixo minha lição, levantem-se por favor — disse, estimulando o público. — Vamos juntos clamar em voz alta: "Eu assumo o poder de ser como sou, acredito em meus potencias e sigo confiante".

Murmúrios...

— Está fraco! — reclamou a atriz. — Quero ouvir de dentro da alma de cada um. Digam para si mesmos: "Esta é a hora, pois cedo ou tarde cada um de nós assumirá de vez isso". Não percam tempo!

E assim enfatizava com gestos e caretas as mais despojadas frases negativas.

Risos geral. Pouco a pouco a plateia incorporou a cena, alguns pulavam, riam, gritavam... Cada um expunha do seu jeito suas necessidades de autoafirmação.

Por fim, foi se formando uma corrente entre os atores que se entrelaçavam, chegando até o auditório que correspondia sincronicamente. Novamente o escuro no palco, uma luz de tom azulada acendia pausadamente ao som da melodia que dizia:

"Tristeza vai indo embora, dando espaço para a minha felicidade. Estou, estou em perfeita sintonia com minha alma. Vai dar o que falar, agora sou o que sou sem nunca mais me incomodar com aquilo que os outros vão julgar..."

Todos abraçados. Fim do ato. Aplausos e assovios intermináveis. E as luzes se acenderam para sempre naqueles corações...

CAPÍTULO 20

No segundo andar do pavilhão central, Juvenal e Virgínia aguardavam a chegada de Olivas. Acomodados em sofás confortáveis, absorviam a beleza exuberante do recinto que oferecia tranquilidade e reflexão. Paredes giratórias apresentavam colorido apropriado, tornando o ambiente parte das cores de um arco-íris.

A sensação que se tinha é que, sentados ali, giravam como as cores. Tudo na sala recebia a luminosidade de cada cor que era mantida por alguns segundos envolvendo a todos.

Olivas entrou no pavilhão. Sorridente como sempre, sua imagem apareceu no meio das paredes coloridas. Todos os que entravam no pavilhão central eram vistos em todas as alas, comparáveis a um circuito interno, regido por câmeras filmadoras. As digitais desta impressão eram colhidas pela vibração que cada um possuía. Portanto, jamais alguém poderia passar despercebido caso não estivesse em sintonia compatível com o ambiente.

A entrada dessa colônia apenas era visível aos afins, caso contrário, aparentava ser uma imensa rocha luminosa, inacessível aos visitantes despreparados.

— Bom dia! — disse Olivas, estendendo os braços em direção ao casal. — Estão prontos para a tarefa? — piscou para Virgínia.

— Desde que tenhamos permissão para iniciarmos, acredito que sim — respondeu Juvenal.

— Sigam-me até a sala de Regresso Preparatório.

Virgínia sorriu discretamente, atendendo prontamente ao pedido de Olivas.

— Confesso que estou um pouco curiosa, pois é a primeira vez que atuo num caso como esse. Muito embora já tenha acompanhado diversos, contudo agora sou eu que atuo diretamente... — sorriu.

— Nada que tenha de se preocupar, no entanto, entendo seu ponto de vista — confortou Olivas.

— Pois bem, vamos preparar nossos tutelados para receberem a visita de Marie. Até que tudo se consuma, dará tempo suficiente para uma prévia recuperação salutar por parte dela. O primeiro passo será feito com as frequências de visitas que farão à casa dos Nogueira. Nossa equipe de recuperação já está a postos; com eles seguirá mais um casal que já se prontificou em ajudar para seu próprio crescimento. Maciel e Suzana, ainda não sabem disso, mas nós já sabemos o que eles querem.

Virgínia sorriu maliciosamente para ele. Depois citou:

— Conheço bem esse truque... Na fase em que se encontram nem suspeitam ainda que todo pensamento aqui pode ser perfeitamente conhecido por todos — esboçou novo sorriso.

— Quase todos — complementou Olivas. — Iniciaremos nesta semana o primeiro contato com eles.

— Juvenal, você estará com Marie nesse meio-tempo e eu com Augusto.

— Perfeito — assentiu o moço.

— Agora vamos nos preparar para armazenarmos energias satisfatórias, assim formaremos uma capa fluídica que nos revestirá de muita vibração de paz e amor.

— A visita de Marie será imediata? — interferiu Virgínia.

— Como já disse, o tempo será exato até que tudo se consuma — disse Olivas, em franco sorriso.

Juvenal, percebendo que a moça estava um tanto quanto apreensiva, intentou descontrair, dizendo:

— Acho que Virgínia poderia se exercitar mais com tarefas preparatórias, assim não acarretaria tanta ansiedade. O que acha, Olivas?

— É assim mesmo! Todo trabalho até que nos torne exímios, requer muita atenção, e mesmo assim sempre encontramos alguns contratempos pela frente. Contudo, por mais que tenhamos o domínio preciso, sempre haverá muito que aprender.

— Confesso que estou apreensiva, por outro lado, tenho muito talento e sou muito determinada, será sem dúvida alguma uma experiência rica de aprendizado para todos nós.

Juvenal abraçou-a com carinho. Olivas admirava a compatibilidade de energias que havia entre os dois. Independentemente dos laços consanguíneos que tiveram na última existência terrena, era notório a afinidade espiritual entre ambos. Por esse motivo, Juvenal naquele tempo tinha sentido tanto a perda irreparável dela. Espíritos afins já comungavam entre si os propósitos da alma.

— Não se exija demais, apenas use seu potencial, pois foi exatamente esse o motivo pelo qual a escolhemos para esta tarefa. E você sabe disso muito bem! Então vamos ao nosso preparo?

Os dois assentiram prontamente. Olivas entrou com eles na sala de Regresso Preparatório; ficariam ali até terminar o dia, em contato com as vibrações mais sublimes, a fim de que todos fossem devidamente energizados. Em seguida, analisariam as condições atuais em que se encontrava a família de Marie. Por fim dariam início à tarefa.

***

Fora do pavilhão central, Augusto despertara em plena forma. Abriu a janela e surpreendeu-se com a beleza dos jardins floridos. O dia estava maravilhoso, havia tempos que não via uma paisagem tão bela. A sensação que tinha era de um grande recomeço, estava sentido paz e harmonia. Perdera a conta do quanto isso lhe fazia falta, representava uma eternidade de conflitos e dores após sua chegada no plano espiritual.

Observou o interior de seus aposentos, era simples, mas muito confortável. Percorreu a saleta; viu uma mesa com flores brancas, uma jarra de água e um bilhete ao lado endereçado a ele. Decidiu abrir.

Estamos felizes com sua chegada! Desejamos boas-vindas à sua renovação. Conte conosco!

Augusto emocionou-se. Recordou-se dos bons tempos em que compartilhava afeto com amigos, familiares e até mesmo o respeito de seus empregados. De repente, surpreendeu-se ao ver sua imagem refletida num espelho ao lado.

— Nossa! — exclamou. — Como estou diferente... Estou totalmente limpo. Como pode? Acordei agora! Será que me banharam enquanto estive anestesiado?

Augusto gostou do que viu. Ressaltara-se a beleza física como outrora. Assim, ele escolheu sair e caminhar um pouco, recordando a sugestão de Olivas. Sentiu grande afinidade por ele, apesar de sua resistência em se render às suas orientações.

Notou que estava sozinho. Onde estariam todos? Diferentemente do que pensara, não havia vigias seguindo-o. Mesmo ressabiado, prosseguiu na caminhada pelo bosque. Vez e outra, aspirava da atmosfera o puro oxigênio vindo das árvores. Sentiu prazer. Ainda esperava ser surpreendido por algum vigilante. Por fim, desligou-se totalmente ao ver um belo e extenso lago. Admirou os patos e gansos que sobre as águas desfilavam, sentou-se à beira. Jogou algumas pedrinhas na água; o sol irradiava diretamente em seu rosto. Chorou.

— Meu Deus! Quanto abandono! O que fiz para mim mesmo? Como perdi tempo com tanto sofrimento! Ah! Marie! Se soubesse o quanto a amei!

Algumas horas se passaram e ele ali permanecia inerte ao tempo. Pela primeira vez, constatou ser prazeroso estar somente em sua companhia e com a natureza. Assim, recordou-se de vários momentos, tristes e alegres. Não se desesperou como antes, estranhou seu comportamento:

— Pouco tempo e já estou sentindo tudo isso? O que fizeram comigo em apenas uma noite? Seria um efeito desconhecido de algo que ingeri?

Não sabia explicar, mas aquela angústia estava muito menor, podia controlá-la agora. Isso era bom. Temia o desespero e aquela dor insuportável que o esmagara por anos.

Chegou até a pensar que se não visse mais a sua amada, talvez seria bom, pois, mesmo sentindo o peito apertado, consentia ser esse o melhor caminho.

Continuou a caminhar absorto em seus pensamentos. A uma distância considerável, avistou algumas pessoas sendo acompanhadas por enfermeiros, olhou para trás, o bosque era imenso, nem notara que avançara muito de seu alojamento.

Augusto questionou se isso lhe era permitido. Estranhara estar sozinho, ninguém o acompanhara como àqueles que estava vendo. Nenhum vigia. Nada.

Avançou um pouco trêmulo, não sabia se seria bem recebido ali. Estaria em outro lugar? Pensou voltar, hesitou. Sentou-se num banco próximo a uma bela árvore. Achou melhor ser discreto e observar.

Alguns chegavam bem próximo dele, acenavam com a cabeça com breve cumprimento e ele se mantinha estático, olhos arregalados à espera de ser repreendido. Mas nada disso ocorreu. Aliviou-se. Ali permaneceu por algumas horas; o silêncio era contagiante, não havia risadas, conversas ou qualquer outro barulho que fosse.

Novamente comparou a diferença de seu habitat antigo. Aquilo sim era um verdadeiro hospício. Reconheceu. Por outro lado, ainda inseguro, esperava ver algo que o desapontasse. "Seria sempre assim?", pensou. Estava pronto para qualquer merecida punição, já que o haviam capturado. Mas não era isso o que estava acontecendo.

Ouviu um sinal sonoro, por todos os lados aumentava agora o número de pessoas sendo dirigidas por seus assistentes. Uma melodia suave tomou conta do ambiente, tornando mais agradável o efeito de relaxamento. Algumas pessoas deitavam na grama, outras passeavam em cadeiras de rodas.

— Estou num hospital. Agora estou certo disso! Então me medicaram a ponto de eu não sentir mais aquelas dores e angústias. Foi isso. Estou me sentido muito renovado, só pode ter sido algum medicamento milagroso.

Uma senhora se aproximou em sua direção. O coração de Augusto disparou. Temia ser enxotado. Ameaçou cair em desespero e suplicou para que ela não o retirasse dali. Apertava a sensação de sufoco. Sua respiração estava ofegante, seus olhos embaçados. Uma sensação de desmaio o acometeu.

— Tenha calma! — disse a enfermeira, percebendo sua agonia. — Não se desespere. Estou aqui para auxiliá-lo. Meu nome é Florinda e o seu?

Augusto não teve voz para responder. Encolheu-se entre as pernas como uma criança à espera de repreensão. Florinda colocou as mãos nos ombros dele. Sentou-se ao seu lado em silêncio até que ele se acalmasse.

Aos poucos, Augusto foi se aliviando, estava suando frio. Ela retirou um lenço do bolso e delicadamente enxugou sua testa molhada.

— Está mais calmo agora? Vim apenas para perguntar se está precisando de alguma coisa.

Com voz embargada, ele respondeu:

— Não, estou bem. Ou melhor, estava me sentindo muito calmo, mas...

Florinda sorriu.

— Não se desespere. Estamos aqui para ajudá-lo a se recuperar. Aos poucos, vai perceber que está num paraíso.

Augusto sorriu.

— Quer dar uma volta comigo? Posso lhe mostrar as dependências dos alojamentos e os parques disponíveis para cada um deles.

— Existem mais parques aqui?

— Muitos. Cada um mais lindo do que o outro. Quer conhecer?

— Você sabe de onde eu venho?

— Sei que está aqui e é isso o que importa agora, não acha?

— Não sei se posso avançar tanto...

— Todos de alguma forma estão na mesma situação, precisando de ajuda.

— Vamos? Caminhar vai lhe fazer bem.

Augusto pensou estar sonhando, como num passe de mágica, saíra daquele inferno e entrara no paraíso eterno. Lembrou-se de Chaves.

— Seu amigo está se saindo muito bem.

Augusto ruborizou. Ficou pensando como ela tinha adivinhado seus pensamentos.

— Aqui somos treinados para isso — complementou Florinda, respondendo ao pensamento dele.

Augusto inibiu-se. Não saberia dizer o que vinha pela frente, mas de uma coisa estava certo, deveria vigiar seus pensamentos para não se envergonhar.

— Não exagere, Augusto.

Outro susto. Ela sabia seu nome.

— Tudo o que pensamos se torna reconhecido pela vibração das sensações que emitimos. Não se preocupe, é capaz disso também.

— Sou?

— Por certo haverá uma grande jornada de aprendizado para se tornar exímio no controle dos pensamentos. Mas todos somos capazes de tudo.

— As pessoas que estão aqui, vieram do mesmo lugar onde eu estava?

— Existem muitos lugares semelhantes. Nós criamos nosso ambiente de acordo com nossa vibração.

Augusto abaixou a cabeça.

— Todos somos suscetíveis a erros e acertos. A culpa só serve para nos mostrar que existem outras maneiras de agirmos. Logo, o primeiro passo é nos desvencilharmos dela o mais rápido possível.

— Não cheguei nisso ainda. Mas começo a entender que é preciso se render para que o melhor aconteça.

— No momento o que considera ser o melhor?

— Minha paz.

Florinda concordou prontamente.

— As poucas horas em que estive aqui, andando neste parque, senti-me revigorado. Pela primeira vez, depois de muitos anos de sofrimento, voltei a ter paz. Por tudo isso, disse que é preciso se render.

— Paz é a consciência do bem em nós. Quando olhamos a beleza da vida, encontramos a paz tão almejada.

— Eu não tenho ideia do quanto preciso ainda para me render por completo. Gostaria que o tempo apagasse de minha mente todas as coisas que me tiram desta paz. Confesso ter medo de recordar tudo aquilo que...

Florinda interrompeu-o rapidamente.

— Não é hora para isso ainda. Tenha paciência. Não se perturbe. Aos poucos, tudo será esclarecido com acompanhamento necessário. Poderá olhar para este passado com total segurança, a fim de que faça realmente bom uso das experiências vividas.

— Não compreendo o porquê de me deixar afundar tanto. Onde estava aquela minha força? Minha coragem? Aquele homem decidido e ousado que sempre fui?

— Tudo começa em nós mesmos. Na maioria das vezes, deixamos que o orgulho predomine e encontramos a dor. Por outro lado, se assim aconteceu com você, pense que não estava tão seguro de seus potenciais como imaginou. Eis uma boa proposta para se fortalecer novamente e de agora em diante criar uma habilidade diante do domínio interior. Só assim você conseguirá se erguer para valer. E digo mais, esse é um caminho muito semelhante em todos nós. Ninguém escapa! Mas todos os que se propõem, vencem por meio de muito aprendizado. O que seria de nós se não tivéssemos mais uma chance? Como seria este Universo? Que Deus punitivo estaria nos julgando constantemente? Deus não pune porque é amor puro e jamais faria isso com sua criação.

— Não vou pagar pelo mal que fiz?

— Com o tempo perceberá que pela lucidez e compreensão estaremos todos unidos, aprendendo a nos melhorar mutuamente. Esse é o maior bem. Não existe o mal para quem não o enxerga como mal.

— Não concordo. Então alguém acaba com a minha vida e eu vingo isso fazendo um inferno também e tudo será esquecido? Que falsidade é essa?

Florinda sorriu.

— Não disse que precisamos aprender para compreender? Claro que sem a experiência e o aprendizado isso se torna muito difícil de ser aceito.

— Então pelo que estou vendo há muito pela frente. Só não sei se me aceitarão com esse gênio impulsivo que tenho. Se tudo aqui é regido por vibração, então vou cair fora logo na primeira aula.

— Você é muito inteligente e questionar não vai tirá-lo daqui. Será um excelente aluno se você se permitir refletir até que encontre a solução em si mesmo. A rigidez que apresentamos nos torna resistentes demais a enxergarmos a nossa realidade. Toda ilusão se torna muito perigosa, pois vamos cultivando amargura e loucuras vão acontecendo. Ficamos em estado de inércia até que o sofrimento nos desperte novamente para uma nova maneira de ver a vida. Não foi assim que aconteceu com você? Não foi isso que o impediu de continuar?

— É mesmo. Espero começar por aprender a me conter. Não aguento mais sofrer!

— Tudo na vida tem a hora certa. Mesmo que estejamos fora de nosso corpo físico, quando chega o momento, não dá mais para fugir.

— Confesso não querer mais isso. Só não entendo o que fizeram comigo desde a minha chegada. Dormi e acordei refeito. Como pode ser isso? Não é muito rápido? Uma noite apenas?

— Uma noite para você. Dormiu por algumas semanas...

— Não posso acreditar. Olivas esteve comigo ontem.

— Realmente ele esteve com você, contudo só depois de algumas semanas é que você recebeu tratamento de refazimento energético. Voltou a dormir e acordou mais refeito.

— Não me lembro de nada além disso!

— Também, do jeito que você estava! Melhor não se lembrar mesmo.

— Nossa! Imagino. Pareço outro homem, aliás, estou recuperando aquele que era forte...

— Isso mesmo, ficará cada vez mais fortalecido. Está gostando do local?

— Já estamos andando há algum tempo e tudo me parece muito igual, há alguma diferença que não percebi? Estamos conversando e posso ter me distraído.

— Os parques correspondem a cada compartimento de seus assistidos. Isto é, semelhante aos hospitais terrenos. Nesta ala, por exemplo, estamos no alojamento daqueles que apresentam lesões profundas a ponto de perderem o contato com a realidade. Estão se recuperando do choque provocado pelo desencarne que afetou por demais a zona cerebral.

Augusto estremeceu. Marie estaria naquele alojamento? Apesar de estar bem melhor, ainda não conseguia falar ou pensar nela sem que se alterasse.

Florinda continuou:

— Há várias alas com problema semelhante, difícil seria monopolizarmos todos em um só lugar.

Augusto entendeu o que ela queria lhe dizer. Aliviou-se. Ao mesmo tempo em que ansiava revê-la, não se sentia seguro para isso ainda.

— Adiante está a ala das crianças e dos adolescentes. Quer continuar?

Augusto hesitou. Por fim questionou:

— Existe apenas uma ala de adolescente e crianças?

— Para casos semelhantes, sim.

— Não entendi.

— Você tem ideia de quantos estão aqui?

— Nem imagino.

Florinda sorriu.

— Não se preocupe, lembre-se do que lhe disse, quando estamos prontos, a hora é certa!

— Obrigado!

Augusto se surpreendeu com seu novo vocabulário.

— Está resgatando a boa educação que lhe foi peculiar.

Augusto silenciou.

— Vamos nos sentar aqui, veja estas árvores como fazem um belo conjunto ao redor deste lago maravilhoso!

— Boa ideia, estou precisando repousar um pouco. Faz horas que estamos andando. Está cansada?

— Não me canso, apenas me refaço.

— Você é uma pessoa muito habilidosa. Agradeço seu interesse em me auxiliar.

— Não tem de quê. Quando somos bem recebidos a ajuda é muito mais interessante.

— O que mais você faz aqui? Há quanto tempo vive neste local? Quero dizer, como foi com você?

— É uma longa história, teremos tempo suficiente para que você conheça um pouco de mim. Faz muito tempo que estou aqui. Digamos que, de acordo com o tempo da Terra, eu esteja aqui há uns cento e trinta anos.

— O quê? Você tem mais de cento e trinta anos?

Florinda riu com gosto.

— Ora, ora, Augusto! Por acaso se esqueceu de sua idade? Tem ideia de quanto tempo se passou? Se fizermos as contas, você ganhará de mim. No entanto, estamos relacionando o tempo desde nossa última passagem pela Terra, pois se contarmos desde nosso início, iríamos nos surpreender com tantas idas e vindas.

— Valha-me Deus! Acho que não estou preparado para isso. Gostaria de saber quanto tempo se passou desde que eu... Bem desde que tudo aconteceu.

— Quem sabe, talvez uns cento e trinta anos — esboçou novo sorriso.

— Florinda! Não posso acreditar! Tudo o que eu mais queria era poder voltar no tempo.

— O tempo é ilusório. Tudo se renova a cada instante. Somos eternos, não se esqueça disso.

Os olhos de Augusto lacrimejaram ao pensar quanto tempo havia se passado. Num instante repentino deparou com uma cena que para ele foi por demais surpreendente. Não fosse a confirmação de Florinda, julgaria ter voltado para as antigas alucinações.

— Marie! — exclamou atônito.

— Tenha calma — incentivou Florinda.

— É ela! A minha Marie!

— Sim, é Marie. Procure ser discreto ao observá-la.

A menina passeava pelo jardim em companhia de um enfermeiro. Aproximava-se lentamente de Augusto, que imóvel, seguia-a passo a passo com olhar assustado.

Florinda segurava nas mãos dele. Sentira apoio.

Mais alguns passos e Marie estava quase defronte a ele.

— O que faço, Florinda?

— Nada. Apenas a observe.

Marie parou instintivamente no banco ao lado deles para se refazer. O enfermeiro fixava os olhos em Augusto que por sua vez parecia desfalecer.

"Lado a lado, agora de forma diferente. Apenas uma criança, jamais o reconheceria", pensou enquanto sentia o coração acelerar. "Como poderia se atirar nos braços dela? Quanto tempo levaria para encontrá-la refeita?" Foi Florinda que conseguiu mais uma vez aliviá-lo quando chamou pela menina.

— Bom dia! Como está, Marie?

A menina surpreendeu-se ao ser reconhecida por ela.

— Bem melhor, obrigada!

— Aqui somos como uma grande família. Interessamo-nos por todos os nossos amigos que por ora são nossos pacientes.

Marie direcionou o olhar para Augusto e sorriu. Lágrimas escorriam copiosamente pelo rosto dele. A menina abaixou a cabeça. Sentiu pena dele e de si mesma. Profunda sensação de solidão a acometeu. Teve ímpetos de cair em prantos.

Florinda sugeriu para que ele a acompanhasse. Ele atendeu prontamente. Marie levantou a cabeça e o seguiu com olhar indefinido. Sentia um aperto no peito, mas antes que pudesse dizer alguma coisa foi interpelada pelo enfermeiro que a segurou pelo braço, sugerindo que voltassem ao alojamento.

Marie virou-se como quem quisesse avistar o homem pelo qual sentira tanta pena. Augusto, cabisbaixo, chorava mais livremente nos braços de Florinda.

— Olivas! Onde está? — perguntou, demonstrando ansiedade.

— Logo mais virá vê-lo. Como está se sentindo?

— Gostaria de estar vivo para pedir para morrer! Será que ela me reconheceu?

— Instintivamente sim, porém não tem ainda consciência do que lhe aconteceu; logo, ir mais longe seria impossível agora.

— Elvira! Minha amada! Quanto tempo... Tantas lutas por vingar--me e estou aqui desfalecido por amá-la intensamente. Por que só eu é que me lembro?

— Seu caso é diferente, você se recusou a seguir, lembra-se? Preferiu ficar em estado latente, remoendo o ódio que o consumia. Ela seguiu.

— Não é possível que só para mim tenha sido assim. O que faço, Florinda? Ajude-me, pelo amor de Deus!

— Vamos voltar ao alojamento, acompanho-o até lá.

Augusto chorava como criança. Pararam várias vezes para que ele pudesse reativar o ânimo. Florinda nada mais disse, somente emitia vibração de amor para ele.

Ao entrarem no alojamento, Augusto se sentiu esgotado. As emoções foram fortes demais naquele dia. Deitou-se e rapidamente adormeceu.

Florinda beijou-lhe o rosto cansado e saiu.

No alojamento onde estava Marie a situação era semelhante. A menina sentiu seu peito apertado e profunda amargura. Teve ímpetos de sair correndo, fugir ao encontro da mãe.

Da cama ia para a janela impacientemente, gritando:

— Onde está a minha mãe? Por que ainda não pude vê-la? Já estou melhor e ela ainda não pôde me visitar, por quê?

O enfermeiro tentava acalmá-la, mas ela resistia entre a fúria e o desespero.

— Procure se acalmar, Marie — disse Juvenal, entrando em socorro da menina.

— Quem é você? — bradou.

— Doutor Juvenal, não se lembra?

— Desculpe, doutor! Quero ver minha mãe. O que está acontecendo comigo?

— Sente-se aqui, minha querida — disse o médico, apontando para o leito.

Marie não atendeu, correu em direção à janela, tentando abri-la.

— Minha mãe, onde está?

— Marie, sinto que não posso mais lhe ocultar a realidade. Preste atenção, você está vivendo sob uma nova condição. Venha, sente-se ao meu lado. Eu lhe explico o que tanto deseja saber.

Marie, assustada, começava a se recordar de seu acidente. A memória parecia ter lhe voltado subitamente. Com as mãos segurando a cabeça, procurou apoiar-se ao lado de Juvenal.

— O que aconteceu comigo? Meu pai, o assalto, o hospital... Minha mãe chora muito eu a vejo, mas ela não me ouve. Estou deitada coberta de flores, o que foi isso? Mais um pesadelo? Sou louca, doutor? Estou delirando, não é? Foi mais um daqueles sonhos, não foi?

— Não, Marie. Isso realmente lhe aconteceu. Você sofreu um acidente naquele dia e fatalmente não resistiu aos ferimentos e veio a falecer.

— É mentira! — gritou desesperada.

— Posso lhe assegurar que já está preparada para saber, apenas se recusa a enfrentar sua nova realidade. Estou aqui para confortá-la. Haja vista que estamos igualmente nas mesmas condições. No entanto, mais vivos do que imaginávamos. Não fomos criados para aceitar a morte como uma transformação necessária para o nosso crescimento espiritual. Essa é a sua verdadeira casa, todos retornamos para cá, inevitavelmente. Não se abale, ainda não resgatou sua memória original. Há muito que se lembrar ainda.

— Eu não sei o que dizer, não estou me sentindo bem, vou desmaiar...

— Não, não vai. Estamos aqui para que você possa receber toda energia necessária para esse momento, e você pode me ouvir.

Juvenal a abraçou carinhosamente, enquanto as lágrimas lhe escorriam na face angelical de sua tenra idade.

— A vida continua e você só deixou seu corpo físico. Note como você está igual, concorda?

Marie acenou positivamente.

— Minha mãezinha! Deve estar sentindo muito a minha falta. Nunca mais poderei vê-la?

— Claro que sim. Quando estiver em condições, promoveremos um belo encontro entre vocês.

— Minha família... — chorava agora com profundo sentimento de amor pelos seus.

— Não se desespere, morrer não é o fim! Logo mais entenderá muitas coisas e aí sua nova jornada se iniciará.

— Não acredito! Não morri! Eu não quero sair de perto de minha mãe! Quero voltar!

Marie soluçava aos prantos.

— Tudo passa. Tenha calma. Você vai superar esse momento. Já pensou quantas vezes já fizemos isso?

— Como assim?

— Quantas vezes já morremos e renascemos?

— Não sei nada sobre isso. Para mim é muito esquisito. Não sei onde estou nem por que foi acontecer aquilo comigo. Só sei que quero ficar ao lado de minha mãe.

Marie soluçava continuamente, sentia-se esgotada. Deitou-se. Juvenal e o enfermeiro aplicaram-lhe passes magnéticos para seu restabelecimento. Luzes irradiavam o quarto da menina. Ondas vibratórias percorriam intensamente seu corpo debilitado.

Marie foi se acalmando até adormecer...

CAPÍTULO 21

Chovia intensamente na capital paulista. Fim de tarde, os trabalhadores se apressavam para o retorno ao lar. O trânsito se complicava ao passar das horas.

Mário estava agitado, irritava-se muito com o congestionamento dos veículos. Não suportava ficar parado, porém havia se comprometido em acompanhar Irene a um jantar beneficente.

— Justo hoje não pude sair mais cedo! Agora este trânsito insuportável! — resmungava.

Havia algum tempo, Irene tinha decidido ajudar um orfanato. Assim, preenchia o vazio deixado por Marie.

As crianças eram agora a sua razão de viver. Amava-as como se fossem seus filhos. Modernizara o estabelecimento, tornando-o mais confortável. Contratara professores especializados para ministrar aulas para os internos. Todo começo de mês oferecia um jantar em prol dos órfãos da região. Pretendia em breve poder oferecer boas condições às mães que deixavam seus bebês durante o dia para poderem trabalhar.

Sonhava em poder fazer um excelente trabalho para que todos pudessem aprender a se melhorar com a ajuda que recebiam. Era contra sustentá-las de "graça", pois temia que muitas se aproveitassem e caso isso acontecesse, nada fariam para seu próprio desenvolvimento.

Muitos estavam empregados em suas empresas, outros eram preparados para enfrentar o mercado de trabalho. Apenas não fazia restrições para aqueles que eram abandonados na porta. Esses eram por sua conta. Iria prepará-los até completarem os estudos.

No fim do evento, ela solicitava a seus amigos empresários, que empregassem, se assim pudessem, os mais aptos. As vagas iam de faxineiro a auxiliar de escritório.

Professores ensinavam todas as disciplinas. Com isso, passara a ser conhecida pelos seus assistidos como a "fada-madrinha".

Mário não media esforços para que a sua amada voltasse a sorrir. Estavam vivendo em harmonia, já que as investigações do caso Marie haviam sido encerradas. A polícia atribuíra o ocorrido como uma grande fatalidade, por certo foram vítimas de algum delinquente e não por crime premeditado como cogitado no início.

Irene estava radiante naquela noite e já se encontrava no local. Olhava para seu relógio de pulso, lamentando o atraso de Mário.

"Chove muito! Não gostaria que esse jantar fosse prejudicado", pensou.

Olhava para a janela, parecia mais um dilúvio. De repente, uma servente entrou aflita com um embrulho nos braços.

— Dona Irene, misericórdia! Encontrei isso dentro da lixeira, logo ali perto da lavanderia.

— Um bebê! Mais um... Nesta chuva, meu Deus, vamos socorrê-lo.

Imediatamente, Irene acionou dois enfermeiros que residiam no local para eventuais emergências.

— Vamos encaminhá-lo ao hospital, logo pela manhã — disse um deles. — Aparentemente ele está bem.

Irene suspirou. E com um sorriso maroto perguntou:

— Que nome daremos a mais este filho?

— Não é melhor aguardarmos alguns dias, quem sabe a mãe se arrepende e volta para buscá-lo.

— É verdade! Se bem que isso raramente acontece... Caso ele fique, vamos chamá-lo de Dionísio.

Todos se entreolharam, balançaram a cabeça sorrindo, como se já soubessem que Irene estava torcendo para que ele ficasse.

Alguns convidados já haviam se acomodado no salão e, ao som da música orquestrada, admiravam a bela e luxuosa decoração.

A chuva cessou, porém Mário ainda não havia chegado. Irene o conhecia muito bem, provavelmente estaria caprichando no visual, além do atraso por causa do mau tempo.

A equipe espiritual comandada por Virgínia já estava a postos. Maciel e Suzana estavam extasiados.

— Como pode ser isso, meu Deus! — exclamou o moço.

Virgínia recordou as primeiras vezes que acompanhara seus dirigentes para trabalhos semelhantes, no entanto, agora lá estava ela fazendo a mesma função. Sorrindo para os companheiros novatos, alertou :

— Não se esqueçam de assumirem uma postura de impessoalidade, isso vai ajudá-los a manter o equilíbrio — piscou com ternura para o casal.

— Virgínia, estamos admirados, alguém pode nos ver? — questionou Suzana.

— Se permitirmos, alguns poderão sentir ou até mesmo perceber a nossa presença.

— Os primos de Mário virão?

— Paulo e Valentina? Pode ser. Qual o problema de sermos vistos? Por acaso temem ser chamados de "fantasmas"? — sorriu.

— Bem, será o nosso primeiro contato com alguém daqui, depois de tanto tempo longe...

— Ora, Maciel, somos apenas pessoas, tanto faz lá como aqui, somos imortais.

— Claro, porém acho que deve ser engraçado por parte deles, não acha? Nós sabemos quem somos e onde estamos, eles não! — satirizou.

— Você que é muito engraçado! Seu humor ajudará muito. Fiquemos atentos. Mário está para chegar. Vamos nos dividir um pouco e por meio da melodia, emitiremos ondas positivas aos presentes, isso harmonizará ainda mais o ambiente, favorecendo o intento de Irene.

Em uma sala ao lado do imenso salão, Irene instintivamente fechou os olhos, iniciou uma prece de agradecimento por mais uma conquista. Estava muito afinizada com os "Espíritos", contava com a ajuda deles para que tudo desse certo.

Desde a partida da filha, Paulo a orientara muito a esse respeito e Irene estudou sobre o assunto para que pudesse compreender melhor as leis da vida. Apesar de sua compreensão, Marie estava sempre dentro de seu coração. Tudo o que fazia era como se fosse para ela. Assim foi se equilibrando e tomando gosto pela vida novamente.

O salão estava lotado quando Mário chegou um tanto quanto apreensivo e agitado, temperamento muito comum dentro de sua rotina. Com os lábios entreabertos, esboçava discreto sorriso ao cumprimentar os amigos presentes, enquanto se locomovia em direção à antessala, à procura de Irene.

— Boa noite, meu amor! Desculpe o atraso, fiz o impossível para estar aqui mais cedo.

Irene o abraçou aliviada, respondendo:

— Tudo bem! Até que não está tão atrasado, veja, faltam algumas pessoas, ainda estamos dentro do horário previsto, apesar do mau tempo não houve dificuldade para que a maioria chegasse.

— Como estão as coisas, tudo certo?

— Tudo impecável! O coral infantil será uma boa surpresa, com certeza vai nos emocionar muito. Vamos para o salão, faremos as apresentações após o jantar, todos devem estar famintos.

— Você está linda! — Mário abraçou a esposa, beijando-lhe os lábios.

— Hum! Só você tem o jeito certo de me acalmar.

Mário abriu um sorriso sedutor.

Do outro lado do salão, Virgínia acompanhava a chegada de Paulo e Valentina, que discretamente se acomodavam em seus lugares.

Maciel não conteve a curiosidade e ousou questionar:

— Virgínia, esse é o grande alvo?

— Ora, ora! Deixe de ser atrevido e tenha paciência, teremos muito tempo para analisarmos cada um deles.

— Eu sei disso, porém ele tem uma luz diferente das outras pessoas, por esse motivo, perguntei.

— Realmente, ele se diferencia da grande maioria.

— Então, o grande alvo só pode ser ele!

Virgínia fez sinal para concentração, o moço atendeu prontamente, levando uma cotovelada discreta de Suzana que tentava contê-lo a qualquer custo.

Durante todo o tempo, a harmonia se concentrara no ambiente, após o jantar uma breve apresentação do coral infantil complementou a noite, levando alegria e muita emoção a todos.

Irene não cabia de felicidade! Mais uma conquista na realização de seus projetos. Todos foram muito receptivos e o orfanato conseguiu arrecadar grande doação.

O encerramento marcou a festa com esmo, espontaneamente todos se levantaram e aplaudiram uns aos outros. Depois, Irene declamou algumas palavras de agradecimento profundo, desejando que todos recebessem em dobro a felicidade que puderam proporcionar naquela noite.

Maciel expressou-se com humor:

— Quem diria que algum dia eu estaria numa festa como esta! Mesmo depois de morto sempre há uma primeira vez... Podemos escolher como nascemos? — direcionou a pergunta novamente a Virgínia.

— Nossas crenças e atitudes é que formam a lei da atração.

— Mas essas pessoas não têm defeitos? Por esse motivo atraíram essa condição privilegiada de vida?

— Todos aprendem em qualquer situação. É claro que eles conseguiram canalizar a inteligência para prosperarem, porém existem outros desafios a serem vencidos.

— E como se canaliza a inteligência?

— Primeiramente, exercitando a base que formará a solidez para que a inteligência se desperte na canalização de sua realização interior.

— O quê? Poderia ser mais clara? Reconheço que ainda tenho certa dificuldade para entender algumas coisas.

— A base: confiança em si somada com ordem, disciplina e persistência.

— Só isso? Mas não existem pessoas que acreditam e nada acontece?

— Não basta apenas crer, precisamos ter postura para aprender a receber. Você poderá almejar muitas coisas, porém nem sempre estará indo ao encontro de seu real objetivo se não cultivar a postura certa para isso.

— E qual a postura certa? Um bom trabalhador não merece o reconhecimento?

— Sim, é claro, porém só com a inteligência ele realmente vai prosperar. Mas não se preocupe muito com isso, todos estamos sempre aprendendo e somando experiências que vão nos levar a essa conquista. Cada um recebe um impulso de como está o seu sistema energético. Muitos não sentem essa necessidade que você apresenta, então para eles está tudo bem onde estão. Para você poderá ser diferente, mesmo. Ouça o impulso de seu coração e vá além do que julgar ser limitado em sua vida. Precisamos confiar e não negar o que o coração pede. Daí a necessidade do aprendizado, do exercício e da habilidade de saber como conduzir tudo. Quer um exemplo mais claro? Reveja sua atitude quando saiu da palestra de Olivas. Você sentiu a vontade de ajudar e com isso canalizou sua energia para que pudéssemos contar com você nesta tarefa. Mas se lembre, você deu o primeiro passo. É assim que tudo começa.

— Não havia outras pessoas mais preparadas com a mesma intenção de ajudar? Por que nós fomos os escolhidos?

— Somos diferenciados primeiramente pela lei de afinidade, segundo pela vontade e terceiro pela determinação. Vocês se enquadraram em tudo rapidamente, formaram então a canalização da intenção, e agora estão aprendendo como lidar até que se formará outro nível de aprendizado para vocês e assim sucessivamente.

— Complicou. Pode trocar em "miúdos"?

— Qual a dúvida?

— Uma pessoa que tem todos esses requisitos não prospera por quê?

— Primeiramente, qual é o seu conceito de ser próspero?

— Rico e milionário.

— A prosperidade real é o equilíbrio em tudo. O dinheiro é apenas o veículo que possibilita a movimentação de recursos para que se concentre a materialização de nossas realizações.

— Então, é necessário que tenhamos ambição? Mas isso não é se tornar materialista demais?

— Troque o conceito de ambição, por autovalorização. Quando nos valorizamos verdadeiramente, a vontade de crescer e melhorar se torna comum. Isso é uma consequência natural. Assim como entre dificuldades o resultado é sempre o mesmo: sufoco, falta de dinheiro, dívidas, limitações e toda encrenca possível. É um fluxo que se manifesta por meio daquilo que pensamos. A prosperidade também tem seu fluxo, só que bem diferente e mais promissor. Tudo vem fácil para quem acredita em facilidades.

— Nossa, Virgínia! Estou indignado comigo mesmo! Quanto tempo perdi encostado naquele bar, bebendo até que... bem, já passou. Não é assim? Estou tão arrependido!

— Começou o seu aprendizado e a sua renovação. Por esse motivo está aqui. Isso já é o início de sua prosperidade.

Suzana ouvia tudo sem nada opinar. Estava extasiada com tantas mudanças desde que tinha regressado ao plano espiritual.

Virgínia acenou para os outros companheiros para finalizar a tarefa naquela noite.

— Já vamos voltar? — instigou Maciel.

— Por hoje é só. Amanhã vamos diretamente à mansão dos Nogueira.

— Por que não hoje?

— Deixe de ser teimoso Maciel — interveio Suzana.

— Preciso dar minha opinião! Afinal estou diante de uma tarefa da qual pretendo me dedicar com afinco.

— Estão cansados e logo mais, por meio do sono, poderemos atrair Irene para uma conversa informal.

— O quê? Vamos conversar com ela?

— Isso mesmo. Qual a razão do espanto?

— O que diremos?

Virgínia sorriu, acariciando os cabelos de Maciel.

— Você verá, meu amigo. Aguarde.

— Tenho outra escolha? — satirizou.

— Por enquanto não.

Todos riram e foram se afastando, envolvidos num facho de luz prateada em direção à colônia espiritual.

Irene nesse exato momento sentiu uma sensação de leveza indescritível. Estava radiante, porém, não excitada. Ao lado do marido, despediam-se dos últimos convidados.

— Que festa maravilhosa! — disse Mário.

— É mesmo. Estou me sentindo muito gratificada. Por mim ficaria aqui até o amanhecer.

— As crianças já se recolheram, os empregados devem estar cansados, que tal nos retirarmos de mansinho?

— É verdade, foi uma noite e tanto. Todos merecem um bom descanso. Amanhã retornarei para que possamos decidir a permanência de Dionísio.

— Ah! O mais jovem integrante da turma. A senhora está se tornando uma supermãe!

— Não exagere! Gosto de me ocupar com as crianças. Foi a melhor opção, pois adotei todos como meus filhos; aqui posso dar vazão ao sentimento materno que ainda pulsa dentro de meu coração. Às vezes chego a pensar que se tivesse adotado algum deles para o nosso convívio, seria muito egoísmo de minha parte. Poderia sufocá-lo de tanto cuidado e causar uma série de conflitos. Aqui posso me doar mais e não me apegar muito.

— Querida, o lugar de Marie ainda está preservado em seu coração, não é mesmo?

— Sim, está. É como se eu resguardasse tudo o que a ela pertencesse, por outro lado, estou aprendendo aqui nessa experiência, a dividir esse amor. Acho que compreendi uma parte de meu aprendizado com a partida dela. É como se a vida me dissesse: "Trabalhe em seu desapego, saiba dividir esse grande amor". E é justamente isso que estou fazendo.

— Muito bom! Eu também me sinto feliz. Nossa vida de certa forma foi preenchida por esses seres indefesos. Somos privilegiados. Conseguimos transformar a dor de uma grande perda, direcionando o nosso amor àqueles que também foram abandonados. A vida é mágica mesmo!

— Espero que algum dia nossa Marie venha fazer parte desta grande família.

— Ela já está entre nós. O amor que sentimos por ela nos aproximou de muitas outras pessoas que precisam de nossa ajuda.

— Concordo, meu amor, Deus sabe o que faz. Se ela puder e for permitido, algum dia vai nos reencontrar.

— Nada de melancolia. Vamos embora, faremos o devido descanso, para que amanhã você esteja refeita. Estamos conseguindo vencer todos os obstáculos, agora será bem diferente. Estamos muito mais amadurecidos. Tudo passa... Essa é a maior verdade já dita!

Irene sorriu discretamente, admirava o companheirismo do marido. Agradecia sempre que possível por ele estar ao seu lado.

Saíram abraçados e discretos, como de costume.

CAPÍTULO 22

No decorrer dos dias, Irene dedicava-se aos cuidados do pequeno Dionísio, que para sua alegria não havia sido procurado por seus familiares. Sentia-se mais segura agora, pois ali ele receberia tudo o que precisasse, inclusive seu amor. Lamentava, no entanto, os motivos que uma mãe tivesse para abandonar um filho, porém, sua função era cuidar dos pequenos abandonados, dando-lhes a oportunidade de terem um lar com fartura e abundância.

Virgínia e sua equipe já haviam conseguido estabelecer conexão com ela, como fora combinado após a festa. Durante o sono, a equipe espiritual a esperava para os primeiros contatos.

Irene se viu caminhando dentro de um parque belíssimo. Virgínia a aguardava sentada num banco próximo a um lago, fez sinal para que ela fosse ao seu encontro.

Irene respondeu prontamente, era como se fossem grandes amigas. O encontro promoveu um forte abraço entre elas.

Virgínia acariciou seus cabelos e segurando em suas mãos lhe disse:

— Minha querida amiga! Quanto tempo! Quero que saiba que você está sendo bem amparada por nossa equipe, precisamos que você seja mais uma vez forte para enfrentar os desafios que estão por vir.

Irene estremeceu. Não sabia o que dizer. Lembranças remotas vieram-lhe a mente. A perda de Marie... E agora? O que estaria por vir?

— Não se desequilibre. Logo mais você saberá como agir, diante daquilo que se comprometeu. Fique tranquila e conte com minha ajuda.

Irene olhou ao redor e percebeu a presença de mais algumas pessoas que sorriam para ela. Em seguida, retornou para o corpo, acordando um tanto quanto assustada. Olhou para o marido que dormia tranquilamente, pensou em acordá-lo para contar-lhe o sonho. Desistiu. Preferiu não comentar por ora a sensação que tivera, aguardaria mais alguns sinais, conforme aprendera na escola mediúnica que frequentava. Depois de alguns minutos voltou a adormecer.

A partir daí, Virgínia se comunicava telepaticamente com ela, o que para Irene era conhecido como intuição. A intenção da instrutora era justamente criar certo vínculo de receptividade entre ambas. Irene respondia bem ao treinamento, estava aprendendo a confiar mais no que sentia, isso facilitava muito a transmissão de pensamento.

Naquela mesma semana, durante uma sessão mediúnica, Irene mentalmente pedia esclarecimento aos amigos espirituais, quanto ao aviso recebido.

Foi por meio de uma médium antiga da casa que o espírito que se denominava doutor Carlos de Freitas, atendeu ao seu chamado, dizendo:

"Percebo que muitos necessitam aliviar suas tensões quanto à preocupação com o futuro. O mais importante é concentrarmos nossa mente no presente momento, pois assim estaremos verdadeiramente ligados aos elos de confiança mútua. Tenhamos coragem para enfrentar novos desafios, assim concentraremos forças necessárias para sairmos vencedores de qualquer situação que venha porventura nos afrontar. Os desígnios divinos não tem endereço errado. Somos responsáveis pela lei de atração, isso significa que não existe nada que não possamos alterar. Tudo se transforma e toma o rumo exato mediante aquilo que precisamos aprender a dominar em nós mesmos. Tenhamos fé para aceitar nossas fraquezas e determinação para superá-las. O medo só atrapalha. A insegurança só serve para nos brecar. Sejamos livres para optar pelos nossos maiores desejos, assim estaremos seguros de pelo menos termos tentando viver melhor. A espiritualidade verdadeira é aquela que liberta e não aprisiona. Ser espiritual é ser si mesmo em primeiro lugar. Assim, poderão contar com ajuda dos espíritos. A sua parte é dada para que você aja de acordo com sua renovação e crescimento interior. Pensem nisso e tenham fé, pois nada acontece por acaso. Fiquem na paz e conservem a serenidade para que sua mente possa dissolver os tormentos da inquietação".

Irene entendeu o recado, fez em seguida uma prece de agradecimento por poder contar com ajuda daqueles amigos invisíveis. Na saída, entre cumprimentos e saudações, Edinalva se aproximou dela com largo sorriso:

— Como vai, Irene?

— Estou bem e você?

— Gosto muito quando o doutor Carlos se apresenta nos orientando por meio de seu vasto conhecimento.

— Concordo, sempre vem em boa hora — sorriu.

— Para cada um de nós toca num ponto especial, não é? O meu foi quando ele citou a "insegurança", bem que eu precisava ouvir isso hoje!

— Para mim posso dizer que recebi a resposta de um aviso que tive em sonho. Mesmo com a clareza da orientação que recebi, só me preocupei com o futuro e não com a mensagem em si, que me dizia estar bem amparada em relação aos desafios a serem vivenciados. Ainda há muito que aprender sobre autodomínio, não é mesmo?

— Reconheço que estudar as leis espirituais não se exclui aprender sobre si mesmo. Os dois aspectos precisam estar muito bem integrados, caso contrário estaremos sempre ao lado das ilusões. Muitas pessoas ainda conservam uma ideia errada sobre a espiritualidade, quase sempre se espera que os mentores resolvam por completo aquilo que só depende de nós. Por tudo isso se decepcionam e correm atrás de outras religiões para ver quem é o mais poderoso para resolver seus problemas.

— É uma questão de amadurecimento, não acha? Quando o espírito já se encontra pronto para novos valores, encontramo-nos independente da religião seguida. No entanto, acredito que esse sim é o maior dos desafios, tomar posse de si, é, sem dúvida alguma, um grande exercício.

— Espero que possamos conservar essa sintonia, pois quando estamos nos afazeres diários, vacilamos com maior facilidade. Logo, decepcionamo-nos quando não atingimos o alvo esperado.

— É justamente nesses momentos que precisamos usar o que aprendemos. Se para nós que estamos tendo tantas oportunidades esclarecedoras, já se torna complicado, imagine para aqueles que nada sabem!

— Por esse motivo não se pode julgar, pois, cada um de nós está exatamente onde se coloca e acredita estar.

— Sinto-me tão diferente! Quantas coisas mudaram desde que perdi minha Marie.

— Você não perdeu nada, Irene! Marie, no sentido espiritual, está crescendo pelas próprias escolhas.

— Sim, digo isso apenas por força do hábito. Compreendo mais agora, só fiz uma comparação de como tenho me movimentado para aprender coisas que nem imaginava que pudessem existir.

— A dor também é um caminho que desvenda, apesar de ser mais tortuoso passar por ele.

— Está com fome? Gostaria que fosse até a minha casa para um lanche. Você aceita?

— Obrigada, Edinalva! Mas prefiro ir embora e relaxar um pouco. Poderemos marcar um outro dia.

— Está certo. Vamos combinar, assim teremos mais tempo para colocar nossos pensamentos e trocar informações.

Irene se despediu da amiga e fez sinal para o motorista que a aguardava do outro lado da rua. Josué atendeu rapidamente, manobrou o carro e Irene entrou.

Durante o trajeto ela se manteve calada e pensativa, vez ou outra observava o movimento de veículos, as pessoas andando pelas calçadas; sentia-se bem mais confortada, porém ainda com certa curiosidade em relação ao que poderia acontecer.

Lembrou-se de como podemos impedir que nosso pensamento nos cause desconforto, optou por prestar atenção no que estava vivendo naquele momento. Abriu a janela traseira para que pudesse receber um pouco de ar fresco naquele fim de tarde.

Josué a observava discretamente, em algumas vezes ela se comportava dessa maneira ao sair do Centro Espírita, isso já estava se tornando costumeiro e ele já a conhecia muito bem.

Era muito prestativo e respeitador. Admirava a patroa e fazia de tudo para atendê-la com esmero. Minutos depois, chegaram à mansão. Irene desceu apressadamente, lembrou-se do compromisso com Mário. Paulo e Valentina os aguardavam para o jantar. Não gostava de atrasos, estaria pronta à espera do marido.

Virgínia e os seus já estavam a postos na casa de Paulo. O ambiente estava compatível com a vibração dos visitantes espirituais.

Valentina estava introspectiva naquela noite, causando certo espanto por parte de Paulo, que considerava raro esse comportamento da esposa, em virtude de ela possuir um temperamento agitado. A moça aguardava os convidados sentada na sala de estar, quase em relaxamento profundo.

— Valentina, você está se sentindo bem? — perguntou com certa preocupação.

— Oh! Sim, meu amor! Estou me sentindo muito bem. Está tudo pronto. Sente-se um pouco ao meu lado enquanto esperamos Irene e Mário.

Paulo atendeu ao pedido dela. Sentou-se ao seu lado e beijou-lhe a face rosada.

— O que foi? Está me estranhando? — indagou sorrindo.

— Um pouco. Você costuma ficar mais agitada nessas ocasiões, então eu...

— Psiu! — Valentina o interrompeu. — Estou bem, não se preocupe. Abrace-me, meu amor, quero você mais perto de mim.

Paulo abriu um sorriso malicioso enquanto beijava seus lábios carnudos.

— Querida! Eu a amo tanto! Mas não se esqueça de que temos convidados para esta noite, depois estaremos a sós e então ficaremos mais perto do que imagina...

Valentina se entregou aos abraços do marido, encostando sua cabeça no peito dele.

— Sinto falta desses momentos... nada improvisado...

— Precisamos retomar nossa intimidade, como fazíamos antes, não é mesmo?

— Concordo. Somos mais importantes do que qualquer compromisso social. Prometo que farei o impossível para estarmos mais unidos, como você e eu desejamos.

— Sinto vontade de engravidar e formar uma família com você, meu amor!

Paulo surpreendeu-se. Sonhava em ser pai, porém Valentina ainda não havia se prontificado para a maternidade. Esperava a decisão dela, para então poder realizar seu sonho.

— Que notícia boa, meu amor! Esperei muito por esse momento. Filhos são sempre uma bênção! Que Deus nos envie alguém que precise muito de nosso amor.

— Vamos fazer um brinde!

— Mas ainda não estou grávida!

— Para mim é como se já estivesse. Brindaremos a decisão e depois o fato consumado.

— Sendo assim, aceito.

Diamantina, a governanta os interrompeu:

— Com licença. O doutor Mário e a esposa chegaram.

— Vamos recebê-los, meu amor, faremos este brinde com nossos parentes.

Mário e Irene se surpreenderam tanto quanto Paulo com a notícia. Depois do brinde especial, os casais trocaram votos de muitas felicidades em comum. Ao lado do piano, Maciel e Suzana observavam tudo, deixando-se envolver pela emoção do momento.

— Não tivemos este privilégio, não é mesmo Suzana?

— Partimos muito cedo sem ao menos termos tido a chance do sonhar... — respondeu com voz embargada.

— Eu pelo menos reconheço que nada fiz, além de me acabar naquele bar imundo! Quanto a você, não posso dizer o mesmo. Sua lição foi outra, porém o que nos consola é que sabemos que a vida continua e que haverá mais chances de sermos felizes — Suzana concordou, embora melancólica.

Virgínia fez sinal à distância.

— Olha só, bem que ela nos avisou quanto ao possível envolvimento emocional — alertou o moço.

— Acha que poderemos continuar acompanhando este caso? Tanto você quanto eu, já nos envolvemos mais do que imaginávamos.

— Essa é a lição. Sem exercício, como iremos vencer? Eu não abandonarei o caso. Vou continuar. Quer queiram ou não.

— Deixa de ser teimoso, Maciel, você não manda nada. Se ela determinar vai ter de se recolher, sim. Afinal, se pudermos ajudar será bom, mas atrapalhar, jamais!

— Mas é impossível não se envolver, porém, não me sinto desequilibrado, apenas estávamos refletindo sobre nossas vidas, só isso.

Virgínia fez sinal novamente para que eles não dispersassem a sintonia.

— É melhor deixarmos nossos comentários para mais tarde, faz parte mantermos nosso equilíbrio e não nos misturarmos emocionalmente. A recomendação que tivemos era para mantermos uma postura impessoal.

— Agora estamos aqui para ajudar! — repetiram simultaneamente.

Maciel respirou fundo, ergueu os ombros e empinou a cabeça.

— Não precisa nada disso. Apenas mantenha a postura interiormente.

— A postura do corpo ajuda, não é? Ombros caídos é sinal de fragilidade.

— O corpo reflete nossos pensamentos.

— Minha maior habilidade é usar artifícios que possam me ajudar a me levantar. Cada um faz o que pode.

— Você e suas artimanhas!

Maciel repentinamente lascou um beijo na boca de Suzana que quase desfaleceu de susto.

— O que é isso? — perguntou atônita.

— Vontade. Sinto-me mais vivo do que aparento.

— Não posso acreditar! Agora seremos suspensos!

Virgínia balançou a cabeça, demonstrando certa indignação, porém, acabou rindo da atitude espontânea de Maciel. Aproximou-se dele falando ao pé do ouvido:

— Cenas de amor promovem abertura de nossas expressões reprimidas, mantenha o autocontrole.

Suzana corou.

— Não se preocupe tanto com seu desempenho, Suzana. Faça o melhor que puder.

Maciel piscou para a moça que imediatamente desviou o olhar para outro ponto da sala.

— Já decidi! — contrapôs Maciel impulsivamente.

— O que foi desta vez?

— Vou me candidatar para reencarnar novamente. Acha que conseguirei um bom lar como este?

— Você continua se misturando emocionalmente. No momento você está escalado para ajudar e isso o fará melhorar sensivelmente. Você é muito apressado. Sugiro que fique em silêncio e guarde suas conclusões para falarmos em horário mais propício. Você está me atrapalhando, assim perco a concentração.

— Está bem, vou me concentrar novamente. Vou tentar me conter. Sou muito inquieto, não será fácil para mim, porém, não desistirei.

— Preste atenção nas orientações de Virgínia, fique atento!

Interiormente, Suzana estava se policiando, percebeu o quanto se deixara envolver. Por outro lado, admirava a espontaneidade de Maciel, principalmente em relação à segurança que ele demonstrava ao expressar-se livremente. Para ela, essa atitude não era nada fácil, geralmente omitia qualquer opinião pessoal, por medo de ser repreendida, vigiava constantemente sua postura para não cometer erros. Concordara com a observação da instrutora, alertando-a quanto às possíveis cobranças de desempenho.

Maciel repentinamente lançou outra questão:

— O que faremos agora? Vamos ficar aqui apenas olhando? Pensei que nosso trabalho seria mais dinâmico.

— Como assim?

— Estava imaginando que teríamos uma função de conversar com eles mentalmente. Será que eles captariam nossos pensamentos? Ou somente Virgínia consegue isso?

— E o que você diria a eles? Do jeito que você é impulsivo, induziria sua vontade para eles, não é? Virgínia fará o contrário, despertará a capacidade de eles agirem por si mesmos. Você não está pronto para ser um mentor, Maciel, convença-se disso.

— Nem seria essa minha real intenção. Futuramente, se eu chegar a ser um mentor, vou escolher pessoas com o mesmo temperamento que o meu. Não tenho paciência para aguardar — respondeu inquieto.

— Quer saber? Não sei como eles nos convidaram para isso. Não me sinto preparada para tanto.

— Você não acha que complica demais? Vive se cobrando perfeição. Sou mais autêntico!

— Mais um motivo para eu questionar minha presença aqui.

— Justamente para isso fomos escolhidos; sabiam que iríamos nos confrontar a fundo. Concorda comigo? Sem a experiência não dá para aprender. Percebo que você está querendo fugir para se esquivar de enfrentar seus pontos fracos. Aliás, o maior deles é essa chatice que você faz consigo mesma. Pare de ser implicante e se solte mais, ninguém vai puni-la, porque eles já sabiam quem haveriam de convocar. A percepção deles é mais aguçada e nossa vibração foi compatível com o que precisavam. Valorize mais sua maneira de pensar e agir, você não precisa ser igualzinha aos demais para ser aceita por eles. Faça isso para si mesma, deixe de se importar com o que os outros pensam de você. Sou brincalhão, porém, não costumo invadir nem ser inconveniente. Possuo senso de humor aguçado e não desequilibrado como você pensa.

— Você tem toda razão, obrigada. Admiro sua praticidade.

— Sou necessário do jeito que sou e você também. Uma pessoa temerosa como você nos ensina a cautela, principalmente para mim que sou impulsivo demais. Eu lhe ensino a ousadia para ver se você se mexe um pouco e passa a ser mais atirada e confiante.

— Contudo, cautelosa... — tornou sorrindo, concordando com Maciel.

Suzana se manteve pensativa, procuraria refletir sobre tudo o que ouvira. Para ela, Maciel realmente era indispensável, pois mantinha a pureza dos sentimentos em tudo o que dizia. Sabia articular muito bem os pensamentos, não se criticava, e ia ao encontro de seus objetivos. Apegada ao passado, ela não compreendia como ele se abnegara de tantas virtudes. Ela reclamava sempre não ter tido tempo de reagir diante dos desafios do mundo ao desencarnar jovem demais. Não compreendia ainda seu estado de alienação, preferindo não descortinar a mágoa que continha.

— Por que está me olhando? — inquiriu curioso.

— Estava admirando suas virtudes.

— Só podemos gostar daquilo que temos, mesmo que ainda não sabemos.

— Não gosta de ser admirado?

— Gosto.

— Você é muito carismático e se torna envolvente.

— E ainda dizem que morto não se apaixona!

Suzana gesticulou a cabeça, sorrindo muito.

— Descobri que posso ser eu mesmo em qualquer estado. Isso faz com que eu me sinta revigorado.

— Vou colaborar para que eu mereça ficar em sua companhia.

— Deixe a rejeição de lado. Você é especial no seu jeito de ser. Aí é que nos tornamos carismáticos. Gosto de você porque aprendi a aceitá-la. Para eu estar ao lado de alguém significa ser íntimo de verdade. Falar o que sinto e saber ouvir.

— Sou mais complicada. Reconheço.

— Mas bonita e generosa. Mulheres são assim mesmo! Todas complicadas...

Suzana torceu o nariz.

Virgínia acenou para que eles a acompanhassem à sala de jantar.

Maciel pegou na mão de Suzana e disse:

— Estamos namorando.

— O quê? — gritou Suzana novamente.

— Isso mesmo que você ouviu. Estamos ou não estamos vivos? Por que de santo aqui não vi nada ainda.

— Desculpe-nos, Virgínia. Creio que Maciel está um pouco alterado.

— Não pensei que uma cena de afeto fosse tão forte a ponto de promover um recém caso de amor — respondeu a instrutora.

— Não sei o que dizer. Acho que ele é louco.

— Autêntico. Estou no mais perfeito juízo. Creio!

— Vamos ao trabalho! Depois conversaremos a respeito — ordenou Virgínia.

— Viu o que você fez?

— O quê? Nada de mais.

— Virgínia poderá nos desconsiderar a partir disso.

— Pare de ser medrosa. Agora vamos prestar atenção e ajudar nossos novos amigos e padrinhos de namoro. Que tal sugerirmos uma troca compensadora? Poderemos em agradecimento, ser os padrinhos espirituais do bebê que virá.

— Nossa, como você alucina! Sua mente é por demais criativa mesmo!

Maciel empinou a cabeça se sentindo lisonjeado. Na sala de jantar os casais brindavam com alegria a decisão de Valentina, tudo naquela noite era motivo para festejar. Paulo estava radiante, o que proporcionava ainda mais que todos se sentissem muito entusiasmados.

— Faz tempo que eu não me sentia tão renovado — disse Paulo com certa euforia.

— Isso é muito bom. Todos precisávamos de um pouco de estímulo nesta família — acrescentou Mário.

Irene e Valentina se entretinham com os preparativos para o enxoval do futuro bebê.

A sala estava envolta por uma luz que irradiava tons azuis e prateados. Virgínia se aproximou por trás de Paulo, ergueu as mãos para o alto e em seguida as colocou no topo da cabeça dele. A cena se tornou pitoresca, raios coloridos se misturaram da frente para o cardíaco, formando um cone que distribuía a luz ao redor de todos. Imensa sensação de prazer os acometeu.

Irene espontaneamente fixou olhar em um canto da sala, arregalou os olhos, despertando a curiosidade de todos.

— O que foi? — indagou Valentina assustada.

— Tive a nítida impressão de que vi um casal de jovens nos observando naquele canto — apontou com o indicador.

Maciel e Suzana deram um pulo para trás, surpresos por terem sido notados por ela.

— Nunca aconteceu isso comigo — continuou.

— Eu também senti a presença da espiritualidade por aqui — acrescentou Paulo.

— Você os viu?

— Não, somente senti uma forte sensação de paz e tranquilidade.

— Estou estudando sobre a mediunidade, porém é a primeira vez que vi algo tão nítido.

— Seus canais de sensibilidade estão sendo abertos — explicou Paulo.

— Devemos perguntar quem são? O que querem?

— Você ainda os vê?

Irene olhou para o mesmo lugar sem nada avistar.

— Não. Sumiram.

— Então não querem se identificar. Só estão nos fazendo uma visita. Isso é comum acontecer com os médiuns videntes; dependendo da sintonia, esses canais se ampliam e é possível identificá-los, mesmo que rapidamente. Nós estamos numa forte concentração de alegria, o que facilitou a aproximação deles.

— Curioso! Nós não estamos num trabalho mediúnico ou em orações. Por que vieram? — indagou Valentina.

— Podem existir vários motivos, os quais não nos compete saber agora. Vamos aceitar simplesmente a visita e agradecer por essa sensação prazerosa que nos proporcionaram. Mesmo porque o contato com eles não está restrito apenas aos trabalhos mediúnicos; temos amigos no mundo astral e eventualmente eles podem nos visitar.

Mário interveio:

— Desses assuntos ainda não tenho muito conhecimento e confesso que não me sinto muito à vontade, embora deva reconhecer que eu também, pela primeira vez, senti uma sensação muito agradável.

— Geralmente, quando os espíritos se aproximam, eles nos envolvem com irradiações que contêm os mais puros sentimentos, a cada um é dado conforme pode receber.

— Por que apenas Irene os viu? Não poderiam se fazer presente para todos nós?

— Geralmente isso acontece durante o sono, todos nós podemos vê-los com o desprendimento da matéria, que possibilita que a nossa alma veja sem intermediários, ou seja, somos mais livres quando estamos fora do corpo físico, transitamos com o nosso corpo astral em semelhante corrente vibratória. Irene os viu por ser uma médium vidente. Há vários tipos de mediunidade, a vidência é uma delas. O vidente enxerga por meio do fluido materializado, tanto é que mesmo com os olhos fechados são capazes de vê-los. Para os espíritos não é suficiente que eles queiram se mostrar, é preciso que encontrem na pessoa o fluido necessário compatível com os deles. Assim sendo, cada médium vidente enxerga apenas o que tem relação direta com sua sensibilidade e percepção. Irene está desenvolvendo a mediunidade, é possível que hoje, por meio da energia que eles emitiram para nós, ela os tenha visto por se identificar energeticamente com eles. Para nós houve a soma de sensações. Todos que de alguma forma os percebem são chamados de mais ou menos médiuns. Podemos considerar que todos somos médiuns. Os esclarecimentos desses fenômenos devem ser estudados, principalmente os da vidência, por não se tornar alvo de ilusões, deixá-los acontecer espontaneamente é, sem dúvida alguma, o mais recomendado.

— Tenho uma pergunta — interrompeu Irene. — Por que sumiram? Aprendi que devemos perguntar quem são quando os vemos espontaneamente. Assim, mantemos certa disciplina para não sermos alvos de espíritos inferiores que porventura queiram nos influenciar negativamente.

— Isso mesmo, porém, o princípio desse reconhecimento se dá pela vibração que eles emitem e o que eles nos intuem. Um espírito do bem jamais nos induziria a futilidades, bem como a pensamentos negativos, incentivando o orgulho, vingança, causando-nos certa irritação, mal-estar e inquietação. Quando se comunicam, também os diferenciamos pelo conteúdo da orientação que expressam. Por tudo isso o aprimoramento do médium é importantíssimo, pois se torna mais difícil ser alvo de mistificadores ou do próprio animismo. Isso quer dizer que, quanto mais aprendemos a lidar com as nossas emoções, menos interferimos nas orientações deles. Como a maioria dos médiuns são conscientes, o estudo é indispensável, pois na comunicação, o médium fica bem mais receptivo e evita interferir com opiniões pessoais que fogem aos princípios do respeito pela individualidade.

— Somente pessoas com estudo podem ser intérpretes? — questionou Mário, interessando-se pelo assunto.

— A mediunidade é um dom natural. Há médiuns que não possuem cultura alguma, mas são dotados de um amor puro, genuíno e com poucas palavras, dizem tudo... Mas me refiro ao aprendizado como ponte necessária para o esclarecimento mútuo, visto que ainda somos muito vulneráveis para lidar com forças tão sutis, que, se bem canalizadas, trazem excelentes resultados. Mesmo aqueles que são dotados de boa comunicação, se não tiverem vibração de amor não são considerados genuínos. Podem nos envolver pela palavra, mas se desmistificam por não emitirem ondas vibratórias compatíveis com o que dizem. É o que sentimos a pouco, estávamos numa sintonia de alegria, então, de repente, sentimos uma expansão mais acentuada que nos trouxe paz e tranquilidade. Irene percebeu a presença desses jovens, que por certo apenas quiseram se apresentar para que todos nós soubéssemos que eles estavam conosco. É a lei da afinidade, Irene está em semelhança energética compatível com eles. Poderiam estar em maior número, porém ela captou somente a presença dos dois. Isso mostra que houve uma empatia natural entre eles, sendo assim houve a comunicação visual. Vamos aguardar uma futura aproximação; se eles persistirem em se mostrarem, haverão de nos orientar a respeito. Caso contrário, vamos considerá-los como visitantes do astral para alguma função que desconhecemos. A equipe espiritual que nos assiste, sempre traz muitos ajudantes para diversas funções, tais como: limpeza do ambiente, energização etc.

— Fiquei surpresa com o ocorrido. Não pensei que pudesse ser uma médium vidente.

— Uma dessas faculdades já se manifestou, aguardemos outras que possivelmente acontecerão.

— Eu que sempre tive uma certa aversão para esses assuntos, começo a me interessar — ressaltou Mário.

— Seja bem-vindo, Mário. Estudaremos juntos. Será um prazer para mim.

— Posso apenas me permitir no momento, estudar apenas isso.

— Claro, o estudo nos esclarece e amplia-nos em conhecimento, independentemente de qualquer compromisso com o exercício mediúnico.

Irene estava pensativa, cenas da filha atormentada pelos pesadelos lhe vieram à mente.

— Paulo, eu nunca havia relacionado a possibilidade de Marie ser uma médium. Isso faz sentido? Marie era vidente?

— É bem possível, a vidência é muito comum em crianças que apresentam maior sensibilidade, pois nessa fase não há repressão e a visão se torna muito clara. A mediunidade, quando espontânea, não traz riscos, a criança não se impressiona, parece ser muito natural diante daquilo que está vendo. Geralmente, isso ocorre até a pré-adolescência, interrompe-se no período da puberdade, voltando na fase pré-adulta. Não se pode confundir com o despertar da imaginação infantil que é um processo natural. Quando são realmente sensíveis, elas costumam dar alguns sinais mais claros daquilo que estão vendo. Por exemplo, descrevem algum parente desencarnado, chegando até mesmo a serem clariaudientes, escutando o que os espíritos dizem. Marie já não era tão infantil, já estava entrando na fase de pré-adolescente. Sofria de certa perturbação emocional e a sensibilidade correspondia apenas negativamente. Infelizmente, não tivemos a oportunidade de saber o que realmente acontecia com ela. No entanto, isso me fez lembrar que naquele dia eu também tive algumas revelações que ainda não obtive esclarecimento. Fui avisado que no momento certo, tudo seria revelado. O importante é que por meio dessa triste experiência, todos nós nos abrimos para as verdades do espírito.

— Eu também na época tive um desdobramento com um homem que me ameaçava, porém considerei o sonho expressão da estafa que me acometia. Começo a entender que poderíamos estar à mercê de entidades negativas, que aguçavam nossos pontos fracos. Não entendo qual teria sido a razão, caso se confirme minha suposição.

— Irene, nem sempre podemos obter certas respostas nesta vida. O esquecimento é providencial, quando tivermos a capacidade de enxergar um erro como aprendizado, sem que nos aflija o coração, estaremos prontos para maiores esclarecimentos.

— Você disse que criança não se impressiona, Marie era muito imatura e apenas enxergava uma única situação vivida em sonhos. Estaria sob a influência de algum espírito direto?

— Nesse caso, como já lhes disse, não houve tempo para que pudéssemos avaliar o que ocorria com ela, tampouco tínhamos preparo para tal. Julgávamos que ela estivesse com algum distúrbio emocional e isso facilita que haja muitas interferências. Até me arrisco a concluir que ela estivesse vivendo algum tormento relacionado a suas vidas pretéritas, já que o desencarne estava próximo. Não podemos generalizar, o caso de Marie nos estimula ainda mais aos estudos.

Irene baixou a cabeça com expressão melancólica, ainda estava muito ligada aos fatos do passado, não se desesperava tanto, porém ansiava por respostas que julgava que aliviariam seu coração.

Paulo fez sinal para Valentina que imediatamente o atendeu, desviando o assunto:

— Este jantar está realmente especial! — exclamou.

— Só está faltando a sobremesa — complementou Paulo.

Irene reagiu. Não desejava que a alegria dos primos fosse interrompida. Respirou fundo e acrescentou:

— O que temos de bom?

— Quitutes dos mais variados. Vamos nos deliciar!

— Acredito que nossos amigos espirituais estavam apressados, nem esperaram o término do nosso jantar! Coisas da espiritualidade! — brincou Paulo, a fim de que todos pudessem retomar a sintonia prazerosa da qual estavam envolvidos.

A certa distância, Virgínia e sua equipe se despediam mentalmente de todos. Apenas Maciel e Suzana não perceberam o sinal de partida, estavam estupefatos. Como ela os vira? Eles ao menos sabiam como se fazerem presentes. Escutaram atentamente como os médiuns videntes poderiam perceber os espíritos e julgavam não se enquadrarem na questão. Estavam apenas olhando e foram vistos.

Virgínia se aproximou, alertando-os para que se despedissem. Estavam atônitos e, pela primeira vez, Maciel atendeu em silêncio, porém na saída sentiu forte desejo de abraçar Paulo. Parou na soleira, fechou os olhos e dirigiu o pensamento para ele.

"Paulo! Você é um homem muito inteligente. Obrigado pelo que aprendi nesta noite. Até o próximo encontro."

Era indiscutível a sensação que acometeu Maciel. Ele sentiu-se preenchido a ponto de experimentar o verdadeiro estado de contemplação.

As dúvidas eram muitas, perspicaz em sua personalidade observara todos os movimentos, palavras e sensações expressadas naquela noite. Brotou em seu espírito a vontade de melhorar a si mesmo; estava disposto a estudar muito para entender os mecanismos da vida espiritual.

Aquela conversa proveitosa com pessoas íntegras, fortalecia-o mais e mais. O tempo para ele agora não estava perdido, prontificara-se a recomeçar, a sede do conhecimento o invadira por completo.

Notara que seu corpo estava mais luminoso, a expansão energética fluía de seu peito como um farol que se acende na escuridão. Sentiu amor por si mesmo.

Lá fora, seus olhos brilharam quando avistou a lua no céu, relembrou quando sua mãe, na época de infância, sentava na varanda, embalava-o em seus braços até induzi-lo ao sono. Sabendo que ele era muito agitado, estimulava-o a contagem de estrelas sempre nas noites enluaradas.

Virgínia, um pouco mais à frente, voltou-se em direção ao rapaz.

— Vamos, meu querido. Está na hora, nosso horário está se esgotando.

O moço assentiu com a cabeça sem nada dizer, a certeza daquele momento para ele, era de que em breve recuperaria todo o tempo perdido.

Assim que se afastaram da crosta, já mais próximos à colônia espiritual, Virgínia arriscou fazer breve comentário:

— Curiosos por terem sido notados?

Maciel e Suzana entreolharam-se sedentos de respostas.

— Irene só pôde vê-los após ter recebido o mesmo fluido que estava sendo imantado nos chakras de Paulo. Como ele é o doador de maior potencial, automaticamente distribuiu essa energia concentrada para os demais, mesmo sem direcionar a intenção. Estes fluidos faziam o mesmo percurso entre o centro coronário e cardíaco de todos. Vocês estavam ligados diretamente ao frontal de Irene, observavam o que ela dizia e fizeram a ligação energética partindo do princípio das correntes magnéticas que os envolviam pelo pensamento. Se recordarem, já estavam se comunicando com ela telepaticamente. Com a expansão fluídica que ela recebeu no frontal, pôde abrir a visão extrassensorial e percebê-los.

— Por que ela não viu você, enquanto magnetizava Paulo? — observou Maciel.

— Porque eu concentrei a vibração apenas para que o fluido se expandisse para os chakras dos demais. A intenção era essa. O pensamento se materializa mediante nossa direção.

— Não entendo, não demos direção alguma, concordo que houve muita empatia de nossa parte com ela, porém, não compreendi o que quer dizer.

— Vocês estavam ligados na mente dela e eu nos fluidos. Vocês observaram melhor como os fios mentais se interligam promovendo a comunicação do pensamento telepático? Uma situação comum é quando pensamos em alguém e a pessoa recebe a nossa imagem telepaticamente, chegando muitas vezes a se surpreender. Algumas vezes questionam ingenuamente: "Nossa! Pensei tanto em você ontem, sempre me vinha a imagem na cabeça e agora você me telefonou...". Exemplo cotidiano e pouco compreendido.

Suzana interpelou:

— Já aprendemos algo sobre os chakras, pode reforçar sua definição? O que pretendia imantando os fluidos apenas para o centro coronário e frontal?

— Os chakras são aqueles pontos luminosos que se expandiram formando um grande anel colorido que percorria o corpo deles por inteiro. São conhecidos como vórtice de energia que interligam a matéria ao espírito. O centro de força responsável por essa interligação é o coronário, que se localiza no topo da cabeça e o frontal, que amplia a percepção. O centro cardíaco é a concentração do sentimento que quando acionado promove a elevação da ternura que todos possuem e não sabem canalizar por estarem presos aos condicionamentos do ego. O amor responde imediatamente ao espírito. Todos somos incondicionais nesses estados. Não há bloqueios quando fazemos essa ligação de alma. Podemos experimentar a liberdade de expressar nossos sentimentos com maior desprendimento.

— Poderíamos impedir que Irene nos visse? — perguntou Suzana.

— Sim. Bastaria apenas que tivessem essa intenção.

— Estou maravilhado com tanto aprendizado. Eles estão aprendendo e não estão desencarnados e nós os "defuntos" não sabemos o tanto que eles já sabem. Isso não é incrível? Todos pensam que os espíritos sabem tudo, podem tudo. Somos vistos como os mais poderosos e somos temidos. No nosso caso, somos apenas meros aprendizes, mas com muita sede de conhecimento.

— Como você mesmo diz, ninguém vira santo quando morre e muito menos sábio. Apenas há uma continuidade do que cada um conquistou. Tanto faz aqui ou ali, quando chega a hora de aprender, teremos a escola apropriada.

— Tenho outra dúvida, o mito de "Almas Penadas" surgiu em virtude de alguns espíritos que não aceitaram seu desprendimento da matéria. Permaneceram atormentando seus familiares e muitas vezes tomando conta de seus pertences. Como os médiuns podem vê-los? Onde está o canal de ligação? Ouvia sobre essas histórias quando pequeno, sempre alguém fugia de um fantasma que tinha visto.

— São espíritos apegados que não querem evoluir. Sofrem por muitas razões. Até se renderem e partirem para sua nova jornada. Atualmente, existem vários mecanismos de ajuda para esse tipo de situação, porém, a decisão é muito pessoal, principalmente no que diz respeito à lei de afinidade entre as pessoas. Nada é por acaso. Para a cura de um delírio pode se avaliar que o influenciador só consegue seu objetivo se encontrar semelhança de valores naqueles que querem como vítimas de seus desejos e vice-versa. Muitas vezes, não se sabe ao certo quem influencia primeiro. São reféns uns dos outros, até que o desprendimento ocorra por parte do crescimento pessoal de algum deles. Os médiuns mais preparados podem vê-los e senti-los, porque o fluido que emanam é por demais denso; muitas vezes os espíritos mais evoluídos facilitam esse canal mediúnico a fim de que ele possa servir de intercâmbio para o espírito necessitado. Outras vezes, o próprio desencarnado inicia essa ligação, trocando pensamentos com o médium. Aos poucos, vocês se integrarão com esses conhecimentos e terão futuras experiências para concentrá-los. Logo mais conhecerão uma história interessante que aborda a questão. Aliás, estamos trabalhando em função disso — insinuou Virgínia.

— Você quer dizer que nesse caso para o qual fomos convocados a auxiliar, existe essa questão?

— Isso mesmo.

— Que sincronicidade a minha, hein?

— Realmente. Você está mais envolvido nisso do que imagina...

— Desse jeito você aguça a minha curiosidade.

— Eu disse, logo mais vocês compreenderão. Estamos indo muito bem. Amanhã visitaremos os grandes protagonistas dessa história. Preparem-se, porque há muito que aprender. Por ora, vamos recompor nossas energias para estarmos bem-dispostos ao alvorecer.

Maciel e Suzana despediram-se e rumaram aos seus aposentos. Para Maciel, o descanso só viera horas depois, entretinha-se em recordar detalhes de sua última existência.

Abriu a porta da sacada de seu quarto e sentou-se numa cadeira confortável. O céu estava estrelado, a beleza noturna o fascinava, herdara o mesmo estilo de sua mãe.

— Outra dimensão! Quem diria! O que mais esse imenso universo esconde? Como podemos chorar por alguém que pensamos ter morrido? Por que essas verdades não nos são reveladas? Meus parentes devem ter sofrido muito com minha partida inesperada, no entanto, encontro-me vivo! Por que sofremos tanto com a separação? Ah! Se fossemos mais preparados emocionalmente e espiritualmente! Não temos conhecimento da vida após a morte, parece-nos crendice absurda. Onde será que estão todos aqueles que já se foram? Meu avô? Onde estará? Não o encontrei por aqui. Por certo já voltou para a Terra! Ou estará em outra colônia distante daqui? Estou ansioso, quero descobrir todos os segredos do mundo espiritual. Há muito que aprender.

Em seu peito pulsava a vontade de mudar rapidamente. Queria suprir o tempo perdido. Sabia ser uma questão de tempo!

Assim, ficou embalado nas sensações de renovação e aprendizado, até que relaxou e adormeceu.

CAPÍTULO 23

Em uma manhã, quando o sol já coloria o céu da cidade astral, Marie aguardava a chegada de Juvenal. Sentada no jardim, observava o passeio matinal dos internos.

— Estão todos mortos! Como pode ser?

Em seguida, apertou seus braços para ver se sentia dor. A sensação era igual, porém pôde reconhecer que seu corpo estava mais leve, mas ainda não concebia facilmente a ideia de ser uma morta-viva!

Ficou algumas semanas em tratamento depois da revelação que recebeu. Recordava todos os últimos detalhes desde o acidente até o momento em que acordou no hospital astral. Algumas cenas desconhecidas que não sabia muito bem explicar, também surgiram.

Tudo estava muito confuso, porém sentia-se mais fortalecida.

— Aposto que minha menina estava divagando em dúvidas? Acertei?

Marie sobressaltou-se.

— Bom dia, doutor!

— Bom dia! Está melhor?

— Muito!

— Ótimo! Tenho certeza de que hoje será um grande dia para você!

Marie sorriu, demonstrando certa expectativa.

— Fará novas amizades e poderá desfrutar de boas companhias, isso vai ajudá-la a se recompor mais rápido.

— É o que mais desejo, doutor! Não aguento mais tantas indagações e incertezas...

— Isso faz parte da vida e da morte... — respondeu sorrindo, piscando para ela.

— Está pronta? Virgínia nos aguarda.

— Virgínia?

— Sim.

— Estou com saudades dela.

— Esteve um tanto quanto ocupada, mas muito interessada em sua melhora.

Juvenal estendeu as mãos para ajudar a menina a se levantar.

— Vamos dar um passeio até que encontremos nossos amigos.

Marie, de braço dado com o médico, caminhava tranquilamente pelo parque. Juvenal ia relatando cada detalhe da colônia; ela ouvia tudo sem nada dizer. Sentia-se protegida ao lado dele.

Ele era muito jovem também. Ela teve ímpetos de perguntar-lhe sobre sua vida, mas desistiu, preferiu não interrompê-lo.

O médico gesticulava, conversava com ela e com as plantas, tudo para ele era vida em movimento e precisava ser notado. Dizia que tudo no Universo responde exatamente mediante o que damos importância ou não, e explicava que por esse motivo éramos responsáveis pelo nosso próprio destino. Marie já ouvira a mesma coisa de Virgínia, porém relatada de forma diferente.

"Será que todos por aqui sabem disso? Será esta a razão de eu estar entre eles? Por que preciso aprender o que me falam? Todos são tão estranhos para mim...", indagava em pensamento.

— Acha-me estranho?

Marie corou.

— Não!

— O que falo lhe parece absurdo?

— Minha mãe também gostava muito das plantas.

— Ah! E você?

— Eu também gosto! Nunca conversei com elas como você.

Juvenal soltou gostosa risada.

— É porque você ainda não fez amizade com elas.

— São esses meus novos amigos?

Juvenal riu ainda mais alto desta vez.

— Também. Posso lhe assegurar que tudo e todos somos uma coisa só.

Marie estranhou esse tipo de colocação, porém não questionou.

— Onde estamos? Quero dizer, aqui é um outro país?

— Estamos fora da Terra, em outra dimensão. Uma espécie de cidade astral.

— Tem algum nome apropriado?

— Pronto-Socorro Espiritual. Estamos vivendo em uma colônia, dentre uma das milhares que existem.

— Não vejo diferença de onde eu estava.

— Realmente, aqui é muito parecido com a Terra. Outras são um pouco mais avançadas e outras ainda mais.

— Sei. Estamos em outro planeta?

— Digamos que em outra dimensão, próxima à Terra.

— Existem outros planetas?

— Há muitas moradas na casa de meu Pai!

— Poderemos ir até outras colônias mais avançadas?

— Hum, percebo que a mocinha é muito curiosa e interessada. Para quem acaba de se integrar com a nova condição, está muito bem. Poderemos visitar outras colônias, mas com o devido tempo e preparo, pois nosso espírito precisa ainda ser muito burilado, porém, nada de tão impossível e longínquo assim.

— Preparo de quê?

— Do despertar de nossa consciência. Caso contrário, nossa vibração não será compatível com as colônias mais avançadas. Nem conseguiremos avistá-las. Semelhante quando estamos na Terra, não imaginamos que existe outra forma de vida, não é? Muito menos que a vida continua...

— É mesmo! Para mim está sendo tão complicado aceitar isso!

— Por quê? Você não está andando, falando, dormindo, comendo? Tudo igual ao que você fazia na Terra. Está viva!

— Nós morremos aqui também?

— Não, aqui a morte não existe.

— Por que morremos na Terra?

— Porque aqui é a nossa vida verdadeira. Para lá, vamos numa viagem de aprendizado, usamos um corpo mais denso, compatível à vibração mental do lugar.

— Vamos aprender o quê?

— A Terra é um planeta preparado para que possamos treinar o domínio de nós mesmos. Para uma linguagem mais técnica, denominamos de "O Planeta das Emoções". Lá tudo é muito exagerado e fantasioso; porém esses são os meios pelos quais o espírito em treinamento pode superar suas fragilidades.

— Para que tudo isso?

— Escala de evolução, somos atraídos para onde nosso espírito sente afinidade vibratória.

— Depois voltamos para cá? Então aqui é o segundo "Planeta das Emoções"?

— Por tudo isso é uma colônia próxima à Terra. Uma estação reparatória até recobrarmos a consciência. Nosso corpo aqui é mais fluídico, não é? Você se beliscou para ver se estava viva, percebeu que seu corpo não era o mesmo, estava mais leve, no entanto, sentiu dor. Sua intenção mental é que provocou a dor. Na Terra, nosso corpo precisa de cuidados materiais, aqui precisamos de cuidados espirituais. Tudo o que pensamos aqui, materializa-se mais rapidamente do que lá. É um outro tipo de domínio. Muitos, por não conseguirem acompanhar a rapidez com que a mente expressa os desejos e sentimentos, são convidados a voltar, pois na Terra tudo é mais lento, dá para aguentar...

— Nossa! Que complicado!

— Devagar você vai aprendendo a diferenciar um estado de outro.

— Então é para isso que nascemos lá? Todos nós?

— Somente aqueles que estão compatíveis com esse tipo de aprendizado.

— Aí morremos, passamos um tempo aqui e voltamos para lá de novo?

— Depende da necessidade de cada um. De uma coisa eu sei, se você não aprender a lição, repete de ano...

Marie sorriu. Lembrou-se de quando pedia para Julia, sua amiga, fazer a lição de casa.

— A única diferença é que na Terra todos acreditam que nunca responderão pelos atos que lhes competem. Enganam, escondem, omitem... Tudo é permitido na escola, mas é o aluno que cedo ou tarde tem de refazer a matéria e aprender de verdade. Teoria muito confundida com "faz e paga" ou a lei de causa e efeito, melhor dizendo. Tudo o que plantamos, algum dia será nossa a colheita. Mas não há alguém que vigie essa lei, o próprio espírito escolhe o que precisa regularizar. Por tudo isso é que dizem que nada ficará obscuro no Universo. É assim que vamos atraindo situações fáceis ou embaraçosas em nossa vida. Agora, há um caminho mais fácil, o do aprendizado. Quando estamos abertos para a renovação, tudo se torna mais rápido e fácil de ser transformado.

— Gosta desses assuntos?

— É engraçado, quando apenas ouço, prestando atenção, é muito fácil entender, mas quando comparo com algo em mim, fica tudo embaçado.

— Sua visão interior ainda está obscura, você não aprendeu a se ouvir e prestar atenção em si mesma, não digo isso mediante à sua condição atual e sim espiritual, ou seja, você está despertando para sua nova realidade, quando tomar posse disso, começará a rever o que outrora não conseguiu vencer.

— Quando vou aprender? Essa foi a causa para que eu voltasse para cá tão cedo?

— Logo você vai compreender. Tenha paciência, pois tudo será revelado quando estiver apta a enxergar suas verdades e fragilidades.

— Fui uma menina ruim?

— O que chama de ruim?

— Não gostava muito que meu pai desse mais atenção para minha mãe, muitas vezes desejei que ele morresse, por esse motivo morri primeiro?

— Você confundiu a lei de causa e efeito. Não é nada disso. Sua postura revela que você é uma pessoa possessiva, mimada e ciumenta. Seu espírito não aprendeu ainda a se dar valor e respeito, você espera muito dos outros. É muito comum surgirem essas características na infância, pois a criança apresenta tendências das quais precisa burilar e, digo mais, muitos crescem apenas pela idade, continuam mimados até que amadureçam emocionalmente. Em vista disso, ingressamos nesta escola da vida, até que possamos maturar nosso aprendizado interior.

— Você disse que reencarnamos lá, mas demora muito para aprender? Quantas vezes voltamos? Todas essas pessoas também vão voltar algum dia? Eu voltarei com minha família?

— Todos nós caminhamos rumo ao aprimoramento individual em primeiro lugar, e o tempo do aprendizado vai depender muito da flexibilidade de cada um, porém todos nós, cedo ou tarde, tendemos a compreender as lições da vida por meio das experiências que atraímos. O mundo vai se modificando, o progresso surgindo, tudo facilitando para que a renovação se faça cada vez mais eficaz.

Na maioria das vezes, nosso espírito se atrai primeiramente por afinidade energética; geralmente estamos ligados com um grupo que seguimos lado a lado pela identificação de semelhantes valores, isto é, quando estamos numa escola, ingressamos com uma turma na sala de aula, não é mesmo? Então, essa turma fica conosco até o término do curso. Criam-se laços de amizade mais fortes com alguns, outros seguem em outra direção, e mesmo instalados em outra família, vamos despertando simpatia pelos nossos, assim sendo, o grupo de afins vai se tornando cada vez maior. Quando isso não acontece, é porque nossa vibração interior está muito baixa, é como se estivéssemos indo para o caminho contrário, fazemos coisas que não sentimos ser prazerosas, então não encontramos afinidade alguma ao nosso redor. No entanto, até na adversidade, se soubermos ser inteligentes, tiraremos grande proveito.

— Eu só tinha uma amiga íntima, Julia.

— Mas é porque a Julia se aproximou de você.

— É verdade. Minha mãe dizia que eu era sisuda e fechada.

— Geralmente, pessoas assim precisam aprender a se doar mais quando sentem vontade de se expressar, obviamente.

— Doutor, o que vai acontecer comigo daqui para a frente. Para aonde irei?

— Vejo que está ansiosa, aos poucos você mesma determinará. Algo em você já mudou, visto que pode compreender no seu ritmo nossa conversa, coisa que no passado isso lhe era impossível.

— Eu já vivi em outras vidas? Porque não me lembro se estou aqui de volta?

— Você está muito ligada ainda em sua última existência, afinal de contas, faz poucos dias que soube o que lhe ocorreu. Todos nós já trilhamos muitas outras existências.

— Vou me reencontrar com alguém conhecido?

— É possível.

— Vou me lembrar?

— Claro que sim. Aguarde sem expectativa. Logo mais você terá plena consciência de tudo. Sua memória espiritual despertará espontaneamente.

— Você sabe quem eu fui no passado?

— Sei. Precisei averiguar para poder ajudá-la.

— Não pode me contar?

— Posso, quando estiver preparada para isso.

— Você sabe de suas outras existências? Sempre foi médico?

— Estava estudando quando desencarnei, continuei os estudos aqui.

— Você não precisou voltar para se reformular?

— Por enquanto não. Alguém tem de ficar por aqui — respondeu sorrindo.

— Só existe este lugar? Todos vêm para cá?

— Não, só os afins! — disse sorrindo novamente.

Espontaneamente, Juvenal beijou-lhe a fronte com carinho, dizendo:

— Vejo que está se recuperando muito depressa. Isso é muito bom.

— Onde está Virgínia?

— Olhe mais adiante, está vendo aquele recanto?

— Sim. Ela está com um casal de jovens também.

— Vamos ver quem são?

Marie sorriu, percebendo a intenção de Juvenal, em seguida disparou correndo ao encontro deles.

— Olá, Marie, como está?

A menina jogou-se nos braços da moça.

— Estou bem, com saudades!

— Eu também. Fico feliz com sua melhora. Estes são dois amigos que quero lhe apresentar, Maciel e Suzana.

Marie estendeu as mãos para cumprimentá-los. Fixou olhar em Maciel, parecia-lhe familiar. Em seguida, enlaçou-se na cintura de Virgínia.

— Está mais bonita! Vejo que está se recuperando muito bem — disse a moça, alisando os cabelos da menina.

Marie sorriu. Por sugestão de Juvenal, todos aceitaram sentar-se à beira do lago.

Maciel e Suzana entreolhavam-se sem nada dizer. A beleza de Marie era de semelhança inconfundível com Irene. Os jovens estavam estupefatos!

Virgínia já havia alertado para que eles mantivessem certa discrição sobre os futuros acontecimentos, principalmente ao lado de Marie.

— Virgínia, que tal darmos uma boa caminhada? — sugeriu Juvenal.

— Boa ideia, assim colocaremos as novidades em dia!

Marie remexeu-se. No íntimo gostaria de ir com eles. Sempre em situações novas, ela se intimidava por demais. Os três ficaram alguns minutos em silêncio, até que Suzana iniciou a conversa.

— Marie, estamos sabendo que você está se recuperando muito rápido, isso é muito bom, pois estarmos bem, é sem dúvida alguma espetacular! Nós passamos por isso, e a entendemos muito bem.

— Estou um pouco confusa, mas acho que é normal, já que todos aqui estão nas mesmas condições. Tenho muita curiosidade de saber o que realmente se faz aqui e por que as coisas acontecem. Não compreendo por que tive de partir tão cedo, tenho saudades de minha família, por mais que as pessoas sejam muito atenciosas comigo, sinto que não escolhi isso, por mim estaria ao lado de minha mãe, em minha casa, na escola, com os meus... Eles já explicaram alguma coisa para vocês? Parecem tão conformados!

— Tudo tem a hora certa. Conosco não foi diferente, eu também senti o que você está me dizendo, pois sou muito nova também, mas, com o tempo, fui compreendendo que a vida continua e essa era a minha nova etapa. Fizemos alguns cursos preparatórios, e então começamos a ter uma nova visão de tudo.

— Vocês não sentem saudades de suas famílias?

— Claro, porém aqui também formamos uma nova família.

— Às vezes acho que estou sonhando e quando acordar estarei em casa novamente.

Maciel sorriu para a menina, dizendo em seguida:

— Agora parece difícil, daqui a pouco vai ser muito natural.

— Vocês são parentes?

— Somos amigos ou melhor, namorados — respondeu Maciel. Suzana sorriu.

— O quê? Expliquem-me melhor, vocês eram namorados e morreram juntos?

— Não, conhecemo-nos aqui. Ela, porém, ainda não aceitou o meu pedido.

— Está brincando comigo, não é?

— Não, estou sendo sincero. Por que acha isso?

— Aqui se namora também? — perguntou encabulada.

— Ora, não estamos vivos? Por que não podemos namorar?

— Não sei, mas por aqui as coisas são iguais em todos os sentidos?

— Deixa a menina, Maciel. Pare de confundi-la.

— Por quê? Apenas estou respondendo o que ela me perguntou.

— Pode falar, não estou confusa, estou curiosa. O que mais sabem?

— Sabemos que estamos vivos em outra dimensão e que nossos sentimentos continuam, assim como tudo que aprendemos lá, poderemos nos aperfeiçoar aqui e vice-versa. Sabe o que conclui? Estamos em nossa casa verdadeira e saímos periodicamente para fazer uma viagem de aprendizado e depois retornar ao lar.

— O que mais descobriram? — instigava a menina.

— Você vai ver. Não se preocupe, tenho certeza disso. Quer falar sobre sua família?

Marie calou-se por instantes, depois procurou algumas pedrinhas e alternadamente jogava-as no lago.

— Não consigo me lembrar de tudo, ainda.

— Então vamos deixar o passado e viver nossos momentos, é o que temos não acha?

— Isso mesmo! — estimulou Suzana. — Quer dar uma volta? Assim exploraremos este parque, o dia está muito lindo. Vamos brincar, sorrir e deixar as mágoas para trás. Daqui por diante, é uma nova vida, não é? Então vamos assumir isso de vez para estarmos disponíveis para o que de melhor vier.

Maciel deu um pulo de braços abertos para o alto dizendo:

— Estamos vivos! Isso é o que importa. Vida! Se alguém estiver chorando por nós, desista! Estamos inteiros e saudáveis! Olhem, vejam! Corremos, falamos, brincamos...

Dizia tudo com muito humor e gesticulava como um menino travesso. Marie ria muito de ver a espontaneidade do rapaz. Por fim, todos saíram abraçados, pulando como crianças soltas e felizes em busca de diversão.

CAPÍTULO 24

No decorrer dos meses, Marie se apresentava mais fortalecida, recebendo os tratamentos de regeneração solicitados pela equipe que a acompanhava. Com os novos amigos, pouco a pouco foi se ambientando em sua nova condição espiritual.

Maciel e Suzana se tornaram para ela sua nova família; frequentemente os jovens se encontravam para trocar suas experiências e isso a confortava, pois se sentia totalmente amparada e amada por eles. Estava se tornando independente e mais amadurecida; com isso, sua aparência se modificara e de menina passou a incorporar a mocidade que julgava ter sido interrompida pelo seu desencarne. Raras eram as vezes em que demonstrava fragilidade excessiva; agora dominava melhor suas emoções.

Aprendeu a vibrar amor pelos seus e a dor da separação foi dando espaço para o sentimento puro e verdadeiro, que a preenchia completamente. Logo mais iria assumir pequena tarefa de auxílio aos recém-chegados da Terra, a convite de Virgínia.

Assim o tempo foi passando e Marie foi surpreendendo aos demais por sua dedicação e empenho.

Numa tarde, Juvenal a procurou para uma conversa mais detalhada, na intenção de perceber se ela estava realmente pronta para participar de novas experiências.

— Como vai, Marie?

— Juvenal! — exclamou contente.

Abraçaram-se por alguns minutos.

— Estou muito feliz por vê-la progredindo a cada dia. Como se sente?

— Muito bem, animada e com muita vontade de ajudar no que for possível.

— Pois bem, é justamente por esse motivo que venho lhe fazer mais um convite. Preciso de alguém para me acompanhar numa tarefa, percebo que todos por aqui gostam muito de você e confesso, ficamos surpresos com tamanha dedicação de sua parte.

Marie respondeu com muita naturalidade, o que fez Juvenal sentir que estava no caminho certo.

— Sinto que faço apenas um pouco do muito que recebi, assim aprendo a me refazer com mais facilidade e mantenho o equilíbrio.

— E por falar nisso, como está lidando com aquela sensação oprimida que você sentia em relação aos seus?

— Ainda não foi possível saber a razão de meu desencarne tão prematuro, mas estou adquirindo a consciência das coisas, então me sinto mais fortalecida e no tempo certo, se isso for ainda necessário para mim, saberei entender. Mesmo porque não há mais o que fazer, voltar ao passado é muito doloroso, prefiro olhar para a frente e seguir mediante o que for proposto para mim.

— Compreendo, isso é muito bom!

— Qual a tarefa que você quer que eu o ajude?

— Virgínia está a algum tempo em assistência para alguns amigos da Terra. Maciel e Suzana a acompanham constantemente e agora precisamos de sua ajuda.

— Vou com eles? — perguntou em sobressalto.

— Todos vamos desta vez.

— Eles não comentaram nada sobre isso comigo, apenas sei que eles a acompanham. Tentei saber o que é, mas não responderam, então me limitei a não questionar novamente.

— Acredito que estão respeitando o seu momento e a sua condição debilitada de outrora.

— Foi o que pensei.

— Faremos uma pequena visita nesta noite, quero ver como você reagirá.

A menina demonstrou certa euforia, adorava a companhia dos amigos e de Virgínia.

— Posso contar para eles que vou acompanhá-los?

— Eles já sabem.

— Vamos nos encontrar no salão principal às dezoito horas, combinado?

— Combinado. Juvenal, que dia da semana estamos?

— Domingo.

— Igual da Terra, não é mesmo?

— De certa forma sim.

Marie sentiu um leve arrepio percorrendo seu corpo, uma sensação de nostalgia a acometeu naquele momento. Dirigiu olhar para o alto, não sabia identificar o que estava ocorrendo, insistiu na observação, mas nada de concreto lhe foi revelado. Respirou fundo, considerou importante que Juvenal a esclarecesse. Antes que se pronunciasse, ele mesmo o fez, perguntando-lhe:

— Está tudo bem?

— Acho que sim, ainda não sei identificar muito bem algumas sensações.

— As sensações nos revelam uma sintonia vibratória ligada ao nosso campo magnético. Feche os olhos e apenas se deixe sentir.

Marie obedeceu e por alguns instantes se viu ao lado de sua mãe. Notou que ela estava um pouco envelhecida, mas bela como sempre. Quis abraçá-la, mas não conseguiu. Em fração de segundos, a cena desapareceu por completo. Abriu os olhos marejados em lágrimas, parecia um sonho, viu sua mãe pela primeira vez, desde sua partida.

— Minha mãe! Eu a vi. Que saudades! Minha mãe! — disse emocionada.

Juvenal a observava com muita atenção, enquanto a menina esbanjava felicidade.

— Juvenal, minha mãe está pensando em mim. Eu a vi muito claramente.

— Isso mesmo, Marie, sua mãe está ligada em você neste momento.

— Será que posso tentar de novo? Posso conversar com ela?

— Claro que sim, apenas a mentalize e diga o que você quer.

— Mas isso eu já fiz e nunca a vi, explique-me como consigo que ela me veja? E como consegui vê-la tão bem como agora?

— Suas vibrações realmente chegam pelas sensações, iguais as que você sentiu há pouco. Agora, quanto à percepção ser mais ou menos nítida, vai depender muito do estado emocional de cada um. Quanto menor a expectativa e ansiedade, mais conseguiremos lançar nosso pensamento para atingirmos o objetivo. Pensar é criar!

— Mas muitas vezes pensei em minha mãe, será que me viu?

— Não. Nesse caso, tanto você quanto ela, estavam debilitadas emocionalmente, as intenções eram manifestadas pelas emoções e não na emissão do pensamento, isto é, quando sua mãe aprendeu a dirigir a intenção para você por meio das flores, você as viu em seu quarto e sentiu que era ela que lhe havia dado. Não é mesmo?

— É mesmo! Disso não tenho dúvidas.

— Vocês estavam congestionadas mentalmente. Hoje, você, inconscientemente, associou sua ida à Terra com ela, estabeleceu-se um elo puro e você se viu ao lado dela. Você foi a emissora.

— Ela não me viu?

— Como lhe disse, espontaneamente tudo pode acontecer, mas não houve tempo hábil para isso; dependendo da predisposição que ela tinha neste instante pode ter recebido apenas um toque aguçado das lembranças remotas. É muito comum quando estamos encarnados, lembrarmos de fatos ou pessoas sem que aja motivo, com certeza alguém à distância já iniciou essa reflexão. Telepatia, já ouviu falar?

— Já.

— Quanto à vidência, isso é mais complexo, dependerá das faculdades sensitivas que a pessoa possui. Mas nem assim se perde um pensamento ou um desejo. Durante o sono físico, muitos se desprendem e se reencontram com entes queridos. Ao acordar, julgam apenas terem "sonhado" com tal pessoa.

— Eu nunca me reencontrei com minha mãe. Pelo que você está explicando, reconheço que não tínhamos preparo para isso, estou certa?

— Digamos condições emocionais. No entanto, hoje você está menos apegada e pode experimentar as facilidades de sua nova condição espiritual. Para nós, isso se torna mais rápido, pois nosso corpo astral é menos denso e nossos pensamentos e sensações se materializam rapidamente.

— Então, quando associei o dia da semana, registrei que aos domingos sempre passeávamos e então me conectei a ela, como você já havia dito.

— Isso mesmo!

— Como posso saber se ela recebeu esse pequeno contato?

— Saberá em breve. Quero que você se prepare muito antes de irmos. Procure se desprender de tudo o que lhe foi dolorido, somente assim terá um bom desempenho. Tenho certeza de que conseguirá.

— Acredito muito que sim. Mas não poderei negar que ficarei com essa lembrança para sempre dentro de mim.

— São momentos que preenchem nossa alma, o amor nunca é ruim. A dor representa a nossa inabilidade de amarmos verdadeiramente.

— Hoje foi um dia muito significativo. Como de costume, você sempre está ao meu lado nessas horas. Como posso lhe agradecer?

— Melhorando interiormente cada vez mais, pois só assim compreenderá que tudo está na mais perfeita ordem dentro do Universo.

Marie abraçou o médico, que correspondeu, demonstrando grande carinho. Em seguida, preferiu caminhar um pouco sozinha para refletir com mais calma sobre tudo o que lhe acontecera.

Sentou-se debaixo de uma bela árvore e chorou muito, o rosto de sua mãe estava vivo em sua mente. Já não sentia tanta dor, mas a saudade era inevitável.

A morte para ela não representava mais o fim, era o início de uma nova jornada da qual não sabia ainda o rumo que iria tomar, mas de uma coisa tinha absoluta certeza, estava viva e pronta para recomeçar.

Ansiava por novas conquistas, havia muito que aprender, gostaria que sua mãe soubesse disso. Confiava em Juvenal, ele fora seu esteio, um dia quem sabe, conseguiria ver os seus e poderia contar-lhes tudo o que estava acontecendo. Aguardaria com paciência.

Relaxou e deixou que os pensamentos se esvaziassem diante da bela paisagem que lhe servia como bálsamo revigorante. Assim ficou até poucos minutos do encontro marcado, para a tarefa que mudaria por completo o rumo de sua história.

***

Marie entrou no salão principal com ar sereno e despreocupado, percebeu que havia muitas pessoas que se agrupavam isoladamente. O espaço era imenso e muito bem decorado, nunca havia estado ali, pensou em quantas coisas ainda não conhecia desde a sua chegada. Estava se familiarizando cada vez mais com sua nova morada. Procurou Juvenal e sua equipe; não estavam lá, de certo não haviam chegado, resolveu sentar-se ao lado de uma fonte luminosa e aguardar.

Uma porta no fundo se abriu, alguns grupos se dirigiram apressados para aquela direção. Marie, movida pela curiosidade, levantou-se a fim de observar-lhes o destino. Não pôde acreditar no que viu, de repente um tipo de "ônibus voador", todo iluminado, parou ao lado deles permitindo-lhes a entrada.

Em questão de segundos, disparou velozmente e desapareceu no meio das nuvens. Atônita e ofegante, segurou-se entre dois pilares para se recuperar, se não fosse as mãos de Juvenal tocar-lhe os ombros, teria desfalecido com o susto.

— Juvenal! Graças a Deus que chegou! O que é aquilo?

O moço não pôde conter o riso, apesar de compreender-lhe o espanto.

— Nosso ônibus astral! Realmente é de se espantar! No entanto, basta dar uma pequena volta dentro dele e o espanto some, aliás, é tão rápido e veloz que num piscar de olhos já temos que descer. Nada se compara a essa invenção tão eficaz.

— Tenho visto muitas coisas por aqui semelhantes à Terra, ou melhor, como você já me disse, o original é feito aqui e a cópia é reproduzida lá, mas como esse ônibus não existe nada igual, é de arrepiar... Existem vários ou apenas esse? Todas aquelas pessoas foram para a Terra?

— Temos vários, tudo rigorosamente programado de acordo com o destino de ida e volta. Alguns fazem paradas em colônias próximas daqui, outros rumam para a crosta, dependendo da tarefa e de quem vai acompanhá-los, o aerobus é indispensável. Por falar nisso, nosso horário está se expirando, Virgínia deve estar chegando.

— Olha! Lá vem ela! — exclamou Marie, afoita.

— Preparada? — questionou Juvenal, olhando atento para a menina.

— Sim, estou ansiosa e apreensiva.

Maciel e Suzana chegaram mais próximos de Marie, envolvendo-a em um terno abraço, a fim de transmitir-lhe conforto e segurança. Sussurrando aos ouvidos da menina, Maciel como sempre satirizou dizendo:

— Não adianta gritar quando entrar no aerobus, poupe-me do vexame!

— Para de me amedrontar, Maciel!

Há poucos metros dali, já se podia avistar o incrível veículo aéreo sinalando sua chegada, rasgando o céu com pisca-piscas luminosos e rapidez incomparável.

Marie foi a única a colocar naquela expedição, um cinturão plástico e aderente que mantinha a temperatura um pouco mais elevada do seu corpo astral. Era a primeira vez que excursionava para a Terra e esse método era utilizado para que não sofresse nenhuma alteração que pudesse descompensá-la, haja vista que ainda não possuía defesas psíquicas capaz de fazer esse tipo de isolamento somente com o pensamento e absorção etérica pela respiração.

Um pouco desajeitada, a menina constatou que apesar da velocidade em que transitava o aerobus, era possível visualizar nitidamente de dentro para fora todos os aspectos externos em rotatividade normal, assim como detectar à longa distância qualquer detalhe minucioso e imperceptível em relação à altitude que estavam.

Marie surpreendeu-se com essa possibilidade da qual jamais ousou sonhar que pudesse existir. Estava extasiada com a tecnologia avançada de seu novo mundo, porém se sobressaltou com a chegada de uma névoa cinzenta e escura, assemelhando-se à grande turbulência em dias chuvosos. Sentado a seu lado, Juvenal prontamente esclareceu:

— Estamos chegando, infelizmente essa é a materialização energética do planeta.

— Existem poucos pontos claros no meio desse nevoeiro.

— Isso quer dizer que os pensamentos negativos tomam essa forma densa?

— Sim, ficam plasmados como uma goma e essa densidade é alterada na medida em que recebem forte dose fluídica do sistema de purificação universal. Caso contrário, seria bem pior. Mas tudo está na mais perfeita ordem e equilíbrio, dentro dos padrões compatíveis com a esfera terrena.

— É sempre assim, não mudará nunca?

— Tudo se renova e transforma a seu tempo. A experiência dentro deste planeta é altamente necessária para o desenvolvimento da consciência, os contrastes são necessários, em virtude disso tudo é permitido, porque é criado pela manifestação mental.

— Então por que estamos indo ajudá-los?

— Porque toda escola tem professor e nossas tarefas são permitidas porque estamos também aprendendo a conduzir nossas habilidades e potenciais já trabalhados. Isso é mais ou menos instintivo, cada vez que o homem avança, desperta automaticamente dentro dele a necessidade de espalhar o seu conhecimento, como um imã que se atrai e vice-versa. Tornamo-nos trabalhadores contínuos para o crescimento da humanidade.

— Por que temos mais clareza fora do corpo físico? Esses conhecimentos não nos são revelados quando estamos encarnados, qual a razão?

— Nesse intercâmbio, vão se formando grupos identificados pela vibração mental, crenças e religiões se misturam até que cada um possa receber o conteúdo preciso para que sua consciência se eleve. A partir daí, estagiamos uma vivência interior mais independente e responsável que nos capacita a darmos os primeiros passos para esta compreensão, ou seja, quando há preparo, nos é permitido compreender além do estado convencional.

— Todos os que vão para a colônia que estou, já podem receber esses conhecimentos, não é?

— Digamos que estão engatinhando, mas diferenciados, com certeza!

— Sou uma adolescente "crescida" e não me lembro ainda de outras vidas, mesmo assim sou capaz de compreender muito além de minha idade, percebi que de algum tempo para cá, estou mais madura e lúcida, tenho postura de adulto e conhecimento similar; como se explica isso?

— Você está retomando a posse de sua origem espiritual, dentro em breve poderá escolher de que forma gostaria de se apresentar, pois seu corpo astral está totalmente moldado aos seus códigos de evolução, assim que você adquirir maior equilíbrio, poderá exercer esse domínio.

— É por isso que todos por aqui se apresentam mais joviais?

— A jovialidade é caracterizada pelo molde mental de cada um e não pela idade cronológica espiritual. Temos companheiros por aqui, que já somam seus quinhentos anos e se mantêm atualizados, modernizados, jovens e bonitos. Por outro lado, há também aqueles que pararam no tempo, cerceados pelas ilusões, traumatizando-se diante da própria responsabilidade de escolha, resultando em paralisia interior e lamentável aparência, mendigos da alma, perambulando zonas inferiores a custo de suprimento passageiro que não lhes evita a dor posterior.

— Já ouvi falar desses lugares horrendos, são doentes da alma e não querem se ajudar, pensam em se vingar, sem ao menos compreender as razões que os levaram a tal situação. Tenho muito que

aprender ainda, mas reconheço que por algum merecimento fui acolhida por essa colônia em que me sinto totalmente renovada, estou
me preparando para esse tipo de esclarecimento, devo confessar
que sou acometida por curiosidade demasiada quando penso na
possibilidade de rever outras vidas que tive.

— Isso é muito natural entre nós, acostumamo-nos a olhar mais
adiante e focalizar atenção somente no sentido contínuo de tudo, daí
vamos percebendo que não há este tipo de anulação pretérita nem
anseios para o futuro, é uma coisa só e tudo se complementa entre
si. Comparando-se às lembranças da infância que são a estrutura
da fase infanto-juvenil e esta por sua vez da fase adulta. A noção
de tempo e espaço na espiritualidade é bem diferente, como você
mesma pode notar.

— Juvenal, como é bom estar aprendendo tanto! Gostaria de
me preparar mais e mais para retribuir, ajudando aqueles que como
eu sofreram muito por desconhecerem as verdades do espírito.

— Tudo a seu tempo, Marie, mas fico contente ao vê-la mais
equilibrada.

Logo após ultrapassar a barreira energética da crosta, o aerobus fez sua última parada, liberando a equipe de Juvenal bem perto
da orla marítima.

Marie também foi a primeira a descer, apesar da densidade
vibratória ser muito intensa, a menina demonstrou perfeito autocontrole. Observou atentamente o lugar que estava, contatou pela
primeira vez a presença de algumas pessoas à distância se retirando
da praia. Surpresa, olhou para os amigos e sorriu, em seguida tentou pegar algumas conchas como fazia na infância. Não conseguiu.
Sentiu-se frustrada e impotente. Não insistiu. Preferiu aguardar alguma orientação dos supervisores.

Juvenal se mostrou apressado a conduzi-los para o local planejado, assim seguiram calados e pensativos. Em certo momento,
Marie percebeu que estava a alguns centímetros do solo, sem que
pudesse se conter, via-se subindo a considerável altura, depois,
sentiu-se aterrissando diante de uma bela casa de veraneio com
arquitetura exuberante.

O médico fez sinal para que eles entrassem; a menina os viu
ultrapassarem os portões sem abri-los, era sua vez, hesitou, temeu
se espancar entre os ferros, colocou a mão, depois uma perna, por
fim jogou-se de vez. Todos aplaudiram, Marie conseguira manter a

flexibilidade de seu corpo astral. Admirados com a beleza do imenso jardim permaneceram ali por alguns minutos a fim de canalizarem a energia da natureza pelo ar puro que inalavam.

Na varanda, uma senhora de meia-idade apareceu de mãos dadas com um menino que tentava escapar de seus cuidados.

— Calma, Dionísio, olha o degrau! Tenha cuidado!

O menino correu para uma balança próxima a uma pequena árvore florida, ria muito por ter escapado de sua tutora.

Marie lembrou-se de Catarina, sentiu um leve aperto no peito. Quis chegar mais próxima do garoto, porém evitou se dispersar das orientações recebidas. Maciel e Suzana conduziram-na para o interior da casa. Atraídos pelo som de música suave se dirigiram para a sala de estar. Marie parou numa antessala, observou uma mesa com vaso de flores, jarros com água e um livro aberto, a sintonia exalava paz e tranquilidade. Ouviu vozes, olhou para ver quem se aproximava, seu coração disparou, as mãos ficaram gélidas e forte sensação de tontura a acometeu. Reconheceu seu pai ao lado dos primos Paulo e Valentina. Quis correr ao encontro deles, com lágrimas nos olhos, não conteve a emoção, chorou...

Virgínia a abraçou, encorajando-a e dizendo:

— Pense como a Providência Divina lhe ofereceu esse presente, seja forte!

Marie não respondeu, deixou que as emoções se esvaíssem pelo choro; mais calma, tornou a olhar para aquele que um dia lhe permitiu a vida. Estava mais envelhecido, porém atencioso como sempre, tentou balbuciar algumas palavras para ver se ele a notava, não obteve resposta. Tentou emitir ondas de vibração de seu peito para eles, porém continuavam conversando e sorrindo, completamente dispersos à sua intenção. Ouviu passos vindo da escada lateral, seu peito parecia não poder aguentar tamanha emoção, era ela, sua mãe!

A menina não sabia mais se chorava ou sorria, quis correr para abraçá-la, porém seu corpo não se movia, estava estática, olhou com suplício para Virgínia que apenas sugeria calma e equilíbrio. Do outro lado, Juvenal e os outros faziam uma corrente fluídica, emitindo vibrações de paz e harmonia.

Marie teve ímpetos de correr ao encontro deles, não sabia como se conter, tinha vontade de gritar que estava lá, viva, queria compartilhar com eles sua chegada, chorou compulsivamente, dessa vez se atirando nos braços de Virgínia.

— Tenha confiança, Marie, ainda há muito que experienciar nesta noite, tenha fé — consolou a moça.

Marie soluçava sem parar, revivendo toda sua história até o dia em que partira; por fim foi se acalmando e retomando o equilíbrio. Rogava aos céus que pudesse permanecer ali, a fim de cumprir sua tarefa com os seus, agora de forma diferenciada, mas com o mesmo amor que um dia os uniram.

Juvenal suspirou satisfeito, a menina havia superado as emoções do impacto sem melindrar o intento programado.

Marie ficou alguns metros distante deles, observando o que mais aconteceria naquela noite. Irene conversava em tom baixo, por algumas vezes chegou a desviar o olhar para a direção onde estava Marie, parecia-lhe que alguém entraria por aquela porta, porém não registrou de pronto a presença da filha. Olhou para o relógio no pulso, levantou-se subitamente indo na direção da varanda. A menina pôde ouvir o som da voz bem perto dela, isso a comovia, pensou no que faria sua mãe se a visse ali, tão próxima a ela, como seria bom poder abraçá-la e tocá-la como outrora. Exercitou mais uma vez o desprendimento para não lhe ofuscar o equilíbrio, não poderia perder aquela oportunidade de reencontrá-los, com isso reunia forças para não desperdiçar cada segundo daquela vivência, e assim retomava a calma se pacificando.

Irene entrou na companhia de duas senhoras que exclamavam estarem dentro do horário. Após os cumprimentos, todos se dirigiram para a antessala, já preparada para a recepção.

Um a um todos foram ocupando os lugares ao redor da mesa. Irene apagou as luzes principais, deixando apenas uma arandela acesa.

Deram as mãos, fecharam os olhos e com uma prece iniciaram a reunião. Marie percebeu a presença dos protetores individuais daquele grupo. Estava extasiada com a habilidade que emitiam raios luminosos que se entrelaçavam, formando uma corrente fluídica ao redor deles. Outros, entravam com flores e ervas fluídicas que se espalhavam por todo o ambiente.

Nunca poderia imaginar que existisse esse tipo de intercâmbio, a cada minuto sentia que naquela noite muitas coisas mudariam em sua vida, principalmente o conhecimento que estava recebendo por meio daqueles amigos que tanto a estimavam.

Em seguida, Irene acendeu as luzes e uma daquelas senhoras fechou o livro e tornou a abri-lo, iniciando breve leitura. Dissertaram sobre o assunto, havia interesse por parte de todos, isso aumentava a luminosidade áurica dos envolvidos. Marie continuava atônita, percebeu que Maciel e Suzana estavam ajudando na fluidificação da água, de suas mãos saíam jatos de luzes esverdeados, tornando o líquido gasoso e colorido. Um grupo de médicos entrou inesperadamente, saudando-os ligeiramente, em seguida espalharam-se por toda a casa como se estivessem inspecionando cada cômodo da bela mansão.

Se por um lado alguns médicos subiam as escadas em direção aos aposentos, outros desciam simultaneamente, segurando tochas de fogo e assoprando uma espécie de pó purificador. Vestiam uma túnica branca, com alguns pequenos chocalhos amarrados nos tornozelos, eram do tipo africano e com aspecto sisudo também cumprimentaram discretamente o grupo espiritual que acompanhava Marie.

Quase no fim da reunião, Juvenal convocou o grupo para participar do fechamento. Todos fizeram uma corrente ao redor deles, inclusive Marie, que, emocionada, emitia ondas de amor para os seus.

Enquanto faziam as vibrações à sombra de meia-luz, Teresinha, amiga de Irene, relatava o que havia percebido pelos canais da vidência, para os companheiros presentes.

De olhos fechados, a bondosa senhora descrevia com imensa sensatez algumas partes permitidas pelo seu dirigente espiritual, que atrás dela manifestava a intenção, colocando as mãos sobre os centros frontal e coronário da médium.

Marie olhava para sua mãe, desejando-lhe paz e amor. Fez o mesmo para o pai e os primos. Ao abrir os olhos recebeu um toque de Juvenal para que se aproximasse do amigo espiritual que comandava a reunião. Orientada, a menina tomou o lugar dele, colocando as mãos na mesma posição indicada para que pudesse treinar sua comunicação, fazendo o intercâmbio mediúnico.

Marie, um pouco trêmula, conversava mentalmente com a médium dizendo:

— Muito obrigada por toda a ajuda e vibrações que recebi de vocês nesta noite — em seguida, abraçou-a com carinho.

Teresinha, habituada a ver os espíritos, sentiu seu corpo todo tremer, reconheceu que ali estava alguém necessitando de ajuda. A princípio esboçou breve vibração, pois aquele não era o tipo de trabalho indicado para amenizar as dores dos desencarnados em forma de orientação mais precisa, porém, recebendo em seguida a sensação de carinho e ternura emitida por Marie, resolveu identificar melhor o tipo de contato que estava recebendo.

Pediu para que todos firmassem o pensamento visualizando muita luz, depois silenciou a fim de observar melhor se poderia encerrar a reunião. Foi quando o dirigente espiritual interveio, dizendo mentalmente que ali estava uma pessoa que havia tempos muitos aguardavam notícias. Marie e o mentor colocaram simultaneamente as mãos na fronte dela e a menina tornou a fazer o breve agradecimento.

Em seguida, os olhos espirituais de Teresinha cruzaram com os de Marie que sorria para ela e chorava ao mesmo tempo.

Controlando as emoções, a médium relatou tudo o que estava vendo e ouvindo. Irene caiu em prantos, pois sabia ser sua filha que ali estava. Marie assentia para a médium, confirmando sua presença. Teresinha não tinha mais dúvidas, Marie estava lá. Com muita emoção dos participantes, a única coisa que poderiam expressar naquele momento era a manifestação do amor que os envolvia. Mário, ao lado de Irene, apertava fortemente suas mãos nas dela e com impulso espontâneo disse em voz alta:

— Minha filha, nós amamos você! Desejamos muita luz para seu espírito e esperamos que sua vinda hoje até nós, seja o primeiro passo para acreditarmos na imortalidade da alma, assim, poderemos permanecer ligados pela eternidade.

Marie soluçava e por esse motivo foi deslocada, deixando a médium apenas com a sintonia do mentor. Até isso ela pôde relatar. Passado o ápice das emoções, terminaram a reunião com comovida prece de agradecimento pelo lado bom que se pode enxergar da vida.

CAPÍTULO 25

O dia amanheceu claro e ensolarado, naquela manhã Irene acordara muito cedo, sentia-se profundamente agradecida pelo presente de ter tido notícias de sua filha. Após o desjejum, saiu para uma caminhada à beira-mar, aquele dia era realmente especial, pois se Marie estivesse entre eles, estaria completando mais um ano de vida.

Pensava na sincronicidade da vida; tempos atrás, na noite antecedente ao parto, ela como toda mãe de primeira viagem, estava por demais apreensiva com a chegada de seu bebê e agora uma noite antes do aniversário dela, recebera sua inesperada visita.

Em todos os anos, depois do desencarne da menina, Irene agia como se ela estivesse lá, arrumava a casa, colocando flores por todo lado. Levantava bem cedo e orava por ela. Por mais que quisesse se desprender de certos rituais não conseguia, dizia sempre que costumava ouvir a voz de seu coração, rejeitando toda e qualquer crítica a esse respeito.

Por outro lado, já não sentia tanta dor, fazia exercícios constantes de desapego na intenção de soltá-la para seu caminho espiritual, na certeza de algum dia poder reencontrá-la. Reconhecia ter por ela uma afinidade acentuada. Marie tinha sido e seria sempre sua preferida. Quando resolveu adotar Dionísio, pôde constatar isso mais de perto, pois adorava aquele menino, porém, mesmo transferindo seu amor de mãe para ele, não se sentia tão preenchida em relação ao que vivera com Marie.

Excepcionalmente naquele dia, Irene não sentiu vontade de cumprir seu rito anual, preferiu ficar com a recompensa de ter sido visitada pela filha, a única coisa que fez foi sentar-se na areia e trazer de volta a imagem da menina correndo ao redor dela, como fazia na infância.

Imaginou também como estaria mais crescida, adolescente bem perto da fase adulta e provavelmente linda. Sorriu com satisfação, porém, não deixou que a tristeza a acometesse, pois sabia que ela estava viva e caminhando para seu crescimento espiritual. Com as mãos cavoucando a areia, encontrou uma bonita concha, correu para água a fim de limpá-la, guardaria consigo a lembrança de outrora. Quantas e quantas vezes Marie chorava por perdê-las nas águas, depois saíam à procura de tantas outras que faziam brilhar de alegria os olhos da menina.

Irene permaneceu na praia até às onze horas da manhã, depois, sentindo o sol mais ardente, resolveu voltar para casa junto aos seus. Levantou-se um tanto quanto apressada, respirou fundo, colocou seu bonito chapéu e partiu. De repente, ouviu seu nome sendo chamado a poucos metros de onde estava, olhou para os lados e para sua surpresa avistou Julia, a amiga predileta de Marie. Abraçaram-se com euforia, havia tempos que elas tinham perdido o contato em virtude da mudança residencial dos pais da moça para o interior de São Paulo.

Julia estava em companhia de seus primos que residiam no litoral, passaria as férias com eles. Irene a convidou para se encontrarem para um refresco no fim da tarde, assim colocariam as novidades em dia. Quis falar-lhe a respeito da visita de Marie, mas julgou ser precipitada a intenção, muitos não acreditavam em espíritos e temeu ser mal interpretada. Averiguaria primeiro. Se houvesse reciprocidade sobre o assunto, iria lhe contar tudo. Caso contrário, ficaria em silêncio.

Não era de seu estilo forçar que as pessoas tivessem a mesma crença que ela, havia aprendido que todos seriam chamados para esse nível de consciência quando estivessem prontos, como aconteceram com Mário que, espontaneamente, foi se interessando mais e mais até se tornar assíduo.

Julia lhe parecera mais amadurecida do que sua idade lhe permitia, até mesmo seu corpo se desenvolvera muito mais do que o esperado. Tornara-se uma linda garota morena de olhos grandes e amendoados, desfilava a beleza do auge juvenil. Julia em breve comentário lhe dissera estar gozando as merecidas férias, pois logo mais ingressaria na faculdade de medicina, realizando seu maior sonho de poder ajudar na saúde das pessoas. Irene comoveu-se ao felicitar-lhe pelo esforço e conquista. A moça lhe parecia sensível, inteligente e muito determinada, mas mesmo assim, arriscaria na revelação só após maior intimidade.

Foi com satisfação dupla que Irene voltou à casa de praia perto do horário de almoço. Entrou sorrindo para a surpresa de todos. Mário correu ao seu encontro, demonstrando preocupação com sua demora, ela, no entanto, exalava tanta alegria que o deixou rapidamente pacífico. Contou para todos a surpresa de ter encontrado Julia, e que não fez nenhum comentário sobre Marie, deixando-os mais perplexos ainda.

Teresinha que ali havia pernoitado, observou com certa naturalidade:

— O conforto da presença de Marie lhe renovou por completo as energias, não é, minha querida?

— Para falar a verdade, sinto uma alegria tão grande, que não cabe dentro de mim tamanha felicidade.

— Isso é muito bom, tenho certeza de que essa era a intenção dela para contigo. Vê-la bem e alegre é o que todos nós queríamos, imagine ela!

— Reconheço ser merecedora disso, pois poucos têm esse privilégio.

Teresinha silenciou-se por alguns minutos, parecendo ter entrado em estado de curta meditação; depois, suspirou dizendo:

— Há coisas que estão sendo preparadas para você, nada é por acaso, o que percebi ontem foi algo muito diferente, além da presença inusitada de Marie. Muitos amigos espirituais estavam a postos interessados em nosso trabalho com eles.

— O que quer dizer? — perguntou curiosa.

— Ainda não sei, mas esperemos mais detalhes vindos da orientação deles. Apenas estou relatando o que presenciei.

— Seja o que for, estaremos abertos e predispostos a realizar o que for melhor, assim sendo, contamos com a ajuda e proteção deles.

— Disso não tenho dúvidas. Vamos aguardar a confirmação na hora certa.

Irene mandou servir o almoço na sala de lazer ao lado da piscina. Aquele, indiscutivelmente, era um dia de festa para ela, o ambiente fornecia muita descontração, todos aproveitavam para deixar que a informalidade tomasse frente, soltando-se em brincadeiras sadias uns com os outros.

Com o calor intenso, passaram a tarde inteira na piscina, brincando como crianças, o que os fez concordar em unanimidade que também mereciam umas boas férias de verão até o fim da temporada.

***

Era fim de tarde quando Julia, acompanhada de uma prima, apontou na frente da casa de Irene. A moça foi recebida por todos com muita alegria e carinho. Para Irene, o reencontro com Julia representava mais um aspecto resgatado de Marie. Chegou a pensar se acaso sua filha não estaria por trás de tudo aquilo. Dissipou o pensamento, vigiava a possibilidade de estar fantasiando e preferiu vivenciar os fatos presentes, independentemente das coincidências ocorridas.

Convidou as moças para se sentarem num dos confortáveis sofás que decoravam a bela varanda. Julia estava extasiada com a beleza e requinte da casa. Era uma das habilidades de Irene, isso sabia muito bem, admirava-a por desenvolver tantos talentos.

Entre uma lembrança e outra, as duas relembravam cenas da época em que conviveram juntas, davam muitas risadas ao compartilharem as descobertas que jamais se pensa que os pais saibam. Julia teve de admitir desta vez que era ela que fazia as lições de casa de Marie.

— Quanta inocência! — dizia a moça que nunca pensou ser delatada por sua própria escrita.

Irene, mesmo acamada, recebia recados da professora dizendo que ela não deveria fazer por Marie, assim sendo, se não era ela quem a ajudava, só restava Julia, a amiga...

A noite começou a cair e as luzes do imenso jardim se acenderam, tornando-o mais belo ainda. Descontraídas, elas notaram a presença de Paulo e Valentina que se aproximaram. Irene fez sinal para que eles se acomodassem junto a elas. Depois foi a vez de Mário, Teresinha e a amiga Celestina.

A conversa tomou outro rumo a partir de um comentário que Julia fez a respeito de alguns estudos que a estavam fascinando e que pretendia se aprofundar, reconhecendo ser de suma importância para seu crescimento pessoal e futura profissão.

— Estou estudando sobre como funcionam nossas energias e como produzimos efeitos a partir do modo como agimos ou pensamos — dissertava com convicção.

A questão instigou a todos que de certa forma estavam aprendendo isso pelos estudos sobre mediunidade, exceto Paulo, que assimilara com mais presteza por estar afinizado já havia algum tempo em semelhante pesquisa.

Julia focava-se na importância de sabermos que somos responsáveis pelo nosso destino e que somos nós que criamos a lei da atração de tudo o que nos acontece. Para ela, ser espiritual era muito mais que uma religião, era o sentindo da essência de tudo o que buscava, apesar de se identificar com o espiritismo onde principiou seus estudos, começara agora uma nova etapa, associando que não há uma lei que nos condene e sim a nossa própria emancipação que faz com que mudemos de sintonia.

Era adepta a aprender pelo conhecimento e não mais pela dor. Citava exemplos de como somatizamos nossas emoções no corpo físico, causando doenças e desequilíbrios psíquicos. Relacionava a lei de causa e efeito com o carma de cada um, concluindo que podemos alterar qualquer consequência exatamente no momento em que mudamos os padrões de pensamentos e atitudes.

— A sorte então — dizia ela –, é para aqueles que acreditam no melhor de si mesmo, amam-se e se valorizam em primeiro lugar. Eles recebem tudo da vida porque estão ao lado do bem que fazem por si, sabem confiar e persistem em seu próprio aprimoramento. O erro é uma escada para o aprendizado, porque quem se culpa está ao lado do orgulho e tarda na modificação que precisa realizar. Muitos ficam parados, estagnados, julgando que a sorte não é para eles e que estão pagando algo de muito grave que fizeram em outras vidas. Tudo ilusão, cedo ou tarde percebem que a mudança estava ao lado deles o tempo todo e que não tinham maturidade para enxergar isso. Frustrados e decepcionados, ainda sob efeito da vaidade, perambulam pós-morte física, até que despertam para a própria realidade. Isso quando acreditam na imortalidade da alma, quando não, julgam-se amaldiçoados pelo destino e destilam sua ira contra tudo e todos.

— Nossa! Você está inspirada mesmo! — disse Irene, atônita, analisando o conhecimento da moça.

— É claro que me considero aprendiz como todos os que reencarnam neste planeta. Mas para mim faz muito sentido principiarmos nesta conduta, pois vamos nos tornando mais fortes e mais responsáveis por nós mesmos. Facilita o desenvolvimento de nossa consciência, tornando-nos mais lúcidos e com isso automaticamente, mais espiritualizados.

— Estou admirada por tanta sabedoria com tão pouca idade — ressaltou Teresinha. — De certa forma, aprendemos isso com os estudos do espiritismo, mas o que você diz está além da crença de que somos vítimas do destino, ao contrário, somos os criadores dele. Com os anos em que me dedico aos trabalhos mediúnicos chego a concordar com você, pois muitos se tornam dependentes dos espíritos, alguns até se revoltam por não conseguirem o que pretendem na vida, responsabilizando-os por isso. Mudam de religião ou de Centro Espírita, julgando que outro lugar é mais forte para receberem benefícios, esquecem que cada um faz a sua parte e que os espíritos nos ajudam quando estamos fazendo o nosso melhor, caso contrário eles apenas vibram por nós até a hora em que dermos o primeiro passo. Não existe milagre, concordo sim, minha filha, e acredito que esse é o ponto em que todos nós precisamos nos reformular na vida. Quanto às causas das doenças esse ainda é um enigma para todos, confesso que até eu mesma me surpreendo com alguns casos em que a pessoa aparentemente faz tudo certinho, tem uma boa conduta, bons princípios, dedica-se a alguma religiosidade e por fim depara com um problema inesperado. Por certo, existe uma causa que nem mesmo a própria pessoa sabe identificar. Aqueles que já nascem com um problema congênito, atribuem a doença ao carma de vidas passadas. Esquecemos, porém, que de alguma forma esse indivíduo, lá atrás, já mantinha pensamentos contrários com fortes emoções reprimidas, então seu perispírito recebe essas marcas com tamanha intensidade que somente um descarrego em um novo corpo é capaz de esvaziar tanta condensação negativa. Aí se explica os casos de bebês que nascem com doenças incuráveis e vêm a falecer. Essa questão é incompreensível para muitos que desconhecem o porquê desses acontecimentos tão dolorosos que afetam todos os familiares.

— Pelo que estou aprendendo é assim mesmo, a causa que existe está dentro de nós e somente nós podemos mudar aqui ou fora da matéria, aprendemos, assim, a modificar os pensamentos e criamos nosso bem ou mal-estar.

— Por que não aprendemos isso antes? Será mesmo que somos criadores desse mal que existe em nós? E a pobreza que assola o planeta? E os desvios e a corrupção em que só alguns se beneficiam? Eles não recebem em troco por sua conduta errônea? E as injustiças? Veja, por que não posso ser mãe se é o meu maior sonho? — revoltou-se Valentina, inesperadamente.

Paulo desculpou-se de imediato, revelando que a esposa já tivera três tentativas de gravidez mal-sucedidas, sendo que clinicamente não havia diagnóstico que acusasse algum distúrbio ou infertilidade de ambos.

— Nesse caso, minha filha, não se pode arrumar o mundo em um minuto, creio que fazemos parte de certa forma de tudo isso, pois por meio das diferenças vamos nos aperfeiçoando e se assim é permitido, consequências receberemos em diversas escalas também. Agora quanto à questão maternal, como você vê isso, Julia? — argumentou Teresinha, questionando.

— Primeiramente, os problemas sociais se refletem indiscutivelmente em todos nós, mas muitos conseguem evoluir por meio de tantos contrastes. Bom seria se todos pensassem assim, realmente nosso mundo estaria pronto para a transformação tão almejada. O que nos diferencia é a atitude que promove uma energia, pois existem pessoas que não são afetadas diretamente por algum malefício. Como se explica isso? Uns são roubados e outros nunca passaram por isso e vivem no mesmo habitat, nem por isso descartamos a necessidade de leis que promovem segurança e ordem; quanto mais nos desenvolvemos, mais seremos capazes de fazer com que se espalhe esse bem social; com educação é que nos tornamos verdadeiros cidadãos. Energeticamente, são os nossos pensamentos que impedem a lei de atração negativa ou nos colocam expostos a ela. Valentina, você diz que seu maior sonho é ser mãe, não é? Pare e reflita se você inconscientemente está bloqueando isso, qual o conceito que você tem sobre maternidade? Às vezes, a mulher deseja muito, mas pensa que será privada de sua liberdade, por exemplo, profissional, ou quem sabe você não tenha dons para isso, e só porque é mulher e casada julga que tem que ser mãe.

Valentina corou e subitamente explodiu suas emoções com muita ira, considerando-se ofendida por Julia.

— Você ainda é uma criança e não sabe nada sobre minhas necessidades! Quando casar saberá que ser mãe é o sonho de toda mulher.

— Entendo, mas estou apenas querendo ajudar, sendo que estamos conversando sobre a causa de nossos bloqueios.

— Obrigada, mas prefiro buscar orientação mais qualificada para o meu caso. Não me sinto responsável, ao contrário, sinto-me prejudicada e por certo abortei muitas vezes em outras vidas e estou agora ressarcindo os meus erros pretéritos.

— Mesmo que você tenha feito isso, já negava de alguma forma a maternidade e trouxe culpa em seu espírito, em vez de ficar do seu lado — arriscou, em nova introdução.

— O quê? Você está querendo me dizer que é a favor de abortos inconsequentes?

— Claro que não. Para isso aprendemos a nos prevenir. Digo apenas que somos livres para escolher se queremos ou não passar pela maternidade.

— E você acha que no passado, havia esses métodos tão eficazes como os de hoje?

— Alguma coisa haveria de ter, pois se as mulheres abortavam de forma mais perigosa ainda, se quisessem, poderiam evitar, sim. E você nem sabe se isso é verdade, e se não for? Como disse, se jogar fora suas resistências poderá engravidar ou até mesmo adotar uma criança, já que a maternidade é tão importante para você.

— Chega! — gritou Valentina, levantando-se bruscamente. — Estou farta desses assuntos, vocês ficam dando ouvidos para essa pirralha que não sabe ainda nada da vida. Para mim basta!

Vamos Paulo, acompanhe-me, por favor.

— Calma, Valentina, o que aconteceu? A moça só está expondo um ponto de vista diferente do seu, procure ser mais flexível — interveio Mário, tentando acalmar os nervos da prima.

Valentina espumava de ódio, teve vontade de espancar Julia e colocá-la em seu lugar.

"Atrevida!", pensou.

Julia manteve a calma e discretamente fez sinal com a cabeça para que Paulo acompanhasse a esposa.

Todos ficaram perplexos com a atitude impensada de Valentina, porém a respeitaram, promovendo silêncio total.

— Valentina, eu gostaria de ficar, pois esses assuntos me interessam muito. Procure se acalmar, relaxe um pouco, vá descansar, depois eu a chamo para o jantar.

Valentina sentiu-se enciumada; como seu marido pudera desprezá-la assim na frente de todos? E aquela garota, tão jovem e tão esperta? Percebeu que Paulo se encantara com o discurso dela e isso a deixara mais insegura ainda. Estava se sentindo fora do assunto, pois sempre que o marido tentava elucidá-la, ela recusava, alegando que nada poderia fazer se assim o destino queria. Tornou-se irredutível até mesmo em procurar ajuda mais especializada, não aceitava ser este um bloqueio emocional. Retirou-se sem nada dizer, não queria demonstrar mais fragilidade diante de Julia, estava prestes a desabar a chorar, assim chegou ao aposento de hóspede, debruçando-se na cama e derramando-se em lágrimas.

Irene não sabia como consertar a situação, respirou fundo e sugeriu um refresco com petiscos para quebrar o clima de tensão.

Luzia, a prima de Julia, fez menção de querer ir embora, alegando que os pais a esperavam para o jantar. Irene e Mário recusaram de imediato, convidando-as para pernoitar com eles.

— Vamos avisar seus pais e vocês podem ficar aqui esta noite, depois do jantar vamos para a sala de jogos brincar um pouquinho, o que acham? — sugeriu Irene, a fim de não desperdiçar a companhia da amiga de Marie.

— Nem pensar! — objetou Luzia. — Meus pais não gostam que passemos a noite fora de casa.

Julia interveio, aceitando o convite. Com sorriso maroto, levantou-se e debruçou nas grades da varanda, pedindo a Irene que avisasse os tios.

Teresinha, com gesto terno, apertou as mãos de Paulo, incentivando-o a ser paciente com Valentina. Por sua vez, ele já se sentia esgotado, pois percebia que com o passar do tempo, ela se tornara muito irredutível e insegura, sentindo-se frequentemente ameaçada por outra mulher que poderia dar-lhe filhos. Com isso se fechou, mais e mais, gerando conflito na relação a dois.

Paulo tinha plena consciência de ter feito tudo para que ela não se sentisse tão amargurada, até mesmo Irene propôs que eles adotassem uma criança, assim como ela fizera com Dionísio. Sua vida passou a ter mais sentido com a presença do menino, mas Valentina era por demais orgulhosa, rejeitava a ideia, caso não pudesse gerar, não achava sentido em ser mãe dos filhos dos outros. Assim dizia para se defender de possíveis cobranças que partiam dela mesma.

Participava dos encontros mediúnicos, mas ficava muito dispersa e demonstrava certa alienação da realidade. Vestira o personagem de falsa puritana e se vigiava constantemente, temendo ser punida pelos espíritos. Ao contrário de Paulo, que se mantinha mais rejuvenescido e não aparentava estar chegando perto dos quarenta anos de idade.

Naquela noite, ele sentiu profunda admiração por Julia, sua juventude, beleza e inteligência o deixaram fascinado. Não teve dúvidas de que ali nasceria uma boa amizade e que poderiam trocar muitas ideias sobre assuntos dos quais eram afins.

Paulo acompanhava com os olhos cada movimento de Julia, definindo-a como uma menina-moça, ora se apresentando muito madura, ora deixando a espontaneidade juvenil imperar. Enquanto isso, Valentina se remoía de ciúmes, não conseguira relaxar sequer um segundo, sua mente disparava imagens alusivas entre Paulo e Julia. Levantou-se várias vezes e se pôs diante do espelho, teve vontade de quebrá-lo, sentia-se envelhecida, seu corpo já não era mais o mesmo. Por conta disso, muitas vezes evitava ter relações íntimas com o marido, alegando sempre indisposição.

Por outro lado, nada fazia para melhorar, exigia muito e pouco se doava. Aquela não era a primeira vez que tivera acesso de ciúmes por ele; qualquer mulher que se colocava em evidência perto dele, tornava-se ameaçadora para ela. Não o deixava sequer um minuto sozinho, e ele sempre concordava para não criar mais conflito do que os que já viviam. No entanto, ele fora firme em não acompanhá-la, era o bastante para que jorrasse toda a ira contra Julia. Esperava que as moças partissem antes do jantar, assim tudo voltaria ao normal, faria algumas cenas costumeiras até que ele se esgotasse de insistir para que ela deixasse isso para lá, aí cederia e pronto!

Irene desconhecia a veracidade desses fatos, Paulo procurava resolver sozinho, pouco desabafava. Em uma única vez, chegou a comentar com Mário que estava em crise com Valentina. Mas acabaram concordando que isso era mais que natural entre casais. Aguardaria passar essa fase, mas para ele se tornara cada dia mais interminável. Valentina pouco cooperava.

Sempre se mantivera fiel aos compromissos assumidos e nunca passou por sua cabeça a possibilidade de ter relações extraconjugais. Era de temperamento calmo e muito carinhoso, compreendia a esposa e por vezes doía-lhe vê-la deprimida quando se via diante de outros casais e seus filhos.

Lamentava não poder ter lhe dado esse prazer, por mais que isso já não mais importasse para ele, ela insistia em tornar-se falha perante a raça feminina.

Paulo intimamente sentia-se angustiado, conhecia bem os caprichos da esposa e temia que uma nova rebeldia surgisse quando soubesse que Julia estaria com eles até o amanhecer. Discretamente, retirou-se e estava resoluto em esclarecer os fatos, prevenindo novo dissabor. Sabia que para Irene a presença da moça era um fator significativo, comemorariam juntos mais um aniversário de Marie. Haviam combinado depois do jantar, de se reunirem em prece para que a filha recebesse todo carinho da família e amigos. Mário havia preparado uma surpresa para aquela ocasião, surpreenderia a todos, celebrando a valorização da vida e a importância de aproveitarmos tudo o que ela nos oferece no momento presente. Paulo sabia da intenção dos primos e não queria desapontá-los com seus problemas de ordem íntima.

Com aspecto sisudo, entrou na suíte de Valentina na esperança de colocar um ponto final na situação. Ela, porém, fingiu estar dormindo.

Com delicadeza ele a chamou várias vezes em tom de voz controlada, mas como não obteve resposta, resolveu tocá-la levemente. Valentina simulou um sobressalto, colocando as mãos na cabeça, alegando forte dor.

Paulo sugeriu para que ela tomasse um bom banho e se preparasse para o jantar. Ela continuou evidenciando que estava com uma terrível dor de cabeça. Ele tentou estimulá-la dizendo que a presença dela era indispensável, pois estariam todos reunidos em prol de Marie.

Subitamente, ela reagiu com grosseria, dizendo:

— Pelo amor de Deus! Deixe Marie descansar em paz, já deu sinal de que está viva, agora ficam todos à mercê dos caprichos de Irene; está na hora de dar um basta nisto. Não somos obrigados a velar defunto pela eternidade e você mais parece um capacho que concorda com tudo o que ela quer e diz.

Paulo estremeceu, respirou fundo e respondeu:

— Concordo em parte com você, mas sabemos que Irene está vencendo a depressão, desligando-se de Marie, de formas negativas, porém, ela só quer devolver para a filha o presente que recebeu com a vinda dela. Considero e compreendo que desta vez ela quer mostrar para si mesma que está feliz e necessita expressar isso mentalmente para Marie. Mário está preparando uma surpresa para que todos nós possamos celebrar a vida no momento presente, não vejo nada de anormal nisso.

— Pois então ela que faça isso sozinha, não temos nada a ver com isso.

— Você está sendo intransigente, não entendo por que essa rebeldia contra Irene.

Valentina estava realmente com raiva da prima, responsabiliza-va-a por dar tanta atenção para Julia; sua vontade era dizer aos berros para aquela fedelha que não sabia nem ao certo onde estava seu nariz, quanto mais apontar os defeitos dos outros. Controlou-se.

— Não quero discutir, apenas estou dando o meu parecer; pelo visto, você só compreende os outros e a mim trata como ignorante — tentou alfinetá-lo, fazendo-se de vítima.

— Você que está se inferiorizando a cada dia que passa, estou farto disso! — reagiu com firmeza. — E por falar em respeito, peço--lhe um favor, Julia vai pernoitar conosco a convite de Irene, estaremos todos juntos na hora da prece, gostaria que você resolvesse qualquer mal-entendido, isso será de extrema valia para todos.

Valentina desta vez não conseguiu segurar a raiva, deu um pulo da cama e saltou em direção ao marido, colocando-lhe o dedo indicador na cara. Esbravejou todo o ódio que a estava consumindo desde o entardecer.

— Aquela fedelha estará aqui? Você pensa que eu não vi seus olhares insinuantes para ela? Não vê que é apenas uma menina? Não tem vergonha disso? Está feliz com a estada dela? Estou atra-palhando? — disparou, sem dar-lhe chance de resposta.

Paulo sentou-se à beira da cama e colocou as mãos no rosto. Estava descorçoado, aquela situação se tornara insuportável, não tinha mais vontade de esclarecê-la como fazia antes. Esgotado, apenas ouvia sem nada dizer, o que a irritou ainda mais; continuou a acusá-lo com crueldade. Percebendo que ele não reagia, tentou comovê-lo, fingindo estar em prantos, ameaçando-o posteriormente de ir embora.

Paulo suspirou, levantando-se em seguida e dizendo:

— Faça o que achar melhor, contanto que não agrida pessoas injustamente; para mim basta! Estou farto de seus mimos e chanta-gens. Se quiser ir embora, vá, eu ficarei porque os primos são meus e quero ficar. Não aguento mais esse delírio, você não quer se ajudar e está dificultando cada vez mais nossa relação. Estou esgotado e preciso de paz, até hoje suportei por estar iludido com sua melhora, você não é mais a mesma que conheci, tornou-se amarga, distante e, além de tudo, insegura. Nunca lhe dei motivo algum para isso e não mereço ouvir essas ofensas incabíveis.

Valentina por pouco não chegou à histeria, desta vez não simulou o pranto, desabou em choro compulsivo, implorando que ele a perdoasse.

Constrangido pela cena desequilibrada da mulher, ele tentou acalmá-la sem perder o estilo imperativo. Aos poucos, ela foi cedendo e inesperadamente tentou seduzi-lo, tirando a roupa bruscamente e se oferecendo de maneira pouco convidativa.

— Venha, não é só isso que você quer? Estou aqui, possua-me. Faça de mim sua serva!

Paulo não acreditou no que viu, aquela cena o repeliu ainda mais. Condoía-lhe vê-la em estado tão deplorável. Percebendo que aquela atitude era mais uma haste de desequilíbrio, cuidadosamente, pediu para ela se vestir, alegando não ser aquele um momento propício.

Valentina reagiu, esbofeteando-o e dizendo palavras obscenas. Paulo segurou as mãos dela, pedindo que se controlasse, porém, ela não o atendia. Não tendo outra opção para cessar aquela histeria, deu-lhe um tapa no rosto, empurrando-a contra a parede do quarto.

— Chega! Pare com essa loucura, fique longe de mim.

Com olhar arregalado e os cabelos despenteados, ela puxou o lençol da cama, cobriu-se e correu para o toalete.

Paulo ouviu alguém bater na porta. Hesitou em abri-la, estava descontrolado. Por fim, passou as mãos pelos cabelos, ajeitou a camisa e atendeu.

— Tudo bem por aí? — perguntou Mário, com certa discrição. — Subi para chamá-los, o jantar está quase sendo servido, você sabe, não podemos nos atrasar, hoje é um dia de festa.

Paulo saiu do quarto, fez sinal para que Mário se afastasse um pouco e se abriu com ele, relatando tudo detalhadamente. Por fim, achou conveniente não participarem da reunião, estava disposto a ir embora naquela mesma noite. Esperaria todos se recolherem e aí partiriam sem serem vistos. Por outro lado, também estava decidido a tomar uma decisão que resolveria sua vida afetiva, mas isso deixaria para fazer quando estivesse em casa.

Mário tentou convencê-lo a ficar, porém, sem alternativa, acabou concordando com ele. Combinaram manter sigilo para não conturbar o propósito do evento. Alegariam indisposição do casal, justificando a ausência no jantar.

Irene saberia compreender, apesar de que insistiria na presença dos dois. Sabendo disso, Mário se propôs a confidenciar somente para ela que eles estavam em processo de reconciliação. Assim, ela manteria a discrição e seria mais fácil convencê-la.

Paulo abraçou o primo, lamentando profundamente o ocorrido. Por ele ficaria, mas reconhecendo a gravidade do estado de Valentina, o melhor era evitarem futuros dissabores.

— No momento da prece vou mentalizá-los, tenho certeza de que receberão ajuda — tentou Mário um breve conforto.

Paulo balançou a cabeça assentindo, estava triste e inconformado. Voltou para a suíte, a fim de participar Valentina que iriam embora assim que todos estivessem dormindo.

Para ele aquele dia de festa tornou-se fúnebre, pois tinha a certeza de que seu casamento havia terminado. Entrou silenciosamente e pensativo no quarto e, para sua surpresa, deparou com Valentina bem vestida e penteada, aparentando estar pronta para a festa. Com notável alienação, mostrava-se indiferente aos últimos acontecimentos, o que o preocupou ainda mais, pois aquela não era uma atitude comum e isso o fez desconfiar de repentino desequilíbrio.

Sentada diante da penteadeira, ela fazia os últimos retoques da maquiagem que para seu perfil estava um tanto quanto exagerada. Aquela ocasião requeria menos formalidade e mais descontração. Por aí, ele percebeu que ela realmente não estava em seu estado normal.

— Estou pronta, querido! Vamos jantar, estou com fome. Depois das comemorações para a nossa estimada Marie, que tal darmos uma volta pela praia? A noite está linda e poderemos conversar em clima mais romântico.

Paulo não respondeu de pronto, apenas a observava, tentando descobrir até onde ela queria chegar. Ela continuava falando em tom sereno e representativo. Em certo momento, ele sentiu uma forte pressão em seu peito, promovendo sensação desagradável. Silenciosamente, rogou para que seus amigos espirituais a envolvessem em vibrações paz. O quadro que se apresentava era emocionalmente delirante, em vista disso, procurou se conter até que percebesse a melhor maneira de trazê-la para a realidade.

Novamente sentiu seu peito apertado, desta vez pôde notar uma nevoa acinzentada ao redor da cabeça de Valentina, identificando-a como forte condensação mental negativa, formas pensamentos alojadas duramente na fronte dela, espalhando-se até os ombros e escorrendo pela coluna feito gosmas grudentas.

Continuou vibrando até que em certo momento ela reagiu, dizendo:

— O que há? Vai ficar aí parado? Não estão nos esperando? Vejo que você não está arrumado, não gosto de me atrasar.

— Valentina, nós não participaremos desse jantar, estou decidido a ir embora, será melhor para todos — disse com voz embargada.

— De jeito nenhum! O que vão pensar de mim? Provavelmente dirão que foi por minha culpa, não quero ficar malvista perante a família. Jantaremos, depois faremos a homenagem para a falecida e, se realmente quiser, poderemos partir.

— Não terá homenagens para a falecida. Mário fará uma prece de agradecimento e convidará a todos para um baile improvisado, onde a alegria e a música serão o recado para que saibamos aproveitar os bons momentos da vida, enquanto estamos juntos nesta jornada. Ele convidou um conjunto de músicos para tocarem depois do jantar, eles chegarão de surpresa, apenas eu estou sabendo disso. Fará uma homenagem para Irene e para todos nós que estamos aqui compartilhando com eles desde o início. Por tudo isso, creio que não estamos em condições afins de participar.

— Por acaso eles já não sabem disso? Será que todos esses anos foram em vão? Só agora que Marie deu sinal de imortalidade, eles querem comemorar a vida? Não sei por que às vezes isso chega a me irritar de tal forma que tenho vontade de sair correndo.

— Cada um leva o tempo que for necessário para aprender a desapegar-se verdadeiramente, no entanto, apesar disso, Irene desde o início tem se mostrado receptiva à maneira dela, para aprender a lição. Este é o aspecto que os envolve, e quanto a nós? Por acaso não temos nossos apegos de formas diferentes? Facilmente julgamos ou criticamos, porém, poucos sabem exercer esse domínio consigo mesmo. Em momento algum se incentivou o apego dela com a menina, muito pelo contrário, tudo fazíamos para que ela se soltasse e seguisse sem marcas ou sofrimentos. Você estaria pronta para modificar a si mesma? Soltar as velhas ideias e preconceitos para viver intensamente do jeito que seu coração quer? Apontar os erros é sempre mais fácil do que aprender que nada é verdadeiramente errado, tudo segue conforme nosso estágio de compreensão.

Valentina calou-se por instantes, concordava no íntimo com o marido, porém não sabia como fazer as mudanças necessárias para que voltasse a se sentir feliz como mulher. Desde a frustração com a maternidade mal-sucedida, rompera seu estilo de vida, trancando-se em amarguras e inseguranças. Sabia que isso estava se acentuando, sentia-se à beira da autodestruição, via-se sem saída, na dependência afetiva exclusiva de seu marido. Tinha medo de que ele fosse embora à procura de realizar seu sonho de ser pai, e esse pensamento a consumia e tornava as coisas cada vez mais difíceis entre os dois.

Por outro lado, não conseguia falar abertamente o que se passava em seu coração, demonstrava ser forte, assumindo um personagem fictício, acostumara-se a receber atenção dele e isso a confortava, mas não trazia a intimidade e o amor que buscava. Rígida e mimada, só tinha um objetivo, afastar Paulo de todas as possíveis rivais imaginárias, a pretexto de prender-lhe total atenção.

Mas naquela noite, algo se modificou, ele reagiu e isso a intimidou, usaria todas as armas para reconquistá-lo, desconhecia como transferir essa necessidade para si mesma e se fazer feliz para poder amar alguém. Tinha ímpetos de gritar, colocar para fora todo o desespero que a assolava, conteve-se, não queria piorar a situação. Levantou-se, quis abraçá-lo, pensou que assim ele entenderia o que ela estava sentindo.

Paulo por sua vez a rejeitou, afastando-se delicadamente dos braços dela, justificando em seguida:

— Valentina, gostaria que não me forçasse a expressar o que não estou sentindo, por favor, respeite-me. Não vamos ficar, aguardaremos a festa acabar para seguirmos viagem.

— Desculpe-me, reconheço que fui grosseira demais, posso lhe garantir que não tocarei mais no assunto, farei tudo o que você determinar.

— Não é isso o que eu quero, jamais me sentiria feliz vendo sua anulação, gostaria que você voltasse a ser aquela moça que conheci, você se modificou e não estou encontrando mais sentido em vivermos juntos. Não gostaria de iniciar esse assunto agora, prefiro conversar com mais calma, assim que chegarmos em casa.

O coração de Valentina sobressaltou-se; recusando de imediato o desabafo de Paulo, ela ajoelhou-se a seus pés, implorando perdão.

— Paulo não me deixe, não saberia viver sem você — dizia repetidamente aos prantos.

— Procure se acalmar, conversaremos e tenho certeza que encontraremos a melhor solução.

— Não diga isso nem brincando — retrucou.

— Vamos arrumar nossas coisas, vou pedir que nos sirvam o jantar aqui, faremos um descanso até que todos se recolham.

Valentina soluçava compulsivamente, porém, diante das circunstâncias preferiu concordar com ele; tentaria se acalmar, tinha esperança de que quando estivessem em casa, depois de uma boa conversa, tudo voltaria ao normal. Respirou fundo, enxugou as lágrimas e começou a ajeitar as roupas na mala.

Com ideias confusas, ora tremia de nervoso, ora se acalmava, dizendo para si mesma que faria de tudo para que ele a perdoasse. Um misto de esperança e pânico tomava conta de sua mente. Pensou em pedir ajuda aos primos; tentaria convencer Paulo pelo menos de participarem da prece, assim demonstraria estar cooperando. Rejeitou a hipótese em seguida, temia que ele a julgasse intolerante com a determinação estabelecida. Tramava surpreendê-lo de alguma forma, pediria ajuda a Teresinha, insistiria para que ela a elogiasse para ele, dizendo ser ela uma ótima esposa. Depois se associaria a Irene, fazendo caridade nos orfanatos e quem sabe até adotasse uma criança para satisfazê-lo.

O importante era manipular para que sua autoimagem ficasse em alta. Assim, todos a elogiariam e ela estaria segura em relação ao casamento. Com a admiração mútua, ele não teria coragem de abandoná-la. Depois, simularia alguma doença qualquer e devolveria a criança para o orfanato, sairia ilesa de qualquer crítica ou renúncia na questão maternal.

Era uma questão de tempo, o importante era convencê-lo a dar-lhe mais uma chance. Jurava para si mesma nunca mais se expor de forma negativa, mesmo que isso lhe custasse o falso apreço. Faria de tudo por ele, contanto que seu objetivo de se manter casada não fosse jamais violado. Estava decidida e isso a confortava momentaneamente.

Ria de si mesma, apontando que era realmente exagerada, imagine se ela iria perdê-lo! Lembrou-se de que agira assim quando começou a namorá-lo, deixando-o totalmente apaixonado. Conseguira manter o equilíbrio, mostrando-se cooperadora em tudo, almejava ser uma dama da sociedade, era de família de classe média, porém, ele, um homem bonito, gentil, inteligente e rico. Valia qualquer esforço naquela época para esposá-lo. Saberia seduzi-lo novamente, usaria os mesmos artifícios de outrora.

"Como fui descuidada, deixando-o carente de meu afeto!", pensou.

Qualquer homem se cansaria de imediato, mas ele não, mantivera-se ao lado dela o tempo todo. Agora era mais que natural que ele exigisse uma mudança, por certo não estava mais aguentando, ela havia passado dos limites. Gesticulava as mãos para o alto, agradecendo a Deus por ter tido tempo para reagir. Fez várias promessas, jurando cumpri-las, contanto que ele não partisse.

Sentiu força com a própria auto-obsessão, tivera ideias mirabolantes, enchera-se de ânimo e coragem, precisaria estar calma para que o alvo fosse atingido. Dera vazão à impaciência, contava os minutos para que estivessem juntos, a sós, e no aconchego do lar, assim não perderia mais tempo em colocar seu plano em ação. Além disso, prepararia uma boa noite com ele, como havia tempos não fazia.

Abriu a porta do suntuoso quarto para averiguar a volta de Paulo. Ouviu vozes, eram alguns empregados levando-lhes o jantar. Paulo estava logo atrás, em companhia de Julia, que distraidamente o chamou para lhe indicar um livro sobre o assunto que estavam conversando durante à tarde.

Valentina pensou em não suportar aquela afronta. Sentiu o sangue subir-lhe à face, ao mesmo tempo em que forte azedume concentrava-se em seu estômago. O coração pulsava descompassadamente, rangia os dentes, espumando de ódio. Transfigurou-se de imediato. Com os olhos esbugalhados e o peito ofegante, paralisou diante da cena. Vozes alusivas estimulavam-na ao delírio. Pensamentos desvairados mostravam-lhe a potência de sua imaginação fértil, delineando nuances de orgia entre os dois.

Julia e Paulo desconcertaram-se ao vê-la estancada no batente da porta, totalmente desfigurada. Ligeiramente ele agradeceu a gentileza da moça, despedindo-se rapidamente dela.

Valentina só se deu conta da realidade quando um dos criados pediu-lhe licença para entrar com o jantar nos aposentos.

Afastando-se da porta, a muito custo ela foi retomando o fôlego. Ainda podia sentir o frio e o tremor de suas mãos. Atordoada, não conteve a ira, esbofeteou o marido na frente da criadagem.

Aos berros, ameaçava matá-lo caso a trocasse por aquela fedelha intrometida. Descontrolada, esmurrava-o no peito, dando-lhe fortes pancadas.

O que era para ficar obscuro se tornou agora mais evidente, todos puderam ouvir o escândalo vindo da suíte do casal. Cada um a seu modo manifestou um jeito de ajudá-los. Teresinha prostrou-se em prece fervorosa, pedindo a intercessão da espiritualidade para eles se harmonizarem.

Julia lamentava-se com a prima e estava disposta a esclarecer o mal-entendido. Irene e Mário decidiram pôr fim àquela situação. Com passos firmes e forte determinação, Irene chegou aos aposentos deles, a porta escancarada dispensava qualquer formalidade respeitosa. Paulo segurava a esposa pelos braços, a fim de conter-lhe a exaltação. Irene entrou e fez sinal para os criados se retirarem. Em seguida, puxou Valentina pelo braço, devolvendo-lhe a razão.

Envergonhada, ela se debruçou nos ombros de Irene, chorando copiosamente. Aconselhada por ela, foi se acalmando e retomando pouco a pouco o equilíbrio.

Após meia hora de intensa conversa, o clima estava mais ameno. Valentina admitira que estava doente emocionalmente, confessara que havia algum tempo estava se automedicando, ingerindo fortes doses de calmante, o mesmo que uma amiga tomava e indicara-lhe para casos especiais onde porventura ela pudesse se sentir deprimida. Depois do efeito desejado, interrompia a medicação, retomando somente após algumas semanas, quando começava a sentir desânimo e desmotivação.

Tudo isso, é claro, sem a prévia orientação médica. Com o tempo foi percebendo que não conseguia mais controlar suas emoções; impressionada, julgava estar sofrendo de algum desequilíbrio mental, por conta disso se recusara a atender aos pedidos do marido para que ela fosse procurar ajuda psicológica.

Relatou que o início desses distúrbios procederam na época em que sofrera os abortos espontâneos, dos quais somaram grande frustração por não conseguir levar a gravidez adiante. Justificou-se diante de Paulo quanto a sua abstinência sexual. Julgava-se incapaz de dar-lhe prazer sendo uma fracassada.

No entanto, isso a estava consumindo, reconhecia que se tornara ciumenta, porém não sabia como lidar com esse tipo de insegurança. Estava se afundando em suas próprias amarras e isso ela não queria mais, estava disposta a se render e o primeiro passo era conscientizar-se, como já estava fazendo, procurando ajuda adequada para o seu caso. Intentou se desculpar com Julia, pois desde que ela tocara em seu ponto fraco, desencadeou-se forte sensação de rejeição e angústia.

Valentina foi relatando minuciosamente tudo o que lhe ocorria às escondidas, a única coisa que omitiu foi seu interesse em manter-se casada, por medo de ser ridicularizada entre seu grupo social e perder a condição financeira privilegiada. No entanto, já nem mesmo sabia se algum dia chegou a amar Paulo como ele merecia. Mesmo assim, não admitia a ideia de separar-se dele.

Paulo, que ouvia o desabafo de Valentina, estranhamente percebeu que aquela era a primeira vez em que ele não se deixara envolver emocionalmente por ela. Sentia que havia algo que não deixava que ele se impressionasse com aquele relato. Mesmo sentindo compaixão, resolveu analisar melhor o que lhe estaria ocorrendo no íntimo.

Ao mesmo tempo que considerava a atitude dela fruto de desequilíbrio emocional, reconhecia também que indiscutivelmente o que estava sentindo por ela, não passava de uma boa amizade pelos anos em que conviveram juntos. Só não sabia como manter essa decisão, haja vista que a mulher estava totalmente disposta a se tratar e consequentemente voltar a ter uma relação afetiva construtiva.

Valentina cessou a conversa, alegando precisar se recompor. Queria ficar sozinha, desejava dormir um pouco. Muito diferente de algumas horas atrás, gentilmente aconselhou o marido a deixá-la descansar juntando-se aos demais. Ela ficaria bem, assim dizia com certa neutralidade.

Paulo hesitou, mas acabou concordando, retirou-se logo depois de certificar-se de que era realmente o que ela queria.

Somente Irene permaneceu ao lado dela até que se desprendesse em sono profundo. Silenciosamente, observava-lhe a expressão sofrida com muita indignação, considerava ser verídico o conceito de que as aparências enganam. Aquele era um exemplo típico de pessoas que demonstram serem fortes, mas no fundo estão mais fragilizadas do que se pode imaginar. Rogou mentalmente para que os amigos espirituais a ajudassem no que fosse possível. De sua parte, estava disposta a guiar-lhe para os melhores especialistas do ramo, já que havia por parte dela total predisposição.

Com os olhos semicerrados, orava para que ela se recuperasse logo e não desistisse do acompanhamento médico.

Irene sentiu um arrepio percorrer seu corpo por inteiro, sua respiração tornou-se mais acentuada, parecia estar ofegante, sua cabeça rodopiava, provocando pequeno enjoo. Abriu os olhos rapidamente e toda aquela sensação desagradável foi se dissipando gradativamente.

Respirou fundo, ajeitou os cabelos. Ainda podia sentir suas mãos úmidas e frias. Levantou-se cuidadosamente para não acordar a prima e, com passos sorrateiros, deixou o aposento.

Mal pôde descer as escadas, sentia as pernas bambas e o coração disparado. Agarrou-se rapidamente no corrimão, esfregou os olhos, a visão estava turva, por muito pouco não se deixou cair de vez.

Teresinha, que a aguardava sentada numa saleta próxima, esguelhou-se ao ouvir barulho vindo daquela direção. Saltou em seguida ao encontro de Irene, dizendo:

— O que houve com você, minha filha?

Irene suspirou aliviada, respondendo em seguida:

— Graças a Deus não sucumbi! Não sei o que aconteceu, estava orando para que Valentina se recuperasse e de repente comecei a me sentir estonteada, enjoada, saí do quarto e minhas pernas ficaram bambas, minha visão embaçada...

— Já entendi. Vou buscar um copo de água, sente-se aqui — solicitou, apontando para o sofá da saleta.

Irene obedeceu sem recusar; acomodou-se na poltrona macia, largando o corpo confortavelmente. Atenta às sensações que a envolviam, detectou ligeira fadiga, tentou recuperar-se, mas não obteve resultado. Instigava a possibilidade desse mal-estar ter aparecido em decorrência da tensão desprendida, afinal, interrompeu o jantar a fim de pacificar a situação dos primos. Aquele dia para ela era especial e jamais poderia imaginar que algo pudesse tirá-la daquele sentimento de amor que a envolvia desde a noite interior.

"Que situação desagradável!", pensou.

Teresinha retornou trazendo-lhe um pouco de água, esperou até que se consumisse o último gole, depois fez um sinal, apontando a sala ao lado e pedindo para que ela se levantasse e se juntasse aos demais.

Irene abriu a porta delicadamente, todos em silêncio ouviam a melodia suave que envolvia o ambiente por completo. Na mesa, um vaso com flores perfumadas exalava aroma, combinando com o cheiro da maresia; pequena brisa fazia o balanço das cortinas de *voile*, permitindo que os reflexos prateados da lua se misturassem com a penumbra da sala.

Cabisbaixa, ela sentou-se ao lado de Mário; se minutos antes lhe parecera estarem em meio a uma guerra, agora por certo atingira os céus...

Somente Teresinha permaneceu em pé e com forte convicção iniciou pequena prece na intenção de dissipar as ondas negativas e concentrar toda a energia de alegria e prazer, conforme haviam combinado para a festa daquela noite. Pediu ainda aos amigos espirituais que somassem com eles vibrações de amor e paz, em especial para Valentina, que atravessava uma crise pessoal naquele momento de sua vida.

Irene mentalizou Marie e como de costume ofereceu flores para o espírito da menina, porém, ao visualizar Valentina, repetiu-se a sensação desagradável um pouco mais intensificada. Quis se mover, mas não conseguiu, o coração batia acelerado, a boca seca e a respiração ofegante deixaram-na sem iniciativa. Teve ímpetos de gritar por socorro, porém se controlou, depois se viu caindo numa ribanceira, rolando terra abaixo. Sufocada, esboçou gemido doloroso.

Teresinha se aproximou rapidamente, colocando as mãos a cerca de cinco centímetros acima do topo da cabeça de Irene, invocando com fervor a intervenção de seu protetor espiritual. Aos poucos, Irene foi retomando a consciência, até sair completamente do transe.

— Que cena horrível! O que será isso meu Deus? — indagou aflita.

Sem esperar a resposta, foi relatando na íntegra tudo o que havia acontecido. Julia, atônita e sedenta de conhecimento, analisava os fatos aguardando revelação.

— O que lhe pareceu ocorrer neste momento? — perguntou Teresinha.

— Não sei, estava mentalizando flores para Marie, depois que visualizei Valentina, tudo começou a acontecer...

— Talvez seja exatamente como ela esteja se sentindo, com vontade de morrer... Por outro lado, quando estamos deprimidos, nossa vibração positiva diminui e atraímos vibração de pessoas encarnadas e desencarnadas com a mesma sintonia energética. As sensações aumentam pois se somam entre si, formando uma corrente negativa muito forte e resistente. Sugiro a todos que saíam dessa sintonia. Procuremos entender os conflitos alheios sem nos misturarmos fazendo identificação pessoal. Isso é muito comum, absorvemos por demais, quando sentimos dó de alguém; especialmente nesses casos, colocamo-nos no lugar da pessoa e sofremos junto ou até mais que o desejado. Essa situação de Valentina não é agradável, porém, se quisermos ajudá-la verdadeiramente, será necessário extinguirmos a visão de vítima, inclusive no que diz respeito ao nosso lado pessoal. Quando nos sentimos fatigados após uma conversa, até mesmo por telefone, é porque nossas energias foram sugadas e ficamos enfraquecidos. Pode acontecer até mesmo entre pessoas que amamos, isso não nos defende, e sim nossa postura de firmeza e impessoalidade.

— Para dizer a verdade, senti muita pena ao vê-la em estado tão deplorável. Inevitavelmente, lembrei-me de algumas situações vividas no passado, desencadeando crise matrimonial, pouco antes de Marie falecer.

Mário fez menção de se justificar, porém, controlou-se. De que adiantaria provocar mais uma discussão que se arrastaria, impedindo que todos terminassem a noite com a festa surpresa que havia planejado?

Todavia, Paulo, percebendo o desconforto do primo, tentou contemporizar dizendo:

— Se me permitem uma observação, nesse caso de identificação com os problemas pessoais, creio que haja ainda algo que não foi bem esclarecido e que a qualquer momento poderá vir à tona, estou certo? Não seria de bom grado esclarecermos tudo o que nos desagrada ou desagradou? Assim não nos tornaríamos tão vulneráveis, repressão não é uma boa escolha! O que acham?

Desta vez foi Julia que tomou a frente da resposta, causando mais uma vez, a admiração de todos.

— Acho que somos muito orgulhosos e melindrosos, isso dificulta o teor de uma boa conversa e ajustes das diferenças. Se cada um soubesse assumir as consequências de seus atos, facilitaria muito, mas na maioria das vezes jogamos a culpa nos outros, sem olharmos para dentro de nós mesmos à procura de uma autoavaliação e principalmente de aprender a lidar com o nosso lado "mimado" de ser. Leio muito nos livros sobre reforma íntima. No meu conceito, reformular-se é aprender a se capacitar para as mudanças dentro de nós e não apenas seguirmos regras religiosas do que seja certo ou errado. Percebo que as pessoas se transformam quando estão em alguma atividade religiosa, mas basta chegar no convívio familiar, por exemplo, que fazem tudo ao contrário, porque não entenderam o que significa essa mudança interior.

Paulo sorriu discretamente, enquadrava-se na colocação; admirava a ousadia de Julia em expor seus pensamentos. Julia, porém, continuava respondendo a questão, exibindo seu ponto de vista:

— Concordo com você, Paulo, a repressão gera distúrbios e quanto mais nos permitirmos falar o que estamos sentindo, mais rápido nos livraremos dos ressentimentos. Chegará o dia em que a palavra "perdão" desaparecerá do nosso vocabulário, pois se não nos deixarmos magoar, não teremos mais nada para perdoar. É assim que penso! Por outro lado, a mágoa sempre nos aponta que estamos esperando muito dos outros e aí não acontece o que esperávamos e nos decepcionamos. Então, o melhor mesmo é nada esperar, pois respeitar os limites de cada um nos liberta de qualquer prisão interior nesse aspecto.

— Estou impressionado com essa linha de pensamento, sinto que esse tipo de esclarecimento responde nossas dúvidas internas e ao mesmo tempo nos pacifica — respondeu Paulo, extasiado em relação à postura de Julia.

— O bom mesmo é sabermos como colocar tudo isso em prática, principalmente quando estamos envolvidos emocionalmente numa questão — indagou a menina, com certa contemplação.

— Por tudo isso estamos sempre necessitando aprender, quanto mais nos percebemos, mais nos tornamos hábeis para lidar com os desafios que a vida nos proporciona — complementou Teresinha, que também estava impressionada com o conhecimento de Julia.

Em seguida, ela incentivou a todos a uma boa reflexão sobre os assuntos abordados. O clima estava leve e todos mais descontraídos.

— Realmente, temos muito material para estudarmos, inclusive sobre esse tipo de captação que me ocorreu, sinceramente foi novidade para mim — concluiu Irene.

— Aproveitemos durante a semana para pesquisarmos sobre o assunto e discuti-lo na próxima reunião de estudos. Gostaria de participar conosco, Julia? — perguntou espontaneamente Teresinha.

— Oh! Sim, adoraria! Para mim esta noite foi de extrema valia, aceito o convite para me tornar mais uma aluna entre vocês. Caso não cause problemas... — hesitou.

— Vamos resolver isso da melhor forma, logo mais Valentina vai se submeter a um tratamento psicológico, as coisas ficarão mais claras e tenho absoluta certeza de que esse equívoco será esclarecido. Fique tranquila — alegou Irene.

— Então, vamos fazer desta noite uma grande festa! Poderemos nos sentar para um bom papo na varanda, o que acham? Ah! Para quem gosta de doces, as sobremesas nos esperam... — disse Mário, um tanto quanto apreensivo no aguardo da chegada inesperada dos músicos.

Sentia-se feliz em poder proporcionar alegria para todos, agradeceu mentalmente pela ajuda recebida na questão entre Paulo e Valentina. De certo, foi apenas mais uma cena de ciúmes dela, e ainda ansiava vê-la participando junto a eles. A música iria estimulá-la, sabia o quanto gostava.

Enquanto todos se confraternizavam, Mário discretamente fez sinal para um dos empregados, as luzes do imenso jardim se acenderam simultaneamente com a entrada dos músicos, causando o efeito desejado e surpreendendo a todos.

Irene correu ao encontro dele, abraçando-o com muita alegria e ternura. Aquele momento foi mágico para todos, inclusive para a equipe espiritual de Juvenal que entrou no ambiente, juntando-se aos demais mentores presentes. Desta vez, Marie não teve permissão de estar com eles.

A festa tornou-se completa. Numa junção de sentimentos entre encarnados e desencarnados todos puderam absorver o êxtase da melodia que os tocava intimamente.

O motivo era para tornar aquela noite uma celebração quanto à valorização dos bons momentos que muitas vezes desperdiçamos, por não compreendermos tão bem ainda, que aquilo que criamos nesta existência, continua após, da mesma forma que acreditamos.

O céu ou o inferno estão dentro de nós, porque, afinal, somos os principais personagens da nossa história, mesmo que não saibamos interpretar os atos das cenas aprendidas, estaremos sempre no palco, exercitando o domínio de nós mesmos na estrada da vida.

Virgínia, que amava música, contemplou aquele momento de forma muito especial, sabia que todos ali, merecidamente, necessitavam de muita alegria e descontração. Costumava dizer que o som musical de boa qualidade deveria ser mais bem aproveitado, pois muitos desconheciam os efeitos benéficos que se pode obter num ambiente onde a música está presente. Além de relaxar, ela promove ânimo, restaura as energias físicas e mentais e eleva a sintonia do espírito, canalizando então um novo campo energético, dissolvendo rapidamente toda forma pensamento negativa e aliviando os males do corpo e espírito.

Podia-se notar que aqueles músicos emitiam ondas luminosas saindo do cardíaco e se expandindo por todo o ambiente. Curiosamente, um dos componentes do conjunto conseguiu algo diferenciado. Um rapaz com pouco mais de vinte e quatro anos, cabelos ruivos e tez bem clara, tocava um instrumento com tamanha concentração que sua aura se estendia, atingindo grande altitude, assemelhando-se a um facho luminoso que se dividia em milhares de fagulhas como fogos de artifício multicoloridos.

Admirados, os desencarnados observavam que parte da energia se encontrava com uma similar que vinha do alto ao encontro dele. Raramente podia-se notar esse tipo de transfusão tão ligeira e capaz de fazer a fusão sem encontrar grandes interferências.

Todos entreolharam-se, reconhecendo que o rapaz ainda não sabia que concentrava em seu espírito um dom genuíno que o ligava diretamente às esferas superiores, donde provavelmente ele fazia parte.

Com sorriso maroto e com tão pouca evidência aos olhos dos encarnados, lá estava um grande mestre da música encarnado no seu exercício pessoal de crescimento, porém, exercendo com maestria seus dotes adquiridos.

Depois de reverenciá-lo mentalmente, Juvenal acenou para Virgínia que imediatamente se deslocou com um grupo em direção ao aposento de Valentina.

CAPÍTULO 26

A moça relaxava sob o efeito de calmantes; pequenos suspiros eram esboçados, denotando nítida agitação emocional. A um ligeiro sinal de Virgínia, sua equipe começou a ministrar passes magnéticos, os quais formaram uma cadeia luminosa ao redor do corpo dela.

Aos poucos, sua feição atordoada foi se dissipando, tornando a tez mais rosada e sua respiração menos ofegante. Ligeiros tremores eram tidos como descarga elétrica gerada pelo acúmulo de tensão. Depois de alguns minutos, isso também cessou, podia-se notar que o corpo respondia favoravelmente ao tratamento aplicado.

Inesperadamente, uma senhora de meia-idade entrou no leito. Trajava uma vestimenta escura, ornamentada por um chapéu suntuoso, luvas pretas e carregava em um dos braços um guarda-chuva também preto. Com olhar misterioso se aproximou de Valentina como quem quisesse se apossar de algum pertence próprio. Ignorando a presença de Virgínia e os seus, sentou-se na beira da cama, cruzando as pernas e apoiando as mãos na alça do guarda-chuva. Depois de instalada, fixou o olhar para um ponto do quarto à sua frente e lá ficou sem nada dizer.

Virgínia tentou fazer um breve contato, dizendo para que ela se retirasse dali até terminarem o tratamento, porém, sem sucesso, resolveu aguardar alguma manifestação posterior.

Valentina permanecia inerte aos acontecimentos. Ainda sedada, não registrou a presença dos acompanhantes e muito menos da bela senhora.

Passados alguns minutos, um dos assistentes tentou gentilmente uma nova comunicação; a senhora com olhar firme, demonstrou contrariedade ao ser importunada e respondeu com certa ironia:

— Se pensam que vão se apossar de minha neta, estão enganados. Vim recebê-la e não sairei daqui sem ela.

— Por favor, não nos interprete erroneamente, também estamos aqui para auxiliá-la.

— Muito obrigada, mas dela cuido eu — respondeu, sisuda.

— A senhora não percebe que precisamos de sua colaboração para que ela se restabeleça rapidamente? Ou quer vê-la perdendo mais uma oportunidade de aprendizado e renovação?

— Acabou o tempo dela, estou aqui para levá-la e ampará-la.

— Mas quem lhe disse isso? Não temos essa informação, por certo deve estar equivocada.

— Por acaso está me desafiando? Chama-me de louca?

— De jeito nenhum, disse apenas que está equivocada, porque não temos essa informação, aliás, a senhora mesma pode comprovar o que lhe digo. Olhe para ela, está completamente ligada ao seu corpo físico, sem sinal de prévio desligamento da matéria, então desconhecemos sua afirmação.

— Ora, queira os senhores se retirarem! Não sabem nada a respeito! A própria Valentina decidiu isso e ninguém poderá convencê-la do contrário! Hoje mesmo estará em minha companhia.

— O que quer dizer? Seja mais clara, para que possamos entrar num acordo.

— Vocês se acham donos da verdade, não é? Quem quer acordo aqui? Por acaso ela os solicitou? Valentina é faceira, está apenas aguardando a ocasião propícia para dar término a sua vida.

— O tratamento que nossos superiores apontaram se restringe apenas à recomposição mental, não avaliamos ainda o processo a fundo, chegamos poucos minutos antes de sua entrada.

— Ela não resistirá, posso garantir, de nada adiantará o que intentam fazer, ela não resistirá!

— Será que porventura ela está sofrendo de sutil influência mental negativa? Percebo que não há nenhum cuidado de sua parte em ajudá-la. O que me diz?

Sonora gargalhada entoou no ambiente, a bela senhora até então com ar de determinação e firmeza, transformou-se em figura das mais baixas vulgaridades. Com postura desarmada, começou a blasfemar palavras obscenas e como se não bastasse, ria e ridicularizava cada componente da equipe de Virgínia.

Todos se mantiveram em profundo silêncio, emitindo ondas de luz para aquela criatura deprimente e desequilibrada.

Nesse momento, a porta do quarto se abriu e uma luz intensa atingiu a mulher trapaceira, deixando-a completamente sem forças para retrucar. Juvenal entrou em silêncio e calmamente se dirigiu até ela, ordenando que se afastasse dali.

— Não vou! — gritou desesperada. — Ela me quer ao seu lado. Veja! Ela me quer! Ela também é mentirosa! — continuou.

— De onde vem, mulher? O que quer? — perguntou Juvenal, postando as mãos na cabeça dela.

— Tire essas mãos de mim! Seu "engomadinho de araque"! Deixe-me em paz!

— Nada disso! Diga o que quer e saia daqui imediatamente! — ordenou sem hesitar.

— Pare! Não me bata! Sinto-me fragilizada, vocês não terão coragem de me expulsar daqui, mereço ser respeitada e preciso de ajuda — tentou dissuadir.

— Você já foi desmascarada! Repito, saia daqui imediatamente!

— Está bem, vou embora, mas duvido que consigam convencer essa moribunda! Ela me paga!

— Saia! Você não quer ser ajudada, sabe muito bem disso! Olhe para sua real aparência, perceba o resultado de conservar tanto ódio e raiva em seu coração. Veja o que você mesma se fez! — disse ele, puxando-a em direção ao espelho da penteadeira.

A mulher gritou aterrorizada quando deparou com a própria imagem refletida no espelho. Buracos enormes, assemelhando-se a profundas feridas purulentas, tomavam grande parte do seu corpo. No rosto, a expressão cadavérica e demente, fugia de qualquer apreço de beleza.

— Feiticeiros! Não sou eu! Sou linda e sensual! Querem me ludibriar!

— Chega de se enganar, essa é você, sim! Você só consegue mudar essa aparência quando intenta o mal, logo após é obrigada a conviver com isso que se apresenta. Eis a razão de você sempre querer manipular com tramas diabólicas, você se alimenta dessa ilusão para conservar uma imagem fictícia, quando não, é obrigada a se esconder nas fendas fétidas, cheirando a lodo imundo!

— Chega! Pare! Não aguento mais esses insultos! Vou-me embora, não aguento mais!

Aquela que entrou aparentando ser uma dama respeitosa saiu como uma louca, puxando os cabelos e se mordendo compulsivamente. Cena corriqueira e típica de um manicômio.

— Ufa! — suspirou Juvenal. — Dúvidas? — inseriu a pergunta aos demais.

A maior parte da equipe acenava positivamente com certa indignação, porém, antes que Juvenal pudesse esclarecê-los, Valentina solicitava atenção, começou a remexer-se no leito e todos se dirigiram ao redor da moça, ainda prestando auxílio.

Sonolenta, ela começou a dar sinais de retomar a consciência. Rodopiou os olhos por todo o aposento, parecia-lhe estar acompanhada, não conseguia perceber a presença dos espíritos amigos. Com certa dificuldade, ergueu o tronco na altura do travesseiro. A fim de sentar-se confortavelmente, com o braço esquerdo, tentou alcançar o despertador.

— Que horas são? Nossa! Dormi muito, onde será que estão todos?

Tentou levantar-se, mas recuou, sentiu tontura.

"Preciso me levantar, não posso ficar assim, devo reagir", pensou.

Virgínia e os demais ainda imantavam vibrações à distância. Depois de alguns minutos, Valentina saltou inesperadamente, e com a voz firme e decisiva afirmou:

— Não posso sucumbir! Perderei a chance de reatar com Paulo.

Mesmo cambaleando, conseguiu chegar até o toalete. Apoiando-se com as mãos na parede, ligou o chuveiro e deixou a água cair sobre seu corpo suado. Assim ficou mais do que o esperado. Por fim, enxugou-se e procurou algo para vestir.

Vasculhou peça por peça, queria se reapresentar impecável. Ainda conservava em sua mente a figura de Julia sorrindo ao lado do marido. Intimamente, tramava surpreendê-los com sua melhora, não largaria dele um minuto sequer. Não daria espaço para que outra se apossasse de seu lugar, mesmo que fosse por uma simples e tola amizade. Assim julgava.

Virgínia e os demais sabiam que essa não era a melhor escolha, lamentavam secretamente as desastrosas consequências dessas atitudes, porém nada mais poderiam fazer, tudo dependeria do quanto Valentina estaria disposta a mudar verdadeiramente. Por fim, despediram-se mentalmente dela, desejando-lhe lucidez e humildade para enfrentar os desafios de seu próprio crescimento interior.

Totalmente inacessível a qualquer recepção positiva dos amigos espirituais, ela continuava sua briga interior. Sentada diante do espelho, maquiou-se exageradamente, prendeu os cabelos fazendo um belo coque, em seguida pegou a lavanda de sua preferência e borrifou atrás das orelhas, no colo e pulsos.

— Pronto! — exclamou animada. — Essa infame há de me ver impecavelmente! Quero ver quem pode mais! Paulo ainda é o meu marido e por mais estremecida que esteja nossa relação, ele mudará de ideia ao me ver refeita. Jamais poderei decepcioná-lo novamente. Aceitarei tudo sem nada reclamar, serei a companheira que ele espera, farei de tudo até que eu sinta que ele está em minhas mãos novamente. Sou eu a amada dele! — gritou com fúria.

Juvenal foi o último a se retirar dos aposentos de Valentina. No hall que dividia a entrada da sala de estar e a varanda para o imenso jardim, a equipe espiritual se colocou a postos, aguardando as direções posteriores.

Virgínia correu ao encontro de Juvenal, dizendo:

— Nosso trabalho se perdeu?

— Claro que não, você já viu algo se perder no Universo?

— Valentina só conseguiu receber nosso tratamento quando semidesprendida do corpo. Agora, porém, está totalmente avessa a qualquer mudança interior.

— Realmente, no entanto, sabemos que não podemos interferir no livre-arbítrio individual. Infelizmente, enquanto não houver receptividade da parte dela, sofrerá as duras consequências de seus atos, nada se pode fazer a não ser esperar até que seu espírito amadureça.

— Jerônimo não é o amigo espiritual de Valentina? Por que não estava presente? Fiquei surpresa, esperava encontrá-lo. Para onde foi depois que nos solicitou ajuda?

— Jerônimo sabia que essa situação era um pouco complicada, aparentemente não se detecta a auto-obsessão, porém, pediu-nos ajuda como uma breve tentativa de revés. Creio que ele está se desdobrando com outros companheiros, formando um campo de vibração que talvez amenize o choque que nossa amiga levará se persistir em se desviar de sua autorreformulação.

— Há alguma coisa que eu não saiba nessa história? Todos me parecem tão apreensivos.

— Acertou! Valentina está mais comprometida do que parece. Está vulnerável e com isso se torna uma presa fácil de influência inferior. Paulo vai brevemente assumir o comando de um trabalho muito importante junto à equipe espiritual e os outros componentes deste grupo de estudos. Esses reajustes são muito comuns, pois onde as forças superiores atuam, inevitavelmente começa um processo de autorreformulação individual. Sendo assim, todos serão primeiramente avaliados, porque para certas tarefas, não basta ter apenas boa intenção, é necessário que todos aprendam a desenvolver muita persistência, ordem, disciplina e principalmente conhecimento para aprenderem a discernir com bom senso e se tornarem veículos da sabedoria, expressando o conhecimento que receberão aqueles que os procurarem para auxílio. Lidar com certas energias requer certo amadurecimento, caso contrário, as consequências são desastrosas e em vez de proporcionarem um trabalho íntegro, que promoverá o crescimento geral, poderão se tornar alvo de intentos menos dignos no que se refere à baderna e distorção dos princípios verdadeiros da espiritualidade maior. Trocando em miúdos, poderão estar sob o comando daqueles que apenas exercem domínio aguçando o ego na vaidade exagerada, servindo-se dos fluidos negativos para aumentarem o nível de ilusão que ofusca e dificulta a transformação da humanidade. Somarão dor e sofrimento e disso não se precisa de expansão a não ser para aqueles que se negam, por orgulho, a enxergar que essa conduta paralisa, tornando a estagnação um recurso para que se possa fugir de si mesmo. Valentina fará tudo o que for necessário para manter-se casada, porém, está também determinada a destruir todos os laços de afeto entre eles, caso não seja correspondida, bem como se tornar o alvo principal de tormento, promovendo intenso desequilíbrio.

— Paulo provavelmente estará diante de um forte desafio. Pelo que entendi, Valentina poderá se tornar uma grande inimiga, além de perder uma grande oportunidade de participar desse propósito espiritual.

— Isso dependerá exclusivamente dela, pois na vida tudo está para todos, a escolha é bem individual, o caminhar poderá ser mais leve para uns, enquanto para os outros mais dispendioso. Jerônimo deseja ajudá-la, mas reconhece a rigidez de sua conduta.

Vamos respeitar até onde Valentina precisa chegar para alcançar o próprio crescimento.

— E quanto àquela senhora? Que ligação ocorre?

— Bem, a afinidade energética se deu por conta da semelhança de valores, ela se ligou pelos fluidos de raiva e ódio e assim procurava se alimentar, formando laços mentais, donde os pensamentos se tornam mais intensos e as emoções mais desenfreadas, a simbiose se fortalece cada vez mais, afinal, uma pensa, e a outra responde, e assim convivem como se fossem apenas uma.

— Conseguiu afastá-la, mas Valentina continua em crise, ela voltará a assediá-la?

— Como disse, quem assedia quem? O assédio só poderá se romper definitivamente quando houver de uma das partes uma diferenciação de valores, consequentemente de energia.

— E agora, o que faremos?

— Iremos ao encontro de Jerônimo e decidiremos o que realmente se pode fazer. Estudaremos, principalmente, o que também ela ou elas, melhor dizendo, poderão receber.

— Esses casos de auto-obsessão e indução são delicados. Marie também sofria a influência de Augusto e dentro de seu plano divino, isso só se rompeu com o prévio desencarne. Fico pensando sobre uma terapia eficaz, digo, preventiva. A força mental que se despende é terrivelmente desperdiçada, até que se aprenda como usar esse poder para si mesmo de forma positiva.

— Para falar a verdade, isso é bem antigo, não acha?

— Acho; porém, até que se aprenda este autodomínio e se vença as barreiras do orgulho, isso é perfeitamente normal e faz parte do exercício.

CAPÍTULO 27

Tudo transcorreria exatamente como Mário havia previsto. Todos estavam muito descontraídos, aproveitando ao máximo aquela festa que havia muito tempo nem sequer se cogitava a possibilidade de acontecer.

Paulo também estava mais calmo, porém, em um determinado momento, sentiu necessidade de estar só; afastou-se dos amigos, procurando um lugar para que pudesse deixar extravasar seus sentimentos mais íntimos. Deu uma volta pelo jardim, depois resolveu sentar-se em um banco que dava vista para a praia.

O céu estrelado formava uma bela combinação com o movimento sereno das ondas do mar. Ele fechou os olhos e deixou que os sentimentos aflorassem, prestava atenção nas sensações e procurava compreender as imagens que apareciam em sua mente. Um tanto quanto confuso, apenas registrava certa inquietação que causava aperto em seu peito.

Em um primeiro momento, associou-as ao fato de ele mesmo estar ansioso para resolver sua situação afetiva com Valentina, depois percebeu que não era só isso. Precisamente quando visualizava Valentina, sentia fortes arrepios percorrerem-lhe o corpo. Tentou dissipar essa frequência por meio da mentalização positiva. Criava imagem de vê-la feliz, equilibrada e cheia de entusiasmo. Sentia alívio, porém, em seguida, voltava à sensação de aperto no peito, dissolvendo rapidamente a irradiação benéfica. Parecia-lhe que algo de muito ruim a aguardava; desviou o pensamento, pedindo ajuda à espiritualidade para que pudesse envolvê-la com fluidos de proteção e amparo.

Depois, optou em se desligar da questão, aquele dia fora por demais desgastante para todos. Respirou profundamente, a fim de absorver o ar puro que o local fornecia. Levantou-se e voltou junto aos seus. Aproveitaria mais a festa, estava necessitando esboçar boas risadas, isso o ajudaria a descongestionar as emoções reprimidas.

Julia percebeu quando ele se distanciou, fez pequeno comentário com a prima, embora estivesse envolvida com os trejeitos de Irene que chamava a atenção de todos, exibindo-se com soltura e estimulando a todos a acompanhá-la na dança. Inventava passos e movimentos e ria de si mesma, notando que não tinha nenhuma habilidade para ordenar uma bela coreografia.

Julia aparentava estar entretida, porém, ansiava pela presença de Paulo. Estava disposta a ajudá-lo no que fosse preciso; não concebia a ideia de ele se manter passivo diante daquela situação familiar. Percebera a impulsividade de Valentina e o domínio que ela exercia sobre ele. Mesmo aderindo ao conceito de que cada um recebe as consequências de seus atos e escolhas, defendia-o secretamente, pois se identificara muito com o estilo dele.

Atenta, foi a primeira a abrir um largo sorriso quando ele novamente se juntou ao grupo. De imediato, Paulo entrou na roda de dança, decidido a participar inteiramente daquela alegria.

Alguns olhares discretos foram trocados com Julia, que correspondia em silêncio até que o conjunto mudou repentinamente o repertório musical, apresentando um romântico bolero.

Mário imediatamente puxou a esposa para dançar e Paulo lançou um convite às demais senhoras dizendo:

— Quem está disposta a me acompanhar?

Julia ficou imóvel, sentiu vontade de se atirar nos braços dele, porém disfarçou a intenção respondendo de imediato:

— Dona Teresinha!

Todos riram, ela tentou se esquivar, mas ele a puxou e começaram a dançar.

Atrás das cortinas da sala ao lado, Valentina, que chegara há poucos minutos, escondeu-se para vigiar o marido. Atordoada, preparava-se para acabar com a festa caso visse que Julia aceitara o convite.

— Miserável! Ele me paga! Tudo tramado!

Com respiração ofegante, preferiu ficar às escondidas, espionando a próxima ação dele. Novamente o conjunto surpreendeu tocando um samba, estimulando a todos novamente. Julia graciosamente tomou a frente, sambando muito bem. Os demais se colocaram ao redor dela, tentando acompanhá-la.

Do outro lado, Valentina não suportou o que estava vendo, "agora sim era hora de acabar com aquela balbúrdia", pensou furiosa.

Saltou para fora como um furacão desgovernado, tropeçando logo em seguida no degrau que antecipava a pequena escada que dividia a área de lazer. Rolou degraus abaixo, chamando a atenção dos demais.

A música parou enquanto Irene, espontaneamente, correu para socorrê-la. Despenteada e machucada, ela desabafou aos berros, com sua histeria costumeira, apontando na direção onde Julia estava e acusando-a impiedosamente:

— Tudo por causa dessa menina leviana! Está contente agora? Viu o que você fez?

Julia não sabia o que dizer, assustada com o imprevisto, manteve-se estática e indignada.

— Mas o que foi isso, Valentina? Está machucada? — perguntou Paulo, apreensivo.

Ela não respondeu. Gemia, colocando as mãos num dos pés.

— Tenha calma! — disse Mário, ajudando-a a se levantar.

— Miserável! Infame! Estava se insinuando para o meu marido! E vocês concordando com tudo só porque essa leviana foi amiga de Marie. Eu não significo nada para essa família? Onde está o respeito que me devem? Por acaso alguém se colocou no meu lugar? Pensam que é fácil ver o próprio marido intentando uma traição descarada? Que tipo de pessoas são vocês?

— Chega, Valentina! É você que está passando dos limites do respeito. Não permitirei que continue ofendendo pessoas que não merecem esse julgamento. Não estamos dispostos a esse tipo de conduta, por favor, conserve a educação e o respeito por nós — respondeu Irene com precisão.

Ela, porém, parecia não ouvir e continuou com a blasfêmia, alternando com os dolorosos gemidos.

— Vou interná-la! Você está louca! Precisa de acompanhamento psiquiátrico com urgência — ressaltou Paulo, indignado.

Com os olhos esbugalhados, ela se torcia de raiva e dor, até que desabou em compulsivo choro. Paulo, sem hesitar, dirigiu-se à antessala de estar, telefonando para a emergência hospitalar, que não demorou muito a chegar para socorrê-la.

Entre sussurros e lamentos, Valentina seguiu para o hospital local. Se por um lado a dor física a incomodava, por outro, o prazer oculto a confortava por ter conseguido acabar com aquela festa abominável.

Paulo, que a acompanhava, limitava-se apenas a responder algumas perguntas que os paramédicos faziam, nunca havia registrado em suas experiências o sentimento de revolta. Por mais que respeitasse as condições efêmeras da mulher, não aceitava esse tipo de convivência. Dotado de esmerada educação, rejeitava terminantemente a postura desequilibrada da esposa.

Assim que ela fosse medicada retornariam, indo se desculpar com todos, principalmente com Julia, disso ele faria questão. Valentina haveria de se redimir diante dos seus.

Em seguida, partiriam de volta para casa. Estava convicto e resoluto a pedir a separação, nada e ninguém o deteria. Daria todo o amparo que ela necessitasse, porém, nenhum contato mais íntimo ele cederia. Romperia qualquer expectativa de acerto matrimonial, assim ela se convenceria de que não haveria qualquer possibilidade de investir nisso e tomaria um outro rumo na vida.

Valentina, percebendo certa indiferença do marido, procurou chamar sua atenção, buscando contato com as mãos dele. Para manter a postura, ele foi receptivo, porém, evitava que seu olhar se cruzasse com o dela. Temia sucumbir, falando poucas e boas ali mesmo. O melhor era se controlar para que não piorasse a situação, provocando-lhe novo surto.

Injuriada e lamentando-se pela má sorte de ter se acidentado, Valentina só parou de falar quando a ambulância entrou no pronto-socorro.

***

Mário e Irene chegaram logo em seguida e imediatamente Valentina foi levada em direção ao pronto-atendimento. Quando notou a presença dos primos, acentuou os gemidos e lamentações.

A madrugada foi intensa para todos, Paulo conseguiu relaxar em companhia dos primos, sentia-se mais calmo, embora fosse notável os sinais de cansaço físico e mental. Abatido e indisposto, ele aguardava o término dos exames a que a esposa fora submetida. Valentina fraturara o pé esquerdo; ficaria imobilizada por algum tempo.

Mário o aconselhou a não tomar nenhuma decisão precipitada em relação à separação, ainda mais diante daquela situação. "Isso só pioraria as coisas", dizia ele com certa preocupação.

Angustiado e não encontrando saída, ele concordou em apenas não formalizar sua decisão, deixando bem claro que era o que realmente queria, no entanto, aguardaria o momento propício.

Mário enfatizava que os acontecimentos o deixaram estressado, e que aquele tempo era providencial para que ele checasse os seus sentimentos e talvez se permitisse tentar uma reconciliação. Mesmo reconhecendo que isso dependeria mais de uma mudança do comportamento de Valentina, incentivava-o a ponderar para evitar possíveis erros e perder a chance de vencer a crise matrimonial.

Paulo ouvia, porém não acreditava nessa possibilidade, mesmo que se por um milagre isso ocorresse, ele não estava mais encontrando algum elo que pudesse mantê-los casados.

A conversa foi interrompida com a chegada dos enfermeiros trazendo Valentina na cadeira de rodas.

O dia estava amanhecendo quando saíram do hospital. Exaustos, o que mais almejavam era poder descansar com boas horas de sono. Medicada, inclusive com calmantes, Valentina se mantinha quieta e comportada. Gentilmente agradeceu o apoio dos primos, desculpando-se pelo infortúnio. Entrou no carro de Mário, apoiando-se nos ombros do marido, sentindo-se confortada.

Paulo permaneceu imóvel, fixava o olhar para o mar, o céu estava nublado, a praia deserta, poucas pessoas transitavam pelas ruas, a única coisa que realmente ele queria era poder chegar logo na casa dos primos e descansar. Desejava esquecer tudo o que se passara na noite anterior, para ele nada mais importava a não ser contar os dias até que Valentina se recuperasse, antes disso, aproveitaria para reorganizar sua vida e tornar-se seguro para enfrentar sua nova etapa de vida.

Ele contava com o apoio das forças espirituais, reconhecia que estava diante de um desafio que provavelmente iria proporcionar-lhe crescimento interior, embora amargurado e lamentando a situação da esposa, procurava se manter em equilíbrio, aguardaria os próximos dias para avaliar o comportamento dela e conforme fosse reagiria de acordo.

Irene se mantinha calada, não se deixara envolver emocionalmente pela situação, compreendeu que Valentina atravessava uma crise em seu casamento, e isso cabia aos dois resolverem.

Mário fez uma pequena parada para abastecer o veículo, começou a chover e a temperatura estava mais amena; ao contrário dos outros dias, aquela manhã tinha tudo para propiciar o aconchego para que eles pudessem relaxar e se recompor devidamente.

***

Julia acordou minutos antes da chegada de Mário com a família, levantou e espiou pela janela, o dia estava amanhecendo, chovia intensamente. Notou que Valentina havia fraturado o pé, balançou a cabeça pensando o quanto uma atitude impensada causa transtornos para a própria pessoa e para os demais.

Esperaria até que todos se acomodassem em seus leitos para ir embora, depois telefonaria para Irene agradecendo a hospedagem. Acordou a prima que dormia na cama ao lado, pretendia sair dali o mais rápido possível.

As duas se vestiram rapidamente e saíram do quarto após se certificarem de que não havia ninguém por perto. Cuidadosas para não fazer barulho, seguiram sorrateiras até a sala de estar. Julia escreveu um bilhete de agradecimento para ser entregue a Irene. Pediu gentilmente ao motorista da família para levá-las para casa.

Paulo, ao contrário do que previu, não conseguiu dormir de pronto, remexia-se de um lado a outro. Ouviu o som do motor do carro, levantou-se e espiou pela janela, viu Julia e a prima partirem ligeiramente. Sentiu um aperto no peito, compreendeu o que ela queria evitar, por certo temia que Valentina se descontrolasse com a presença dela naquela casa.

Acompanhou o carro até enquanto pôde, depois voltou para a cama e tentou dormir. Desprendido do corpo, ele se viu caminhando por uma estrada escura e deserta, quanto mais andava menos conseguia enxergar para onde estava indo. Depois, soltou um grito quando deparou com um enorme precipício, tentou se equilibrar para não cair, escorregou e se viu despencando no fundo de um poço sem fim. Durante a queda, viu várias passagens de sua vida na época da infância, depois sua adolescência até o dia de seu casamento.

Valentina estava linda, o salão de festa lotado de pessoas amigas, na hora da cerimônia, a cena que se apresentava foi completamente diferente do que havia acontecido na realidade. Paulo se viu vestido com roupas de outra época, pessoas chegavam de carruagem, exibindo-se com muito luxo e sofisticação na fazenda onde ele residia. Era o dia mais feliz de sua vida, iria se tornar esposo da mulher que amava. Aguardava ansioso para consumarem a união. Durante a consagração das alianças, o som estridente do tiro de uma espingarda quebrou o encanto do casal, a noiva foi atingida pelas costas e desfaleceu, caindo em seus braços encharcada de sangue.

Atordoado, ele berrou por socorro, mulheres e crianças se escondiam assustadas, houve correria por todos os lados. Quem cometera essa barbárie? Vários capatazes se deslocavam para encontrar o culpado. Desesperado, ele percebeu que ela se foi. Abraçado em seu corpo ferido, jurou vingança de morte para o agressor.

Com respiração ofegante, corpo suado e aos prantos, Paulo foi retomando a consciência ao toque de Valentina em seu corpo, chamando-o insistentemente.

Estonteado, abriu os olhos e suspirou aliviado.

"Foi apenas um pesadelo", disse para si.

Sentou-se na cama, passou as mãos pela testa molhada, virou-se para Valentina e abraçou-a com carinho, comentando em seguida:

— Que sonho terrível! Você está bem?

— Estou. Acordei com seus gemidos e soluços. Assustei-me porque percebi que você estava muito agitado, debatendo-se e chorando...

— Não foi nada, apenas um pesadelo daqueles! Procure descansar, está com alguma dor?

— Não. Sinto-me mais calma, só gostaria de ficar mais tempo aqui ao seu lado, como fazíamos antes.

Paulo fingia ter se desligado das imagens oníricas com extrema sensação de perda da mulher amada. Abraçou-a com carinho e beijou-lhe a testa, dizendo:

— Também não quero me levantar, vamos dormir mais um pouco — suspirou novamente, apesar de tudo não trocaria sua situação atual com aquela que se apresentara no sonho. "Que cena horrível! Ainda bem que estamos aqui", pensou.

Valentina aproveitou a receptividade dele e se aconchegou; abraçando-o com ternura, pôde sentir ainda a pulsação acelerada do coração, quis confortá-lo, sentia-se culpada por ter-lhe provocado tensão e cansaço, e quase instintivamente procurou deixar que seus lábios tocassem os dele. Delicadamente, ele desviou, beijando-lhe a testa; ela insistiu, sussurrando seus desejos aos ouvidos dele.

Paulo se mantinha estático, ela continuava expressando seus sentimentos e emoções, acariciando-lhe com paixão. Envolvido pelos carinhos que havia tempos não recebia, foi cedendo aos afetos da esposa, entregando-se intensamente.

CAPÍTULO 28

Chovia muito naquele fim de tarde quando o casal despertou, o clima de romantismo ainda perdurava entre eles. Valentina gentilmente pediu ajuda para o marido, queria levantar-se, embora não sentisse dor, não conseguia mover-se sem apoio. Paulo imediatamente pulou da cama e, atendendo ao pedido da mulher, fez gracejo diante da situação. Ela torceu o nariz, retrucando e dizendo que a limitação não era somente dela e sim deles, pois ele teria muito trabalho com ela dali por diante.

Enquanto se vestiam, trocavam carícias em comum, não houve qualquer comentário sobre a noite anterior, tanto um como o outro demonstravam interesse em permanecerem naquela sintonia afetiva.

Paulo sabia que haveriam de conversar a respeito, porém preferira dar vazão aos sentimentos que afloraram a partir daquele dia. Não perdera a convicção de acertarem as diferenças, porém deixaria isso para quando estivessem em casa. Estava decidido a dar esse tempo, iria lhes fazer bem; muitas coisas haveriam de modificar e se tudo seguisse em harmonia, deixaria as coisas como estavam, ou seja, permaneceriam casados. Os últimos acontecimentos fizeram com que ele fosse mais flexível com ela, principalmente depois do sonho que tivera. De uma coisa estava certo, não estava tão preparado assim para deixá-la, foi o que entendeu como sinal após o pesadelo.

Valentina parecia outra mulher, radiante e carinhosa procurava compensar o tempo perdido, querendo que tudo se transformasse de imediato. Não queria perdê-lo para outra, amava-o, disso também obtivera certeza quando se sentiu enciumada e ameaçada pela beleza de Julia.

Tranquilizou-se quando percebeu que Paulo ainda a desejava e que realmente ela é que estava jogando-o para os braços de outra. Continuaria se doando, haveria de reverter isso de vez, estava arrependida, mas muito disposta a mudar verdadeiramente; embora envergonhada, procuraria se redimir diante de todos, menos em relação à Julia, isso ainda não estava a seu alcance. Por ela nunca mais desejaria revê-la e daria um jeito de não se encontrarem tão cedo.

Irene e os demais conversavam a respeito dos dois na sala de estar. Todos demonstravam certa preocupação com o estado de Valentina. Ouviram risos e sussurros vindos do corredor; surpresos, notaram que o casal vinha ao encontro deles, estavam abraçados e sorridentes.

Mário discretamente esboçou sorriso maroto, piscando para os demais, como quem dissesse que eles estavam muito melhor do que se podia imaginar.

Valentina, percebendo o espanto de todos, fez micagem, apontando para o pé quebrado, dizendo que ele havia salvado seu casamento, complementando em seguida que já ouvira dizer que não há mal que seja infinito se houver um bem que o afaste.

— Isso mesmo, assim é que se fala! — concordou Teresinha, convidando-os a se sentarem com eles.

Valentina, que estava decidida de vez a reformular o mal-entendido, desculpou-se diante de todos, pedindo compreensão até que ela mesma pudesse rever suas falhas; demonstrava firmeza e equilíbrio enquanto se expressava.

— Estou pronta para ouvi-los, sei que criei muito desconforto para vocês, acabei por estragar a festa... — complementou, redimindo-se.

Ninguém ousou responder de imediato, o silêncio de todos a constrangeu, baixou a cabeça feito criança rebelde após uma surra.

Teresinha quis amenizar o constrangimento e, segurando nas mãos dela, disse com ternura:

— Já passou. Procure olhar para a frente, porém, não se esqueça de que se dermos vazão aos exageros desenfreados, perderemos a noção de respeito por nós e pelos outros, responderemos por nossa inconsequência e desajuste e com isso pagaremos um preço alto. Hoje, você conseguiu harmonizar a situação, mas caso persista em agir sem reflexão de seus atos, acabará sendo excluída do convívio daqueles que a amam. Por favor, não entenda minhas palavras como punição, estou apenas tentando ajudá-la a se melhorar interiormente, visto que somos suscetíveis a todo tipo de descontrole se não soubermos usar a inteligência para discernir até onde vai a nossa imaginação doentia. Creio que você e Paulo devam ter uma boa conversa para ajustarem as diferenças que andam crescendo no relacionamento. O desgaste emocional forma uma barreira dura, incapaz de se ser modificada se insistirem em seguir sem esse confronto.

Valentina quis se desculpar novamente, foi interrompida por Paulo que, atento às observações de Teresinha, sentia necessidade de compartilhar o que estava sentindo e principalmente justificar perante a família a mudança de sua decisão.

— Concordo plenamente com a senhora e é justamente isso que vamos fazer assim que voltarmos para a casa. Confesso que estava decidido a me separar de Valentina, no entanto, algo dentro de mim foi despertado nesta manhã após um sonho que tive.

Paulo começou a relatar detalhadamente as cenas do pesadelo, Valentina atenta ao que ele dizia, remexeu-se, sentindo leve desconforto.

Paulo continuava:

— Depois, acordei assustado com o toque dela em meu corpo, senti alívio ao vê-la ao meu lado. Valentina se mostrava afetuosa como havia tempos não fazia, tentei recusar seus carinhos, priorizando a importância de termos uma boa conversa antes de qualquer entrega a dois, que aliás, não estava em meus planos. Ao mesmo tempo que tentava me privar, notava que ainda havia da minha parte uma forte ligação afetiva com ela; a razão quis imperar, mas não consegui reprimir os sentimentos, mesmo porque ela estava doce e carinhosa, do jeito que a conheci. Então me permiti viver aqueles momentos de prazer e deixar para depois os ajustes. O que realmente eu espero é que possamos nos acertar, digo isso porque estou disposto a tentar mais uma vez, pelo menos eu terei certeza de que fiz o que foi possível para salvar o nosso casamento. Isso dependerá de nós dois, cada um fazendo a parte que cabe a si e cientes de que nossas escolhas terão consequências.

— Os sonhos são reflexos de nossas emoções reprimidas, pudemos constatar isso com o caso de Marie quando a levamos ao psiquiatra. Quero que saibam que torcemos para que vocês se acertem de vez — tornou Irene, tentando compartilhar com o desabafo de Paulo.

Valentina, impressionada com a cena do sonho, quis mais explicações, temendo que isso fosse um aviso.

— Tem certeza de que são emoções reprimidas? Não gostei desse sonho...

— De qualquer forma, isso contribuiu para que Paulo cedesse em sua decisão. Como disse, o melhor é olharem daqui para a frente, isso é o que mais importa, não acha? — sugeriu Teresinha.

— Acho. Estou disposta a me redimir e tentar uma nova forma de me relacionar. Por esse motivo, estamos querendo ir embora hoje, quero que essa conversa ocorra naturalmente, prefiro acertar as diferenças quando os problemas surgirem. Sinto que perdi muito tempo deixando-o sozinho, enquanto estive presa em minhas desilusões — disse, olhando para o marido e demonstrando sinceridade e ternura.

— Sinto que estamos fechando alguns ciclos importantes em nossa vida, Mário e eu, vocês... Entraremos em uma nova fase, sinto também que os espíritos amigos nos ajudam nisso. Pude notar, durante esses anos em que a perda de Marie foi insuportável para mim, o quanto aprendi a me modificar, sinto que recebi e recebo todo apoio espiritual para isso — disse Irene.

— É bem verdade, pois quando estamos em contato com eles, recebemos essa energia do campo vibratório deles. Mesmo que nada digam, somente com a presença energética, vamos nos modificando... O que se aprende com isso?

Paulo respondeu a questão inserida por Teresinha, dizendo com segurança:

— Para mim, os espíritos evoluídos são considerados seres de luz por terem superado os limites da consciência, despertaram a inteligência e se tornaram hábeis, obtendo uma visão clara e lúcida de si mesmo; aprenderam o domínio interior e vivem em esferas compatíveis com a vibração energética que possuem. Quando vêm nos auxiliar, transmitem o que sentem e nós recebemos conforme podemos. Quanto mais olharmos para dentro de nós e aceitarmos mudar o que for preciso, mais receberemos daqueles que já possuem esse mecanismo aprendido. Concordo com Irene que estamos fechando um ciclo em nossa vida, que nada mais é do que um conjunto de experiências que se repetiram até que mudássemos o modo de enxergar a vida. Para mim, isso se denomina lei da atração de tudo aquilo que nos acontece, não é mesmo, dona Teresinha?

— Concordo, embora reconheça que estamos numa fase de transição, onde a lição é igual para todos. Vencer o orgulho! Isso não é tão simples quanto parece, pois muitos nem sabem o que significa ser orgulhoso, analisam em um único plano; é muito comum ouvirmos: "Eu não sou orgulhoso". Mas todos conservam o medo dentro de si, lutam para não se sentirem menos do que os outros, reprimem os sentimentos, não se expressam como gostariam, não é assim? Quando um cede, comove o outro por alguns minutos e depois voltam a se fecharem no mundo das ilusões. O orgulho é a trava da libertação interior, essa é a lição a ser compreendida e exercitada.

Valentina remexeu-se novamente. Aquele assunto revelava o quanto ela mesma havia se fechado por brigar com a vida, ficara estagnada por ter se sentido inferior às outras mulheres em relação a maternidade. Não soube encontrar uma saída para realizar os seus desejos, impusera cruelmente para si que nada adiantaria fazer, aceitara a limitação e a frustração, tornara-se impotente e amarga. Refletia agora o quanto fora orgulhosa e arrogante, até mesmo por estar sentindo vergonha de si naquele momento. Suspirou e disse para si mesma:

"Chega! Não suporto mais as minhas próprias acusações, vou me concentrar naquilo que puder fazer de agora em diante".

As palavras de Teresinha ainda entoavam aos seus ouvidos: "Olhe daqui para a frente..."

"Prefiro assim, pois olhar para os nossos erros é muito sofrido, farei diferente agora", pensou mais animada.

Ao seu lado uma onda de luz se formou a ponto de causar-lhe inesperada comoção. Desabou em choro condoído, não teve como segurar a emoção.

Virgínia e mais dois integrantes do grupo espiritual, haviam chegado naquele momento.

— Pelo que percebo Valentina está aprendendo a parar para sentir, isso é um bom sinal — disse para Maciel, que como sempre esperava uma explicação.

— Então, ela nos percebeu?

— De certa forma sim, viemos visitá-la, não estamos prestando auxílio? Nossa intenção se somou ao contato que ela se permitiu quando avaliava suas posturas e tomou a iniciativa de romper com os erros do passado.

— Esse choro foi despertado pela força energética que recebeu?

— Já ouviu falar que onde está seu pensamento se forma uma vibração? Valentina reprimiu por demais seus sentimentos, quando escolheu se libertar, recebeu essa onda que já havíamos programado no campo magnético dela por meio da indução energética que aplicamos no tratamento, lembra-se?

— Isso perdurará até quando?

— Todos nós possuímos a capacidade de autorreformulação; como já lhe disse, os pensamentos positivos nos elevam automaticamente e sentimos um grande bem-estar. Nossa parte foi apenas um pronto-socorro de recuperação mental e emocional, para que não houvesse maiores desequilíbrios, mesmo assim ela absorveu muito pouco, pois deixou a ira dominá-la por meio do ciúmes que sentiu do marido. Com isso, atraiu a companhia daquela "senhora" que absorvia todos os fluidos vitais que ela liberava pela raiva. A senhora se fortalecia, tornando conveniente a indução que fazia, instigando-a cada vez mais ao desequilíbrio. Lei da afinidade! Vamos ajudá-la a se fortalecer mais e mais, assim estaremos preparando-a para sua nossa etapa de vida.

— E o que estamos aprendendo com isso? Vejo neles o espelho de minha vida, quantas vezes fui impulsivo me deixando envolver pelos desvarios das ilusões!

— Você já respondeu.

— E quanto a você e os demais, o que aprenderam?

— A nos tornarmos um só diante de Deus. Estamos em função de ensinar e conduzir, o que requer grande aprendizado para desenvolvermos certas habilidades impessoais. Colocamo-nos como eternos aprendizes, renovando ou fortalecendo caracteres positivos para a nossa evolução.

— Ser mentor não é nada fácil! — ajuntou, querendo provocá-la.

Virgínia sorriu, aceitando a observação, depois respondeu, retrucando a gozação:

— Estou treinando para ser uma ótima orientadora. Faz parte do exercício, haja vista que minha primeira conquista foi ensinar um tal de senhor Maciel que vivia se debatendo de um lado a outro, sem noção de que continuava vivo após a morte. Conhece esse indivíduo?

— Não, quem é? Se você conseguiu isso deve ter ganhado em salvar um rapaz muito charmoso e especial — sorriu com ar enaltecedor.

— Pelo menos ele aprendeu a se valorizar...

— Quando eu vou ser um mentor? É para isso que se morre tão cedo? Estou brincando... — falou, satirizando novamente.

Virgínia balançava a cabeça sorrindo, admirava a presença de espírito dele, pois sempre dava um jeito de não levar as coisas tão a sério. Ela, apesar de já ter melhores condições de aprendizado, ainda se preocupava com o desempenho. Sabia que esse aspecto de sua personalidade ainda a treinava a fazer apenas o que lhe cabia e reconhecia que mesmo do outro lado da vida, cada um dá e recebe segundo merece.

Maciel conseguia fazê-la se descontrair. Ela recordava que logo de início simpatizara com ele, mesmo tendo uma dura tarefa até chegar a esclarecê-lo. Por meio dele, ela aprendeu muito e hoje o tinha como companheiro de equipe.

— Vamos embora, Maciel, agora fica por conta de Valentina. Voltaremos no momento propício.

— Está certo. Ordem é ordem...

Antes de se retirarem, fixaram o pensamento, formando uma grande onda de luz, que envolvia a todos com pensamentos de paz e harmonia.

Maciel visualizou uma rosa, beijou-a e disse:

— Vá e leve a doçura despertando a beleza de sua essência para Valentina.

Depois, saíram satisfeitos por terem obtido bons resultados na tarefa que lhes cabia.

Valentina enxugou o rosto, em seguida comentou ter sentido um forte perfume de rosas. Estava admirada pois foi a primeira vez que pôde notar que algo extrassensorial lhe ocorria. Ficou feliz, pois aquele foi um sinal de que as coisas iriam melhorar e muito. Sentia-se tocada profundamente como nunca havia sentido antes. Realmente, parecia outra pessoa. Desta vez soube agradecer pelo que havia recebido.

Sensibilizada, comentou que seu orgulho era muito grande a ponto de se sentir inútil até nas reuniões de estudo, pois como não havia despertado qualquer fenômeno mediúnico, duvidava intimamente, julgando que todos estavam indo por um caminho de fanatismo e que ela não necessitava disso para viver.

Mas agora obtivera uma nova visão do assunto, sabia que o perfume das rosas vinha de algum espírito amigo, era uma certeza tão grande que não precisaria nem de comprovação visual.

Depois, recordou-se de que já havia aprendido que espiritualidade é aquilo que sentimos dentro de nós, é a nossa capacidade de sentir a essência de tudo e todos.

Finalizou dizendo que até nisso ela iria se reformular. Não se compararia a mais nada e ninguém, pois se aceitar era a melhor solução para todos os seus problemas.

Admirado ao vê-la tão lúcida, Paulo a abraçou, sentindo que recebera a ajuda que tanto pedira. Beijou-lhe a testa dizendo que ela poderia contar com ele e com todos que ali estavam, pois eles a amavam verdadeiramente, e sem dúvida aquela experiência fora de grande valia para todos.

Valentina sorriu. Depois, levantou-se e abraçou um a um, demonstrando afeto e agradecimento.

CAPÍTULO 29

Juvenal acompanhava Marie até a ala de treinamento. Relatava os últimos acontecimentos vividos na casa de seus pais terrenos. A menina ouvia com atenção e ao mesmo tempo recordava-se quando Paulo apresentara Valentina para a família. Sentiu saudades daqueles tempos onde todos se reuniam com frequência, geralmente aos domingos. Em determinado momento, Marie o interrompeu, tomando coragem de fazer-lhe uma pergunta que havia tempos procurava resposta:

— Juvenal, por que eu desencarnei tão cedo? Daquela forma, tão brutalmente arrancada do convívio com os meus? Entendo que a vida continua, mas ainda não compreendi qual o meu propósito de aprendizado; dos meus pais, você já comentou que a lição era o desapego, e a minha também? Somente isso? Por acaso não poderia ter tido outra forma de aprender sem que eu tivesse de partir? Devo confessar-lhe que gosto muito de vocês, mas se pudesse optar, estaria lá com eles... Fico pensando que todo apego com minha mãe se modificaria com o meu crescimento, pois ela era muito firme e fazia de tudo para que eu me tornasse independente, além disso, sinto que em minha história ainda há algo por desvendar, estou certa?

— Você está começando uma nova fase de aprendizado, toda revelação faz parte do nosso amadurecimento emocional, mas o principal é concentrar-se em si mesma, pois nem sempre as respostas se resumem em apenas uma existência, tampouco em apenas um único aspecto a ser reformulado no que diz respeito a mudanças de crenças e atitudes. O conjunto de tudo isso forma o nosso plano divino, no entanto, brevemente, a humanidade será convidada a esses acertos, pois haverá um novo movimento que trará a possibilidade de todos amadurecerem e tornarem-se hábeis em fazer essas reformulações mais rápidas e menos dolorosas. Até que a nova introdução esteja firmada, haverá muitas contradições, depois, uma pequena parte trabalhará nessa nova educação e assim esse movimento crescerá e haveremos de usufruir de melhores condições de vida por todo o planeta. A inteligência divina é muito sábia conosco, pois reconhece que somos aprendizes diante da imensidão deste Universo.

— Entendo, mas no meu caso, quando poderei compreender? — insistiu a menina.

— Acredito que uma boa parte você saberá, digamos o que lhe interessaria agora, respeitando sua condição espiritual. Você mesma vai perceber no tempo certo!

— Isso depende exclusivamente de mim?

— Marie, quando estamos numa escola, prestamos atenção na explicação do professor, mas nem sempre absorvemos de imediato a matéria ensinada. Precisamos de treino, atenção, disciplina para que nossa mente registre e memorize a lição. Depois, vamos adquirindo a compreensão gradativamente. Quero lhe dizer que ainda não estamos suficientemente preparados para desvendar de imediato tudo o que se passou em nossas existências. A lembrança de algo que nos fez sofrer pode ser muito prejudicial se não compreendermos que somos responsáveis pelas causas de nossas aflições e que somos os criadores de nosso destino. Mesmo aqueles que já iniciaram para esses novos conceitos, esbarram facilmente, querendo acerto de contas, imagine quem nada sabe disso? O esquecimento de outras vidas numa reencarnação é sem dúvida alguma um alívio para o espírito, pois possibilita formar novos laços de amizade e ternura com aqueles pelos quais tivemos desavenças e outros comprometimentos desagradáveis, pois tanto o amor como o ódio formam a lei da atração. Não adianta fugir do que é óbvio, a nossa própria consciência busca esses ajustes para que possamos nos libertar espiritualmente de tudo o que não serve para a nossa evolução.

Marie prestava muita atenção em todos os ensinamentos; Juvenal continuava:

— Por exemplo, se estou disposto a mudar o modo de agir, modificando minhas atitudes, vou renovando automaticamente meu sistema energético e tudo o que estiver relacionado a isso segue essa modificação. Fazendo a minha parte eu adquiro o poder de transformação que há em mim e por tudo e todos que estiverem energeticamente ligados comigo, consciente ou não, pois a energia se forma pelas emoções criadas pelo pensamento. Se pensamos algo bom sobre alguém, nossas emoções se tornam positivas, pois aquele sentimento de bondade se expande pela corrente magnética que possuímos e assim outras sensações se formam; por tudo isso, insistimos na mudança do pensamento, para que nosso fluido se canalize somente com o que é bom para nós. Quanto às coisas que já vivemos, o passado mal resolvido, eles seguem a mesma indicação. Se compreendo e assumo a minha responsabilidade diante do que sou, posso acionar esse mesmo mecanismo, libertando-me e libertando tudo o que estiver em desajuste energético vindo de lá. A lei da atração, se bem compreendida e exercitada, é fascinante, pois nos traz a possibilidade de ação e reversão de tudo o que queremos. Imagine quando estivermos aptos nisso, que maravilha será? Não acha?

— É mesmo muito fascinante, apesar de requerer muito aprendizado.

— Por isso mesmo, quanto mais cedo começarmos, melhor será! Tudo se inicia em nós; esse é o primeiro passo, há tantas coisas boas para aprendermos e ficarmos sintonizados, que se torna muito insignificante ficarmos parados no tempo com a nossa memória presa no que já passou. São apenas lições que fazem parte desse aprimoramento do nosso espírito, comparado a uma criança que age com ingenuidade e imaturidade diante das coisas. Quanto àqueles que se recusam a isso, deixando-se ser arrastados pela ignorância e delinquência, estão ainda adormecidos no seu estágio primitivo; se não tivermos afinidade com a questão, ficamos isolados até que queiramos nos modificar, que cansemos de sofrer e despertemos para a grandiosidade da vida. Se olharmos com sentimento de compaixão, entenderemos que em algum dia, em alguma época, pensávamos da mesma forma, e é assim que se forma as camadas da evolução. Uns mais adiantados do que outros, com isso vamos nos tornando capazes de saber como lidar com cada aspecto do ser humano. Você já ouviu falar que para alguns a vida inteira foi tranquila em comparação a outros que tiveram muitos problemas de todo aspecto? Podemos dizer que Deus não tem nenhum tipo de proteção ou diferença entre as criaturas, somos nós os responsáveis por tudo, embora recebamos ajuda para superarmos todo tipo de dificuldade, mas em seguida aparecem outras coisas e assim ocorre, até que se mude a maneira de pensar. Você começará a estudar sobre isso e com o tempo entenderá muitas coisas a seu respeito.

— Tenho uma dúvida, eu nada sei sobre esses assuntos, estarei pronta para isso?

— Estamos colocando nossa filha na escola, estará pronta para isso? Como os pais sabem? A princípio, de acordo com a idade, uma etapa na escola, não é mesmo? Depois, na maturidade escolhemos qual profissão queremos seguir. Você entrará no primeiro ano desse aprendizado.

— Todos aqui estudam somente sobre isso?

— Para continuar nesta colônia, todos precisam primeiramente desse tipo de estudo, além disso, muitas outras coisas são oferecidas, pois a partir de certo estágio, seus potenciais começam a despertar, e então você terá muitas opções para se aprimorar. Temos todos os tipos de disciplinas escolares comparadas as que você já conheceu e muitas outras que só existem aqui, por enquanto. Depois, algumas pessoas são liberadas para outros lugares. Você conhecerá o outro lado da vida.

— Se já vivi outras vidas, por que não me lembro de ter ido para alguma colônia após minha morte? É a primeira vez que isso acontece comigo?

— Digamos que agora você está mais preparada. Existem vários tipos de colônias e, de acordo com a condição de cada um, encaminhamos para a mais propícia.

— Já ouvi falar que pessoas muito rebeldes e agressivas ficam em lugares horríveis e que vocês vão visitá-las periodicamente. Algum dia poderei ajudá-las?

— Existem zonas compatíveis com a criação mental de cada um. Essas pessoas ficam expurgando em desvarios até que o surto mental cesse. Realmente temos um grupo de assistência que presta auxílio energético para elas, assim como existem outras colônias que também se interessam em ajudá-las. Quando a levamos para visitar seus familiares, você pôde notar a diferença energética, não foi? Imagine num lugar com esse? Precisaria de mais preparo, caso contrário, seria a primeira a ser socorrida.

Marie sorriu, concordando com o instrutor.

— Você encontrará alguns amigos na ala de treinamento. Espero que se saia bem.

Marie quis saber quem encontraria, mas não obteve resposta; com gesto carinhoso, Juvenal segurou as mãos da menina quando entraram no Pavilhão de Estudos.

Admirada com a arquitetura do prédio e com a multidão de pessoas que circulavam no mezanino, esboçou sinal de espanto diante do que via.

— Nossa! Não tinha ideia da imensidão deste lugar — disse, olhando pela parte externa do corredor lateral. Notou que o terreno era imenso e que mais quatro pavilhões davam continuidade à bela arquitetura que os delineavam ao redor de um imenso jardim.

Marie quis avançar, contudo, Juvenal a interpelou, apontando para o letreiro luminoso que indicava o local para onde os iniciantes deveriam se dirigir; em seguida a abraçou, desejando sucesso para aquela nova etapa, fez algumas recomendações e se despediu rapidamente com sorriso encorajador.

No saguão, diversos instrutores se agrupavam, confraternizando--se pelo intento cumprido; aquela era sem dúvida alguma uma data especial que merecia ser celebrada, pois simbolizava o fim de muitas encarnações dolorosas de vários iniciantes; começariam agora a compreender verdadeiramente a causa de suas aflições, tornando--se responsáveis dali por diante por suas escolhas e consequências.

Marie dirigiu-se ao primeiro andar do prédio, apresentava leve ansiedade, compatível com a situação; procurou controlar-se, observando as pessoas que como ela procuravam a sala que deveriam entrar. Cada um recebera uma pulseira magnética com uma cor específica; no fim do corredor, à direita, o luminoso de cor azul celeste apontava a sala de número nove. A menina suspirou ao se aproximar, orientada por um instrutor que os recebia na entrada, passou a pulseira no magnético da porta e entrou.

Deparou com um pequeno anfiteatro; cada fileira apresentava diversas tonalidades da cor azul. Marie ficou à esquerda de acordo com a cor indicada por sua pulseira. Discretamente, cumprimentou a jovem que estava ao seu lado; depois de acomodar-se, rodopiou o olhar, a fim de observar as pessoas que fariam parte daquela turma de iniciantes. A faixa etária estava bem misturada, esperava que todos fossem adolescentes como ela. Sem hesitar, fez breve comentário a respeito com a companheira ao lado, as duas intrigadas acabaram por identificar o porquê das diferentes nuances da cor azul. Em poucos minutos o auditório ficou cheio, as luzes principais se apagaram, dando espaço para a abertura de um lindo cenário, onde o jogo de luzes multicoloridas atingia um a um da plateia, cada movimento era sincronizado com o ritmo da música suave que entoava no ambiente preparatório.

Pouco a pouco, todos foram se desprendendo das emoções atuantes até se sentirem inteiramente relaxados. Em seguida, houve apresentação pessoal dos instrutores com suas respectivas abordagens programáticas para aquele novo estágio, totalizando vinte e três componentes.

Foram citados os três principais tópicos daquele primeiro dia de aula. O instrutor solicitou que um a um, quando fossem chamados, se levantassem sem se deslocar do lugar, pois a acústica natural do ambiente permitia que o som se expandisse de onde fosse emerso. Assim aconteceu. Apontando para ala da direita, onde a cor azul anil predominava, ele apertou o botão de um pequeno controle que tinha nas mãos e rapidamente se acendeu uma luz que intensificava o primeiro componente daquela fileira. No fundo do palco, refletia-se a imagem aumentada da pessoa que fora chamada. Todos se admiraram com a tecnologia avançada daquele lugar. O instrutor, percebendo a surpresa de todos, seguiu na explicação, informando que aquilo se procedia apenas naquele pavilhão, os demais eram providos pela criação do pensamento de cada um, exemplificando que quando eram chamados deveriam emergir sua luz própria para serem reconhecidos. Houve agito e rumor na plateia.

O instrutor interpelou que compreendia a reação deles. Visto que haveria tempo suficiente para que treinassem a respeito, solicitou que abandonassem as preocupações de desempenho, pois aquela colônia estava preparada para acolhê-los pelo tempo que precisassem, inclusive se houvesse necessidade de breve reencarne para alguns, quando retornassem, reiniciariam o mesmo curso, porém, em estágios diferentes, conforme o aproveitamento conquistado.

Revelou também que de certa forma todos que ali estavam já haviam passado por muito sofrimento, o que os fez despertar para a consciência da eternidade do espírito; embora não reconhecessem isso de pronto, aceitaram sua nova condição espiritual dentro dos limites individuais que caracterizavam a predisposição de reatarem rapidamente a consciência fora da matéria.

Procurou descontraí-los, citando que a catarse emocional fora muito bem controlada desta vez, durante menos de duzentos anos...

O intento fora atingido, todos riram com bom gosto!

Na fileira de cor azul-claro, um rapaz espontaneamente ergueu as mãos, solicitando uma pergunta ao instrutor, que o atendeu sem hesitar:

— Caso tenhamos que partir novamente para alguma experiência na Terra, quando voltarmos encontraremos os mesmos instrutores? Quero saber se vocês têm tempo certo aqui ou se são escalados para outra colônia.

— Aí vai depender de quantas vezes vocês aqui voltarão... — Daniel, o instrutor, sorriu justificando a brincadeira. — Todos nós temos um programa individual e coletivo, porém posso lhes garantir que todos os professores são exímios no assunto e a dinâmica será a mesma. Caso sejamos transferidos para outra colônia mais avançada, estimaremos revê-los o mais breve possível se assim forem receptivos ao desenvolvimento interior que nos capacita conviver em esferas mais apropriadas que atenda a nossa nova condição vibratória. Você não me parece ser um dependente afetivo, é? — perguntou, provocando o rapaz.

O moço esboçou sorriso discreto ao balançar a cabeça afirmando a resposta.

Daniel compartilhou os risos com a plateia, o moço passava as mãos na testa, procurando uma saída satisfatória para a situação. Formulou rapidamente o pensamento procurando autoaprovação e dizendo:

— Tenho a impressão que trabalhar na modificação da dependência afetiva, será a minha tarefa inicial.

— Temos a certeza de que você já começou... Qual é o seu nome? — perguntou Daniel carinhosamente.

— Ivan.

— Pois bem, Ivan, você exemplificou exatamente a maneira que queremos que façam a apresentação pessoal. Todos se apresentarão citando o principal ponto vulnerável mais atuante do momento.

Em seguida, agradeceu o rapaz pela participação demonstrativa e acionou novamente o controle, chamando mais um participante.

Marie ouvia atentamente os relatos dos companheiros de sala; estava tranquila e muito animada, gostando da nova etapa de estudos. Desde que recebera o tratamento de regeneração sentia-se mais equilibrada, porém, notara que a saudade do lar terreno aumentara. Lembrou-se da observação de Juvenal quando lhe dissera que ela iria encontrar amigos, isso a estimulara. Pôde reconhecer que se sentia sozinha sem atividade e que estava pronta para novas descobertas, precisava de estímulos dali por diante. Agradeceu mentalmente o querido amigo pela sabedoria de conduzi-la, fazendo com que ela mesma reconhecesse e atendesse suas necessidades. Acreditava que com os estudos, algumas atividades e amigos, teria um propósito de crescimento que justificasse seu desencarne prematuro.

Foi justamente o resultado dessa reflexão que Marie expôs ao ser chamada pelo instrutor.

Ao término das apresentações todos saíram para um breve intervalo, o ar puro da vegetação local, refez os ânimos dos participantes. Próximo ao prédio onde estavam, podia-se avistar a saída de alunos dos outros pavilhões. Não havia nenhuma observação para impedi-los de transitar livremente, a não ser a aglomeração de pessoas que se formou em questão de segundos. Na parte central de cada pátio, havia uma fonte luminosa que distinguia a área reservada de cada prédio.

Marie, acompanhada de mais quatro pessoas, decidiu explorar mais de perto a beleza das fontes vizinhas. Muitas indagações eram feitas entre elas, como por exemplo se todos aqueles prédios abrigavam alunos iniciantes e o teor de aula de cada um deles. Procuraram fazer amizade com algumas moças que molhavam as mãos nas fontes, exibindo-se em tenra brincadeira.

Após um "olá" jovial, Marie ousou questioná-las a respeito:

— Estão no primeiro estágio?

— Sim, com a designação "b" — respondeu a garota sem muitos detalhes.

— O que significa isso? — quis avançar Marie.

— Não sabemos com exatidão, apenas nos informaram que o nosso pavilhão corresponde as nossas vibrações e processos individuais.

— Curioso — respondeu intrigada.

— Para o primeiro encontro é natural, não acha?

— Estamos curiosas, que tipo de aula receberam? Fizeram apresentação pessoal e citaram seus principais pontos fracos?

— Faremos isso a cada mudança de estágio.

— Já participaram de outros estágios?

— Tempos atrás, porém desistimos... estamos retornando as atividades nesta colônia.

— O que quer dizer? Podemos desistir?

— Vocês não farão isso.

— Como sabe?

— Estão calmas demais — disse sorrindo.

— Não entendo, pode nos explicar melhor?

— Não haveria tempo. Daqui a pouco retornaremos para a segunda parte.

Marie demonstrou leve desapontamento, porém insistiu:

— Poderemos nos encontrar depois da aula?

As moças entreolharam-se antes de responder. Depois assentiram simultaneamente.

— Depois da aula nos encontraremos aqui, está certo? — reafirmou Marie.

— Combinado — responderam, fazendo coro.

Saíram apressadamente, alegando que o tempo do intervalo estava "estourando".

Marie e as outras deram meia-volta, regressando rapidamente ao pavilhão de origem. Antes de entrarem fizeram mais uma pausa, havia mais alguns minutos suficientes para trocarem observações.

Todas concordaram que as "vizinhas" pareciam saber mais do que disseram. Isso aguçou a curiosidade delas, assim, determinaram não deixá-las escapar.

— Poderemos perguntar para o instrutor sobre a diferença de estudos nos outros prédios. O que acham? — ressaltou Marie.

— Boa ideia — concordaram animadas.

— Imaginem como serão os outros pavilhões. Estamos tão afoitas com tantas novidades que até parece que estamos no mundo dos mortos-vivos — disse uma delas, fazendo alegoria com a situação.

As meninas foram entrando ainda dispostas a desvendar o suposto enigma; acomodadas, esperaram ansiosas o retorno do instrutor.

Daniel e mais cinco assistentes deram início à segunda parte da aula, explicando mais sobre os departamentos de estudos e seus respectivos pavilhões. As meninas arregalaram os olhos, revelando forte espanto.

— Creio que saciaremos a curiosidade de muitos em relação às atividades de nossa ala educacional. Consideramos todos iniciantes, comparados a pacientes de um hospital. Todos necessitam de cuidados especiais, no entanto, separados por alas especializadas para cada caso. Numa escola também existe essa separação, porém são todos estudantes. A designação "b" do pavilhão ao lado, onde vocês terão livre acesso para conviver com aqueles integrantes, abriga um grupo de espíritos que já possuíam consciência da eternidade da alma, porém, rígidos em confrontar-se a si mesmo, deixaram-se levar pelos caminhos tortuosos que a concentração do ódio e a vingança proporcionam. Frágeis e debilitados, desviaram-se do aprendizado reparador, perdendo-se na imensidão do tempo à procura de falsa justiça. Mergulharam nas trevas da ignorância até que o sofrimento os libertasse. As terapias ministradas aqui são vinculadas ao exercício de autodomínio com a visão de algumas vidas passadas para confronto emergente e esclarecedor. Alguns, desenvolveram nas andanças da alma, capacidades fenomenais de autodestruição, formaram-se mestres do desequilíbrio, exercendo seus potenciais para serem escravos do próprio orgulho, injetando o contraste da sombra naqueles que os desafiavam. Uniram-se a falanges perigosas e faceiras, almejando criarem um mundo paralelo, ameaçando os princípios da nobreza da essência divina que possuíam. Magoados e feridos direcionaram a força para a destruição de si mesmos. Criaram armadilhas para futuramente serem as próprias vítimas do transtorno. Adormecidos, espelharam o retrato da dor, aniquilando qualquer possibilidade de reversão. Por outro lado, vivenciaram o mundo das ilusões para transformá-los em si mesmos. Tornaram-se veículos da escuridão para enxergarem a luz, são exímios conhecedores da mente em desequilíbrio. Futuros professores da educação emocional do eterno porvir.

Daniel, empolgado, continuava sua explanação:

— Já foram considerados parasitas do espaço, no entanto, reingressaram nesta colônia por opção própria, muito embora, também não reconhecessem isso de imediato. Neste imenso universo existem várias faixas de vibração que abrigam determinadas consciências em evolução. Há realmente muitas moradas na casa de meu Pai, como disse Jesus. A nossa colônia é específica para os espíritos em regeneração, sendo que isso é subdividido pelo resumo de experiências vividas. Os demais pavilhões são identificados por outras denominações "e", "m", e ministram cursos preparatórios para os exercícios dos estágios programados; o último se assemelha ao de vocês, é reconhecido internamente por *dégradés* das cores púrpura e dourado, e é um centro de treinamento para o desenvolvimento do poder de criação. Lá se exercitam todos os que apresentam aptidões para tal. As atividades são imensas e haverá oportunidade de intercâmbio entre vocês periodicamente.

Daniel fez uma pequena pausa a fim de movimentar os alunos. Eles estavam perplexos diante do que ouviam.

Depois, concluiu a palestra evidenciando a possibilidade de aprendizado na compreensão das experiências alheias, evitando o julgamento desnecessário, visto que, nem eles tinham ideia de quanto tempo viveram e como o fizeram em suas experiências pretéritas.

Um dos assistentes finalizou o encontro com exímia prece de agradecimento, sensibilizando-os com muita ternura e amor.

Aconselhou-os a retornarem aos alojamentos para que não dispersassem o treino da reflexão dos assuntos abordados. Apontando ainda que haveria tempo suficiente para o lazer e o saciar das curiosidades naturais.

CAPÍTULO 30

No dia seguinte, durante o intervalo, as meninas correram para o pátio do pavilhão "b", a fim de se justificarem para as novas amigas a razão pela qual não puderam comparecer ao encontro combinado anteriormente.

Chegaram ofegantes perto da fonte luminosa, olharam de um lado a outro tentando encontrá-las; agitadas, erguiam a cabeça na busca incessante. Resolveram aguardar, acomodando-se num dos bancos, assim seria mais fácil avistá-las quando chegassem.

Um grupo de pessoas que ria muito se aproximou, despertando a atenção das meninas que imediatamente se levantaram, reconhecendo que as moças estavam ali.

Marie fez sinal para elas e foi rapidamente atendida. Abraçaram-se com carinho, depois deram vez para a apresentação geral.

Logo atrás, dois homens procuravam se integrar ao novo grupo e assim, entre uma conversa e outra, marcaram novamente um novo encontro; desta vez, combinaram um passeio pelo parque aquático, próximo dali.

Dois dias depois, todos estavam reunidos para a tão esperada conversa. As moças do pavilhão "b" foram cuidadosamente relatando suas experiências antes de reingressarem na colônia de regeneração. Marie ouvia com atenção; a princípio, não considerou nada de tão especial que pudesse correlacionar com a explicação do instrutor. Parecia tudo muito normal e natural o que estava ouvindo delas, afinal todos traziam situações mal resolvidas de outras vivências.

Uma pegou o marido com outra e se deprimiu até morrer; outra foi posta fora de casa pela família, após encontrá-la alcoolizada por várias vezes, e desencarnou num prostíbulo. A seguinte roubou todo dinheiro do avô, deixando-o na miséria, e fugiu para a Europa, perdendo toda a fortuna em mesa de jogo, suicidando-se em seguida.

Continuaram relatando os fatos pós-desencarne, diziam que quando tomaram consciência de que estavam mortas pelo corpo, mas vivas em espírito, iniciaram o processo de vingança coletiva. Pela vibração de ódio se afinizaram com alguns espíritos em condições semelhantes e aí trocavam favores, elaborando o retorno da dor para aqueles que as fizeram sofrer, assim acreditavam estarem fazendo a devida justiça pelas próprias mãos.

Marie quis saber como elas faziam isso, porém, as moças acharam conveniente não detalhar, naquele momento, a íntegra de suas atitudes nefastas, respondendo apenas o que lhes era peculiar.

— Acreditávamos que éramos vítimas e isso nos tornava mais cruel a ponto de fortalecer a raiva que trazíamos no peito — disse uma delas, justificando o desequilíbrio. — Depois, fomos reconhecendo que estávamos paradas no tempo; todos seguiam se melhorando e não conseguíamos avistá-los com frequência até desaparecerem por completo do nosso convívio influenciador. Sofríamos pela perda do falso poder que exercíamos e tomamos consciência de que estávamos vazias e machucadas, não queríamos nos render, o orgulho imperava, até que nos entregamos de vez, sem ter mais para onde fugir. Sobrou apenas o nosso próprio contato e nossas visões alucinógenas, pairávamos como abutres definhados, então não havia outra saída a não ser nos redimir para nós mesmas.

Marie, ao mesmo tempo que demonstrava espanto, sentia uma enorme ternura pela sinceridade delas. Por tudo que ouvira, concluiu que já não havia preconceito delas ao se mostrarem por inteiro, isso ela verbalizou na intenção de incentivá-las e confortá-las diante das revelações.

Passaram o dia inteiro se conhecendo a fundo. Marie também contou parte de sua vivência, disse que era apenas o que sabia por enquanto, pois não havia tido a compreensão exata dos fatos e em consequência disso, nem ousava conhecer outras vivências passadas.

Romena prestava atenção aos detalhes da história de Marie, depois aguçou a curiosidade da menina dizendo que já ouvira algo muito parecido entre alguns amigos de seu pavilhão.

Marie quis maiores informações, porém Romena não conseguia lembrar-se com exatidão de quem ouvira tal assunto, dispersando em seguida, colocando que não exatamente estariam falando dela, pois muitos apresentavam situações similares.

Resolveram distrair-se, aproveitando a beleza do lugar. Ali se formavam novas amizades, haveriam de se encontrar por muitas vezes ainda, confrontariam suas experiências de aula e de vida pelo tempo que estivessem juntas.

As moças riam muito, provocando brincadeiras quando diziam que eram poderosas e que a qualquer momento poderiam ensinar isso. Apontavam para a Filó, denominando-a de "a maior feiticeira do grupo", haja vista as imantações que fizera, deixando a amante de seu marido definhar até a morte.

Marie assustou-se com a colocação, depois compreendeu que estavam tentando quebrar mais um conflito de vergonha por terem agido contra o livre-arbítrio individual de cada um.

Filó, percebendo o desconforto, remediou o que Romena disse, alegando que tudo o que usamos para o desequilíbrio dos outros, cria nosso próprio abismo e com a mesma força que imantamos uma intenção, ela voltará para nós cedo ou tarde de forma duplicada.

Romena desculpou-se, abraçando a amiga com carinho. Depois soltou um grito ensurdecedor, dizendo para todas repetirem bem alto que o "Passado já se foi! Estamos livres por libertar e nos libertar, o que importa daqui por diante é exatamente usar tudo para o bem. Somos livres!", concluía com bom ânimo.

Filó sentia leve fragilidade ao tocar no assunto, mesmo já em processo de reformulação de suas emoções, ainda não conseguira expulsar totalmente o rancor que lhe condoía a alma. Quando percebia que estava se tornando vulnerável, rapidamente invocava as forças divinas da luz para não sucumbir, pois abominava a ideia de voltar para a zona inferior que a abrigou por um longo período. Mantendo as vibrações positivas e se esquivando das fixações mentais, conseguiria romper com a angústia e o desespero que resultavam em desequilíbrio exagerado. Obter esse domínio era o principal exercício para poder continuar sendo assistida dentro daquela colônia. Caso contrário, seria transferida para outro pavilhão de recuperação gradativa.

Romena, que no passado ensinara todas as artimanhas de feitiçaria para Filó, incumbiu-se espontaneamente de ajudá-la a dispersar as tendências vingativas, usando toda energia para trans-formação interior, por isso, vivia ressaltando frases positivas quando considerava necessário.

Marie notou que a outra moça que as acompanhava era mais sisuda e introspectiva, não havia se permitido relatar o que lhe acontecera. Pensou em instigá-la, porém, considerou ser prudente esperar o momento propício onde ela mesma ficasse mais à vontade para se abrir. Marie identificou-se mais com Romena, admirava sua personalidade firme e determinada, tanto é que achou engraçada a maneira que ela satirizou o próprio sofrimento, pelo menos não parecia ser tão dramática.

Passaram a tarde se divertindo com assuntos corriqueiros, de-pois voltaram cada qual para o seu devido alojamento.

Marie não conseguiu relaxar de imediato, ficou envolvida com as histórias que ouvira; quantas coisas estava aprendendo! Pensou em sua família terrena, para eles a experiência fora outra. Perda e desapego como lição, por outro lado, ficou feliz por tudo o que re-cebera deles, considerou ser privilegiada por ter nascido num lugar onde os desequilíbrios não ocorreram. Eram nobres e educados, ensinaram o respeito e os bons princípios, tinha tudo o que muitos gostariam de ter.

Mesmo sentindo amor pelos seus, não conseguia dispersar a questão que ainda era uma incógnita para ela, se tudo era tão bom e normal dentro dos preceitos formais, por que tiveram que passar por essa ruptura inesperada com a partida dela? "Como eles devem ter sofrido!", pensou.

Só haveria uma explicação a ser desvendada, a causa estaria vinculada em outras vidas que tiveram, essa foi a única alternativa que sobrou para que ela pudesse entender verdadeiramente e acei-tar os fatos definitivamente.

Estava determinada a vasculhar essa possibilidade, embora tivesse já principiado a conversa com Juvenal e não obtivera su-cesso, assim que pudesse acharia um jeito de pesquisar sobre o assunto que lhe dizia respeito; achava que estava em condições de saber mesmo que pouca coisa fosse revelada, desde que saciasse a busca de compreensão que lhe atormentava a alma. Suspirou e procurou relaxar, de nada adiantaria sufocar-se, sentia que estava a um passo disso e que o tempo fora providencial até que amadure-cesse para a verdade.

Saberia enfrentar o que fosse preciso, mas não admitia ficar alienada aos fatos. Romena e as outras eram mais bem preparadas, haveriam de ajudá-la encontrar a melhor saída.

Só conseguiu se desprender da mente agitada quando fixou o olhar nas primeiras estrelas que apontavam no céu. Mirando o brilho prateado que a envolvia, fechou os olhos e adormeceu...

Desprendida parcialmente das emoções, Marie se viu mergulhando num túnel escuro sem fim. Ainda adormecida, seu espírito se deslocou, atrelando ao quarto de sua casa terrena. Pôde ouvir a voz de sua mãe, acalmando-a após ter tido um pesadelo. Viu a cena de fora e pôde notar a presença de um homem ao lado de sua cama, sentiu arrepios e certa repulsa ao olhar para ele. Notou que ele usava uma vestimenta que não era compatível com a época atual. De expressão rude e marcada pelo sofrimento, irradiava o sabor da vingança no olhar, compenetrado como se estivesse gostando do que presenciava, isto é, vendo-a assustada e com medo, largada nos braços da mãe. Depois, ouviu a sonora gargalhada que ele entoava, sentindo-se vencedor pelo intento atormentador.

Rapidamente a cena desapareceu e ela se deslocou para um jardim florido; não havia ninguém por perto, caminhou até tentar entender onde estava e viu uma bela casa próxima dali. Ao pensar em se deslocar até lá, viu-se instantaneamente dentro dela; ouviu passos vindos em sua direção, um pouco ofegante e sentindo arrepios, ficou perplexa ao deparar com a figura do homem que a atormentava em seu leito terreno. Era ele, com aparência exuberante e bela, estava vestido com as mesmas roupas, só que limpas e originais. Esperava ansioso a chegada de alguém, ia e vinha da sacada para dentro. Tirava o relógio do bolso e passava as mãos na testa, denotando muita impaciência. Olhava-se várias vezes no espelho instalado perto da porta de entrada, arrumava os cabelos e ajeitava a camisa branca e engomada a esmo.

Ao lado, podia-se ver uma sala com a mesa posta para uma refeição, vasos com muitas flores ornamentavam o ambiente. Uma criada entrou, ajeitando os talheres e verificando se tudo estava em ordem. Marie sentiu vontade de correr para abraçá-la, mesmo não sabendo ainda de quem se tratava.

O homem suspirou e sorriu ao ver uma carruagem entrando em sua propriedade. Saiu imediatamente, antecipando a recepção para os recém-chegados.

Minutos depois entrou um senhor acompanhado por uma moça sorridente, de beleza estonteante. Marie sentiu vertigem ao reconhecer seu avô materno na figura daquele senhor. Não houve tempo para se recuperar, em seguida, quase desfaleceu quando se viu naquela roupagem feminina.

— Augusto! — exclamou atônita.

Lágrimas escorriam-lhe na face, procurou recompor-se rapidamente. Já não participava como espectadora da cena, era a protagonista, vivendo as emoções e sentimentos do momento.

Elvira abraçou Augusto com carinho, aquele sem dúvida alguma era um dia especial para eles. Augusto formalizaria o pedido de noivado ao futuro sogro durante o almoço programado. Filho único e sem parentes próximos, tal qual a noiva, formalizariam o compromisso apenas entre si. Providenciaria com tempo hábil uma grande festa de casamento onde haveria tempo suficiente para deslocar a parentela e amigos mais chegados.

Homem gentil e prestativo, dotado de exímia educação, Augusto encantava Elvira pela sua delicadeza e dotes enobrecidos.

Depois, apareceu a cena inédita do casamento, tudo se passava muito rápido e Marie pôde absorver parte de sua vivência durante aquele período de convívio com Augusto. Tudo era muito intenso e pouco a pouco as emoções exaltadas foram dando espaço para a observação sensata e precisa.

Elvira sofria de abandono pelo ciúmes exagerado do marido. Já não se apresentava como antes, triste e solitária, implorava algo que pudesse tirá-la daquele tormento pelo qual estava vivendo. Ele, porém, alucinado pela ideia de perdê-la, afastava qualquer possibilidade de reconciliação com a amada, que se isolava, recusando toda e qualquer proximidade dele em seu leito. Irritado por sentir-se rejeitado, trancava-a no quarto, como criança recebendo castigo.

Marie se espantou quando percebeu que além de ver os fatos em si, interpretava as sensações e captava os pensamentos de Augusto com exímia nitidez.

Enfurecido e atormentado, sentado na cadeira de balanço da varanda de entrada, ele resmungava, discutindo com os próprios pensamentos:

— Se essa menina mimada pensa que vai seguir o mesmo destino da mãe, está enganada! Vadia! Comigo não! Eu acabo com ela!

Marie também notou algo estranho plasmado atrás dele, tentou fixar-se nas ondas escuras que o envolviam, algo parecia estar grudado em seu pescoço enquanto resmungava. Parecia-lhe o corpo de uma mulher tentando sufocá-lo. Augusto tentava se defender, sem ter noção do que se passava, esmurrava o braço da cadeira, esbravejando compulsivamente.

— Vadia! Vadia!

A mente de Marie disparou, jogando várias cenas misturadas, o som da voz de Augusto, blasfemando repetidamente, fez com ela de repente se deslocasse para a cama do hospital astral onde foi acolhida após o desencarne, identificando a mesma voz que lhe dizia:

— Acorda, menina vadia!

Ela sentiu desespero e se desligou imediatamente da regressão, retornando ao alojamento do pavilhão de regeneração. Abriu os olhos e percebeu que Juvenal estava a seu lado, suspirou aliviada. Abraçou o médico e chorou copiosamente.

Juvenal já esperava por isso. Compassivo, tentou confortá-la, aguardando a retomada de consciência.

Marie, mais calma, tentou justificar-se dizendo:

— Andei antecipando os fatos.

— Creio que nada acontece sem nossa permissão. Acredita mesmo que não se sente pronta para isso?

— Apenas estava decidida a procurar esclarecimento das coisas. Pensei até em pedir ajuda para Romena, no entanto, espontaneamente me transportei para o passado... Só que não pude continuar, algo de muito terrível aconteceu, caso contrário, completaria a vivência, não acha? Presumo que o medo fez com que eu não avançasse...

— Você reconheceu bem, o medo nos incapacita de enxergarmos a realidade, principalmente diante das coisas que ainda não soubemos modificar em nós mesmos.

— Gostaria de continuar... Preciso saber o que me aconteceu.

— Fará isso brevemente. Por ora, descanse e relaxe, respeite o seu tempo e suas condições.

— Se eu dormir, voltarei lá?

— Você é que determinará. Todos os bloqueios se formam com a nossa inibição diante da vida. Deixe acontecer, não precisa necessariamente dar continuidade hoje, ou precisa?

— Não — arriscou titubeante com a decisão.

Juvenal esboçou leve sorriso, depois fez algumas recomendações, aconselhando-a a refletir sobre tudo o que presenciara.

Marie concordou, porém sem deixar de instigá-lo, quis saber como ele soubera o que estava se passando com ela.

O médico sorriu novamente diante da ingenuidade da menina, apontou para a pulseira magnética que levava no pulso, ressaltando que realmente reconhecia que ela ainda não havia compreendido onde estava, e o que aquela colônia poderia proporcionar a todos.

Marie torceu os lábios sem nada responder e balançou a cabeça, concordando com a observação de Juvenal.

Remexendo-se de um lado a outro, percebeu que aquele não era o momento de continuar, resolveu sair e tomar um pouco de ar fresco, isso lhe faria bem.

"O contato com a natureza sempre nos refaz mais rápido", pensou.

Saiu e começou a andar pelas ruas da cidade astral, absorvendo o perfume das flores com a brisa das folhagens plantadas nos canteiros de cada quarteirão. A noite estava iluminada pelas estrelas que polvilhavam o céu, algumas pessoas transitavam silenciosamente e pensativas. Marie decidiu ir até a ala dos músicos. Sempre alguns deles se apresentavam, tornando a noite prazerosa. Lembrou-se que Virgínia sempre quando podia também fazia o mesmo, gostaria de encontrá-la naquela noite.

O salão estava cheio, havia poucos lugares e ela procurou acomodar-se na fileira dos fundos, para não ser alvo de dispersão. Dois músicos tocavam uma linda sinfonia, sensibilizando os espectadores. Marie ergueu a cabeça, procurando a instrutora; não a viu, sentia vontade de desabafar com alguém. Depois, prestando mais atenção em si, resolveu ficar quieta em contato consigo mesma. Sem pensar em nada se deixou embalar pela melodia e lá ficou até o término da apresentação.

Na saída, para a sua surpresa, encontrou Maciel e Suzana. Abraçaram-se com euforia. Marie aceitou o convite para caminharem um pouco, assim colocariam as novidades em dia. A menina foi relatando tudo o que lhe havia ocorrido; os dois prestavam atenção sem fazer qualquer comentário. Envolvida com a história, subitamente fez notável observação:

— Vejam que curioso, havia momentos em que eu vivia a cena como Elvira, em seguida eu voltava a ser eu mesma, assistindo tudo se passar como em um filme que detalhava até mesmo os pensamentos de Augusto sem que ele verbalizasse. Não acham isso inusitado?

— A memória inconsciente não se perde, basta ser acionada e fragmentos de algumas experiências vêm à tona em nossa mente. Possivelmente você já está despertando sinais telepáticos. Muitos de nós, quando encarnados, já apresentamos essa predisposição de nos comunicarmos pela telepatia. Quando sintonizamos com algo ou alguém, estamos mandando sinais e esses serão reconhecidos mediante o desenvolvimento mental de cada um. Como você acha que os nossos instrutores nos localizam?

— Não é com o sensor da pulseira magnética?

Maciel riu sem poder se conter. Marie não gostou e retrucou em seguida:

— Juvenal me disse isso!

— Tudo depende, Marie, vai ver que ele estava cansado e acionou o alarme da pulseira...

— Pare de brincar, Maciel! Explique-me como isso acontece.

— Já disse, tudo depende! Quando você ouviu a mensagem "vadia", seu subconsciente fez a identificação e você se transportou para a cena do hospital, não foi? Se pensar em alguém, poderá aparecer ao lado dessa pessoa, afinal você tem mais acesso em espírito, só precisa de treino. É o que fazemos quando dormimos nos leitos terrenos, saímos do corpo e vivemos experiências às quais estamos sintonizados. Como nesta colônia tudo é muito parecido com os costumes terrenos, esquecemos que estamos mortos-vivos! Daqui a pouco aprenderemos a nossa nova linguagem!

Marie coçou a cabeça, depois acabou por concordar com a explicação de Maciel. Suzana desviou o assunto, tentando descontraí-la:

— Marie, fico feliz em ver que você está muito mais amadurecida do que reconhece, notou que já disserta com mais equilíbrio sobre esses assuntos? Se as pessoas soubessem que a vida continua, não haveria tanta dor após a provisória separação do corpo físico. Não acha?

— Acho, estou muito bem e quero continuar desvendando a minha história, sinto que aprenderei muito, preciso saber o que ocorreu e quem sabe poder reformular qualquer mal-entendido ou desavença que ainda me prende ao passado.

— Existem outras formas para isso, mas como todo morto quer saber tudo quando toma consciência, o que for necessário você saberá, mesmo porque não se morre só para ver vidas passadas, não é? Já pensou em quantas já vivemos? Haja dor para ser superada! — ressaltou Maciel com pitada humorística, complementando: — Também fizemos coisas boas! A vida é a continuidade de tudo, só precisamos aprender que o fluxo é natural e com o amadurecimento espiritual, transitaremos não mais com a crença de ressarcir os erros e sim aprendermos que errar faz parte; não deu certo, começa de novo, sem dramas, pois há muito o que saber, somos os futuros construtores de novas organizações planetárias, usaremos nossos talentos para grandes descobertas, faremos o que for necessário para contribuir para a evolução dos mundos que habitaremos. Ah! Quantas coisas ainda não sabemos! Que tal pensarmos nisso e nos colocarmos à disposição para alçarmos novas conquistas para o nosso crescimento interior!

— Concordo com tudo que disse e estou disposta para o que for necessário. Pude reconhecer que quanto mais nos modificamos interiormente, menos sofremos. Sinto-me pronta para confrontar os meus medos e bloqueios. Só acho estranho que estou numa condição diferente, pois muitos aqui têm plena consciência do que já passaram e eu nada sei sobre o meu passado. Esse bloqueio é tão forte que inibi minha consciência, fico totalmente alienada aos fatos por não saber como reagir diante deles.

— Talvez seja essa a sua principal lição, aprender a se fortalecer interiormente, saber lidar com a insegurança, vencer os medos etc. Não se cobre tanto, tivemos o tempo certo para isso, os outros também, e muitos nem sonham em saber do que estamos falando. Veja, você já despertou para esse aprendizado, desde a sua chegada sem saber que já havia deixado o corpo físico, pôde compreender sem dificuldade o que Virgínia lhe falava, não foi? Nunca se mostrou avessa às orientações de Juvenal. Quando somos receptivos é porque algo dentro de nós responde a mesma fonte de conhecimento. Marie você pode se surpreender quando se autodescobrir! — ressaltou Suzana, com veemência.

— Aqui nesta colônia as coisas parecem ser tão rápidas, não acham?

— Muito mais do que podemos imaginar — respondeu Maciel.

— Mais uma prova de que estamos no caminho certo! Existem muitos lugares fora daqui que abrigam espíritos de acordo com o

que podem perceber e receber. Vai saber por onde já andamos...
— concluiu Suzana.

Marie se sentia totalmente refeita, estava calma e equilibrada, notara que ela mesma já não estava tão dramática, ainda apresentava vulnerabilidade, porém, reerguia-se rapidamente. Isso lhe dava condições de dar os primeiros passos para a conquista de sua independência emocional.

Naquela noite, após extensa conversa com os amigos, voltou para o alojamento decidida a procurar por Augusto. Pediria ajuda a Juvenal, algo lhe dizia interiormente que ele estava bem perto dela, ali, em alguma ala daquela imensa colônia astral. Se estivesse certa, haveria de encontrá-lo, talvez fosse isso que precisasse fazer inicialmente antes de desvendar a sequência dos fatos que pudera rever em sua memória inconsciente.

Caso contrário, teria tido plena noção de tudo. Dependendo de como ele estivesse, poderiam rever os fatos juntos e quem sabe reformularem o que fosse preciso. Por certo, ele também tivera outras vivências com pessoas diferentes, poderia estar mais esclarecido do que ela, isso a ajudaria e muito.

Deitou-se confortavelmente em seu leito, fechou os olhos e enviou mentalmente vibrações de paz para todos os que haviam passado por sua vida, especialmente para Augusto. Lembrou-se com carinho de seu avô materno. Quem diria que ele havia sido seu pai em outra vida! Nunca recebera visita de nenhum familiar, talvez estivessem em outras colônias, passando por tratamentos como ela ou quem sabe haveriam tido outra oportunidade de reencarnarem na Terra.

Todos os seus amigos também nunca haviam comentado sobre a visita de parentes. Lá, todos se consideravam amigos, existia um outro conceito de família, eram tão lúcidos que isso não lhes importava. Depois, recordou que Juvenal e Virgínia tiveram esse privilégio, foram primos e continuaram trabalhando juntos desde seus desencarnes. Haveria a possibilidade também da omissão de certos assuntos em virtude de sua imaturidade emocional, poderia ter sido privada de fortes emoções, já que estava em tratamento intensivo.

De agora em diante um novo horizonte se abrira para ela, poderia compreender tudo isso sem se desequilibrar. Acabou por se conscientizar de que tudo realmente só aparece para nós quando estamos prontos, isso a excitava ainda mais em relação ao que poderia descobrir dali para a frente. Estava bem próxima desse esclarecimento, não havia dúvidas quanto a isso, a vontade de rever Augusto a estimulava por demais. Sentiu carinho por ele, permitiu que seus sentimentos aflorassem, mesmo que algo de muito terrível tivesse acontecido entre eles, saberia compreender e perdoar, haja vista que estavam em melhores condições para isso. "Quem não erra? Por certo não tínhamos maturidade para evitar certos infortúnios", pensou.

Em seguida, questionou se eles se reconheceriam, seu corpo espiritual se mantinha da mesma forma de sua última existência, isto é, agora ela não era mais a Elvira e ele também poderia estar diferente. Já havia aprendido que o espírito pode modificar sua forma, escolhendo como quer se apresentar, ela mesma já não tinha mais o aspecto infantil, havia crescido por dentro e por fora, talvez muito mais em comparação ao que poderia ter sido se sua vida na Terra não fosse interrompida. "Será que atingiriam tal avanço? Como ele a receberia?" Dúvidas pairavam em sua mente, por fim, procurou controlar-se, impedindo que a ansiedade se desenfreasse. Suspirou e tornou a mentalizar: "Tudo só acontece quando estamos prontos, essa é a minha necessidade, não quero interferir no livre-arbítrio dele, caso estejamos na mesma sintonia, nossos espíritos vão se encontrar, caso contrário, haverá outra solução. Envio paz para você!"

Uma luz intensa a envolveu naquele momento, seu corpo espiritual se expandiu de tal forma que ela se viu diante do universo, aspirando e expirando o fluido do éter cósmico. Em seguida, distribuía-o por meio de fagulhas luminosas que saíam de seu peito. A sensação de liberdade e preenchimento era extremamente nova e prazerosa, aumentava ainda mais quando direcionava o pensamento, emitindo ondas de amor para todos. Estava maravilhada com a recém-descoberta: poder ver claramente a vantagem dos que já conquistaram sentimentos nobres e respeito pela individualidade dos outros.

Pela primeira vez viu seu corpo se transformando em luz; voava de um lado a outro com total segurança do desprendimento. A paz e o amor que emitia voltavam-lhe mil vezes.

Marie pôde conferir na prática o que representava a verdadeira doação. Não soube definir exatamente quanto tempo ficou ali, mas de uma coisa pôde se certificar, faria bom uso dali por diante de sua nova capacidade regeneradora. Estava usando o poder mental de plasmar o que fosse necessário, agora sim, compreendia o lado bom de manter a sintonia elevada. Percebeu que sua concentração era mais rápida e desimpedida. Ficou feliz!

CAPÍTULO 31

Algumas semanas haviam se passado. Marie aguardava a resposta de seu instrutor a respeito de Augusto. Numa tarde, após o término da aula, seu coração sobressaltou-se após receber um comunicado informando que dois amigos a esperavam no saguão do prédio.

Marie dirigiu-se apressadamente para o local. Ansiosa para ver de quem se tratava, não conseguiu controlar a emoção. Quanto mais avançava, mais sentia as pernas bambas e as mãos umedecidas; rapidamente fez bom uso da respiração, enquanto mentalizava uma luz branca ao seu redor.

Abriu a porta de saída, demonstrando curiosidade no olhar. Suspirou aliviada quando avistou Juvenal. Correu para abraçá-lo, mas não houve tempo sequer para qualquer dissertação, dois homens muito bem vestidos entraram no prédio e seguiram na direção deles, abrindo sorriso discreto e olhar penetrante para ela.

— Muito prazer em conhecê-la! — falaram simultaneamente, apresentando-se como Silas e Freitas.

Marie, sem nada compreender, saudou-os admirada com a beleza fascinante dos dois. Ambos eram bem altos, esbeltos e tinham um sorriso encantador. Algumas correntes prateadas no pescoço e no pulso contrastavam com a vestimenta escura, porém luminosa, que usavam.

Juvenal abraçou os recém-chegados, dando-lhes as boas-vindas naquela divisão da colônia. Em seguida, colocou os braços nos ombros de Marie e disse-lhe carinhosamente:

— Marie, estes são dois estimados amigos que há muito têm colaborado conosco, você vai acompanhá-los até a outra divisão, na ala de regeneração especial. Conhecerá a outra parte de nossos alojamentos e fará uma experiência incrível para o seu aprimoramento. São excepcionalmente hábeis no que se refere ao uso do poder mental para a transformação e criação de novos valores latentes dentro de nós. Você estará em boas mãos!

Percebendo a inquietação dela, complementou que ficaria por tempo indeterminado na companhia deles, a fim de concluir o novo aprendizado. Em seguida, foi logo se despedindo, estimulando-a aos futuros ensejos a serem conquistados.

Marie, pela primeira vez, percebeu o quanto já havia se adaptado na ala em que estava, mesmo que em muitas ocasiões desabafava dizendo que gostava de lá, mas preferia a companhia dos seus familiares da Terra. Pôde notar o quanto amava cada um de seus novos amigos que a acolheram desde sua chegada. Fixou os olhos em Juvenal; seu sorriso mais uma vez demonstrava que ele sabia o que ela estava pensando e sentindo, não pôde evitar de saltar para os braços dele e agradecer-lhe com profunda comoção.

Silas e Freitas se entreolharam, sabiam que haveria muita emoção pela frente para aquela menina viver. Aguardavam por esse momento, e estariam prontos para ajudá-la a vencer o que fosse preciso; conheciam muito bem toda sua origem, e agora chegara o momento de sua grande transformação.

Marie seguiu com os novos instrutores sem saber o que a aguardava. Naquele momento, nem mesmo a expectativa de encontrar Augusto prevaleceu. Não sabia definir os pensamentos que lhe ocorriam, apenas se deixou levar pela sensação prazerosa de conhecer tudo o que havia por lá.

Foram se distanciando pouco a pouco da ala que abrigava Marie. Silenciosos, Silas e Freitas respeitavam o momento em que ela mesma sugerisse alguma pergunta. Só depois que cruzaram o Parque das Águas e entraram por um campo aberto, do qual nunca havia visto é que ela questionou se demorariam para chegar.

Silas, atento, respondeu dizendo que faltava pouco menos de um piscar de olhos. Marie ousou perguntar mais sobre o trabalho deles.

Freitas resumiu tudo em uma pequena frase:

— Somos chamados para levar a luz àqueles que se encontram nas trevas da ignorância.

Marie arregalou os olhos, lembrou-se de Filó e Romena. "Será que eles as conheceram?", questionou-se em pensamento.

Silas completou:

— Todos nós de alguma forma já confrontamos a dor de certas experiências, alguns conseguem superar mais rápido, outros não. Isso é natural dentro do contexto individual de cada um.

Marie arriscou instigá-los sobre si mesma quando lhes disse que no caso dela ainda havia muito a ser desvendado e que ela mesma estava à procura disso.

— Você já está a caminho de compreender certas coisas que seu espírito anseia.

— Concordo com você, Silas, cada vez que penso nisso, sinto muita força dentro de mim, sei que chegou a hora... Vocês conhecem a minha história?

— O tanto quanto nos foi permitido saber.

— Conhecem Augusto?

— O tanto quanto ele nos permitiu conhecê-lo.

Marie estremeceu, depois tomou coragem para ser clara e direta:

— Estamos indo ao encontro dele?

— Sim. Tempos atrás, ele insistiu muito para encontrá-la, porém não havia a menor possibilidade de aproximá-los, visto que vocês se encontravam em momentos diferentes.

Marie sentiu um aperto no peito quando perguntou se ele estava bem.

— Agora sim — disse Silas, ajeitando os cabelos.

— Vocês são amigos?

— Conquistamos a amizade dele.

— Ele sabe o que nos ocorreu? Tem ciência total dos fatos?

— Até certo ponto. Não deve se exaltar, terão tempo suficiente para ajustarem o que for preciso.

— Ele sabe que estou aqui e que possivelmente estou indo ao encontro dele?

— Sim e não. Augusto, depois de um longo período de sofrimento, conseguiu se instalar nesta colônia, sem tentar escapar de si mesmo. Depois, aprendeu a se desligar dos ressentimentos e bloqueios que o paralisaram por anos a fio. Está mais maduro e emocionalmente mais forte.

Marie tonteou, mas não desistiu:

— Não posso sucumbir, ajudem-me — falou com voz de suplício.

— Estamos aqui para isso, procure se acalmar, como lhe disse, vocês serão preparados antes de qualquer confronto, mesmo porque o resultado será muito proveitoso para todos. Você compreenderá por que estávamos a sua espera. Tanto um como o outro se recusam a avançar porque ficaram presos por demais, formando notável simbiose mental.

— Não compreendo o que quer dizer — respondeu intrigada.

— Calma, Marie, você também está bem próxima de desvendar a si mesma.

Silas e Freitas mudaram de assunto rapidamente, alegando ser completamente desnecessário e imprudente avançarem na questão.

Marie concordou, sentia a cabeça pesada e o peito oprimido. Não pôde conter as lágrimas que caíam sem mesmo saber a razão de tudo, era necessário se recompor, sabia disso.

Silas começou a distraí-la, comentando algumas passagens que ele havia vivido. Evidenciava que em toda situação trágica, dependendo de como encará-la, a experiência torna-se altamente divertida e cômica.

Foi relatando tudo com muito senso de humor e ensinando ao mesmo tempo como podemos ver e ouvir tudo sem nos impressionarmos.

Marie lembrou-se dos últimos exercícios feitos em aula. Havia se saído muito bem, analisando a vivência de um aluno. Agora era a sua vez de usar e fazer bom proveito de todo o aprendizado. Ressaltou a incrível abordagem de Silas, tocando no ponto certo onde ela precisava se fortalecer.

Silas respondeu que todos se tornam mestres quando o treinamento é feito para si mesmo em primeiro lugar. Marie fez elogios quanto à beleza deles, ouvindo em retorno que cada um se torna o que pensa ser. Silas chamou atenção de Marie para as luzes que formavam lindos desenhos no céu, estavam chegando ao alojamento central.

Não demorou muito para que Marie pudesse reconhecer a diferença entre as alas. Compreendeu de imediato a designação "especial", pois todos ali exerciam praticamente as mesmas funções, não havia separação de turmas, estavam nas mesmas condições vibratórias, logo, tudo era feito em comum, obedecendo as disciplinas exigidas que denotavam ser mais rígidas.

Silas explicou-lhe que ali estavam concentrados muitos espíritos com dificuldade de assimilação, em virtude dos desvios psicológicos que eram por demais acentuados.

Marie sentia o contraste energético, porém nada comentou a respeito, preferindo explorar mais o ambiente antes de expor suas observações.

Instrutores e auxiliares se vestiam com uma túnica preta ornamentada com vários talismãs que formavam um círculo luminoso na altura do cardíaco. O interior dos alojamentos era decorado com muitas folhagens. Entre a cor das paredes e a mobília, tudo tonalizava verde e branco. O cheiro de éter era intenso, chegando quase a estontear.

Freitas classificou o andar térreo do alojamento como um "pronto-socorro" de distúrbios mentais. Marie não conseguia disfarçar a impressão negativa que tivera daquele lugar, sentiu vontade de sair correndo e voltar para o seu alojamento.

Silas continuou a exposição, levando-a para o andar superior do prédio; pelo menos ali Marie conseguia respirar melhor. A atmosfera era bem melhor. Havia várias salas para que os assistidos se beneficiassem caso necessitassem de uma recuperação imediata.

Cada uma oferecia tratamento específico para situações diversas. No fim do corredor havia uma bifurcação que dava saída para outro edifício ou a opção de descerem para a área de lazer. Freitas sinalizou para descerem a rampa, tentando amenizar a impressão densa das alas percorridas.

Marie se surpreendeu com a beleza do jardim, muitas árvores floridas, lagos, música ambiente que instantaneamente convidavam a um perfeito relaxamento.

Próximo dali, podia-se avistar um pequeno alojamento, isolado por um portão magnético que selecionava a entrada dos visitantes.

— Você ficará ali — disse Silas, apontando para o local.

— Confesso que me surpreendi com tudo o que me foi mostrado — respondeu.

— Com o passar dos dias você vai se habituar. Descanse um pouco para depois iniciarmos nossa tarefa.

Marie pensou por quanto tempo ficaria ali e o que encontraria pela frente. Sem verbalizar a questão, procurou se manter firme, afinal, tinha um propósito a ser cumprido e faria de tudo para atingir seu objetivo.

Determinada, prontificou-se com os instrutores a prestar algum auxílio dentro de suas possibilidades, caso fosse necessário.

— Tenha certeza de que você já está prestando um bom auxílio.

Marie agradeceu, mesmo sem saber a verdadeira intenção das palavras de Freitas, e entrou na ala reservada sem qualquer impedimento.

— Nossa! — suspirou aliviada.

Ali, a disposição interna do local era bem semelhante à ala que estava. Não houve qualquer tipo de contraste, o que facilitou sua imediata adaptação.

Marie, em vez de seguir para o leito indicado, preferiu explorar o ambiente a fim de conhecer tudo o que lhe estaria disponível para o momento. Maravilhada com a arquitetura e o estilo da decoração, mostrava-se mais descontraída e animada. Fora muito bem recebida por alguns que transitavam pelos corredores internos, saudando-a com alegre sorriso.

Um casal de jovens parou espontaneamente perto dela, prontificando-se a acompanhá-la pelo tempo que desejasse durante a primeira visita naquela ala.

Marie aceitou a companhia deles e juntos transitaram por todo o "território isolado", apelidando tudo o que achavam. Ela os comparou ao senso humorístico de Maciel. Lembrou-se do amigo com carinho e comentou que se ele estivesse lá, fariam um quarteto e tanto!

Passaram o resto da tarde conversando sobre as experiências que haviam trilhado do "outro lado do mundo", que aliás eram semelhantes às de Romena e Filó.

Marie já não se impressionava tanto, até mesmo conseguia rir de algumas passagens trágicas. Concluiu que de nada adianta dar ênfase ao sofrimento, pois tudo acaba passando mais cedo ou mais tarde. Lamentou-se por não conservarem essa lucidez quando estão em movimentos reencarnatórios. Seria muito mais simples fazerem qualquer modificação. Depois, quis saber mais sobre o assunto e lançou a questão:

— Por que esquecemos de tudo? Poderíamos conservar a memória ativa, não acham?

— Sabe quanto tempo demoraríamos? — retrucou um deles.

— Nem imagino.

— O tempo necessário para vencermos nossos melindres pelo despertar de nossa consciência. Há tantos casos tenebrosos por aqui, que já nos acostumamos e partimos diretamente para ajudá-los.

Percebemos que nos tornamos eficientes nisso, porque aprendemos todas as etapas mais evidentes dos distúrbios emocionais. Então, é só aguardar cada uma delas se manifestar e ajudar na transformação.

— Ainda faz parte do nosso estágio, não é?

— Acertou. Conforme aceitamos as modificações mais estaremos preparados para outras formas de viver com experiências mais amenas, pois nos tornaremos mais inteligentes. Quem usa a inteligência, não sofre! — concluiu.

— Como ajudam esses espíritos?

— Existem várias equipes preparadas para todo o tipo de atendimento, desde as crises mais agudas até a superação delas. Você já foi a um manicômio?

Marie balançou a cabeça negativamente.

— Está agora perto de um deles.

— Aqui? — sobressaltou-se.

— No alojamento central. Você apenas pode conhecer uma pequena parte de tudo o que há por aqui.

— O que percebi foi uma vibração muito densa, porém, estranhei não haver ninguém por lá.

— Estavam no horário de tratamento isolado nas câmaras de reativação.

— Onde fica?

— No outro prédio. Provavelmente você desceu diretamente para o jardim, não foi?

Marie assentiu.

— Será que poderei visitá-los?

— Talvez, caso não precise correr para lá para se recompor... — satirizou o moço.

— Nem pensar! Minha vinda aqui é para resolver algo de meu passado.

— Veio salvar alguém?

Marie não soube responder. Calou-se.

— Desculpe a invasão, não tive a intenção de intimidá-la.

— Nem mesmo sei o que vou encontrar.

— Posso lhe garantir que seja o que for que lhe ocorrer, estamos preparados para todo e qualquer socorro imediato.

— Por que diz isso? O que pode acontecer de tão terrível ao rever alguém de meu passado?

— Veio rever o seu passado?

— Alguém que conviveu comigo, está aqui. Preciso encontrá-lo.

— Vai reviver os fatos de seu passado, está preparada para isso?

— Foi-me concedida a permissão, sinto-me pronta e anseio por esse momento.

— Você sabia que nós temos uma câmara especial para esse confronto? Esse tipo de tratamento só é concedido àqueles que passaram por um bloqueio muito forte e não conseguiram se desvencilhar dos traumas adquiridos; perambulam vivendo emoções perdidas no tempo. Essa ligação mental é tão forte que impede o desenvolvimento individual dos envolvidos. Geralmente, eles não têm estrutura para identificar os fatos de acordo com a realidade; providos do choque emocional, perderam o contato interior, atirando-se nos desvarios mentais por completo.

Marie arregalou os olhos sem nada dizer. "Seria essa a causa de não se lembrar dos fatos que viveu?", pensou aturdida.

A conversa foi interrompida pela chegada inesperada de Olivas, que vinha muito sorridente ao encontro deles.

— Como vai, Marie?

Imediatamente, ela tomou posse de si, respondendo sem ao menos saber de quem se tratava:

— Muito bem, obrigada.

— Queira me acompanhar, precisamos conversar.

Marie se despediu do casal e seguiu com Olivas para a sala de conversação.

— Acomode-se, por favor! — prosseguiu Olivas, apontando para uma poltrona ao lado.

— Preocupada?

— Um pouco pensativa.

— Sou Olivas e há tempos venho acompanhando o seu caso e o de Augusto.

Marie sentiu seu coração pulsar mais forte.

— Tenha calma, está aqui para nos ajudar e se ajudar, não é? Então, não há motivo para desespero, você está ciente do que quer?

— Estou. Quero revê-lo, sinto isso dentro de meu coração, não sei bem se a razão é somente para que eu compreenda o que nos aconteceu ou se há algo que ainda desconheço. Conversei com Juvenal, expliquei-lhe que essa era a minha necessidade e se porventura não fosse atrapalhá-lo que me fosse concedido o meu desejo. Ao mentalizá-lo, senti que ele estava bem perto de mim e, por esse motivo, estou aqui.

— Na verdade, seu espírito procura esse reajuste, em vista disso lhe foi concedido o pedido, assim como para ele.

Marie exaltou-se.

— Ele sabe de minha existência? Quero dizer: sabe que agora sou Marie? Está me esperando?

— Há tempos ele a está esperando, mas não sabe que está aqui. Vocês vão iniciar um breve tratamento que vai possibilitar o retorno da consciência lúcida de ambos. Terão condições de superar os traumas causados pela fragilidade emocional que compactuam; essa será a nossa parte de auxílio a vocês. Futuramente, decidirão a respeito das novas escolhas que lhes permitirão se adiantar ainda mais na escala do crescimento interior. Compreenderão tudo a partir desse ponto inicial e também conhecerão parte de nossos tratamentos intensivos e específicos para casos assim.

— Todos que vêm para esta colônia são similares em relação às experiências vividas?

— Grande parte, estamos num centro de desenvolvimento; aqui, muitos fazem algumas paradas a fim de restaurar os desajustes emocionais de alta prioridade.

— Estou desajustada emocionalmente?

— Bem melhor do que tempos atrás...

— Já estive por aqui?

Olivas segurou nas mãos dela. Com olhar profundo respondeu delicadamente:

— Esta é uma das milhares de colônias existentes neste universo, todos que aqui se encontram se assemelham de alguma forma entre si em diversas faixas vibratórias, de acordo com o nível espiritual de cada um. Estou aqui há muito tempo, gosto muito de acompanhar o desenvolvimento gradativo de todos. O espírito se identifica imediatamente com o que precisa, mesmo que por algum motivo fica pairando por tempo indeterminado pelos arredores, é para cá que volta até que tenha condições de partir para outras esferas compatíveis às suas necessidades de crescimento. Todos somos doentes da alma quando nos deixamos levar pelas ilusões exageradas que mistificam o bom desenvolvimento de nossa consciência. Você, como todos nós, está sempre aprendendo... Graças à Deus! Por tudo isso, já pensou se o conhecimento ficasse estagnado? Não haveria nenhuma possibilidade de progresso.

Olivas fez uma pausa, parecia estar meditando, depois complementou:

— Com o tempo, vamos compreendendo que a natureza não erra com ninguém, se para você está sendo dessa forma, é como pode receber. Conseguiu um grande avanço na breve encarnação que teve, possibilitando o retomar de sua consciência e individualidade. Estava alienada, grudada aos laços mentais e afetivos de Irene e em contrapartida ligada aos desvarios de Augusto, que se recusava a largar o passado, jurava vingança e dificultava a evolução de todos.

— Quer dizer que essa foi a causa de meu desencarne prematuro? Augusto tem participação nisso?

— Não, exatamente; apenas citei uma de suas necessidades emergentes. Frágil e alienada, você se mantinha receptiva à influência mental dele.

— Pensei que a afinidade com minha mãe fossem laços de amizade espiritual criados em outras existências, não vejo onde isso possa ter me atrapalhado a ponto de me distanciar dela.

— Você se distanciou de si mesma, respondia somente às necessidades afetivas deles.

— Quando consegui enxergar parte de minha vivência com Augusto, imediatamente minha mente registrou o que ele estava pensando a meu respeito, por esse motivo ouvi isso também no leito pós-desencarne. Possivelmente, ele fixava uma imagem negativa e me influenciava à distância, não é?

— Augusto perdeu o controle de si mesmo, sua mente só registrava o perigo de perdê-la. Trocavam vibrações mentais gerando uma simbiose difícil de tratar. Seu desencarne foi providencial.

— Essa foi a única solução? Aprendi que a obsessão pode ser curada com a modificação do nosso interior.

— Sabe quanto tempo esteve em tratamento para conseguir discernir isso?

— Posso imaginar.

— O primeiro socorro foi proporcionar-lhe uma nova oportunidade de ligação com o corpo físico, sendo assim, parte desses fluidos se perderam com o esquecimento natural. Você também se recusava a largar o passado, ficou muito tempo aqui na ala do alojamento central, expurgando sua raiva com crises de demência acentuada.

Olivas relatava tudo com muito cuidado, observando as reações de Marie, mesmo citando situações em que ela viveu, não houve qualquer sinal de lembrança evidente por parte dela; assim, ele se certificou de que o tratamento indicado seria a melhor solução.

— Amanhã você será levada para o centro de recuperação mental, fará o tratamento indicado e depois voltaremos a conversar.

— Augusto estará lá? Só depois disso vou revê-lo?

— Vocês se encontrarão no momento certo.

Marie demonstrou forte contrariedade, dentro dela se passava um turbilhão de dúvidas e incertezas, parecia-lhe que todos estavam fantasiando a seu respeito, não soube expor o que estava sentindo, mas se sentia tocada com todas as informações recebidas. Seu olhar se tornou distante, estava perdendo os sentidos.

Olivas se levantou imediatamente e aplicou-lhe passes magnéticos na região frontal. Depois disso, ela conseguiu se pacificar um pouco, porém sua cabeça doía, já não comandava suas emoções; percebeu que algo estranho estava acontecendo dentro dela.

Rapidamente, Olivas acionou a campainha permitindo a entrada de dois enfermeiros que a levaram para a ala onde receberia o tratamento emergente.

Marie só recobrou a consciência horas depois de receber os primeiros socorros; deitada na maca pôde notar que estava sob efeitos de luzes que saíam de um aparelho colocado poucos metros acima de seu corpo espiritual, circulando em raios que atingiam as regiões da cabeça e do cardíaco.

Não conseguia formular os pensamentos, tinha a sensação de estar sedada, apenas concentrou a atenção no colorido luminoso que recebia. Mais tarde, sentindo-se refeita, foi encaminhada para o tratamento intensivo que Olivas determinara.

***

Após duas semanas isolada na câmara de restabelecimento mental, Marie mergulhou em sua viagem interior, acompanhada por uma equipe de enfermeiros treinados para assisti-la durante o percurso do transe. Tudo começou a se passar como um filme indo ao encontro da veracidade dos fatos vivenciados por ela e os seus.

Moriza, em espírito, acenava desesperadamente para a filha; com gritos de pavor, tentava tirá-la das garras do agressor.

— Ela é minha filha! Tire essas mãos imundas dela. Você vai se arrepender se continuar nos afrontando. Vá embora, você não a merece. Canalha!

Elvira tentava se soltar dos braços de Augusto que, enfurecido, apertava o pescoço dela até desfalecer.

— Desgraçado! Você me paga! — gritava Moriza aos prantos.

— Vá embora, vagabunda! Traidora! Elvira não fará comigo o que você fez para aquele trouxa do seu marido.

Augusto, enlouquecido, chutou o corpo de Elvira, que despencou ribanceira abaixo.

— Filha! Filha! Por que você fez isso? Ela não teve culpa.

Moriza correu, tentando resgatar o corpo da filha, mas já era tarde...

Elvira, atordoada, nem percebeu que se soltou do corpo físico; correu para os braços da mãe em prantos compulsivos e muito assustada.

— Mãe! Fuja, ele quer me pegar! Vamos nos esconder!

Moriza chorava copiosamente, implorando perdão, não conseguiu falar que ele nada mais poderia fazer...

— Venha comigo, vou protegê-la para sempre, minha querida! Nada e ninguém vai nos separar!

Elvira colocou as mãos na cabeça, sentia o sangue quente jorrar-lhe por inteiro.

— Estou machucada, ajude-me!

— Vamos Elvira, vou cuidar de você, não tenha medo, estou aqui!

Sentaram embaixo de uma árvore. Deitada no colo da mãe que a beijava continuamente, ficou horas até se acalmar. Depois, levantou-se de súbito com os olhos arregalados, gritando amedrontada:

— Mãe? É você? Onde estou? Não a conheci, você morreu quando eu nasci!

— Calma, filha, a vida continua. Agora você está ao meu lado, não se assuste, a morte só existe para o corpo físico. Olhe, você está viva como eu! Há tempos venho a acompanhando, agora estaremos juntas e unidas para sempre.

Elvira abriu um choro compulsivo, colocou as mãos no ventre desolada:

— Estou grávida! Não quero morrer! Preciso ter este filho! Por esse motivo fugi de Augusto, mas ele descobriu e foi atrás de mim, fui surrada por ele, até que... — Elvira interrompeu a fala aos prantos.

— Calma, filha! Juro que eu tentei impedir que ele a molestasse, perdi o controle e minhas forças se foram ao ver que ele a dominava a ponto de acabar com a sua vida.

— Eu não morri! Estou sonhando, você só existia em meus sonhos. Estou alucinada, isto não é real!

Moriza fez de tudo para acalmá-la, porém não obteve resultado, por mais que tentasse ela se mostrava totalmente arredia ao confrontar a sua nova realidade.

Alguns meses se passaram. Com o surto do choque emocional, Elvira assumiu a postura de uma criança totalmente dependente da mãe. Moriza tentava escondê-la dos perseguidores que a procuravam, pedindo favores em troca do que tinham feito a mando dela para Augusto. Cansada de sofrer e sem saber o que fazer vendo a filha debilitada, Moriza se rendeu, implorando ajuda para alívio de tanto tormento.

Para Augusto, a delinquência de seus atos apontava o doloroso caminho que iria percorrer. Naquele dia, descontrolado, ria e chorava ao mesmo tempo vendo o corpo de Elvira ser carregado pelas águas do rio.

Fora de si, procurava por Moriza, desafiando-a com furor:

— Onde você está, sua vagabunda! Por que não a vejo mais? Está fugindo de mim? Elvira não foi minha nem será de mais ninguém! Viu o que eu fiz? Viu? — gritava como louco, espancando a cabeça no tronco de um arbusto.

Ensanguentado, tornou a ameaçá-la:

— Vou contar tudo para aquele trouxa do seu marido, todos vão saber o que você fez com ele.

Augusto estava alucinado, perdera o senso da razão; de repente, saltou em direção ao penhasco à procura da amada, escorregou e bateu com a cabeça numa pedra, perdendo os sentidos da vida...

Sem noção do que lhe acontecera e do tempo que se passara, despertou com os chutes de dois capatazes que percorriam o riacho.

— Vai ficar aí quanto tempo? Esta é a nossa propriedade. Você já abusou demais! Vamos, levante-se e pica a mula! — ordenava o sujeito de estranha aparência.

Augusto fez esforço para se levantar, sentia fortes dores na nuca, por fim se reergueu com dificuldade. Foi difícil manter-se em pé. Cambaleando, tentou tomar fôlego, pensou em Elvira, reagiu repentinamente:

— Onde ela está? Preciso encontrá-la, podem me ajudar?

— Se pagar bem, aceitaremos! — disse o outro sarcasticamente.

— Sou um homem rico, peçam o que quiserem, eu pago!

— Seu dinheiro agora não vale mais nada! Queremos outras coisas, estamos com fome e precisamos nos alimentar de alguém como você, que nos sacie por vários dias.

— Não estou entendendo, o que querem?

— Que saia daqui ou faça parte de nosso grupo. Você já bateu com as botas, "tá" morto, não percebeu ainda?

Augusto se atirou por cima deles, quis esbofeteá-los, não sentia firmeza nas mãos, pensou que estivesse debilitado por consequência dos ferimentos. Tentou novamente e conseguiu atravessar o rosto de um deles; pôde notar a forma plástica em que suas mãos tocaram. Assustou-se.

— Desta vez vou deixar passar, mas se tentar de novo, vai sentir a dor de um morto se defendendo também!

Augusto cambaleou de vez; os capatazes, mesmo bufando e contra vontade, prestaram socorro, segurando-o até que se recompusesse.

A partir daí, o martírio pela procura de Elvira se tornou uma obsessão para ele; perambulava de um lugar a outro até que, vencido pelo cansaço, chorou pedindo ajuda aos céus...

Silas e Freitas o socorreram, levando-o para a colônia de restabelecimento mental. Por lá ele ficou um bom tempo, não fosse o ódio por Moriza e a culpa por ter assassinado a esposa, teria tido a oportunidade de renovação de que tanto necessitava. Ao contrário do que se esperava, o tormento mental se agravou após sua fuga do alojamento central. Envolvido pelo sentimento de vingança, voltou a perambular pelos caminhos da dor e da alucinação; sua mente apenas registrava os momentos antes da prática homicida, para ele Elvira fugira, imitando as tendências da mãe.

Depois de muito tempo, Augusto aprendeu a manipular suas forças mentais a troco da prática de acordos ilícitos feitos pelos companheiros que viviam ao lado dele. Com isso, arquitetava planos diabólicos onde podia receber como prêmio o aumento de sua fúria e desequilíbrio. Era temido dentro do bando que frequentava, todos que almejavam vingar-se de alguém recorriam a ele a fim de realizarem seus intentos. A ideia fixa de encontrar Elvira e prendê-la só para si, estimulava-o a manter por anos a fio a raiva que resultava sempre em grande sofrimento e tortura mental.

Havia momentos em que os sentimentos o venciam. Imantado pela ternura que sentia por ela, continha-se por alguns dias isolado em alguma fenda energética que servia como confessionário particular.

Era assim que ele se encontrava quando, certo dia, recebeu a visita inesperada de Moriza e alguns instrutores da colônia de regeneração. Aturdido ao vê-la tão iluminada e dócil, esbravejava e praguejava furiosamente.

Moriza se manteve intacta, esperou até que houvesse uma brecha por parte dele. Delicadamente, ela se ajoelhou ao lado dele e suplicou que a ouvisse, nem que fosse por uma única vez. De tanto insistir ele aceitou, propondo sumiço imediato após ela se cansar de tanto esgoelar.

— Augusto, por favor, ouça-me! Estou aqui porque não posso seguir avante sem antes me redimir com você. Peço que releve todo o mal que lhe fiz, preste atenção no que tenho a lhe dizer.

Augusto permanecia cabisbaixo, porém não a interrompeu, pensou em tirar proveito e saber onde haviam escondido sua amada.

— Como você sabe, casei-me muito jovem. Rafael era bem mais velho do que eu e, de acordo com os costumes da época, não tínhamos escolha própria. Achei que tinham feito uma excelente opção para minha segurança futura, pois a bondade dele fazia com que eu me sentisse amada e protegida. Jamais pensei em desonrá-lo, não fosse a paixão que tomara conta de mim ao conhecer James, o filho do capataz de maior confiança de meu marido. Nós nos apaixonamos perdidamente e por conta disso engravidei de Elvira. Jurei esconder esse segredo até a morte. Pouco antes de parir, sentia-me desesperada, com medo de que a criança se parecesse com ele; durante toda gestação nos encontramos às escondidas...

Moriza suspirou profundamente e prosseguiu:

— A única saída que encontrei foi pedir a James que me ajudasse a me desfazer do bebê após o nascimento. Ele poderia levá-lo para bem longe dali, contanto que eu soubesse onde estaria, assim poderia dar assistência às escondidas. James se recusou, dizendo que só me ajudaria caso eu fugisse com ele e deixasse a criança para alguém cuidar, pois um recém-nascido não suportaria uma longa viagem e isso nos atrapalharia. Desesperada em causar um desgosto para Rafael e principalmente largar a criança, hesitei em aceitar. Enciumado, porque pensou que eu não o amava a ponto de sumir com ele, ele não quis mais me ver. Resolvi sair naquele dia prestes a dar à luz. Quando percebi que a carruagem havia batido numa pedra, soltei-me das mãos da ama propositadamente e me atirei para fora, rodopiando violentamente. Minha intenção era perder o bebê; era o único jeito de preservar a honra de Rafael, porém perdi a minha própria vida. Elvira sobreviveu e eu parti... James não aguentou a notícia de minha morte e fugiu para bem longe. Anos mais tarde, instalou-se em sua fazenda, tornando-se seu fiel capataz. Não aceitei a minha situação, recusava-me a partir definitivamente para o mundo espiritual, fiquei ao lado de Elvira até os últimos momentos. Você descobriu tudo quando ouviu James desabafar com a cozinheira. Clotilde era mais que uma mãe para ele, confiava nela, estava aturdido com a surpresa de saber que a moça que iria desposá-lo era a filha dele. No dia de seu noivado, obteve total confirmação, pois éramos muito parecidas, não houve dúvidas, a filha ilegítima de Rafael estava ali bem perto dele. Todo sentimento de amor reprimido veio à tona, misturando-se com a dor da perda que o consumira por anos.

Moriza, continuava seu relato, enquanto Augusto, apenas a ouvia.

— Você ficou perplexo ao saber de toda a história. Pude perceber o quanto me repudiou e a ele também. Pensou em Rafael, colocou-se no lugar dele e quis fazer justiça. Ouvi quando você disse a James que não iria compactuar com aquela mentira, após se casarem iria preparar Elvira para toda a revelação; chamaria Rafael e todos se sentariam para esclarecerem os fatos. Tanto James quanto eu, ficamos desesperados novamente, então, sem saber o que poderia acontecer, fiquei implorando a você que não falasse nada para ela, porque Rafael não merecia aquele desgosto. Percebi que você me respondia mentalmente, procurei ajuda de alguns desavisados que me ensinaram como manipulá-lo, assim o levei à loucura. Peço-lhe perdão, e que me compreenda, estava fora de mim, achando que você iria macular a imagem de Elvira, isso não seria justo; acreditei ter perdido a vida para preservá-la e você iria por tudo a perder. Errei muito e paguei o preço da dor, principalmente em relação a minha filha. Elvira ficou alienada, não aceitando sua própria morte, pois ela estava grávida e você iria ser pai. Ela havia fugido por medo de lhe contar sobre a gravidez. Quis se proteger, pois para ela você havia perdido o juízo, achava que estava à beira da loucura devido a sua insegurança e ideia fixa de que ela o abandonaria. Preferindo a fuga da dura realidade se moldou a uma forma infantil onde receberia apenas os meus cuidados.

Moriza, ainda emocionada, continuava:

— Percebendo o mal que causei a todos e cansada de sofrer, supliquei ajuda para Deus ou alguém que pudesse nos tirar daquela condição inferior na qual vivíamos. Fomos socorridas e levadas para a colônia de regeneração, separamo-nos por um bom período. Fui me recuperando aos poucos, depois aprendi a reformular minhas atitudes e estou pronta para voltar para uma nova experiência de vida terrena. Rafael definhou até morrer. Quando soube da morte de Elvira, a vida já não fazia mais sentido para ele. Pude encontrá-lo dentro da colônia, eu já estava em condições de me assumir e contei-lhe toda verdade. Com sua bondade e nobreza soube nos compreender e perdoar. Depois de algum tempo, ele mesmo ajudou no resgate espiritual de James, que por sua vez se entregou à bebida, pedindo a morte. Infelizmente, nada pudemos fazer por Elvira, ela continuava alienada e se recusava a confrontar a realidade. Diante disso, implorei uma nova chance para que eu pudesse ajudar a minha filha a se desligar desses traumas. Foi me concedida uma nova proposta de ajuste para que pudesse resgatar um tempo perdido, onde nós mesmos interrompemos a felicidade. Vim buscá-lo, poderá vir conosco, depois de algum tempo, estará entre nós. Por favor, aceite. Vamos voltar! Se me foi permitido é porque precisamos nos reformular, já faz tempo que esses desvios nos acompanham, a história vai se repetir, caso não aprendamos a nos posicionar e assumir as consequências de nossas escolhas. Estaremos mais amadurecidos para exercitar esses novos conceitos. Ajudaremos muita gente com a nossa luz espiritual; precisamos de uma nova chance para acertar desta vez e nada melhor do que confrontar nossas emoções. Envolvidos na vivência cotidiana, treinaremos colocar em prática o que necessitamos para cada vez mais atingirmos nossa evolução. Você aprenderá a se livrar desses tormentos e de suas fragilidades. Precisamos de você, já estivemos muitas vezes juntos e nunca conseguimos nos harmonizar. Por favor, reflita e aceite o meu perdão, estou disposta a fazer de tudo para que possamos nos desvencilhar de um passado tortuoso.

— Saia já daqui, mulher faceira e mentirosa. Pensa que eu vou acreditar nessa balburdia idiota que me contou? Eu sou o culpado de tudo? Eu interrompi os pombinhos? Todos se saíram muito bem. E eu? Perdi minha amada, por quê?

— Você se deixou envolver pelo medo de perdê-la, repudiou-me por sua rigidez preconceituosa. Hoje também o compreendo, não sabíamos muito bem como superar esses valores morais da época na qual vivíamos. Justamente, por esse motivo é que contribui para que você se distanciasse dela. Todos iriam achar que você estava louco e se falasse alguma coisa a respeito da paternidade, não iriam acreditar devido a seu estado emocional alterado. Só não imaginei que você fosse acabar com a vida de minha filha. Pare e pense, quantos valores distorcidos nós aprendemos com uma mente limitada e voltada para a moral? Tudo pela honra de conservar nossa imagem protegida, sofremos os reflexos de uma sociedade moralista que, por sua vez, é compatível com a nossa ignorância. Com os tratamentos da colônia, pude aprender que nós causamos todas as coisas e que sempre é tempo de recomeçar. Participaremos de uma grande revolução de valores morais na Terra, será uma boa oportunidade para crescermos. Disseram que haveríamos de ver como essas mudanças propiciariam a liberdade de escolha individual. Tudo vai mudar rapidamente, quero participar desse movimento. Veja quantas coisas novas estão por vir, será mais fácil por um lado, no entanto, mesmo em condições mais favoráveis, ainda carregaremos o ranço de nosso orgulho até que tenhamos maturidade para vencermos a nós mesmos. Sei que você de alguma forma quer se libertar, mas ainda conserva a ideia fixa de encontrar Elvira. Por quê?

Augusto, sem querer compreender, ouvia-a indignado, porém ela continuava tentando convencê-lo:

— Penso que quer se redimir, então eis uma oportunidade para atingir seu objetivo. Um novo plano reencarnatório para o nosso caso será muito satisfatório. Fui informada que regressarei como filha de Rafael, casarei com James e Elvira será a nossa filha. Pretendo fazer de tudo para ajudá-la a se fortalecer e adquirir sua consciência de volta. A proximidade de nossos espíritos será muito benéfica para ela. Por favor, aceite o convite de sair desse tormento e vir conosco, só assim poderei ajudar minha filha também. Ela se recusa a confrontar os fatos, tornou-se excessivamente apegada. Tomou a forma infantil, revelando a falta da presença materna na infância; essa foi a única reação que consegue expressar. Associa o amor com a dor da separação. Esse bloqueio está ligado à você; Elvira não soube entender o porquê de sua mudança repentina, tampouco a agressão que sofreu. Não quer crescer e muito menos compreender a razão pela qual foi receptiva a tudo isso.

Augusto a encarou sério.

— Por que esse Deus que a ajudou não conseguiu impedir que você nos destruísse? Você é a preferida? Nós, os ignorantes e malvados? Por acaso sabe a dor que me causou? Não acredito em nada do que você me disse, quer me seduzir para se livrar da culpa que a corrói. Não vou! Você vai arder de remorso ao ver que não conseguiu me enganar, tampouco sua filha. Já pensou o ódio que ela vai sentir de você quando sair dessa bobeira mental? Aí será a vez de seu castigo, sofrerá o pão que o diabo amassou! Vai definhar de tristeza e dor, você não se livrará assim tão fácil como pensa.

— Sofremos a lei de causa e efeito duramente enquanto formos receptivos a ela. Todos nós já estávamos comprometidos em desajustes passados, como já lhe disse. Agora pode ser diferente, há uma luz que nos indica a direção interior para reformularmos nossas atitudes, isso é a Providência Divina nos auxiliando a nos reerguer para aprendermos a agir e pensar de forma diferente; estamos necessitados desse amadurecimento interior. Não sou a predileta, porém, percebi o quanto minha ignorância ofuscou minha libertação e procurei ajuda para melhorar. Mesmo com dificuldade, aprendi a me desapegar pelo menos parcialmente, sei que necessito corrigir minhas fragilidades, aos poucos vou me reeducando, o importante é que encontrei o caminho para isso.

— Mentirosa, arrogante! Vá embora daqui, deixe-me quieto, eu mesmo vou encontrá-la e tirá-la de você como fez comigo. Você me paga! Vai sofrer o que eu sofri! Ela puxou à você, ia me deixar, fugiu de mim, como se eu fosse um animal feroz.

— Você não sabe perdoar, é muito rígido! Se pudesse enxergar quantas vezes você provocou desequilíbrios em vidas pretéritas haveria de querer reparar. Quem condena, aprisiona-se! Quem perdoa, liberta-se! Não quis aprender a se livrar da condição de vítima e justiceiro, fugiu para fazer o quê? Estimular a vingança daqueles perdidos? Assim é que você se sente poderoso e temido? Fazendo justiça apenas pelo seu modo de ver a vida? As pessoas são diferentes e cada um de nós apresenta maior ou menor fragilidade. Não somos iguais e você nunca pensou nisso! Quer continuar vivendo destilando ódio e amargura. Há como se livrar disso, você não tem coragem de enfrentar a si mesmo, essa é a verdade.

— Saia daqui, sua imunda! Fora! Fora! Além de tudo vem até a mim me dando lição de moral? Quem pensa que é, estrupício. Uma leviana egoísta e prepotente! Pensa que vai me manipular? Quer que salve Elvira? Não vou! Saia daqui!

Augusto espumava de raiva, não prosseguiu com a conversa e, mesmo com a tentativa dos instrutores para acalmá-lo e socorrê-lo, mostrou-se totalmente arredio. Nada mais puderam fazer a não ser esperar o momento em que o ódio se diluísse para que ele pudesse mudar.

A partir daquele dia, o delírio de Augusto aumentou. Agora, mais do que nunca, precisaria encontrar Elvira e saber de toda a verdade por parte dela. Voltou a ter crises, alucinando a probabilidade do filho não ter sido dele e sim do primo Felício, pois descobrira que ele e Clotilde a ajudaram, às escondidas, para a fuga premeditada.

— Malditos sejam esses traidores! Armaram uma cilada para tirá-la de mim. Hei de me vingar de todos, ninguém escapará!

***

Marie foi lentamente deixando o transe com as últimas revelações, que apareciam apenas como fotografia em sua mente. Viu o rosto de Clotilde se transformando na imagem de Catarina, depois foi a vez de Felício dando origem a atual aparência de Paulo, o primo de seu pai. Por fim, viu o rosto de Julia, sua amiga de infância, envolvida em seu ventre.

Com o coração palpitando e os olhos marejados em lágrimas, Marie retomou a consciência dentro da sala de tratamento intensivo.

Olivas a aguardava sentado na poltrona ao lado. Delicadamente, estendeu suas mãos, ajudando-a se levantar. Marie abraçou o instrutor dizendo apenas uma única frase:

— Obrigada por tudo. Desta vez eu consegui!

Olivas sorriu de contentamento, respondendo em seguida:

— Eu tinha certeza de que iria conseguir! O tempo é sempre o melhor remédio para tudo! Vamos? — convidou o instrutor, gesticulando em direção à porta de saída.

Marie saiu do alojamento sentindo-se mais forte e amadurecida, nada quis perguntar, aquele era um momento especial, voltara a sentir segurança em si, seu espírito reluzia a paz tão almejada.

Olivas a acompanhou até seu aposento, na ala de isolamento na qual se instalara; despediu-se, beijando-lhe as mãos e dizendo:

— Descanse, amanhã teremos muito o que fazer.

Marie assentiu, sabia o que o instrutor queria lhe dizer. Conservava a serenidade em seu coração.

Daquele momento em diante estaria pronta para recomeçar verdadeiramente. Tornou a refletir minuciosamente toda a experiência vivida; pensou em Julia, ficou surpresa por identificá-la como sendo o bebê que esperava. Em vez de se deixar levar pela curiosidade, permaneceu envolvida no sentimento de amor e ternura por todos aqueles que haviam compartilhado com ela aquele período. Conseguiu transpor a visão pessoal pela necessidade de aprimoramento espiritual de todos.

Afinal, estavam apenas reunidos exercitando mais uma etapa de desenvolvimento, onde cada um responderia pelo seu aproveitamento individual mediante suas possibilidades. Não havia motivo para julgar e sim para entender que toda limitação é consequência da maneira que podemos enfrentar a vida. Cada um responde de um jeito, de acordo com o que acredita; toda distorção é fruto da incapacidade de lidarmos com as frustrações por não sabermos transformar nossas ilusões. Só quando o sofrimento se torna insuportável paramos de resistir e damos espaço para buscar qualquer solução que geralmente nos indica a mudar de postura e atitude. Vamos reconhecendo que optar pela inteligência é muito melhor e nada doloroso.

Assim, Marie pôde, pela primeira vez, agradecer àqueles que trilharam ao seu lado. Validou a importância de se aproveitar cada minuto, reconhecendo que ninguém se cruza por acaso e todos farão parte de alguma forma da nossa história de vida.

Ela sentia seu peito se expandir e uma enorme vontade de expressar o amor que havia contido por muito tempo. Essa seria sua principal escolha depois que conseguiu se libertar do medo de perder o que ela mesma nunca havia se dado.

De uma coisa estava certa, toda alienação adquirida, nada mais fora do que o meio mais fácil para que ela pudesse aprender a conviver consigo mesma.

EPÍLOGO

Augusto se mantinha entretido com seu novo grupo de trabalho. Desde que havia retornado para a colônia, aquela era a primeira vez que se sentia mais integrado, desenvolvendo algumas tarefas que lhe dariam a oportunidade de exercitar todo o aprendizado que recebera. Aguardava ansiosamente a chegada de Silas, seu orientador. Fariam, em conjunto, uma espécie de triagem com os espíritos recém-chegados, que provavelmente apresentariam muitos distúrbios, evidenciados em desequilíbrios mentais. Por um bom tempo, ele pôde acompanhar esse tipo de trabalho apenas como assistido.

Naquele dia iniciaria uma nova etapa muito significativa; sentia-se renovado e com muita vontade de ajudar os que se encontravam em situação deplorável. Lembrou-se das últimas recomendações de Silas, alertando-o para não se envolver na expressão de fúria e revolta dos assistidos, pois justamente esses aspectos transformados seriam a cura prevista para eles.

Augusto conseguiu se libertar do passado quando decidiu transformar o ódio que o destruíra e paralisara em coragem e força para construir um novo estado de consciência. Determinado a pensar somente em sua melhora, deixou de querer fazer justiça pelas próprias mãos e foi se rendendo pela dor e sofrimento, que o atolavam impiedosamente. Seu último grito de ódio foi dado pela palavra "chega", seguida pela frase:

— Se ninguém pensou em meus sentimentos, é porque eu mesmo os desprezei. Eu largo vocês de vez, agora só importa a minha paz. Saíam de minha mente!

Dali por diante dedicou-se a sua reformulação interior. Para ele, sua história havia terminado, dera um fim no capítulo que o atormentara e daquele momento em diante estava indo ao encontro de um novo desafio: prestar assistência àqueles que dele realmente necessitavam.

Silas apontava que aquele exercício o ajudaria a entender que havia várias maneiras de expressar nosso amor e nos sentir gratificados, mesmo porque o amor é um sentimento único e quando o sentimos verdadeiramente nos tornamos intensamente preenchidos.

Augusto reativou toda informação recebida ao deparar com um dos pacientes assistidos. O rapaz, em delírio, expurgava tanta raiva que a única forma de pacificá-lo foi justamente o exercício apontado pelo orientador.

Imediatamente, ele colocou as mãos na cabeça do moço e foi emitindo sentimentos de amor e ternura para aquela criatura deprimente. Sensibilizou-se ao ver que suas mãos se tornaram um foco de luz intensa e muitos raios luminosos saíam de seu centro cardíaco, acalmando-o imediatamente.

O corpo espiritual de Augusto tornou-se um único ponto luminoso, embevecido com a sensação prazerosa que estava recebendo ao se doar; constatou de imediato os efeitos de amar incondicionalmente. Fez breve oração de agradecimento e ordenou aos enfermeiros que encaminhassem o paciente para a ala de tratamento emergente.

Enobrecido com a nova descoberta, saiu do alojamento com a mesma sensação de um médico após o término cirúrgico; olhou para Silas e ressaltou:

— Vamos esperar para ver até que ponto ele reagirá por si só.

O instrutor demonstrou forte contentamento com a primeira atuação dele; juntos, eles saíram abraçados a fim de trocarem mais informações sobre os casos atendidos.

Já estava anoitecendo quando se despediram. Augusto sentia-se alegre e realizado, retomara toda a força e firmeza que possuía, havia pedido ao instrutor que o indicasse para outros trabalhos que porventura estivessem precisando de seus préstimos. Colocou-se disponível para tudo o que aparecesse por lá.

Com aparência mais rejuvenescida, Augusto saiu para uma caminhada pelos arredores do alojamento central. Muitas vezes fizera isso, sempre registrando muita solidão dentro de si, porém naquela noite experimentou confortável sensação de estar completamente em harmonia. Abriu um sorriso quando, inesperadamente, deparou com a figura de Olivas vindo ao seu encontro.

Depois dos cumprimentos cordiais, Olivas o convidou para uma breve visita de uma pessoa que há muito gostaria de revê-lo.

Augusto surpreendeu-se, questionando quem estaria lá a sua procura, quis saber de quem se tratava. Nunca havia recebido visita alguma, nem de amigos, tampouco de parentes. Mais do que depressa se dirigiu à portaria do salão principal. Sempre que podia, gostava de ir para lá se entreter com seus novos companheiros, era costume todos se encontrarem para um bate-papo informal.

Quando colocou os pés para entrar ouviu alguém chamar seu nome. Ele ergueu a cabeça até cruzar o olhar com Chaves, seu antigo comparsa e serviçal. O homem, de baixa estatura, vinha de braços abertos em sua direção.

Espantado e sem tempo para qualquer pergunta, correspondeu ao cumprimento do velho amigo. Olivas a seu lado, observava silenciosamente.

Chaves, bem-humorado, foi logo relatando tudo o que fizera desde que se separaram, para ele o aprendizado fora mais rápido e mais ameno. Dizia com naturalidade que sua alienação fora providencial.

Distraidamente, perguntou se ele havia resolvido a questão de Marie e os seus. Augusto empalideceu, sentiu o coração acelerar, depois respondeu, sem muitos detalhes, que o sofrimento lhe ensinara a desapegar-se e que isso estava sendo muito importante para ele na sua nova etapa de vida.

Olivas os deixou a sós para compartilharem suas experiências, e assim o fizeram, trocando informações de tudo o que havia se passado.

Chaves iria permanecer por lá até ser designado para outra colônia; almejava crescer em todos os sentidos e se inscrevera para diversos cursos na colônia das artes. Usaria toda tendência imaginativa para expor sua sensibilidade.

Depois, regressaria para futura experiência terrena. Esse foi o motivo de querer revê-lo, aprendera muito com ele, principalmente a usar de mais determinação para alcançar seus objetivos, desde que dali por diante estivesse ligado aos princípios da alma.

Augusto não pôde negar que estava surpreso e muito feliz

com a mudança do antigo comparsa, depois continuou falando apenas sobre o que estava fazendo no momento. Chaves tornou a perguntar por Marie, demonstrou solidariedade ao compreender o quanto haviam sofrido por uma busca sem fim e que estimava que ele estivesse realmente bem, porque já naquele tempo gostaria de ter-lhe dito para esquecer o assunto, porém, sabia que ele era completamente irredutível. Percebendo o silêncio de Augusto, calou-se, aguardando que ele retomasse a conversa, como faziam nos velhos tempos...

Desde que decidira anular a presença de Marie em sua mente, ele nunca mais havia se permitido querer saber do paradeiro da antiga amada. Sentia-se fortalecido, porém, considerou aquele encontro com Chaves uma boa oportunidade de rever se realmente existia algum ressentimento escondido e camuflado diante da questão. Pronto para confrontar o que mais temia, respondeu, saciando a curiosidade do amigo.

— Quer saber se ainda quero revê-la? Posso lhe garantir que para mim tanto faz! Como lhe disse, estou muito entretido no meu aprimoramento, já perdi muito tempo em querer arrumar a vida dos outros, não sei onde ela está e nunca mais perguntei a respeito. Meus instrutores nada me disseram também. De certo isso não traria nenhum benefício no momento. Posso reconhecer isso muito bem, aprendi a me desvencilhar dos apegos, da vingança e do ódio que me corroíam a alma. Se algum dia nos cruzarmos novamente, aí verei o que acontecerá.

Chaves coçou a cabeça pensativo, depois arriscou mais uma vez a instigá-lo sobre o que realmente queria saber:

— Você ainda a ama?

— Estou aprendendo novas formas de expressar o amor — respondeu, desviando-se do intento.

— Entendo. Quando estamos amando nos sentimos renovados.

— Amar sem ter posse pelo outro é muito bom. Começo a entender isso e ainda não me sinto pronto para outro tipo de relação afetiva mais íntima. Estou bem, Chaves, e quero ficar muito melhor.

— Eu estou pronto para me apaixonar perdidamente — disse Chaves, num impulso animador.

— Bom para você, devemos atender o que o coração nos pede.

— Sinto que você vai encontrá-la em breve. Está bem melhor, acredito que terá a chance de desfazer os enganos e desencontros. Ficará mais livre ainda, então poderá recomeçar...

— Não preciso mais encontrar ninguém, posso fazer qualquer acerto dentro de mim mesmo. Não quero tirar satisfação de um passado que não volta mais.

— Não disse isso. Percebo que alguma coisa fará com que vocês se reencontrem. Pode ser que ela também queira revê-lo.

— Se caso quiser, será bem recebida! Contanto que não venha me tirar o sossego. Agora, vamos mudar de assunto, diga-me detalhadamente o que fará na colônia das artes.

Chaves balançou a cabeça e mais uma vez atendeu ao pedido de Augusto, agora não mais como um serviçal, mas como um amigo que merecia todo seu carinho e respeito.

Augusto havia registrado dois momentos importantes desde a sua chegada, o início de suas atividades e o encontro com Chaves. Os dois ficaram horas conversando, era a primeira vez que tivera a oportunidade de conhecê-lo a fundo, validou a importância de cada um se permitir se expor por inteiro. Aquele sim, era o caminho de uma grande amizade, desprovida de qualquer limitação ocorrida no passado; ambos puderam compartilhar livremente os erros e acertos que compactuaram durante o tempo em que estiveram juntos.

Sozinho em seu leito, Augusto refletia sobre tudo o que vivera naquele dia. Fechou os olhos e permitiu deixar que as lágrimas molhassem o seu rosto ao se lembrar de Marie. Que direito ele tivera de afrontar-lhe durante sua nova existência? Lamentava intimamente todo o desconforto que lhe causara; tentou dissuadir os pensamentos; de que adiantaria reviver um estado doloroso? Resolveu experimentar fazer a mesma coisa que havia feito com o paciente em crise. Primeiramente, para si mesmo invocou que as forças do bem o envolvessem e aliviassem seu espírito. Sentiu paz. Em seguida, visualizou Marie e os seus, envolvidos em luz. Emitiu sentimentos de amor, ternura e harmonia para todos.

Novamente viu quando os raios luminosos saíram de seu peito, expandindo-se ligeiramente. Tornou a fechar os olhos imaginando que eles receberiam o seu perdão porque também ele havia perdoado.

***

Marie já estava pronta quando recebeu o chamado de Olivas. Animada, saiu apressadamente indo ao encontro do instrutor.

— Tenho novidades — disse para Olivas, com sorriso estampado no rosto.

— Eu também. Quem conta primeiro? — instigou o mentor.

Marie levantou o dedo indicador.

— Pois bem, então comece!

— Pude notar a presença magnética de Augusto. Vi que ele chorava nos pedindo perdão. Confesso que senti vontade de correr e abraçá-lo, mas ele subitamente desapareceu.

— Augusto está se saindo muito bem, acredito que hoje ele merecerá receber mais uma gratificação pelos seus esforços e dedicação.

— Vou encontrá-lo?

— Você já o encontrou.

Marie fechou os olhos, reverenciando a Deus pela oportunidade.

— Vamos, está na hora — tornou Olivas, sem hesitar.

De mãos dadas, ambos saíram em direção ao alojamento central. Minutos depois, entraram na ala de regeneração emergencial.

Augusto, acompanhado por Silas, já havia começado a atender os pacientes debilitados. Podia-se ouvir na sala ao lado os gritos dos delinquentes suplicando por socorro.

Marie comparou o alojamento a um manicômio espiritual, como havia dito o casal de amigos que conhecera no dia de sua chegada. Percorria os corredores amparada por Olivas, que lhe explicava a função de cada setor de atendimento. Sutilmente, ela perguntou ao instrutor sobre qual leito estaria Augusto e se realmente estaria em condição de recebê-la.

Não houve tempo para ouvir a resposta; de repente, uma senhora se atirou aos pés dela, implorando ajuda. Marie tentou socorrê-la; enquanto esperava auxílio dos enfermeiros, ajoelhou-se no chão, acolhendo-a em seu colo. Conseguiu acalmá-la, ministrando passes magnéticos em seu frontal. Depois, saiu rapidamente em socorro de outros que se debatiam violentamente. Sem que notasse, passou toda a manhã em atendimento no pronto-socorro espiritual. Controlada a situação, Olivas pediu para que ela o aguardasse na área de lazer e higienização.

O parque era conhecido por ela, já havia estado lá várias vezes. Sentou-se em um banco próximo ao lago. Pensou em Augusto. "Onde ele estaria?" Faria o que pudesse para ajudá-lo a se libertar daqueles tormentos. Trabalharia se preciso fosse naquele alojamento, poderia dar-lhe assistência até que houvesse melhora, dependendo de como ele a recebesse iniciaria de imediato, faria a proposta para os instrutores, haveriam de conceder-lhe aquele pedido.

Olivas estava demorando, nunca fora de desobedecer qualquer orientação dos superiores, porém, decidiu que voltaria ao alojamento e ficaria no saguão à espera de qualquer informação.

Augusto terminou os atendimentos. Naquele dia não foi dispensado, pois devido ao tumulto matutino, foi solicitada sua presença nas câmaras de emergência até o fim do dia.

Silas sugeriu uma breve pausa para que todos pudessem se reciclar. Augusto aproveitou o tempo livre para absorver os fluidos da natureza, gostava de sentar-se à beira lago, era assim que se recompunha rapidamente. Esvaziava a mente ao jogar pedras na água como fazia em sua infância.

Saiu do alojamento pela porta dos fundos em direção à área de higienização. O dia estava ensolarado, tirou o avental e o jogou num dos ombros. Estava entusiasmado com o trabalho; desviou-se para um lugar menos povoado pelos assistidos; depois do almoço, muitos deles, acompanhados dos enfermeiros, caminhavam por lá.

Marie hesitou em sair correndo, aguardaria mais alguns minutos, então voltaria para o alojamento; percebeu que o movimento ali havia aumentado. Do outro lado do lago, pôde notar que um homem se aproximava. Parecia ser um médico, pois trazia em seu ombro um avental branco. Viu quando ele se sentou embaixo de uma árvore, recostando a cabeça no tronco. Aguardou mais alguns minutos; depois, resolveu dar a volta e lhe perguntar sobre Olivas e se a situação no alojamento havia sido controlada.

Foi chegando de mansinho. O moço estava relaxado e tranquilo, usava o avental para cobrir o rosto; ela parou na sua frente sem nada dizer. Pensou em voltar, não queria incomodá-lo, aguardaria por Olivas. Reconhecia que estava impaciente, procuraria se equilibrar até que retornasse ao alojamento.

O moço esboçou suspiro inesperado, espreguiçando-se em seguida. Marie, atônita, colocou as mãos na boca evitando soltar um grito assustador quando percebeu de quem se tratava.

Augusto arregalou os olhos ao reconhecê-la. Paralisado pelo corpo, mas exaltado pelo coração, ficou inerte até que tomasse fôlego para reagir. Com a respiração ofegante e a sensação de sucumbir de vez, os dois permaneceram alguns minutos sem saber o que fazer.

— É você? Não estou sonhando? — perguntou Augusto, quase desfalecendo.

Marie tentou se controlar, não sabia como ele estava. Temia provocar-lhe maior desequilíbrio.

— Sou eu mesma, Augusto. Vim procurá-lo.

Com voz embargada, ele continuou:

— Para quê?

Marie sentiu vontade de abraçá-lo e beijá-lo continuamente, contudo não sabia até que ponto ele estaria lúcido para ouvir tudo o que ela tinha para lhe dizer. Conteve-se.

— Quero saber como você está — dissimulou.

— Muito bem e você?

Em seguida, ele se levantou, ficando bem à frente de sua amada.

Marie olhou dentro dos olhos dele, seu coração pulsava aceleradamente, não conseguiu controlar a emoção, deixou que os sentimentos falassem por si, atirou-se nos braços dele, chorando copiosamente.

Augusto, emocionado, apertou-a em seus braços, acariciando-lhe os cabelos que se misturavam às lágrimas que lhe escorriam no rosto.

— Nunca a esqueci! — sussurrou aos ouvidos dela.

Marie soluçava ao responder que ele sempre foi muito importante para ela e que ainda o amava.

Naquele momento não havia palavras que pudessem expressar o que eles estavam sentindo. Augusto procurou os lábios dela, beijando-a com fervor.

O tempo em que estiveram separados, envolvidos nas dolorosas experiências, não foi capaz de apagar o sentimento de amor que existia entre eles, comprovando que somente o que é realmente verdadeiro permanece em nossos corações, como um imã que nos une infalivelmente dentro dos princípios da ordem natural da vida.

Havia muito que conversar. Saíram do parque abraçados e comovidos por estarem novamente juntos.

***

Augusto e Marie iniciariam o comando de um grupo de estudos elaborado por Olivas. A tarefa principal era ensinar sobre a verdadeira libertação espiritual. Muitas vivências de desapego estavam estipuladas.

A convite de Juvenal e Virgínia, assistiriam simultaneamente a outro grupo terreno que havia cerca de cinco anos já atuava com esse mesmo princípio. Assim, poderiam reunir maior aprendizado, exercitando o assunto e comparando os diferentes níveis de consciência.

Naquela noite, a equipe de Juvenal se preparava para dar assistência a mais um dia de trabalho. Tinha sido a estréia de Augusto retornando após longo tempo de exílio.

Chegaram para a preparação do ambiente por três horas antecipadas. Na entrada do prédio, o sistema de segurança espiritual já estava instalado.

Alguns mentores também haviam iniciado a preparação das salas de tratamento. Todo ambiente estava quase completamente harmônico à espera dos médiuns trabalhadores daquele setor.

No salão havia um grupo de jovens dirigidos por Maciel e Suzana, que imantavam vibrações para formarem um campo de proteção especial para o palestrante. Outros colocavam aparelhos especiais para manterem o equilíbrio dos assistidos na plateia.

Aos poucos, os principais responsáveis por aquele grupo de desenvolvimento foram chegando. Marie, emocionada, segurou as mãos de Augusto ao deparar com a entrada de Irene no local.

Sua mãe estava um pouco mais amadurecida, porém continuava esbanjando a beleza que lhe era peculiar.

Augusto relembrou o que Moriza havia lhe proposto no dia em que fora procurá-lo para se redimir.

Admirado pela firmeza e determinação que ela possuía, pôde constatar que cumprira exatamente tudo o que havia lhe dito que iria fazer. Agora, estavam lá, de alguma forma juntos em tarefas diferentes, gostaria que ela soubesse que ele estava ali, de coração aberto pronto para prestar-lhe o devido auxílio.

Pouco depois, entraram Mário, Paulo e Valentina; haviam saído do orfanato que Irene mantinha e foram direto para lá. Pouco mais de duas horas, todos já haviam chegado, a fila imensa dobrava o quarteirão, muitos procuravam auxílio naquele local.

A surpresa maior foi com a entrada da palestrante, Julia. Ela desenvolveria o tema naquela noite. Com o uniforme médico, a moça tinha chegado meia hora antes do início previsto. Sentou-se na mesa e fez comovida prece mentalmente. Imediatamente, foi envolvida por uma luz dourada que se instalou na fronte e laríngeo. O tema que abordaria seria sobre "Os laços verdadeiros do espírito".

Marie não conteve as lágrimas, aquele espírito que um dia se propôs a fazer um breve contato com ela, prestando-lhe auxílio, na dura prova que iria enfrentar, estava ali toda iluminada como merecia estar.

Augusto fechou os olhos, pedindo a Deus que os iluminasse, fortalecendo os propósitos em suas vidas.

Sentada ao lado de Julia, Irene se preparava para dar início à reunião por meio da prece de ligação com os amigos espirituais.

Quando se levantou, estava totalmente envolvida com fios prateados que a ligavam diretamente com o mentor ao seu lado. Era incontável o número de desencarnados que ali estavam, o local energeticamente se expandia, triplicando sua dimensão.

Irene sentiu estranha comoção, semelhante ao dia em que recebera a primeira e única visita da filha. Sabia que ela estava lá naquela noite, seu coração materno não poderia estar enganado.

Declamou uma das mais belas preces, munida do mais puro sentimento que a envolvia, sensibilizando a todos sem exceção. Por fim, ainda concentrada, pôde cruzar sua visão espiritual em direção ao lugar onde Marie estava. Em silêncio, agradeceu por sua vinda, percebeu a figura de um moço ao lado da filha, parecia-lhe conhecido; sentiu alegria em seu coração, sua filha estava muito bem acompanhada. Assim pensou.

Augusto retribuiu-lhe em agradecimento por tudo o que ela havia feito por eles, enviou-lhe um pensamento dizendo que ela havia conseguido o que tanto queria.

Irene, comovida, encerrou a primeira parte dos trabalhos, colocando seus sentimentos em uma frase que dizia tudo o que estava sentindo:

— Nunca duvidem da Providência Divina, pois quando fazemos as coisas por amor, cedo ou tarde recebemos os melhores resultados de nossa dedicação.

Não havia necessidade de despedidas, porque agora eles estariam unidos para contribuírem com aquele grupo de amigos que se tornavam uma grande família espiritual.

Na porta de entrada, alguém solicitou a presença deles com urgência. Marie e Augusto se deslocaram imediatamente para lá, uma caravana de delinquentes espirituais havia sido sedada pela equipe de segurança dirigida por Geraldo, que apareceu inesperadamente, surpreendendo os dois.

— Vovô! — exclamou Marie.

— Rafael? — indagou Augusto.

— Sou eu mesmo, chamem-me como quiserem! Vamos, ajudem-me a encaminhar estes delinquentes para a colônia de regeneração, antes que acordem e intentem fazer alguns estragos por aqui. Não poderei deixar o local, preciso que alguém que saiba manipular isso muito bem e me auxilie, imantando a corrente de isolamento.

— Está falando com a pessoa certa! — ressaltou Augusto.

Mesmo na correria, ainda houve um pequeno espaço para que os três se abraçassem, dando as boas-vindas para um novo momento que marcava o reencontro de todos.

Mais do que depressa, fizeram uma corrente de isolamento. Acompanhariam, em seguida, os enfermos até o alojamento emergencial.

Geraldo não pôde conter as lágrimas de contentamento ao acenar carinhosamente para Augusto e Marie, que se distanciaram, de mãos dadas, de volta à Casa Espiritual.

FIM

APRENDER A SE CONHECER É O CAMINHO MAIS SEGURO PARA A CONQUISTA DA *felicidade.*

GRANDES SUCESSOS DE
Zibia Gasparetto

Com mais de quarenta livros publicados e mais de 17 milhões de leitores, a autora tem contribuído para o fortalecimento da literatura espiritualista no mercado editorial e para a popularização da espiritualidade. Conheça os sucessos da escritora.

ROMANCES

A verdade de cada um (nova edição)

A vida sabe o que faz

Entre o amor e a guerra

Esmeralda (nova edição)

Espinhos do tempo

Laços eternos

Nada é por acaso

Ninguém é de ninguém

O advogado de Deus

O amanhã a Deus pertence

O amor venceu

O encontro inesperado

O fio do destino

O matuto

O morro das ilusões

Onde está Teresa?

O poder da escolha

Pelas portas do coração (nova edição)

Quando a vida escolhe

Quando chega a hora

Quando é preciso voltar

Se abrindo pra vida

Sem medo de viver

Só o amor consegue

Somos todos inocentes

Tudo tem seu preço

Tudo valeu a pena

Um amor de verdade

Vencendo o passado

CRÔNICAS

Bate-papo com o Além

Contos do dia a dia

Pare de sofrer

Pedaços do cotidiano

O mundo em que eu vivo

O repórter do outro mundo

Voltas que a vida dá

COLEÇÃO – ZIBIA GASPARETTO NO TEATRO

Esmeralda

Laços eternos

Ninguém é de ninguém

O advogado de Deus

O amor venceu

O matuto

OUTRAS CATEGORIAS

Conversando Contigo!

Eles continuam entre nós – vol. 1

Eles continuam entre nós – vol. 2

Pensamentos – vol. 1

Pensamentos – vol. 2

Momentos de inspiração

Recados de Zibia Gasparetto

Reflexões diárias

ROMANCES QUE TAMBÉM VÃO LHE CAUSAR ALEGRIA E BEM-ESTAR.

MÔNICA DE CASTRO

A atriz (edição revista e atualizada)

Apesar de tudo...

Até que a vida os separe

Com o amor não se brinca

De frente com a verdade

De todo o meu ser

Desejo – Até onde ele pode te levar?

(pelos espíritos Daniela e Leonel)

Gêmeas

Giselle – A amante do inquisidor (nova edição)

Greta (nova edição)

Jurema das matas

Lembranças que o vento traz

O preço de ser diferente

Segredos da alma

Sentindo na própria pele

Só por amor

Uma história de ontem (nova edição)

Virando o jogo

MARCELO CEZAR

A última chance

A vida sempre vence

Ela só queria casar...

Medo de amar

Nada é como parece

Nunca estamos sós

O amor é para os fortes

O preço da paz

O próximo passo

O que importa é o amor

Para sempre comigo

Só Deus sabe

Treze almas

Um sopro de ternura

Você faz o amanhã

ANA CRISTINA VARGAS

A morte é uma farsa

Em busca de uma nova vida

Em tempos de liberdade

Encontrando a paz

Intensa como o mar

O bispo (nova edição)

CONHEÇA MAIS SOBRE ESPIRITUALIDADE E EMOCIONE-SE
COM OUTROS SUCESSOS DA EDITORA VIDA & CONSCIÊNCIA.

 vidaeconsciencia.com.br /vidaeconsciencia @vidaconsciencia

SUCESSOS DE
Luiz Gasparetto

Estes livros vão mudar sua vida! Dentro de uma visão espiritualista moderna, vão ensiná-lo a produzir um padrão de vida superior ao que você tem, atraindo prosperidade, paz interior e aprendendo, acima de tudo, como é fácil ser feliz.

Afirme e faça acontecer
Revelação da luz e das sombras (com Lúcio Morigi)
Atitude
Faça dar certo
Prosperidade profissional
Conserto para uma alma só (poesias metafísicas)
Para viver sem sofrer
Se ligue em você – (nova edição)

SÉRIE AMPLITUDE

Você está onde se põe
Você é seu carro
A vida lhe trata como você se trata
A coragem de se ver

LIVROS DITADOS PELO ESPÍRITO CALUNGA

Um dedinho de prosa
Tudo pelo melhor
Fique com a luz
Verdades do espírito
O melhor da vida

LIVROS INFANTIS

Se ligue em você 1
Se ligue em você 2
Se ligue em você 3
A vaidade da Lolita

SUCESSOS DE
Silvana Gasparetto

Obras de autoconhecimento voltadas para o universo infantil. Textos que ajudam as crianças a aprenderem a identificar seus sentimentos mais profundos, tais como: tristeza, raiva, frustração, limitação, decepção, euforia etc., e naturalmente auxiliam no seu processo de autoestima positiva.

Fada Consciência 1
Fada Consciência 2

OUTROS AUTORES

Conheça nossos lançamentos que oferecem a você as chaves para abrir as portas do sucesso, em todas as fases da sua vida.

AMADEU RIBEIRO

O amor nunca diz adeus
A visita da verdade
O amor não tem limites

EDUARDO FRANÇA

A escolha
Enfim, a felicidade
A força do perdão

ERNANI FORNARI

Fogo sagrado

EVALDO RIBEIRO

Eu creio em mim

FLÁVIO LOPES

A vida em duas cores
Uma outra história de amor

FLORIANO SERRA

Nunca é tarde
O mistério de reencontro

IRINEU GASPARETTO

Presença de espírito (pelo espírito dr. Hans)

LEONARDO RÁSICA

Fastasmas do tempo
Luzes do passado
Sinais da espiritualidade
Celeste – No caminho da verdade

LILIANE MOURA MARTINS

Viajando nas estrelas
Projeção astral

LUCIMARA GALLICIA

O que faço de mim?

MARCIO FIORILLO

Em nome da lei

MARIA APARECIDA MARTINS

Mediunidade clínica
A nova metafísica
Conexão – "Uma nova visão de mediunidade"
Mediunidade e autoestima

MARIO ENZO .

O profissional zen
O bom é ter senso

MÁRIO SABHA JR.

Você ama ou fantasia tudo?

MAURA DE ALBANESI

A espiritualidade e você
Coleção Tô a fim

SÉRGIO CHIMATTI

Apesar de parecer... ele não está só
Lado a lado
Ecos do passado

VALCAPELLI

Amor sem crise

VALCAPELLI E GASPARETTO

Metafísica da saúde (4 volumes)

NÃO DEIXE DE OUVIR E VER LUIZ ANTONIO GASPARETTO EM CD

Autoajuda. Aprenda a lidar melhor com as suas emoções para conquistar um maior domínio interior.

SÉRIE PALESTRAS

Meu amigo, o dinheiro
Seja sempre o vencedor
Abrindo caminhos
Força espiritual
A eternidade de fato
Prosperidade
Conexão espiritual
S.O.S dinheiro
Mediunidade
O sentido da vida
Paz mental
Romance nota 10
Segurança
Sem medo de ter poder
Simples e chique
Sem medo de ser feliz
Sem medo da vida
Sem medo de amar
Sem medo dos outros

LUIZ ANTONIO GASPARETTO EM MP3

Tudo tem seu preço / Terminar é recomeçar / A lei do fluxo
– 3 palestras

Eu e o universo / Resgatando o meu eu / Estou onde me pus
– 3 palestras

Se dando de vez / Sem drama / Regras do amor inteligente /
Fique seguro em si – 4 palestras

Caminhando na espiritualidade – curso em 4 aulas

Poder da luz interior – 4 palestras

LUIZ ANTONIO GASPARETTO EM DVD

Pintura mediúnica – Narração de Zibia Gasparetto
*Luiz Gasparetto e os mestres da pintura em um evento realizado no
Espaço Vida Consciência, em São Paulo, em novembro de 2009.*

Magia da luz

ESPAÇO DA ESPIRITUALIDADE INDEPENDENTE

Há muita fantasia relacionada a um dos aspectos mais nobres da natureza humana: a espiritualidade. Assim, em nosso espaço, temos como objetivo reinvestigar os aspectos psicológicos e vivenciais da espiritualidade.

Sabemos que, em base, somos espíritos – que é o mesmo que fonte de vida – e que toda a nossa estrutura depende dessa base. Portanto, é necessário reconhecer, entender e controlar a nossa natureza mais íntima.

Dentro de um ambiente alegre e acolhedor, você terá acesso a cursos, palestras e seminários que promovam seu bem-estar emocional e espiritual, despertando os verdadeiros valores do seu espírito, ajudando você a tornar-se uma pessoa mais segura, mais confiante, mais feliz.

Rua Agostinho Gomes, 2.312 — SP
55 11 3577-3200

grafica@vidaeconsciencia.com.br
www.vidaeconsciencia.com.br